南开百年学术文库

陈晏清哲学文集

第五卷

社会哲学研究（上）

南开大学出版社

天　津

图书在版编目(CIP)数据

陈晏清哲学文集.第五卷,社会哲学研究.上／陈
晏清著.－天津:南开大学出版社,2017.5
(南开百年学术文库)
ISBN 978-7-310-05359-9

Ⅰ.①陈… Ⅱ.①陈… Ⅲ.①社会哲学－文集 Ⅳ.
①B－53

中国版本图书馆 CIP 数据核字(2017)第 078786 号

南开大学出版社出版发行
出版人:刘立松
地址:天津市南开区卫津路 94 号 邮政编码:300071
营销部电话:(022)23508339 23500755
营销部传真:(022)23508542 邮购部电话:(022)23502200

*

三河市同力彩印有限公司印刷
全国各地新华书店经销

*

2017 年 5 月第 1 版 2017 年 5 月第 1 次印刷
230×155 毫米 16 开本 35.75 印张 6 插页 416 千字
定价:99.00 元

如遇图书印装质量问题,请与本社营销部联系调换,电话:(022)23507125

（2015 年，《人民画报》记者 王蕾摄）

陈晏清（1938— ），湖南省新化县人，南开大学教授，马克思主义哲学家。1962 年于中国人民大学哲学系毕业后分配至南开大学任教。1985 年晋升教授，1986 年经国务院学位委员会批准为博士生导师。曾任南开大学哲学系系主任、人文学院院长、社会哲学研究所所长、当代中国问题研究院学术委员会主任，以及中国辩证唯物主义研究会常务理事、顾问，中国人学学会学术委员会委员、顾问，天津市哲学学会会长、名誉会长等。

本卷说明

1984 年底，教育部在广州中山大学召开了一个有各高校哲学系主任参加的哲学教育改革座谈会。会上，时任高教司司长提出，哲学系应当开设"当代中国哲学"的课程。这个意见同我的认识非常一致，我也认为我国哲学教育的突出弊端之一是脱离中国实际。因此，我还没有离开广州就下定了决心，回去之后立即着手建设这门课程。经过一年多的准备之后，我们以"中国社会主义现代化的哲学思考"为题，申报了国家教委"七五"规划课题，并于 1987 年初获准立项。这个课题组一共 10人（陈晏清、许瑞祥、周德丰、牛叔成、杨灿英、王南湜、李淑梅、沈亚平、漆玲），包括南开大学哲学系、政治学系、国际经济系的教师和博士研究生。课题组按照统一的编写提纲和进度要求，于 1988 年内陆续交出初稿，最后由我统一修改定稿。这就是本卷收录的《当代中国社会哲学》一书（天津人民出版社 1990 年 9 月出版）。

现代化运动是社会的整体性变动，而对社会变动的整体性认识正是哲学的任务。这本书力图做到的也正是这一点。

从横的维度上说，该书力求把握当代中国社会状况及其变化的方方面面，却又不是停留于它的方方面面，而是着力抓住其基础性的东西，即把各个方面内在地统一起来的东西。这个基础性的东西就是中国社会的经济状况，它的社会化生产及与此相联系的商品经济发展的状况（当时尚未提出"社会主义市场经济"的概念，而是采取"有计划的商品经济"的提法）。这样就可以由当代中国的经济状况去说明当代中国的政治状况、思想文化状况，把对于中国社会的经济、政治、文化的认识统一起来，形成关于中国国情的具体概念。这是研究中国一切问题的基础。在这个基础上，才能达到对于中国社会整体性变革的认识。这种整体性认识，体现在把握了如下几个方面的统一：中国社会的经济发展与政治、文化诸方面发展的统一，中国社会运动的内部因素和外部条件的统一，中国社会的发展和人的发展的统一。同时该书还运用阶段性和连续性、统一性和多样性、宏观和微观、协调和竞争等四对范畴，对当代中国社会运动与以往发展过程不同的规律性，也做了初步的探索。

从纵的维度上说，该书力求把中国社会的过去、现在和未来贯通起来。哲学认识的任务是揭示未来，但不是教条式地预料未来。未来的趋势蕴含于历史和现实之中。该书自觉地运用毛泽东倡导的理论、历史和现状相结合的方法，对中国社会的经济、政治、科技、文化的发展以及影响中国社会发展的国际环境等都做了比较系统的历史考察，从这种历史考察中揭示了中国社会变革的历史必然性和中国现代化道路的特殊性。

从该书的理论意图和基本的理论内容看，可以说，它是对于社会主义初级阶段理论的哲学阐释。

目　录

当代中国社会哲学

第五篇 当代中国社会的发展和人的发展

当代中国社会哲学

导　言

　　中国社会正经历着历史性的大变动。在这场大变动中，即使我们这个古老社会机体中最不敏感的部分也开始受到震荡了。但是，人们感受到了震荡的剧烈，却未必理解它的深刻，未必理解它的历史的合理性。

　　当前中国的社会大变动是在社会主义条件下发生的。社会主义制度的建立本身就曾是一场深刻的社会大变动，它为实现中国社会的伟大历史转变迈出了决定性的一步。但是，三十多年来，中国的社会主义事业走过了十分曲折的历程，既取得了举世瞩目的成就，也遭受过严重的挫折，造成过社会生活的局部的，有时甚至是全面的停滞和倒退。社会主义实践的成功和失败，一再地迫使人们去思考这样一个最重大、最基本的问题：中国究竟怎样沿着社会主义的道路前进？从人民创造历史的角度说，即究竟应当怎样按照社会主义的原则改造中国？当前发生的社会大变动正是这种理论思考在历史实践上的表现。因此也只有从这种理论思考的合理结论中，才能求得对于当前这场社会大变动的深刻理解。

　　当前中国社会的大变动是整个社会生活的大变动。要求得对于这场大变动的理解，显然不能局限于对于社会生活的某一个方面或某几个方面的思考，而应是对于社会运动的整体性的思考。这种思考不能不求助于哲学。当代中国社会哲学，就是对于当前中国社会大变动的哲学思考。

社会主义运动历史经验的反思

现在在中国发生的事情，在其他一些社会主义国家也不同程度地以自己的方式发生了。俄国十月革命使社会主义由理论变为实践，第二次世界大战后，社会主义又由一国的实践变为多国的实践，形成多个社会主义国家同资本主义国家并存的局面。可是，几十年来，社会主义国家在社会经济、科学技术方面并不比某些先进的资本主义国家更发达。这样，就使所有社会主义国家都面临着这样一个无法回避的问题：社会主义的优越性究竟在哪里？社会主义的优越性究竟怎样才能发挥和显示出来？问题是这样的尖锐，它迫使人们不得不去对社会主义实践的历史经验进行深刻的反思，去重新认识社会主义，去探寻在当代条件下建设社会主义的道路。这就是社会主义的改革成为一种世界性潮流的原因所在。中国当前的社会大变动正是这股大潮的一部分。这种情况的发生是有重大的历史根据和现实根据的，因而是具有必然性的。

现代社会主义本来就不是某个社会改革家头脑中的想象，而是活生生的现实运动。马克思主义的科学社会主义学说论证了社会主义代替资本主义的必然性，从而指明了现代社会运动的历史方向，却没有也不可能规定各个国家实现社会主义的具体道路。诚然，社会主义作为一种科学理论问世，它的创始人也要立足于当时的时代条件对未来社会的基本特征提出某种设想，但这种设想必须由历史去检验。科学社会主义是建立在唯物主义基础之上的，它绝不会教条式地预料未来，而只是在批判旧世界中发现新世界。1886 年，恩格斯在给英国费边社的爱德华·皮斯的信中就曾写道："无论如何应当声明，我所在的党没有提出任何一劳永逸的现成方案。我们对未来非资本主义社会区别于现代社会的特征的看法，是从历史事实和发展过程中得出的确切结论：脱离这些事实和过程，就没有任何理论价值和实际价值。"①当时，马克思和恩格斯认为社会主义革命会在发达的资本主义国家首先胜利。他们从这些国家商品经济及与此联系的社会化生产已经高度发展的"历史事实和发展过程"出发，曾设想作为共产主义第一阶段的社会主义社会将实行生产资料全社会所有，将根据社会需要有计划地调节生产，商品、货币将不复存在，等等。同时，既然社会主义将首先在发达资本主义国家取得胜利，他们也就不可能设想到社会主义国家同发达资本主义国家长期共存的局面。可是，历史的发展却超出了马克思和恩格斯的设想。社会主义不是在发达的资本主义国家，而是在资本主义不发达、经济文化相对落后的国家首先取得了胜利。在这种情况下，怎样对待马克思和恩格斯的理论？是把他们依据于特定的"历史事实和发展过程"提出的设想当成一劳永逸的现成方案，还是采取历史主义的科学态度在实践中修正这些设想？可以说，半个多世纪以来，在社会主义建设的理论和实践中发生的许多问题，都直接或间接地同对于这一问题的解决方式相联系。

俄国十月革命胜利后的初期，在国内战争和外国武装干涉的情况下，列宁曾试图取消商品货币，实行"战时共产主义"，结果在实践中碰壁，随即改行新经济政策，承认商品经济存在的必要性。同时，他还看到了俄国落后的经济状况对于建设社

---

① 恩格斯：《致爱德华·皮斯（1886 年 1 月 27 日）》，《马克思恩格斯全集》第 36 卷，人民出版社 1975 年版，第 419—420 页。

会主义的严重意义，看到了发展生产力的极端重要性，提出了社会主义如何超过资本主义的问题。列宁从俄国的情况出发，对马克思的设想做了重要的修正，但显然还来不及从理论上和实践上系统地解决在苏联怎样建设社会主义的问题。列宁逝世以后，苏联又搞了几十年，还是没有解决这个问题。1952年，在斯大林的《苏联社会主义经济问题》中有限制地承认了社会主义条件下的商品经济，但在理论上居于主导地位的仍是产品经济的观点，在实践上则是实行高度集中统一的计划产品经济体制及与之相应的政治体制和文化体制。苏联的这一套，曾被视为社会主义的唯一模式。我们国家在一个长时期里，也是基本上照搬了苏联的模式，在某些时候、某些方面甚至比他们走得更远，以至发展到采用大规模阶级斗争的方式把商品经济当作"资本主义"去抑制和扼杀。这不能不窒息国民经济的活力，不能不使整个社会机体失去生气。在这种情况下，社会主义建设的路子不是越走越宽，而是越走越窄，社会主义的优越性无从发挥。

历史的经验充分证明，墨守马克思、恩格斯一百多年前的具体结论是不行的。时代条件发生了重大的变化，关于社会主义的观念也应当变化。照搬任何别国的模式也是不行的。即使某种模式在某个国家是可行的，那也是适应于他们国家的具体条件的，况且，曾经被视为社会主义唯一模式的东西也不过是把马克思主义教条化了的产物。社会主义运动是在不同国家的土地上发生的，实现社会主义的道路必须依靠各国无产阶级政党和各国人民自己的独立探索。固然，社会主义运动本来就是一种国际的现象，不能离开科学社会主义一般原则的指导，也需要各国之间互相借鉴和汲取有益的经验，但立足点应当是自己的双脚站立的地方，应当是社会主义在自己国家赖以生存和发展的特殊条件。

中国人民正是在长期的历史实践中，在对社会主义和自己时代条件的反复的再认识中，悟出了并不断地深化了这样一个平凡而伟大的真理：自己要走的路，要在自己的头脑指挥下用自己的脚去走。把马克思主义的普遍真理同我国的具体实际结合起来，建设有中国特色的社会主义，这就是我们总结长期历史经验得出的基本结论。这也是我们对当代中国社会运动进行哲学考察的基本的指导线索。

理论地把握当代中国的国情

探索中国社会主义的道路，既要有对于社会主义的再认识，也要有对于中国国情的再认识，并且要将这两个方面结合起来。

"国情"是一个内容广泛的综合概念，既包括社会状况，也包括自然条件如人口、资源、地理位置，等等。自然条件也是十分重要的，但对于考察社会运动来说，首要的是社会状况。一个国家的社会状况也是表现于经济、政治、思想文化诸方面的，其中，基础性、决定性的方面则是它的经济状况。只有了解了一个国家的经济状况，才有可能深刻地了解它的政治、思想状况，达到对于整个社会状况的全面的把握。"一切社会变迁和政治变革的终极原因，不应当在人们的头脑中，在人们对永恒的真理和正义的日益增进的认识中去寻找，而应当在生产方式和交换方式的变更中去寻找。"①这是唯物主义历史观的基本观点。当前中国社会大变动的深刻根源同样在于经济生活之中。

---

① 恩格斯：《反杜林论》，《马克思恩格斯选集》第3卷，人民出版社1972年版，第307页。

因此，对于中国国情的认识，无疑应从对中国经济状况的分析入手。

从探索中国社会主义的道路这一确定的理论角度说，研究中国社会的经济状况，首先就是要研究中国的社会主义制度得以建立和发展的经济前提。按照科学社会主义的一般原理，社会主义是社会化生产和资本主义占有之间的矛盾发展的产物，社会主义制度是建立在社会化大生产的基础之上的。因此，我们需要着重加以研究的，是中国的社会化生产力发展的状况。

中国的社会主义是在民主革命胜利后，经过短促的过渡时期而建立起来的，因此，它直接脱胎于未经资本主义充分发展的半封建半殖民地社会。关于中国半封建半殖民的社会性质，毛泽东在一系列著作中做过精辟的论述。新民主主义革命胜利前夕，他曾这样扼要地阐明了当时中国的经济情况及其意义："中国的工业和农业在国民经济中的比重，就全国范围来说，在抗日战争以前，大约是现代性的工业占 10%左右，农业和手工业占 90%左右。这是帝国主义制度和封建制度压迫中国的结果，这是旧中国半殖民地和半封建社会性质在经济上的表现，这也是在中国革命的时期内和在革命胜利以后一个相当长的时期内一切问题的基本出发点。"[①]从这种半殖民地半封建的社会经济状况出发观察中国社会主义运动的命运，可以得出如下几点基本认识。

第一，旧中国已经产生了现代工业，已经有了社会化的生产，并随之产生了工业无产阶级，这说明在中国是具备建立社会主义的历史前提的。现代工业虽在国民经济中所占比重很小，但却极为集中，最大的和最主要的资本集中在帝国主义及其走

---

① 毛泽东：《在中国共产党第七届中央委员会第二次全体会议上的报告》，《毛泽东选集》第 4 卷，人民出版社 1967 年版，第 1320 页。

狗中国官僚资产阶级的手中。民主革命胜利之后，没收这些资本归国家所有，将其转变为社会主义的国营经济，这就使社会主义有了立足的基础。因此，认为中国不能搞社会主义的论点是站不住脚的。这一点早已被历史所证明了。

第二，旧中国工业很少，社会化生产的发展程度很低，这种经济落后状况是"帝国主义制度和封建制度压迫中国的结果"。在帝国主义和封建主义的双重压迫下，中国的民族资本主义不可能得到充分的发展。在本来十分微弱的现代工业中，中国民族资本又仅占 20%左右。这说明，中国的民族资产阶级是一个很软弱的阶级，它没有力量领导人民推翻帝国主义和封建主义的压迫，解放中国的生产力。加上俄国十月革命后国际条件的新变化，中国注定不能走资本主义的道路，而只能经过民主革命转向社会主义，只有社会主义才能救中国。因此，认为中国不需要搞社会主义的论点也是站不住脚的。这一点也早已被历史所证明了。

第三，尽管旧中国经济的落后有其特殊的历史原因，但落后总是事实。而且，它不是一般的落后，而是特别的落后。十月革命时，列宁说俄国比西欧最落后的国家还落后，我们在新民主主义革命胜利前则比那时的俄国更落后。当时俄国的工业在国民经济总产值中的比重已达到 42.1%[①]，1949 年前的旧中国则仅有 10%左右。旧中国经济状况的特殊落后，决定了中国建设社会主义的特殊困难和特殊复杂，也就要求付出更加巨大的努力，去探索更加特殊的道路。

总之，中国能够而且必须走社会主义的道路，但却是在经济相当落后的基础上走上社会主义道路的。这本应是一个完整

---

① 参见斯大林：《联共（布）中央委员会向第十六次代表大会的政治报告》，《斯大林全集》第 12 卷，人民出版社 1955 年版，第 231 页。

的认识。但在过去的几十年里，从总的指导思想上看，我们对于上述第一点和第二点的认识是明确的、坚定的，而对于上述第三点的认识却并不明确和坚定，或在实际上不明确、不坚定，有时几乎是根本不予顾及。我们在社会主义建设中的许多重大失误，都同这种认识上的片面性相联系。它是急于求成、急于求纯的"左"倾错误的重要认识根源。而且，某些人在中国能不能和要不要搞社会主义这一问题上发生的怀疑和动摇，也往往同对于中国社会主义建设的特殊困难缺乏批判性的思考不无关系，因此，从总结历史经验的角度说，主要地应去认识我们的社会主义是在经济十分落后的基础上起步这样一种情况。

我国社会主义制度建立以后，经过 30 多年特别是近 10 年来的努力，情况已大大改观。我们已经建立了比较完整的工业体系和国民经济体系，工业产值已在工农业总产值中占了主要的份额。但是，这并不说明我们已经实现了工业化，已经成了"工业国"，已经建立起了社会主义制度所必需的物质基础。这里，有两点必须注意。第一，工业化不仅是要求工业产值大大超过农业产值，更重要的是还要求整个经济结构特别是劳动力结构发生根本性的变化，要求非农业人口大大超过农业人口。我们国家现在的情况依然是 10 亿多人口有 8 亿在农村，基本上还是用手工工具搞饭吃，这种现状离工业化还相去甚远。第二，工业化也是一个历史的概念，在不同的历史时期，工业化有不同的历史水平。即是说，工业化和现代化是不可分离的。我们是在 20 世纪 80 年代考察工业化，并且还面临着世界科技革命的不断的新挑战。我们现在的实际情况是一部分现代化工业同大量落后于现代水平几十年甚至上百年的工业同时存在，工业生产的水平在总体上还很落后。总之，我国的工业化还只能说处在起步阶段。这表明我国社会生产的总体水平还很低，生产的社会化程度还很低，社会主义赖以生存和发展的社会化大生产的物质基础还相当薄弱。

社会化生产的发展是同商品经济的发展直接联系的。生产社会化的实质是充分发展的社会分工，而社会分工的发展则必须依赖于商品经济。因此，商品经济是社会化生产在一定历史阶段上的必然形式。没有生产的商品化，或者说不经过生产的商品化，就不可能有生产的社会化。考察中国社会化生产发展的情况，不可不考察它的商品经济发展的情况。

中国在历史上长期是以自然经济为基础的封建农业社会。1840年鸦片战争以后，自然经济开始走向分解。但这并不是中国社会内部孕育的商品经济因素壮大的结果，而主要是由于外国资本主义的入侵造成的。这种情况决定了中国自然经济的分解不可能是彻底的。中国自然经济的基本形式是农业和手工业紧密结合的小农家庭经济，它的存在可以不依赖于一般商品市场，因而具有对于外来商品经济的顽强的抗拒能力。因此，1949年前的旧中国，尽管商品经济得到了一定程度的发展，但它总是摆脱不了强大的自然经济的制约，而且不能不深深地打上殖民地半殖民地的烙印。这种发展是极不充分的，并且是畸形的。新民主主义革命胜利以后，又由于对社会主义和资本主义的误解，把商品经济和资本主义混同起来进而和社会主义对立起来，不但不去致力于发展商品经济，反而从多方面去加以限制。农村的人民公社基本上是自给自足的经济单位，在一个长时期里甚至把农村的小商品生产也当作"资本主义的尾巴"割掉了。城市企业基本上是"大而全""小而全"的封闭型经济。市场体系极不健全，国内市场同国际市场的联系也大大减少了。在这种情况下，商品经济发展状况甚至比1949年前还倒退了。这一点，仅从商业在整个国民收入中所占的比重就可以看出。新民主主义革命胜利前夕的 1949 年商业收入曾占 15.4%，到 1978年却反而降低为 9.8%。商品经济发展程度低下是社会化生产发展水平低下的表现，也是它的原因。因此可以说，商品经济极不发达是中国社会经济落后的基本标志。

社会主义要求建立在商品经济及与其相联系的社会化生产高度发达的物质基础之上，而我们却仍是在一个自然经济根基很深、农业人口占多数的以手工劳动为基础的农业国里搞社会主义。这就是症结之所在。这也就是当代中国国情中最主要、最基本的东西。

当代中国社会的经济状况决定了它的政治状况和思想状况。自然经济曾是封建生产关系赖以长期存在的根本基础，也是封建专制主义的政治制度赖以长期存在的根本基础。旧中国不像西方发达资本主义国家那样有商品经济的充分发展，也就没有形成像西方国家那样的民主传统。中国共产党领导的民主革命的胜利，推翻了几千年的封建专制主义政治制度，人民享受了民主权利，这是中国社会政治生活的历史性的变化。但是，推翻了专制主义的政治制度，却未能完全改造它赖以存在的经济条件。在自然经济和半自然经济还占相当比重的情况下，在政治生活中也就不可避免地还会保留着封建专制主义残余的影响。由于这种旧的政治影响的存在；由于经济文化的落后，民主政治建设所必需的条件还很不充分；加上我们过去在民主政治建设中受到"左"的指导思想的影响，在具体制度和民主实践环节上还存在着许多缺陷；由于这一切原因，我国的民主化程度即人民实际享有民主的程度仍是不高的，而且，民主政治建设的困难和阻力还相当强大。在思想文化上也是如此，由于经济的落后，我们在教育科学文化事业上也就难以改变落后面貌，使得人民的文化素质还普遍地比较低下。从作为观念形态的文化方面说，中国传统文化是根植于自然经济的基础的。在自然经济尚保留着强大影响、商品经济发展尚不充分的情况下，由传统文化向现代文化的转变不可能是彻底的。在当前社会大变动中新旧观念的剧烈冲突就说明了这种情形。例如我们对于社会主义的许多错误观念里，有些是把马克思主义教条化的结果，有些则是我们附加给社会主义的东西，这一部分附加的东西在实质上就是用小生产的观点思考社会主义的结果，因而它常常同在长期自然经济条件下形成的各种传统观念相结合，受到传统观念的支持，也就显得特别牢固。这说明，观念的变革固然是社会变革的先导，但实现观念上的彻底变革仍须依赖于社会本身的发展，首先是经济的发展。在现在的社会经济发展水平上，旧的、落后的观念的继续存在是不可避免的，某些腐朽思想的彻底清除也在客观上是不可能的。

可见，认识当代中国的基本国情，既要了解它的方方面面，又不能停留于它的方方面面，而应力求达到一种辩证的整体性的认识。要达到这一点，就要抓住它的主要的东西即把各个方面内在地统一起来的东西。这个主要的东西就是它的经济状况，它的社会化生产及与此联系的商品经济发展的状况。只有立足于中国社会化生产和商品经济发展状况的分析，才能把对于中国社会的经济、政治、思想文化诸方面的认识统一起来，形成关于中国国情的具体概念。

还需强调指出的是，认识当代中国的国情不能脱离现时代的世界背景。任何一种认识都离不开一定的参考系，参考系不同，得到的认识结果也就不同。对于中国的情况，关起门去看往往不甚清楚，如果把门打开，先看看外面的天地再回头来看自己，就十分清楚了。当今的世界是一个开放的世界。现代世界的开放性归根到底是由商品经济的开放性造成的。正是商品经济的发展使世界经济一体化，并进而使国际政治联系、思想文化联系越来越密切。在当代，任何一个国家都不能在封闭的条件下求得发展，在经济文化落后的基础上建设社会主义的国家尤其不能把自己封闭起来。社会主义发展中的许多新问题正是在社会主义国家同发达资本主义国家并存的情况下发生的，是在它们的比较和竞赛中尖锐化的。中国经济文化的落后不仅是就它不能满足人民日益增长的需要这个意义上说的，而且更重要的是从它未能达到发挥社会主义对于资本主义的优越性所需要的发展水平这个意义上说的，它落后的程度也只有在当今世界经济迅速发展、科技革命日新月异的情势下才得以充分显露。现在，面对着科技革命将会造成生产力的新的飞跃的形势，不同社会制度、不同发展程度的国家都在经济结构、经济体制及社会其他方面的体制和政策上进行改革和调整。即使是一些发达国家也感受到世界形势新的挑战的严重意义，在寻求新的战略抉择。我们和发达国家在经济和科技发展水平上的差距还有继续拉大的可能和趋势。对于这种情况决不能闭目塞听或视而不见、听而不闻。我们只有在现代世界背景下，才能认识我国社会主义建设的根本问题所在，才有解决问题的紧迫感。同时，随着整个社会的开放，西方各种思潮也不可避免地会涌了进来，使人们改变原来的观念和思维方式，换一套新的眼光去观察自己，观察世界，观察自己在世界中的地位。这种思想观念的冲击是任何人想回避也回避不了的。在今天，谁还企图用过去习惯了的方式去说明和解决中国的问题，都会被理所当然地认为是不合时宜的了。因此，考察当代中国社会运动必须重视它的外部条件即世界经济政治思想文化状况的研究，以便在认识世界中更清楚更深刻地认识自己。当然，这种研究绝不是要我们妄自菲薄，去一味地说人家如何如何的先进，我们如何如何的落后。我们也有自己的优势，不然就不会有立足的基础，更不会有发展的基础。科学的态度应当是，放眼于当代世界历史发展的广阔背景，实事求是地分析自己的优长和不足，以便扬长避短、取长补短，走出一条适合自己国情、适合当今时代条件的发展道路。

从对中国国情的分析中，从对中国国情和当代世情的比较中，我们清楚地看到，当代中国的经济文化同西方发达国家相比还相当落后。西方国家经过几百年资本主义的发展，实现了工业化和生产的商品化、社会化、现代化，现在仍在向更高的程度发展，而这正是社会主义所必需的物质基础。中国由于其特殊的历史条件，超越了资本主义充分发展的阶段。中国社会主义的物质基础不是由资本主义的发展为它准备好，而必须由它自己去创造。这就是中国社会主义道路的特殊性所在。这也就是中国的社会主义社会必须经过一个很长的以创造自己的物质基础为根本任务的初级阶段的历史根据所在。

当代中国以经济变革为基础的社会整体运动

中国由于其特殊的国情而超越了资本主义的发展阶段，却不能超越社会主义的初级阶段。而且，正是因为它超越了资本主义的发展阶段，才不能超越社会主义的初级阶段，即不能不在社会主义条件下，经过一个很长的发展时期去实现其他许多国家在资本主义条件下实现的历史过程。社会主义初级阶段不可超越，从根本上说，是一定的社会经济发展阶段不可超越。小生产必然向社会化大生产发展，这是社会经济发展的普遍规律。近代以来社会化大生产发展的过程就是工业化和生产现代化的过程，而工业化和现代化都必须同生产的商品化相结合，必须经过生产的商品化才能实现。工业化和生产的商品化、社会化、现代化都是社会经济发展不可逾越的阶段，而其核心则是生产的商品化。因此，从主要点上说，中国社会主义的初级阶段即是充分发展商品经济的阶段。

商品经济的充分发展不仅是现代经济发展的必要条件，而且是现代社会得以全面改造和进步的必要条件。中国社会主义初级阶段的历史任务就是经过社会生活的全面改造，建设一个富强、民主、文明的社会主义现代化的国家。富强、民主、文明是一个统一整体。这几个目标的实现都必须经过社会主义商品经济充分发展的道路。

"富强"即发达的社会生产力，这是中国社会主义初级阶段所要达到的根本目标和首要目标，因而发展社会生产力也就成为当代中国社会运动一切过程的核心。但是，怎样才能使社会生产力得到发展？过去以为只要建立了生产资料的公有制，生产力就可以迅速地发展。这是一种对于生产关系和生产力相互关系的简单化、抽象化的理解。它首先忘记了生产关系本身就是由生产力的发展状况决定的，同时也忽略了生产关系反作用于生产力的形式和条件。在中国现在的生产力状况下，公有制的水平不可能很高，公有制的成分不可能很纯，不仅绝不可能实现单一的全民所有制或如马克思曾设想的生产资料全社会所有，而且也不可能只有公有制即全民所有制和集体所有制，还必然存在某些私有制的经济成分，如个体经济、私营经济以及中外合资或外商独资的经济，等等。即使全民所有制经济，它的生产资料也不可能由全体人民或代表全体人民的国家机构去使用和经营，而只能在不改变所有权的情况下由各个企业去使用和经营。因此，不论何种所有制经济，所有的企业和生产单位都是具有自己特殊利益的独立的生产者、经营者。他们的利益关系才是真实的社会关系，才是生产关系的实质。如果不能正确有效地调节这种利益关系，生产力的发展就会受到阻碍。显然，这种利益关系不能主要地由国家用行政手段去调节，而必须遵循经济活动的规律，通过正常的经济活动自身去调节。这就是要把他们的劳动产品作为商品去交换，通过市场，形成对他们劳动的社会评价，由社会本身依据于这种评价去调节。这就说明，各种所有制（包括作为主体部分的公有制）的实现形式只能是商品经济的形式。只有通过商品经济的形式，才能有效地调节各种利益关系，从而调动生产者、经营者的积极性；才能使企业实现自主权，从而获得发展的活力；才能使各种合理地存在的所有制以不同的方式发挥其促进生产力发展的积极作用。离开商品经济的形式去谈论生产关系对生产力的反作用，除了做出一些脱离实际的空洞推论以外，不可能对于现实的社会生产过程做出真正切实的合理的说明。

在现代条件下，商品生产是社会生产的唯一的必然的形式。商品经济的发展以社会分工的存在为前提，它又促进社会分工的发展。商品经济的发展以生产技术的一定程度的进步和生产规模的一定程度的扩大为基础，它又促进科学技术的进步和生产规模的扩大。商品经济的发展还使国际的分工与合作得以形成和发展，等等。这些，都是现代生产力发展的重要条件。在现代发达的资本主义国家，生产力的发展水平、商品经济和生产社会化的发达程度已经很高，但商品经济不论在内容、形式和范围上都还不断地有新的发展，并继续发挥着推动生产力发展的作用。当今的时代并不是商品经济走向衰落的时代，而是商品经济继续得到迅速发展的时代。中国在生产力水平相当低下的情况下，如果超越商品经济充分发展的阶段，脱离世界经济发展的轨道，企图由自然经济、半自然经济直接转变为"产品经济"，这是根本违背社会经济发展的客观规律的，其结果，只能造成生产力的停滞和倒退，造成整个社会的封闭和落后。

社会主义民主政治的建设也是依赖于社会主义商品经济的充分发展的。过去以为只要建立了公有制，民主政治就一定可以建设起来并得到高度的发展。这也是一种对于经济基础和上层建筑相互关系的简单化、抽象化的理解。公有制的建立只是决定民主的基本性质，而民主政治的发展程度则并不是单独地由公有制的发展程度决定的，它决定于整个社会的发展水平，并归根到底决定于社会化生产的发展水平。

近代的民主政治就是随着社会化的大生产出现的，是生产社会化及由此造成的整个社会生活社会化的产物。在自然经济的条件下，人们相互之间的经济交往和社会交往极不发达，因而社会关系十分狭隘，基本上是一种以人身依附关系为基础的自上而下的统治和服从的线性关系，同这种经济条件和社会状态相适应的只能是专制政治。随着商品经济的发展，人们相互之间的经济交往和社会交往才逐步发展起来。商品是一种为交换而生产的产品，因而它从一开始就是一种社会化的产品。商品关系的发展必然使整个社会关系越来越密切和丰富，从而使从前的以人身依附关系为基础的线性的关系，逐步为以纯粹的经济利益关系为基础的、由错综复杂的横向交往所织成的非线性的网络式的关系所代替。在这种新的经济条件和社会状态下，专制政治就不能适应了。在近代商品经济发展中产生的资产阶级，正是为着保障自由贸易，给发展资本主义的商品经济扫除障碍，才打起民主的旗帜，要求用民主政治取代封建专制政治。在资产阶级取得统治以后，它也只有采用民主的政治形式才能管理一个经济关系和整个社会关系日益复杂的商品社会。一方面，它要用民主政治制度去调节本阶级内部在商品经济发展中产生的各种利益差别和冲突；另一方面，对于被剥削阶级，对于摆脱了人身依附关系的雇佣工人，专制政治也已经不再是适合的政治统治形式，而只能改用同资本剥削形式相适应的资产阶级民主制的政治形式。这就是近代资产阶级民主产生的基本原因。可见，近代资产阶级民主作为资本主义的政治上层建筑无疑是同资本主义生产关系相联系的，因而体现了资产阶级的阶级的特殊性，但它作为同专制政治相对立的政治形式，又是同商品经济和社会化大生产相联系的，因而又包含了适应于整个商品经济时代的普遍性。我们应当这样全面地认识近代的民主政治。这对于我们正确地思考社会主义民主政治建设的许多重要问题都具有重要的启发意义。

在社会主义条件下，民主的阶级性质根本改变了，但民主政治建设同样要以社会化大生产作为物质基础，要以社会关系的发展和丰富作为必要条件，而这些都离不开商品经济的充分发展。从我国民主政治建设的实践可以清楚地看出，封建专制主义残余的影响之所以仍然存在并成为民主政治建设的严重阻碍，从客观上说，基本的原因就在于自然经济、半自然经济仍在社会经济中占有很大的比重。我们长期实行产品经济的体制，又强化了自然经济的影响。在这种体制下，实行条块分割，各经济单位处于封闭或半封闭状态，基本上是依靠行政手段维持一种上下之间的纵向的经济联系，而很少有横向的联系。企业只是被动地接受来自上面的指令性计划，没有自己的自主权。国家用行政办法管着企业，企业也用行政办法管着工人。在这种情况下，官僚主义、等级观念、家长制等的存在就不可避免。加上分配同企业经营的经济效益脱节，人们也就更难得去考虑自己的劳动同企业经营的状况有什么关系。企业没有自主权，工人也就没有主人翁的地位。劳动者在自己从事生产的企业里都没有真正成为主人，所谓"国家和社会的主人"也就只是一句空话。

民主就是人民当家做主，它从来就是由人民自己去争取，去创造，去实现的。因此民主政治的建设更不可忽视作为民主政治实践主体的人民群众的主观条件。这种主观条件，主要的就是人民的科学文化素质和民主意识。人民科学文化素质的普遍提高依赖于社会科学文化教育事业的普遍繁荣，而科学文化教育事业的繁荣又只有通过发展社会主义商品经济，造成社会生产力巨大增长的经济条件才有可能。人民民主意识的培养也显然不是仅仅依靠民主思想的宣传所能奏效的。一种观念的形成和传播，总是依赖于一定的社会物质生活条件的。生活在自然经济条件下的人们不可能产生近现代的民主观念，即使从外面将这种观念灌输给他们，也很难为他们所理解和接受。近代民主观念是随着商品经济的发展而出现的。商品经济遵循的是等价交换的原则，它要求在机会均等条件下的自由竞争，而排斥一切超经济的强制，排斥一切特权和人身依附关系，等等。因此，马克思曾称商品是"天生的平等派"。近代自由平等的民主政治意识就正是这种等价交换、自由竞争的商品经济意识的升华。不具备商品经济的意识，就不会有现代的民主政治的意识。所以，人民的民主意识，只能在社会商品经济的发展过程中，通过自己的商品生产和商品交换的实践而逐步地培养起来。总之，建设社会主义民主政治的一切主客观条件的创造，都离不开社会主义商品经济的发展。

社会主义精神文明的建设也只能在发展社会主义商品经济的过程中进行，而不能离开这个过程。社会主义精神文明建设的任务是提高全民族的文化道德素质，造就全面发展的社会主义新人。实现这一任务，除了经济的发展这一根本前提外，还至少要求创造两个重要的条件：一是整个社会的思想活跃；二是社会成员个性的充分而健康的发展。只有普遍的思想活跃，才能有创造性的精神生产，才能有社会精神生活的丰富，才能有民族素质的普遍提高。与此相联系，只有社会成员个性的充分发展，才能造就一代又一代个性健全的新人。这两个条件的创造，都依赖于社会主义商品经济的发展。

思想的活跃同政治的民主是分不开的，但二者都依赖于商品经济的发展。商品经济的开放的本性要求的正是自由的思想，而同任何形式的思想专制、文化专制不相容，同一切封闭保守的思想观念不相容。只有在商品经济发展的洪流冲击下，才能使人们摆脱各种思想禁锢，迅速地抛弃落后的旧观念，接受先进的新观念，包括接受外来文化中的合理成分，才能使中国实现由传统文化向现代文化的彻底转变。过去一个长时期里，有些人像害怕商品经济一样害怕自由思想。殊不知，自由的思想正是思想文化进步的最重要的条件。倡导自由思想同坚持马克思主义并不相悖，马克思主义本身就是自由思想的产物。当初，马克思和恩格斯若不是主张自由思想，怎么会创立马克思主义？今天，若不提倡自由思想，怎么能有马克思主义的新发展？自由思想是整个商品经济时代的社会思想特征，而不为资产阶级所独具。承认发展商品经济的历史合理性却又否定自由思想，是不合逻辑的。否定了自由思想，就否定了现代精神文明。

一个民族的素质同它的每个成员的个性发展是密切相关的。不能设想在大多数成员的个性不健全、不丰富的情况下，这个民族的素质还能是好的。人的个性的发展状况同社会的发展状况是一致的。在自然经济的条件下，谈不上个性的发展。个性解放的口号是在商品经济有了一定发展的时候才提出的，并且是为着适应商品经济进一步发展的需要而提出的。商品经济以发达的社会分工为条件，承认生产者的劳动差别和利益差别，需要自由竞争，这就必然尊重个性，提倡个性发展。当然，商品经济只是个性发展的必要条件而不是充分条件。个性解放曾作为一个资产阶级的口号也有它确定的历史内容和阶级内容。在资本主义条件下，商品经济及与其相联系的社会化生产的发展要求个性的发展，而资本主义的经济制度、政治制度又扼杀大多数人的个性。这正是资本主义社会深刻的社会矛盾的表现。社会主义代替资本主义，使这个矛盾得到了解决。社会主义经济是公有制基础上的有计划的商品经济，它承认人们的利益差别，又肯定人们共同的根本利益；它需要发展竞争，又不许妨碍实现共同的理想。因此，它既能促进个性的发展，又能将人们个性的发展引导到健康正确的方向。社会主义精神文明的建设是同社会主义商品经济的发展相适应的，但作为社会的精神建设，它又要体现人类精神生活的超前性质，因此，这种适应绝不是同经济的发展亦步亦趋，而应力求始终走在经济发展的前头，把握社会运动的未来。精神文明建设的这种超前性，使得人们个性的发展必然具有不平衡性。在个性普遍地获得发展的同时，必然不断地造就出高于普遍水平的更完美的个性，即涌现出精神品质更为优秀的人物，他们能够突破现实关系限定的狭隘眼界而引导历史前进的方向。从历史发展的更为长远的眼光看，将来正是在商品经济的发展中造就出一代能够消灭商品经济、把人类社会推向更高形态的新人。但是，如果现在不尊重个性的发展，不在发展社会主义商品经济的过程中为人的个性的发展不断地创造条件，那么，这样的一代新人就永远不可能出现。我们应当站在这样一个历史的高度去看待社会主义精神文明建设的意义。

总之，当代中国社会的大变动是在经济、政治、思想文化各个领域全面发生的，是整个社会生活的全面改造，而它的基础则是经济的变更，即由自然经济向商品经济的转变。中国社会在自然经济的基础上存续了几千年。近百年特别是近几十年人民革命的伟大洪流迅速地冲垮了耸立在上面的旧物，却未能彻底挖掉深埋在下面的根基。由商品经济取代自然经济，就是要挖掉这个根基，从这点上说，中国社会完成从自然经济向商品经济的转变，也就是完成从古代社会向现代社会的转变。这就是这场大变动的深刻性之所在。

这场大变动是中国共产党和中国人民在对于社会主义的再认识中发生根本观念变化的情况下引发的，是人们基于对当代中国社会运动基本趋势的深刻认识而自觉地推动的，因此，它是通过自觉的有领导的改革而实现的。社会主义观念转变的核心是确认社会主义经济乃公有制基础上的有计划的商品经济，改革也就首先从经济体制开始。经济体制改革的实质内容就是变计划产品经济的体制为社会主义商品经济的体制。社会变动是社会的整体变动，改革也是整体性的改革，是各项改革配套进行的系统工程。它从经济领域开始，却必然要逐步扩大到经济以外的其他领域，对于政治体制、文化体制、科技体制、教育体制等也进行相应的改革。但无论哪个领域的改革，都应同经济体制的改革相适应，亦即同发展社会主义商品经济的要求相适应，其直接的目标就是在全社会建立起社会主义商品经济的新秩序，以及与之相适应的整个社会生活的新秩序。我们只有抓住经济变革这个基础性的环节，抓住由自然经济、半自然经济向社会主义商品经济转变这个基本线索，才能把握当代中国社会的整体运动。

当代中国社会整体性运动的基本规律性

随着社会经济由自然经济、半自然经济向商品经济的转变，中国社会的运动必然呈现许多新的特点，具有和以往发展过程不同的规律性。揭示这种规律性，无疑是当代中国社会哲学的重要内容。

在当代中国社会运动中起作用的，有支配整个人类社会发展的规律，有适应于整个商品经济时代的规律，也有由当代中国特殊条件所规定的特殊规律，因而是一个有内在结构的、多层次的规律体系。前面所论的问题，也是对于当代中国社会运动规律性的认识。这里，仅从研究当代中国社会的整体性运动的角度，再提出几个比较重要的规律性问题加以探讨。

（一）关于社会发展中的阶段性和连续性

社会发展的阶段性和连续性及其相互关系，既体现社会发展过程诸方面的统一，又体现社会发展诸过程的历史联系，因而是社会整体运动规律性的一个重要方面。

人类社会的发展是分阶段的，又是连续的，这是社会发展的一般规律。半个多世纪以来社会主义的实践表明，社会主义社会的发展也是分阶段的，又是连续的，这也是社会主义社会发展的一般规律。但是，中国是未经资本主义充分发展阶段而由半封建半殖民地社会直接进入社会主义社会的，社会发展阶段的区分不像发达国家那样典型，因而在社会主义社会发展的阶段性和连续性及其相互关系上也会表现出自己的特点。

认识当代中国社会发展的阶段性和连续性，首要的是正确地把握当代中国社会所处历史阶段的特殊的规定性。但是，如何去把握这种规定性？是从一般的原则和方法推论出来，还是从分析中国的基本国情入手，把当前的发展阶段作为中国社会整个发展链条的一个环节去把握？如果正确的方法不是前者而是后者，那么，对于中国国情又主要地应抓住它的哪个方面，把握中国社会发展链条应以什么作为基本线索？为了弄清这个前提性的问题，很有必要对以往关于社会主义阶段论的种种理解做一番清理。

　　在社会主义运动的历史上，关于社会主义社会分阶段发展的认识有一个形成和演变的过程。至于社会主义发展阶段的划分，则始终是一个在实践中探索的问题，并没有一个对各个国家都适用的统一模式。从我们国家来说，在这个问题上取得比较正确的认识，是付出了高昂的代价的。20 世纪 50 年代中后期，在生产资料所有制的社会主义改造完成后不久，就提出过"跑步进入共产主义"的口号，根本否认社会主义的发展阶段，搞出一个"大跃进"，造成了灾难性的后果。"大跃进"的碰壁，使人们清醒了一些，认识到社会主义是一个很长的历史阶段，但又把社会主义历史阶段的长期性归结为"两个阶级、两条道路斗争"的长期性，认为整个社会主义时期都是由资本主义到共产主义的过渡时期，它始终存在着资本主义复辟的危险性。在这种认识指导下，又搞出一个"文化大革命"，造成了更惨痛的灾难性后果。一个"大跃进"，一个"文化大革命"，它们的指导思想虽有明显的不同，但表现出对于社会主义的认识却也有共同之点，这就是在认识社会主义的发展阶段上都抛开了生产力的标准。"大跃进"是企图在生产力极端落后的情况下"跑步进入共产主义"，完全是用小生产的眼光去看待社会主义，搞的是贫穷的社会主义。"文化大革命"以阶级斗争为纲，只在变革生产关系、清除"资本主义因素"上打主意，而把发展生产力放在次要的地位，甚至一度把发展生产力当作所谓修正主义的"唯生产力论"去批判，同样是搞的贫穷的社会主义。可见，在认识社会主义社会发展阶段的问题上，抛开生产力标准，就必定发生这样或那样的错误。

社会主义必须建立在社会化大生产高度发展的物质基础上，这是科学社会主义的主要原理。因此，在社会主义制度建立后，社会主义发展阶段的区分也就主要地应依据于生产力的水平，即社会化大生产的水平。固然，社会形态的区分是依据于占统治地位的生产关系，但这里讲的不是社会形态的区分，而是社会主义社会形态自身发展程度的区分。固然，作为区分社会形态自身发展程度的社会发展阶段也应是一个标示社会的经济、政治、思想文化诸特征的综合概念，但是所有这些特征归根到底是由生产力的发展状况所决定的。因此，生产力的水平即社会化大生产的发展水平是划分社会主义发展阶段的主要标准。正是用这个标准去衡量，才使我们认识到中国社会仍处在社会主义的初级阶段。中国社会虽然早已建立社会主义制度，但它的物质技术基础仍十分薄弱，即社会化生产和商品经济发展程度仍十分低下，由此决定，社会主义制度本身也就仍不完善、不成熟。所谓社会主义的初级阶段，就是一个由于生产力水平落后因而社会主义不完善、不成熟的阶段。这就是当代中国社会所处历史阶段的规定性。

辩证哲学"承认认识和社会的每一个阶段对自己的时间和条件来说都有存在的理由"[①]。中国社会主义初级阶段的存在是由中国生产力十分落后的特殊历史条件决定的，因而是不可逾越的。生产力的发展是一个受着诸多因素制约的客观过程，

---

① 恩格斯：《路德维希·费尔巴哈和德国古典哲学的终结》，《马克思恩格斯选集》第4卷，人民出版社1972年版，第213页。

是一个逐步积累的过程，不可一蹴而就，因此，中国社会主义的初级阶段具有长期的稳定性。肯定这一点，是我们一切历史活动的基本立足点和出发点。诚然，尽管它的稳定性是长期的，但总是相对的。随着时间的推移、条件的变化，它将失去其存在的理由。当商品经济和社会化大生产获得高度发展以后，社会主义制度也将趋于完善和成熟，中国社会主义也就将走出初级阶段而进入更高的发展阶段，这就是社会主义社会发展的连续性。

在认识中国社会主义社会发展的连续性上，需要着重弄清楚的是商品经济的历史地位问题。如前所述，中国社会主义的初级阶段从其主要点上说是一个充分发展商品经济的阶段。那么，人们自然会问：商品经济通向哪里？商品经济的发展体现着一种什么样的社会历史的连续性？诚然，在历史上，商品经济的发展曾促成资本主义的产生，它自身也在资本主义条件下取得了充分发展的形态。但是，商品经济同资本主义并不存在必然联系。商品经济是社会经济的一种运行形式，它并不必然地同某种特定的生产关系相联系。商品经济是自然经济或未来可能的产品经济的对立物，而资本主义则是封建主义或社会主义的对立物，这是两个不同的范畴系列，不可混淆。在中国已经建立社会主义制度的情况下，商品经济就是同社会主义的生产关系相联系的，它同样地可以在社会主义条件下取得充分发展的形态。高度发达的商品经济是社会化生产的必然形式。商品经济的发展必然造成的只是社会化的大生产，不管它是在资本主义条件下造成的还是在社会主义条件下造成的，都是为社会向其更高的发展阶段转变准备物质条件。因此，发展社会主义商品经济正是中国由社会主义初级阶段走向更高的发展阶段的必经途径，正是中国社会主义社会发展的连续性得以实现的根本条件。

可见，要把握社会发展的阶段性和连续性及其相互关系，最重要的是具体地研究什么发展阶段可以超越，什么发展阶段不可超越。在中国特殊的历史条件下，资本主义的发展阶段可以超越，但商品经济充分发展的阶段却不可超越。正是这"可以超越"和"不可超越"两个方面的结合，决定了当代中国社会发展阶段的主要特点和当代中国社会发展的阶段性和连续性相互联结的特殊形式。

（二）关于社会发展中的统一性和多样性

如果说阶段性和连续性是侧重于从纵的方面揭示社会运动整体性的范畴，那么，统一性和多样性则是侧重于从横的方面揭示社会运动整体性的范畴。

任何社会的发展过程都是统一性和多样性的统一。社会是一个有机整体，它的各个要素、各个方面有着不可分割的内在联系，这就是社会的统一性。但是，各个要素、各个方面在社会有机体中所处的地位是不同的，它们各自又具有相对的独立性。一个国家是一个整体，但它的各地区、各部门由于条件的差异性和发展的不平衡性，又会表现出各自不同的特点。这些就是社会的多样性。社会是活动着、发展着的有机体。社会有机体发展的一个重要杠杆就是社会分工。随着社会分工的发展，一方面是专业化程度越来越高，分工越来越细，社会不断地分化出新的因素，形成新的关系，从而使社会生活的多样性越来越丰富；另一方面是各部门、各领域的相互依赖性和相互制约性更强烈，从而使社会的统一性获得更实在的基础。显然，社会的多样性和统一性发展的过程，同整个社会生活的社会化程度提高的过程是一致的，因此，也是社会发达水平的一个重要标志。社会从低级向高级的运动，同时也是这样一种从简单到复杂的运动。

当代中国社会随着商品经济的发展，必将使整个社会生活日益活跃和丰富。社会生活的丰富本质上是社会关系的丰富。商品经济的发展就不仅是商品量的增长，而且同时是商品经济关系的发展。商品经济承认种种差别及产生在差别基础上的竞争，它通过市场而使整个社会的横向经济联系越来越广泛和密切。经济上搞活，又要求政治的民主和思想的活跃，因而使整个社会生活日益丰富和多样化。

发达的商品社会是充分显示社会生活多样性的社会，日益趋向多样化是现代社会的重要特征。中国社会长期处于抑制多样化发展的"大一统"状态，这是它长期落后的表现之一，也是它长期落后的根源之一。在自然经济条件下，一家一户的封闭的经济单位自给自足，人们不需要也不可能发生多种多样的联系，社会关系非常简单和狭隘。同这种社会关系状况相适应的是政治上思想上集权和专制的"大一统"体制。这种"大一统"体制窒息了社会生活的多样性，也就窒息了社会的活力，社会历史延续的基本形式只能是简单的个体复制，整个社会就在这种世代相继的个体复制中爬行。我国社会主义制度建立以后，长时期是实行计划产品经济的体制。中国现代历史条件下的产品经济不过是自然经济的变种，因而它不但没有从根本上动摇中国社会"大一统"的历史传统，反而会使它得以继续，甚至在某些方面得以强化，因为它造成了使之得以继续和强化的新条件。我们已经看到，在旧的经济和政治、文化体制下，经济上是一味地求"大"，求"公"、求"纯"，政治上强调高度集权和统一，文化上则是限制百花齐放、百家争鸣，以至发展到思想专制，十亿人只能有一种思维模式，只能有一个头脑思考。在这种情况下，整个社会是一潭死水，谈不上生机和活力。

社会主义商品经济的发展以及适应商品经济发展而进行的体制改革，如一股不可阻挡的洪流，它所冲击的正是这个"大一统"。在这股洪流的冲击下，中国社会实现由"大一统"状态向多样化状态的转变，也就成为中国社会现代化的一个重要标志。

中国社会生活走向多样化，并不会使它失去统一性。恰恰相反，它必将在日益丰富的多样性的基础上实现真实的统一性。这种统一性之所以是真实的，就在于它不是人为地建立的，而是客观必然的，是体现着多样化的社会生活的内在联系的。

（三）社会发展中的宏观和微观

宏观与微观本来是表征人们观察事物的不同层次或不同角度的概念，我们在这里将其引申为揭示社会结构方式的范畴。它与统一性和多样性及整体和部分等范畴相近，但又有明显的区别。

宏观与微观是相互联结的，它的联结方式取决于社会的结构方式。在自然经济的条件下，社会的结构是上下隶属的线性结构。在这种社会结构中，微观个体是各自封闭的，它们之间的差异和联系都未获得充分的发展，因而只能依靠行政权力把它们串联在一起，形成类似于金字塔的社会宏观整体。国家最高权力机关居于金字塔的顶端，下面按照行政区划分为若干行政层次，层层隶属，层层管辖，各微观个体之间互不相干。这种社会结构表明社会关系简单和狭隘，社会生活的社会化程度低下。随着商品经济和社会化生产的发展，微观个体不再是封闭的，而是互相开放的，它们之间的横向的经济联系和社会联系日益扩大和加强，从而形成以横向联系为主、纵横交错的网络式的社会结构。这种社会结构表明社会关系日益丰富，社会生活的社会化程度日益提高。

当代中国社会随着自然经济、半自然经济向商品经济的转变，社会的结构方式发生着明显的变化，因而宏观和微观的关系也在变化，其突出表现是微观个体的独立性显著增大，微观个体之间的相互影响以及微观对宏观的影响也显著增强。面对体现着日益丰富的社会关系的无数微观个体，任何一种代表社会的权力都不可能直接地加以控制，而只能协调微观与微观之间的关系，以求在这种协调中形成合理的宏观关系。这种变化，正是使宏观与微观关系的辩证性质显露了出来。宏观本来就不应是凌驾于微观之上，而是居于微观之中的，应是微观与微观之间的相互制约形成宏观关系。但在自然经济的条件下，由于微观个体的封闭性使它们之间的相互影响、相互制约关系不可能得到发展，而只能有某种代表社会的权力机构将社会宏观关系外加于微观个体。因此，这样的社会宏观整体是脆弱的，甚至在许多情况下是虚假的。毫无疑问，这种社会结构方式及与此联系的宏观与微观关系的改变，是中国社会走向现代化的必经途径。

宏观与微观关系的变化，要求社会管理方式也随之变化。在经济上，正确处理宏观调控和微观搞活的关系具有至关重要的意义。在这个关系里，主要的方面应是微观搞活，即充分发展微观个体的独立性、自主性。只有微观搞活，才能使宏观整体成为充满生机和活力的整体。宏观的调控不应是单纯依靠行政手段去把微观个体管住，而应是主要运用经济杠杆去调节微观与微观及微观与宏观的关系，使微观个体的活动纳入客观经济规律所规定的正常经济秩序。在政治上，过分集中的政治体制已显然不能适应了，而必须建立更有利于发扬社会主义民主的新体制，新的政治体制应大大削弱层层隶属的关系，减少领导机关同人民群众信息沟通的环节，增加信息沟通的渠道；应逐层下放权力，各地区、各部门、各单位之间的大量问题应由它们自己通过协商和竞争解决或依据法律程序解决，而不必事事经过上级行政部门。这样，既能提高国家机关的工作效率，又扩大了人民当家做主的权利。我国政治体制改革中提出的许多重要措施如简政放权、开展多种形式的协商对话等，都是适应着宏观与微观相互关系的新变化而提出的。在思想文化上，任何形式、任何意义上的思想专制和文化专制都越来越行不通了。随着经济上微观搞活，政治上基层单位即微观个体权力的扩大，必然是整个社会的思想活跃。各种文化、各种观念的交流和冲突是不可避免的，人们对于各种文化和观念也会有越来越充分的选择余地。诚然，整个社会需要有统一的指导思想，但"统一"不是僵化，不是禁锢自由思想的框框，也不是不允许矛盾和冲突的"铁板一块"。只有经过人们自觉选择所达到的统一，才是真实的统一。诚然，社会需要也必须引导人们的选择，但不能代替人们的选择。整个文化体制和政治思想工作的改革，都应当适应社会宏观和微观相互关系变化的这种趋势。

由于社会是一个庞大的机体，具有多层次的复杂结构，因而宏观与微观的区分具有相对的性质。把整个社会视为宏观整体，各领域、各地区、各部门就是微观个体。如果把某一领域或某一地区、某一部门视为宏观整体，它又包含了无数的微观个体。因此，宏观和微观这对范畴对于研究社会的运动具有普遍的方法论意义。

（四）社会发展中的协调和竞争

协调和竞争同宏观和微观这两对范畴有着密切的关系。微观上搞活，微观个体独立性的增强，必然使微观个体之间的差别扩大，从而使它们之间的竞争加剧。而宏观关系则是通过协调微观之间的关系得以建立的。所谓协调微观之间的关系，最重要的正是协调由于微观之间的竞争所造成的种种不平衡关系。

竞争规律是社会生活的普遍规律。人类社会是在优胜劣汰、新陈代谢中前进的。在历史的进程中，符合历史前进方向、具备适合于自己存在的条件的东西保存和发展了起来，不符合历史前进方向、失去自己存在条件的东西被淘汰下去，这就是竞争。这是在一切社会形态中都起作用的客观规律。但是，随着社会由低级向高级的发展，特别是随着由自然经济向商品经济的转变，这个规律的作用会表现得更为明显、更为强烈。

在自然经济条件下，生产规模狭小，社会关系简单狭隘，人们之间基本上是一种以人身依附关系为基础的纵向联系而几乎没有社会的横向联系，微观个体之间是相互封闭的，因而整个社会不可能产生强有力的竞争机制和开辟广阔的竞争场所，社会主体也不可能具备自觉的竞争意识。在这种情况下，选优汰劣的竞争过程只能自发地缓慢地进行着。这正是社会发展缓慢的重要原因。随着商品经济的发展，竞争才迅速和充分地发展起来。商品生产是一种社会化的生产，它承认生产者之间的劳动差别和利益差别，要求人们的劳动通过市场交换而取得社会的评价，并依据于这种评价而调节人们的利益关系。人们的劳动接受社会评价的过程就是一个无情的选优汰劣的过程，市场就是激烈的竞争场所。经济生活中的竞争又必然扩及整个社会生活的领域。这也正是商品经济社会获得迅速发展的重要原因。

当代中国社会必须充分发展商品经济，也就必须充分发展竞争。过去把竞争看成一种丑恶的东西，看成资本主义社会所特有的可怕的现象，这和把商品经济同资本主义混同是一样的逻辑。当然，正如社会主义商品经济不同于资本主义商品经济一样，社会主义的竞争同资本主义的竞争也有原则的区别。二者的根本区别就在于，资本主义的竞争是在根本利益冲突基础上的竞争，因而具有对抗的性质；社会主义的竞争则是在根本利益一致基础上由于局部利益的差别而产生的竞争，因而具有非对抗的性质。但这只是由于条件不同所造成的竞争规律发生作用的性质和特点的不同，并不意味着这个规律作用的弱化。

协调规律也是社会生活的普遍规律。协调是竞争的对立面，双方有着不可分割的依存关系。任何社会都不可能只有竞争即不协调而没有协调。在商品经济条件下，竞争规律的作用更为强烈，相应地，协调规律的作用也会表现得更为强烈。竞争的发展使社会不断地产生新的因素、新的关系，从而造成新的更广泛的不平衡，也就要求在更广的领域和更高的程度上实现协调。在商品经济得到充分发展的现代条件下，社会的正常发展需要全面地协调各种关系，如社会和自然的关系、国内和国际的关系、社会生产中两种生产即物的生产和人的生产的关系、社会总供给和总需求及积累和消费的关系、社会经济和政治文化的关系、人际关系以及社会发展和人的发展的关系，等等。任何一种协调关系的人为的长久的破坏，都可能造成社会的局部的乃至全局的混乱、停滞或畸形发展。

当代中国社会需要充分地发展竞争，当然也需要全面地实现协调。过去认为在社会主义条件下，社会的协调发展是自然而然的事情。这是一种误解。这种误解是以否认社会主义条件下的竞争为前提的。事实上，社会主义社会的协调也是与竞争相联系的，也是在竞争中实现的。从理论上说，在社会主义社会，社会协调的实现应越来越减少盲目性或自发性，人们越来越能够自觉地运用协调发展的规律，尽可能及时地发现和调整各种重大的不平衡、不协调，因而能够尽可能地避免和减少破坏性的后果。但需要注意的是，自发性和客观性不是一个概念。

自发性是和自觉性相对应的，它们是表征人们掌握和运用规律的程度的概念，也是表征规律发生作用的特点的概念，而不是表征规律本身属性的概念。规律发生作用的自发性的克服不是规律本身的客观性的消失。协调规律作为客观规律在任何情况下都具有强制性。况且，我国尚处在社会主义的初级阶段，由于生产力水平和科学技术水平不高，社会经济、政治、文化体制还存在种种弊端，因而社会平衡协调的机制尚不健全，人们对于社会协调发展规律的认识也需要一个过程。在这种情况下，协调规律发生作用的自发性及由此而来的某些破坏性的后果，仍是不可完全避免的。这种情况正说明我们应正视协调发展规律，自觉地认识和运用协调发展规律。

竞争的规律、协调的规律、竞争和协调相统一的规律，都是支配社会主义社会的整体性运动的客观规律。当代中国社会就是在竞争和协调的统一中发展的，正确认识竞争和协调及其相互关系也就成为把握中国社会整体性运动的一个重要方面。

当代中国社会的发展和人的发展

社会是人的社会，人是社会的人。社会的发展和人的发展是不可分割的。而且，人既是社会发展的力量，也是社会发展的目的。离开人的发展，社会的发展就是不可理解的和没有意义的了。因此，对于社会运动的考察必须把人的问题放在十分突出的位置上。

中国社会的现代化，每一步都是通过人的自觉活动实现的。在整个现代化的过程中，人的素质的提高具有首要的、决定性的意义。但是，人的素质又是历史的产物。人的素质的提高依赖于一定的必要的社会历史条件，只能在社会现代化的进程中逐步实现。这就是马克思说的"人创造环境，同样环境也创造人"。①因此，环境的改变和人的改变的一致，或者说社会的发展和人的发展的统一，应是我们考察当代中国社会运动中的人的问题的指导原则。

如前所述，社会主义商品经济的发展是中国社会现代化的必经途径。同样的，它也是中国人的现代化的根本条件。遵循社会发展和人的发展相统一的原则，考察当代中国社会中人的发展问题也就应着重研究商品经济的发展对人的影响。

商品经济的发展将促进生产力的不断增长和劳动生产率的不断提高，从而能够越来越多地提供人的发展所必需的自由时间和物质手段。商品经济的发展还将促进科学文化事业的繁荣，推进社会政治生活的民主化，推进社会精神生活的普遍活跃和丰富，这都是人的发展所不可缺少的重要条件。此外，更加重要的是，商品经济的发展将使社会关系不断发展和丰富，从而不断提高人的社会化程度，而这正是实现人的现代化的最为重要的一个方面。人从一开始就是社会的人，但人的社会化程度却是历史地发展的。在自然经济的条件下，人们的社会关系十分简单和狭隘，因而人的社会化程度也很低下。随着商品经济的发展，生产的社会化和整个社会生活的社会化程度不断提高，人的社会化程度也随之不断提高。商品经济的充分发展所造成的社会关系的丰富即人的社会化程度的提高，对于人的全面发展具有决定性的影响。人总是在一定的社会关系中生活和发展的，"社会关系实际上决定着一个人能够发展到什么程度"②。

---

① 马克思和恩格斯：《费尔巴哈》，《马克思恩格斯选集》第 1 卷，人民出版社 1972 年版，第 43 页。

② 马克思和恩格斯：《德意志意识形态》，《马克思恩格斯全集》第 3 卷，人民出版社 1960 年版，第 295 页。

社会关系的丰富，必然使人的本质越来越丰富，即人能够在全面发展的社会关系中全面地塑造自己。社会关系的丰富，人们之间横向社会联系的扩大，也必然增多信息交流的渠道，加大信息的流量，从而加速人的知识和观念的更新。同时，在复杂多样的社会联系中，人也将发展其丰富多彩的个性，使长期被历史所湮没的普通个人的作用广泛地和鲜明地显示出来，并受到历史的尊重。在这种情况下，越来越多的社会成员能明确地意识到自己所扮演的社会角色，即具有明确的主体意识。主体意识的增强，是人的自觉能动性得以发展和发挥的前提，而人的自觉能动性的发展和发挥，又将反过来影响社会和人自身的发展。总之，社会主义商品经济的发展将造成越来越有利的社会环境，使社会的发展和人的发展进入互相促进的良性循环之中，它在推动中国社会现代化的过程中也推动着中国人的现代化。

不仅社会的现代化要求有现代化的人和必然造就出现代化的人，而且社会现代化的目的也归根到底是为了人。中国社会的现代化是要建设一个富强、民主、文明的社会主义现代化国家。富强、民主、文明讲的都是人的生活和人的发展。社会的现代化只有依靠人的奋斗才能实现，而人为社会的现代化而奋斗也就是为争取人自己幸福美好的生活和自由全面的发展而奋斗。这就是说，现代化作为人的历史活动，在它的整个过程的一切方面都体现着人的主体性。现代化实现到什么程度，也就取决于人的主体性实现到了什么程度。

考察当代中国社会发展和人的发展的关系，就是要研究中国社会现代化中人的主体性。这种研究需要着重探讨两个至关重要的问题，这就是人的价值和人的自由的问题。

人的价值是一种主体性价值即人作为主体所具有的价值，

它不同于物的价值。在人与物的关系中，人是主体，物是客体。所谓价值关系即是客体物满足主体人的需要的关系。但在自然界自在地存在的自然物并不是一种为人的存在，因而不直接地具有价值属性，只有经过人的实践活动去改造物，使其具有对人有用的形式时才具有价值属性。人的价值也就在于人能够通过自己的活动使物具有价值，即能够创造价值。因此，人的价值提高和实现的过程也就是人创造和占有物的价值的主体地位提高和实现的过程。

人的价值是一种创造价值的价值，它是通过创造物的价值而实现的。一般地说，人创造的物的价值越大，人自身的价值也越大。这无疑是人的价值评价和价值实现的一个方面，而且是基础性的方面。但是，不应当忘记，所谓物的价值本来就是物对于人的有用性即物满足人的需要的属性，离开人，离开人的需要的满足，就无法评价物的价值，从而更无法评价人的价值。因此，人所创造的价值以怎样的方式和在怎样的程度上满足人的需要，对于实现人的价值就是至关重要的。在某种社会条件下，例如在资本主义条件下，工人创造了物的价值却使自己失去了人的价值。在现代科技革命中也有类似的情形，人以自己的智慧和劳动创造出来的东西反过来成为奴役人的力量，某些所谓"全球问题"的产生就是如此。在我们的现实生活中也常常看到，人创造了越来越多的财富，而人自己的生活质量在某些方面却反而下降了。这些，都是人的活动的一种反主体性的效应，即人作为主体的活动不但未能取得提高人的主体价值和主体地位的效应，反而取得了适得其反的效应。可见，人的价值的提高和实现固然依赖于人创造价值的实践，同时也依赖于合理的社会条件，依赖于社会关系的改造。

中国的社会主义现代化是中国人民的伟大历史创造。中国人民在自己的土地上创造出一个富裕、民主、文明的强大国家，同时也就是把自己变成这样一个强大国家的主人。人创造社会的过程，也就是人的自我创造的过程，是人的价值即人的主体地位提高和实现的过程。社会主义现代化建设的一切活动都是人进行的，又都是为了人。人去创造富裕，创造民主，创造文明，都是为自己而创造。因此，在一切活动中都必须重视它的主体性效应。如果忘记了这一点，那也就是忘记了现代化的基本宗旨。

人的自由同人的价值实现是密切联系的，从其基本点上看，可以说是同一个问题。所谓人的自由，就是人摆脱客观世界的束缚并驾驭客观世界，或者说，人由受客观必然性的奴役转为驾驭客观必然性，由物支配人转为人支配物。这都是一个意思，讲的都是实现人的主体性，实现人的主体地位。恩格斯说，自由的人就是"成为自己的社会结合的主人，从而也就成为自然界的主人，成为自己本身的主人"①的人。成为这三个方面的"主人"，也就是全面确立了人的主体地位。人取得了真正的主体地位，就意味着人开始自由自觉地创造自己的历史，人可以依据社会发展亦即人自身发展的需要去自由地发展和发挥自己的创造能力，人的活动不再屈从于任何别的目的，而是把人自身的发展作为目的。所以，马克思说："事实上，自由王国只是在由必需和外在目的规定要做的劳动终止的地方才开始；因而按照事物的本性来说，它存在于真正物质生产领域的彼岸。"物质生产的领域始终是一个必然王国，"在这个必然王国的彼岸，作为目的本身的人类能力的发展，真正的自由王国，就开

---

① 恩格斯：《社会主义从空想到科学的发展》，《马克思恩格斯选集》第 3 卷，人民出版社 1972 年版，第 443 页。

始了"①。人类所向往、所追求的"自由王国"的实际内容，就是人类能力的发展成为目的本身。人类"自由王国"的实现也就是人的主体地位、主体价值的全面实现。

马克思上述关于"自由王国"的论述不能被看作他的个别论述，而是马克思主义的一个基本思想。在《共产党宣言》里说，代替资产阶级旧社会的，"将是这样一个联合体，在那里，每个人的自由发展是一切人的自由发展的条件"②。在《资本论》里还说过，未来社会是"以每个人的全面而自由的发展为基本原则的社会形式"③。这个思想，在马克思和恩格斯的其他著作里还有一系列的论述。可见，马克思和恩格斯是把人的自由全面的发展看作未来社会的基本特征的，是把人自身的发展看作社会主义社会发展的目的的。毫无疑问，这是科学社会主义的一个基本内容。按照马克思和恩格斯当时的设想，消灭了资本主义制度也就是开始从必然王国进入自由王国。正像他们未能预见到推翻资本主义制度以后社会主义发展的种种复杂情形一样，他们也不可能先验地规定人类自由王国实现的具体过程。事实上，从社会主义制度的建立到"自由王国"的实现还有一个很长很长的距离。从中国的情况看，社会主义在一个很长时期都是处于初级阶段，由于社会经济和科学文化水平低下，社会主义的社会关系不成熟，人们的劳动仍然基本上还是一种谋生的手段，因而人的能力的发展不能不受多方面的限制，也就在很大程度上还不能成为目的本身。在这种情况下，如果误认为已经进入了"自由王国"，人们可以以"自由王国"的公民自居，那当然是陷入了超越社会发展阶段的空想。但是，当

---

① 马克思：《资本论》第3卷，人民出版社1975年版，第926—927页。
② 马克思和恩格斯：《共产党宣言》，《马克思恩格斯选集》第1卷，人民出版社1972年版，第273页。
③ 马克思：《资本论》第1卷，人民出版社1975年版，第649页。

代中国社会的发展又无疑是通向"自由王国"的。达到"自由王国"是当代中国社会运动的最终目标。中国社会每向前迈进一步，都是向这个目标接近一步。我们现在所做的一切工作，不论是发展商品经济，发展生产力，发展科学技术，还是推进民主政治建设和文化建设，或者为实现这些任务而进行的改革，都是同这个目标相联系的。也只有同这个目标相联系，才能显示它们的真正意义。因此，中国社会主义现代化的一切事业都必须以实现人的自由、人的全面发展为着眼点和出发点。丢开了这一点，也就失去了当代中国运动的实质目标。

哲学是人类争取自由的武器。实现人的自由是哲学的任务、哲学的归宿。当代中国社会哲学也无疑应以实现当代中国人的自由为归宿。前面所论及的多种哲学问题都同人的自由问题相联系，都可以看成对于当代中国社会中人的自由的前提、途径、实现方式及发展程度等的考察。

简短的结论

当代中国社会哲学力图对于当代中国社会运动达到一种整体性的把握。但是，整体性不是包罗万象，不是对当代中国社会运动的一切现象做出详尽无遗的说明，而是要求全面地把握它的主要的基本的东西及其内在联系。这种整体性主要体现于以下几个方面的统一：中国社会的经济发展和政治、文化诸因素发展的统一，中国社会运动的内部因素和外部条件的统一，中国社会的发展和人的发展的统一。在从上述几个方面的统一中去把握当代中国社会的整体运动时，又都必须始终抓住以自然经济（或产品经济）向商品经济的转变为实质内容的经济变革这条主线。当代中国社会哲学应是以社会主义商品经济发展为基础的当代中国社会整体运动的理论再现。

对于当代中国社会运动的整体性的把握，固然是一种相对完整的认识。但是，完整不意味着封闭。任何一种科学的认识都不应当是封闭的，而应当是开放的，何况当代中国社会哲学所研究的是当前的活的历史，它就更加应当是开放的。中国社会朝着自己光辉灿烂的未来迈开了坚定的步伐，必定会有层出不穷的新东西出现在前头，要求做出新的理论说明。因此，当代中国社会哲学的研究也应当不断地深化和丰富。

第一篇　当代中国社会状况

第一章　当代中国社会的经济

任何一个时代的经济状况，都是该时代的基础，它决定着这个时代的政治、思想文化（包括哲学）、科学技术的发展和应用以及整个社会的一般特点。哲学作为时代精神的精华，它无疑必须牢牢立足于自己时代的经济的基础之上，并对此进行自觉的反思。因此，经济状况既是一个时代的哲学得以形成和发展的基本原因之一，又是该时代的哲学所思考的基本对象之一。研究当代中国社会哲学，也首先必须在马克思主义哲学一般原理指导之下，深入考察自己的基础，即分析当代中国的基本经济状况。

第一节　当代中国社会的商品经济

一、中国商品经济的历史发展

在自战国以来长达两千多年的封建社会里[①]，中国的经济一直是以自给自足的自然经济为主。马克思在描绘法国农民的

---

① 关于中国奴隶社会和封建社会的分期，史学界大体有西周封建说、战国封建说和秦汉封建说等观点。本书只是着重论及与当代中国社会经济有较密切关系的战国以后的经济状况，因此未对社会分期问题做出考察。

状况时说："每一个农户差不多都是自给自足的，都是直接生产自己的大部分消费品，因而他们取得生活资料多半是靠与自然交换，而不是靠与社会交往。一小块土地，一个农民和一个家庭；旁边是另一小块土地、另一个农民和另一个家庭。一批这样的单位就形成一个村子；一批这样的村子就形成一个省。这样，法国国民的广大群众，便是由一些同名数相加形成的，好像一袋马铃薯是由袋中的一个个马铃薯所集成的那样。"①马克思的这番描绘，对于以自然经济为主的中国封建社会也是大体上适合的。当然，中国封建社会的经济状况和社会状况还有它的另外的一些特点。

封建社会的自然经济一般是由两种经济成分构成：一种是封建领主（或地主）制经济，一种是小农的个体经济。在这一点上，中国封建社会的自然经济与欧洲中世纪封建社会的自然经济没有什么不同。但是，在自然经济与商品经济因素的关系上，它们之间却有着明显的区别。正是在这一点上，形成了中国长期封建社会自然经济的一些显著特点。

土地所有制是封建社会最基本的经济制度。欧洲中世纪的封建领主主要是通过"采邑"的办法分封占有土地，并分割出一部分以份地的形式授予农奴。而在中国，自战国以来，则无论地主或小农获得土地的基本办法都是通过购买。"至秦……用商鞅之法，改帝王之制，除井田，民得卖买。"②到汉代，土地的买卖已经作为一种制度确立。土地的自由买卖无疑是商品经济的因素，它要以社会商品经济，特别是其集中体现的货币经济的一定程度的发展为基础。当然，在欧洲中世纪也存在商品

---

① 马克思：《路易·波拿巴的雾月十八日》，《马克思恩格斯选集》第 1 卷，人民出版社 1972 年版，第 693 页。

② 《食货志》，《汉书》卷二十四上。

经济的因素，但在那里，商品经济主要不是土地的买卖，与土地所有权无关，因而它对于自然经济来说是外在的。在中国封建社会里，商品经济却与土地所有权紧密相连，因而它对于自然经济来说是内在的，就是说，它被自然经济包容于自身之内。

本来，商品经济是自然经济的对立物，但在中国封建经济形成和发展的特殊历史条件下竟成了自然经济里的一个内在因素。这个特殊历史条件主要是，在战国时期已有了相当发达的商品经济和货币经济（金已成为实际的本位币），却尚未产生相应的社会生产力，因此，社会上大量积累的货币就不可遏止地要首先把作为主要生产资料的土地投入炼金炉中熔化为商品。这种情况又造成了以下两个相关的结果。

其一，商品经济对于自然经济来说是一种新的经济，具有强大的生命力，但它被自然经济所包容之后，不仅没有成为摧毁自然经济的力量，却反而成为使自然经济得以长期存在的一个重要因素。

自然经济作为一种保守的经济，按其本性来说是与社会劳动生产力的发展相排斥的。因此，它赖以长期存在的根本条件不是社会经济的发展，而恰恰是社会经济的停滞。中国封建社会里存在的商品经济因素，在一个长时期里就正是造成社会经济停滞的因素。土地成为主要商品，是自战国以来两千多年里无法解决的土地兼并问题的一个重要的经济原因，而土地兼并问题则是在各个历史时期社会动乱的总根源。中国封建社会的大动乱历时之长实属罕见。战国末至秦汉之交"不及五百年，大难三起，中间之乱、尚不数焉"①。从东汉末至隋统一，大动乱长达三百六十余年。从唐天宝十三年安史之乱到宋初，大动乱又前后历时两个多世纪。每次大动乱都使经济遭到破坏。

---

① 《食货志》，《汉书》卷二十四上。

几乎每一次经济大破坏之后的经济复兴，又都基本上只是原来经济发展的简单重复。这种长期反复的社会大动乱根本不可能改变自然经济形式，而恰恰使它在经济的长期停滞中显得更加不可动摇。

其二，中国封建社会的自然经济把商品经济包容于自身之内，成为它自身得以稳定的条件，这也就丧失了这种商品经济向资本主义经济发展的可能性。

伴随着土地兼并而发生的全社会的、长时期的以土地为对象的商品交换，使社会积累的货币财富既不能用以发展工商业，也不能用以发展农业本身。马克思说："为购买土地而支出货币资本，并不是投入农业资本，这其实是……相应地减少了他们的生产资料的数量，从而缩小了再生产的经济基础。"①同时，土地的自由买卖和土地的兼并，造成了"富民田连阡陌，贫者无立锥之地"的状况，广大农民的绝对贫困化加深，使本来很小的社会购买力更加枯萎，社会难以扩大再生产。在这种情况下，商品经济的独立发展几乎成为不可能，因而它向资本主义的发展也是不可能的。

除上述根本原因以外，中国古代传统的重农抑商的经济政策，也对商品经济的发展起到了直接的扼杀作用。封建统治阶级实行土贡制度、官办工业制度等来缩小商品经济的活动范围，并通过禁榷制度堵塞工商业自由发展的道路。②这些，都使中国封建社会的商品经济因素不能不窒息于自然经济之中。

中国封建社会的末期（明朝中叶以后），在欧洲已经结束了黑暗的中世纪，发生了震撼世界的变化，产生了资本主义。新

---

① 马克思：《资本论》第 3 卷，人民出版社 1975 年版，第 913 页。
② 参见傅筑夫：《中国古代经济史概论》，中国社会科学出版社 1981 年版，第 208—219 页。

兴的资产阶级要按照自己的面貌为自己创造出一个世界，必然竭力将资本主义在世界范围内扩张。"不断扩大产品销路的需要，驱使资产阶级奔走于全球各地。"[①]而在这时，中国这个人口几乎占人类三分之一的幅员广大的帝国，却"不顾时势，仍然安于现状"[②]。它仍然立足于自我封闭的自然经济，对外国资本主义商品经济以及一般的对外贸易采取排斥的态度。但是，这种局面是绝不可能维持长久的。

自然经济被商品经济否定，是不可阻挡的历史趋势，只是各个民族、各个国家和地区的具体历史条件不同，这种否定的具体方式也会不同罢了。中国长期封建社会里存在的商品经济的因素是包容于自然经济之中的，它本身就是自然经济赖以生存的条件，不可能具有破坏自然经济的力量。只有外来的资本主义商品经济，才是外在于自然经济并与之对立的经济因素，只有它才具有摧毁中国封建社会自然经济的威力。在这种特殊的历史条件下，中国封建社会的自然经济被外国资本主义所瓦解，就具有了必然性。1840年鸦片战争的炮舰载着外国的资本主义侵入中国，正是这种历史必然性的具体表现。

对于 1840 年以后中国封建社会自然经济走向瓦解的历史过程，毛泽东做过这样的分析："外国资本主义对于中国的社会经济起了很大的分解作用，一方面，破坏了中国自给自足的自然经济的基础，破坏了城市的手工业和农民的家庭手工业；另一方面，则促进了中国城市商品经济的发展。"[③]19 世纪 60 年代以后，洋纱洋布大量入销，促使了纺与织的分离，进而促使

---

① 马克思和恩格斯：《共产党宣言》，《马克思恩格斯选集》第 1 卷，人民出版社 1972 年版，第 254 页。

② 马克思：《鸦片贸易史》，《马克思恩格斯选集》第 2 卷，人民出版社 1972 年版，第 26 页。

③ 毛泽东：《和中央社、扫荡报、新民报三记者的谈话》，《毛泽东选集》第 2 卷，人民出版社 1967 年版，第 589 页。

了耕与织的分离，中国传统手工业的重要支柱——手工棉纺织业逐渐解体了。外国资本主义对农产品原料的掠夺，又促使农产品商品化发展起来，商品经济在农村经济中的比重逐渐提高。第一次世界大战后，中国农村家庭的生活资料约三分之一是购买的，全部农产品约一半左右是出卖的。[①]这说明，在中国自然经济的堡垒——农村，商品经济也开始挣脱了自然经济的桎梏而获得了一定的发展。与此同时，城市商品经济也获得了较大的发展，特别是中国民族资本主义工商业逐步兴起，中国近代无产阶级和资产阶级得以形成。总之，中国近代经济已经不是也不可能是完全自给自足的自然经济，商品经济的因素已经不仅大大扩大了它活动的范围，而且不再是完全包容于自然经济之中的因素，而是越来越成为与自然经济并存的因素了。

但是，由于中国封建社会自然经济所特有的顽固性，由于破坏中国自然经济的力量是来自外国的资本主义商品经济，因而，中国近代自然经济的分解不可能是彻底的。中国自然经济的基本形式是小农业和手工业紧密结合的小农家庭经济。这种经济形式的存在可以完全不依赖于一般商品市场，它有着对于外来商品经济的极强的抗拒能力。马克思说过："资本主义以前的、民族的生产方式具有的内部的坚固性和结构，对于商业的解体作用造成了多大的障碍，这从英国人同印度和中国的通商上可以明显地看出来。在印度和中国，小农业和家庭工业的统一形成了生产方式的广阔基础。……因农业和手工制造业的直接结合而造成的巨大的节约和时间上的节省，在这里对大工业产品进行了最顽强的抵抗。"[②]在鸦片战争之后的 1842 年，中

---

① 参见严中平等：《中国近代经济统计资料选辑》，科学出版社 1955 年版，第 22 页。

② 马克思：《资本论》第 3 卷，人民出版社 1975 年版，第 372—373 页。

国与外国签订了第一个不平等条约——《中英南京条约》。尽管这个条约给了英国对华贸易以种种特权，但它在促进英国对华出口贸易方面并没有产生重大影响，相反，这一时期中国的商品出口却迅速地增加了，例如中国的茶叶和丝向英国的出口额就不断增长。许多人对于廉价的机器制品很难打开中国市场一事迷惑不解，其实，基本的原因就在于中国自然经济的这种特殊的顽强性。此外，由于中国封建社会长期形成的土地成为主要商品这一传统的影响，在近代中国社会积累货币的基本流向仍然是购买土地。不论地主、农民还是工商业者，他们积累的货币大部分都通过地价的形式消失了。这种情况也大大加强了中国自然经济抵抗外国资本主义廉价商品的顽强性。

至于在外国资本主义入侵以后并在其影响下出现的民族资本主义工商业，也无力摧毁广大农村的自然经济基础，相反，它的发展却要受到顽强的自然经济的限制，同时还要受到外国资本主义及其在中国的代表——官僚资本主义的压制。这种经济不可能独立地、充分地发展，也就不可能依靠这种经济力量在全国范围内把自然经济转变为资本主义的商品经济。

可见，外国资本主义经济的侵入，尽管对中国自然经济起到了重大的分解作用，但却不曾使自然经济彻底瓦解。尽管它促进了中国商品经济的发展，但商品经济仍然受着强大的自然经济的制约而不能独立地发展。近代中国社会的经济只能是自然经济和商品经济两种经济形式并存并互相制约，我们可以把这种经济称为"半自然经济"。

中华人民共和国的建立，使长期分裂、动乱的中国成为统一、安定的中国。由于摧毁了封建地主阶级的土地所有制，没收了帝国主义和官僚资本主义的企业，因而解放了社会生产力。20 世纪 50 年代初期，适应着生产力多种层次而确立的社会主义国营经济、合作经济、国家资本主义经济、私人资本主义经济和个体经济等多种经济形式，对于扩大城乡物资交流，活跃和繁荣市场，促进商品经济的发展起到了积极的作用。但是，由于中国自然经济的基础根深蒂固，自然经济观念的影响异常强大而深远，更由于我们在对社会主义社会客观规律认识上和经济建设指导思想上的失误，新中国商品经济的发展不能不经历着曲折的道路。

生产资料私有制的社会主义改造基本完成以后，在一个长时期里，一些人在指导思想上把计划经济和商品经济绝对地对立起来，认为社会主义公有制经济主要是所谓计划经济，而把商品经济同资本主义经济等同起来，忽视以至否认市场的作用、价值规律的调节作用。在这种经济思想指导下，在农村，搞所谓"一大二公"、政社合一、工农商学兵五位一体的人民公社经济。这是一种自我封闭的经济单位，实际上还是自然经济或半自然经济。在城市，工矿企业追求"小而全""大而全"，国家对全民所有制企业在财政上实行无偿拨款，生产资料实行直接调拨，产品实行统购包销，企图使企业与市场隔绝。这种被片面理解了的计划经济，就是所谓"产品经济"。它不承认全民所有制企业的生产资料和互相交换的产品是商品，从而主张主要以行政手段去管理经济。这种"产品经济"实质上也还是自然经济。这种以"产品经济"为核心，行政手段为主要管理手段的经济体制，不能不严重地束缚社会分工和商品经济的发展。

1978 年党的十一届三中全会以后，人们逐渐从自然经济思想的影响下解放出来，逐渐认识到在我国发展商品经济的必然性和必要性，使得城乡商品经济得到了空前的活跃和发展。经济体制的改革，首先在农村，紧接着在城市展开，逐步打开了多少年来在自然经济及其影响下形成的旧框框，促进了社会分工，扩大了商品生产和商品流通，活跃了市场，繁荣了经济。1981 年同新民主主义革命胜利之初完成国民经济恢复时的1952 年相比，商业部门收购商品的总额由 175 亿元增长到 2469亿元，即增长 13.1 倍，其中，工业品收购总额由 84.5 亿元增长到 1685.1 亿元，即增长 18.9 倍；农副产品收购总额由 90.1亿元增长到 764.1 亿元，即增长 7.5 倍，社会商品零售总额则由 276.8 亿元增长到 2350 亿元，即增长 7.5 倍。①最近几年，随着改革的深化，商品经济又获得了更加迅速的发展。商品经济发展的洪流正在冲击着一切自然经济的残余影响，给我国社会主义经济带来活力。不断完善的社会主义制度和正在形成中的新的经济体制，使中国社会经济的发展进入了一个崭新的阶段。

二、当代中国商品经济的基本性质和特点

认识中国经济由自然经济到半自然经济再到商品经济的历史发展，特别是认识新民主主义革命胜利后中国商品经济冲破自然经济、半自然经济的束缚而顽强地争得发展的曲折过程，不仅可以清楚地认识中国商品经济发展的历史必然性，而且有助于弄清当代中国商品经济的基本性质。

商品经济是社会经济的一种运行形式，它是同自然经济相对立的。一个社会是自然经济还是商品经济，取决于它的生产力发展程度，主要是生产的社会化程度。生产社会化程度的实质或集中表现即是社会分工发达的程度。自然经济与不发达的社会分工相适应，而发达的社会分工则必然与商品经济相联系。固然，生产力的发展程度同时也是决定社会生产关系的因素，但不能由此说明商品经济必然地与某种特定的生产关系相联

---

① 党校政治经济学教材联合编写组：《中国社会主义经济建设文献资料选编》，新华出版社 1984 年版，第 198 页。

系。不论自然经济还是商品经济，在它们自身发展的过程中都存在着重大的历史差别：既有公有制基础上的自然经济，例如在原始共产主义社会，也有私有制基础上的自然经济，例如在奴隶社会和封建社会；既有私有制基础上的商品经济，例如在资本主义社会，当然也就可以有公有制基础上的商品经济，例如在社会主义社会。

社会主义的经济是不是商品经济？或者说，在当代中国发展起来的商品经济能不能保证它的社会主义性质？这是我们在一个相当长的时期里未能解决的认识问题。虽然有时也讲要有商品经济，特别是当自然经济或其变种——产品经济的弊端尖锐地显露出来，使经济的发展陷入严重的困境的时候，也曾不得不通过发展商品经济去理顺某些经济关系，如 20 世纪 50 年代末、60 年代初的经济困难时期就是如此。但是，在总的指导思想上并没有弄清楚社会主义和商品经济的关系，并没有认识社会主义条件下发展商品经济的必然性和必要性，因而在实际工作中常常是设置重重障碍，把商品经济限制在一个极其狭小的领域内，甚至曾一度把商品经济当作"资本主义"或"旧社会的痕迹"去加以否定。造成这种情况的原因是多方面的。从理论根源上说，是由于我们的思想一直拘泥于马克思和恩格斯对未来社会主义社会的具体设想，把这些具体设想当作教条，不敢在社会主义实践中发展科学社会主义理论。从历史根源上说，是由于自然经济思想的影响，当这种思想又由于我们对待马克思主义的教条主义态度而被披上一层"正统"的外衣时，它的影响就更加深远了。从认识方法上说，是由于在强调社会主义经济和资本主义经济的根本区别时把这种区别绝对化了，以为社会主义否定了资本主义的私有制，也就同时否定了商品经济，从而把社会主义经济看作"超越"商品经济阶段的所谓

"产品经济"，因此，要正确认识社会主义经济的基本性质，就不仅应当清除自然经济思想的传统影响，而且不从某种先验的理论原则出发而坚持从中国经济发展的客观实际出发。

如前所述，旧中国的经济一直是自然经济或半自然经济。新民主主义革命胜利以后，自然经济仍然保持着强大的力量和影响，人们企图建立的"产品经济"是子虚乌有的，它在实质上不过是自然经济或半自然经济的变种。可以说，中国社会从未有过获得了独立发展的占统治地位的商品经济。自然经济必然被商品经济所代替，但是，在中国特殊的历史条件下，资本主义的商品经济不可能发展起来，只有在建立社会主义制度以后，才能有力量摧毁自然经济、发展商品经济。从另一方面说，已经建立起来的社会主义制度又是同自然经济或半自然经济绝不相容的。社会主义应建立在社会化大生产的基础上，而在人类历史发展的现阶段，社会化大生产赖以存在和发展的经济形式只能是商品经济。因此，商品经济同社会主义不仅不是外在的、对立的，而且是内在地统一的。在中国建立社会主义的商品经济，是历史的必然。

当代中国的商品经济是公有制基础上的有计划的商品经济，它具有一般商品经济的共性，又具有社会主义商品经济的个性，是这种共性和个性的统一。这表现在：一切经济活动都以商品为旋转的轴心，价值规律被确定为经济活动的权威，但社会主义的基本经济规律对此又起着影响或制约的作用；商品交换渗透于社会经济生活的各个方面，市场状况成为企业的微观经济活动中一个决定性的因素，但全社会经济活动整体同时还受社会主义公有制基础上产生的国民经济有计划按比例发展规律的支配，使微观的商品经济活动要受到宏观的控制；商品生产者和经营者的特殊经济利益，是经济运动的出发点和归宿，但在公有制基础上产生的全社会共同利益又是整个社会经济活动的最高原则，使得社会的商品经济活动必须同时考虑这两个方面。

当代中国商品经济的这种共性和个性的统一，最集中地体现为它的商品性和计划性的统一。在社会主义条件下，商品经济和计划经济不是互相排斥的。商品经济所排斥的只是自给自足的自然经济而不是计划经济，同样，计划经济所排斥的只是生产的无政府状态而不是商品经济。计划性是中国社会主义商品经济区别于和优越于资本主义商品经济的一个根本特点和优点。所谓计划性，就是对于全社会的商品经济活动的有计划的指导、控制和调节。这既是社会主义公有制所决定的，也是商品经济健康发展的要求。社会化大生产在客观上要求全社会对生产进行有计划的管理。商品经济的充分发展使生产社会化程度越来越高，整个社会的经济活动因此而连为网络状的整体。这时，全社会的宏观经济计划的控制，对社会生产力的进一步发展就是至关重要的了。只有坚持计划性，才能在全社会的规模上自觉地运用价值规律，科学地安排各部门发展的速度和规模，合理地利用自然资源、人力资源和信息资源，调动各方面的积极因素，实现对社会经济的宏观控制。计划性是人们认识和利用商品经济发展规律的表现，是全社会成员把握自己经济命运的表现，因而也是人们在经济发展中高度发挥自觉能动性的表现。显然，从根本上说，只有社会主义社会才能做到这一点。同时，在社会主义社会也必须做到这一点，因为即使在社会主义条件下，商品经济的广泛发展也会产生某些盲目性，而经济活动中的任何盲目性，都会造成人力、物力、财力的浪费，阻碍经济的发展。计划性就是使这些盲目性向自觉性转化，这种转化的必然性基础就是社会化大生产的发展和社会主义公有制的存在。

诚然，计划性也极容易产生另一方面的问题。因为计划性是社会主义商品经济的客观属性，它同人们制定的经济计划等主观的东西不是一回事。如果看不到这二者之间的本质区别，把某种依据错误认识所制定的计划强加于客观的经济运动，就往往会引起灾难性的后果。我国社会主义改造完成以后几次重大的经济失误都与宏观经济决策有关，就说明了这个问题。要保证社会主义商品经济的计划性，就要使我们制订的计划符合于客观的经济活动，并随时根据计划实施中暴露的问题而修正计划。但这种情况并不说明计划性不能或不应当成为社会主义商品经济的一个本质特征，而恰恰说明计划性是保证我们的商品经济的社会主义性质的必要条件。

总之，在当代，以及今后一个相当长的历史时期内，有计划的商品经济具有它的不可替代性。用我国传统的落后的自然经济或半自然经济代替它，是一种历史的倒退；用子虚乌有的所谓"产品经济"代替它，则是一种主观的幻想。历史的教训早已表明，无论哪一种"代替"，都只能使经济发展停滞甚至倒退。这几年的经验也已表明：只有坚持公有制基础上的有计划的商品经济，社会经济才能大踏步前进。

社会主义商品经济的发展犹如不可遏止的巨大洪流，将冲破一切自然经济的堤坝，使各部门、各地区的经济活动通过市场而连为一体。商品经济的发展必然带来市场上的竞争，而这种竞争又必然使商品生产者和经营者努力节约社会劳动、采用先进技术、改进管理、关心市场、增强自我改造和自我更新的能力等，从而促使商品经济的发展。这就使得长期沉闷的经济领域空前地活跃起来，使整个社会经济获得迅速的发展。固然社会主义商品经济的广泛发展也会产生某种盲目性和消极作用，这是任何商品经济发展中都不可避免的。这就是在经济活动中出现决策时单纯依靠价值规律自发调节的现象，出现为局部利益和眼前利益而牺牲全局利益和长远利益的现象，出现生产和经营中的所谓欺诈行为等；在思想观念上存在着所谓商品拜物教和"金钱万能"的拜金主义；以致使所谓"商品交换""等价交换"也渗透到政治生活中去，等等。但我们既不能因为会出现这些弊病而不敢发展社会主义商品经济，又不能在发展商品经济中放松对这些弊病的医治。我们的态度应当是：要使社会主义商品经济健康发展，必须医治这些弊病；而医治这些弊病的目的，也正是为了社会主义商品经济的健康发展。

第二节　当代中国社会的生产力和生产关系

考察当代中国社会的经济状况，既要研究它的商品经济发展状况，又要研究它的生产方式即生产力和生产关系的状况，这是两个紧密关联又有所区别的方面。

一、当代中国社会生产力的状况

生产力的状况是一个综合体，人们也提出了多种多样的标准来对它进行判定。有的根据生产工具的演进；把人类社会生产力的发展划分为三个历史时期，即古代的手工工艺时期，近代的机器时期和现代以电子计算机使用为标志的自动控制机体系时期。有的根据生产利用的能源不同，而把经由木材、煤炭、电力到核能的利用称为"生产力的四次革命"，等等。应当承认，所有这些思想对于科学地全面地认识当代中国社会生产力状况都是有价值的。但我们认为，仅从技术角度来认识生产力是不全面的，而应同时考察生产的社会化程度。下面，我们就从生产的技术性和社会性这两方面来考察当代中国社会生产力的基本状况及其特点。

（一）生产工具的先进程度

马克思说："劳动资料的使用和创造……是人类劳动过程独有的特征"，"各种经济时代的区别，不在于生产什么，而在于怎样生产，用什么劳动资料生产。劳动资料……是人类劳动力发展的测量器"。[①]而在劳动资料中，生产工具又占据特别重要的地位。因此，认识生产工具的先进程度，对于把握生产力发展状况具有决定性的意义。

从这点上看，我国当代社会生产为表现为一个多层次的结构体，其中，既有以手工工具为主的第一层次，也有以传统机器为主的第二层次，还有以使用电子计算机的自动控制机体系为主的第三层次。从总体上看，第三层次生产力刚刚形成且所占比重甚小，因此，我国当代生产力结构体的基本性质和特点主要是由前两个层次及其相互关系来规定的。前两个层次在生产力结构体中各占多大比重呢？目前我国尚无这方面的统计资料。但从现实看，农业生产力基本属于第一层次，而工业生产力基本属于第二层次。如果以工农业年总产值为100%，那么，1949年农业总产值占70.0%，工业总产值仅占30.0%。到1983年，农业总产值只占33.9%，而工业总产值则上升为66.1%。[②]30多年来，我国生产力结构发生了重大变化，从以第一层次的生产力为主发展到以第二层次的生产力为主了。但与西方发达的工业化国家相比，生产力仍是相当落后的：不仅仍是以第一层次的生产力为基础，而且第二层次的生产力也表现为各地区工

---

① 马克思：《资本论》第 1 卷，人民出版社 1975 年版，第 204 页。
② 参见《中国统计年鉴 1984》，中国国家统计局 1985 年版，第 24 页。

业经济发展的不平衡。我国基本上还是一个农业国，工业化仍是我们经济发展所要解决的历史课题。

所谓工业化，从历史的意义上说，主要包括两方面的内容：其一，以机器为主的第二层次的生产力不仅在工业生产中占统治地位，而且也占领了农业生产的基本领域。农业机械化的实现，将成百倍地提高农业劳动生产率。其二，工业人口的总数超过农业人口，从西方的情况来看，也就是城镇人口占全国总人口的半数以上。这两个方面是互相制约的，但第一方面对第二方面的制约是其主导方面。没有农业机械化，就不能把大量的农村劳动力从土地的束缚中解放出来，对于我国，也就是不能从根本上改变八亿人口搞饭吃的局面。从我国的现实状况来说，实现工业化的第一方面内容即提高整个社会的劳动生产率是一个艰巨的任务，而实现工业化第二方面的内容即完成农业人口向工业人口的转移，则是一个更为艰巨的任务。我国有十亿多人口，八亿在农村，这些年乡镇企业等的兴办，虽已有八千万农民转入或部分转入了非农业，但转移的任务依然十分沉重。据估计，到 20 世纪末，尚须有二亿农业人口向非农业转移。因此，农业机械化和乡镇企业的发展，对于我国工业化的实现就具有战略意义。工业化的实现，将使第二层次生产力成为我国社会生产力的基础，在第三层次生产力迅速发展的带动下，整个社会生产力将出现一个崭新的面貌。

（二）生产的社会化程度

所谓生产的社会化程度，主要是指生产的社会分工发展程度。马克思和恩格斯曾说过："一个民族的生产力发展的水平，最明显地表现在民族分工的发展程度上。"[1]生产的这种社会化

---

① 马克思和恩格斯：《德意志意识形态》，《马克思恩格斯全集》第 3 卷，人民出版社 1960 年版，第 24 页。

程度，从单个生产单位来说，主要看其生产的专业化程度，也就是对整个社会生产的依赖程度；从社会生产总体来说，主要看其产业门类的多寡和诸部门、诸单位横向联系的密切程度。这两个方面是统一的。单个单位的专业化程度越高。社会生产总体中产业部门的门类则越多，那么，诸单位间横向联系就越密切、相互依赖的程度就越大。

对于生产的社会化程度，现在世界上许多国家都用第三产业在全部产业中所占的比重来测量。发达国家与发展中国家相比，第三产业所占的比重大；而发达国家自身的发展，与其第三产业所占比重的提高也是相一致的。早在 1940 年，英国经济学家克拉克就曾指出，随着时间的推移，社会朝着更经济的方向进步的结果是：在农业中就业的人数相对于制造业中的就业人数趋于下降，接着制造业中相对于服务业的就业人数也趋于下降。这就是所谓"配第-克拉克定律"，它反映了社会分工发展的规律性和前进趋势。在我国，近几年来，大力提倡发展第三产业，这一方面促进了第三产业的蓬勃发展，另一方面也反映了我国生产的社会化程度不够高，社会分工不够发达。我国农产品的商品率仅占一半多点儿，重工业的自我服务部分还占相当的比例。生产单位的许多服务性工作不能实现社会化，还要由企业自己承担起来。这样造成的不是高度专业化和社会化的生产单位，而只能是一个个"大而全""小而全"的"小社会"。经验证明：单个生产单位"小社会"化趋势与其专业化趋势是相反的，与整个生产社会化发展也是背道而驰的。一旦第三产业兴旺发达了，那么，现在还蕴藏在生产单位的巨大潜力，就将在一夜之间被焕发出来。

总而言之，当代中国社会的生产力是一个多层次的结构体，这个结构体具有二重性：一方面是第一层生产力广泛存在，并仍作为基础，生产的社会化程度用当代标准来看还较低，从而体现了它的落后性；另一方面，第二层次的生产力又处于主导地位，第三层次的生产力也显示出巨大的生命力，生产的社会化程度正在不断提高，从而又体现了它的前进性。大体说来，这就是当代中国社会生产力的基本状况。

二、当代中国社会生产关系的结构

在当代中国社会，既然生产力是一个多层次的结构体，那么,与之相适应的生产关系体系也应当是多层次的。这种多层次的生产关系体系结构的建立，从现实来看，与突破传统的僵化的社会主义生产关系结构模式是同一个过程。而当代中国社会生产关系结构，则正处于这种转变之中。

传统的僵化的社会生产关系模式，不是从我国生产力的现实状况出发，在所有制问题上，只要求纯而又纯，因而只允许公有制存在，而公有制也只允许有全民所有制和集体所有制这两种形式；在分配制度问题上，只要求均而又均，因而在实际中违反了社会主义"按劳分配"的原则，搞平均主义的"大锅饭"，等等。这种脱离了我国社会现阶段生产力基本状况的生产关系模式，严重地阻碍了社会生产力的发展。在社会主义现代化建设中，这种僵化的生产关系模式受到了冲击，在所有制和分配制度等方面都在发生着深刻的变化。这种变化的动力，就存在于生产力的发展之中，因此，这种变化的方向，就是建立起与我国现阶段生产力的状况及其发展趋势相适应的生产关系结构。

我国现阶段的生产力是多层次的，因而与之相适应的生产关也应是多层次的。从所有制来看，我国现阶段的所有制结构应以公有制为主体，在公有制为主体的前提下发展多种所有制经济，如城乡合作经济、个体经济、私营经济以及中外合资企业、合作经营企业和外商独资企业等。私营经济和外资企业等存在雇佣劳动关系的经济成分，在我国社会主义条件下，所占比重不大，且必然要受占优势的公有制经济的制约，它们的存在和一定程度的发展，有利于促进生产，活跃市场，扩大就业，满足人民多方面的生活需求，因而是公有制经济必要的和有益的补充。就是公有制经济也应有多种形式，除了全民所有制、集体所有制以外，还应有全民所有制和集体所有制联合建立的公有制企业等形式。同时，由于各地区生产力发展的不平衡性，在不同的地区、不同的经济领域，各种所有制经济所占的比重也应有所不同。只有这样多层次的所有制结构，才是与现阶段生产力相适合的。从分配制度来看，实践已经证明，平均主义的"大锅饭"严重地阻碍着生产力的发展，必须实行以按劳分配为主体的多种分配方式，才有利于充分调动全体人民的积极性，促进生产力的发展。按劳分配是社会主义的分配原则，但在我国现阶段，生产力的多层次性也决定了分配方式不可能是单一的。既然私营经济、股份制经济、外资企业等都是社会主义公有制经济必要的和有益的补充，那么，分配制度在以按劳分配为主体的基础上，也需要其他分配方式作为补充，如利息、分红、风险收入、非劳动收入等，只要是合法的，就应当允许。这样的分配制度与现阶段生产力的状况及其发展要求是相适应的，因而，它已经或必将促进生产力的发展。

当代中国社会生产关系结构正在改革中发生着深刻的变化，这种变化的直接目的就是促进生产力的发展。从这点出发，我们可以认识到，生产关系结构的变化一方面说明旧的僵化的生产关系模式影响依然存在，必须彻底清除它才会有生产力的大发展；另一方面也说明一种崭新的充满活力的生产关系结构正在形成，从而给我国生产力的发展以强大的推动力。

三、当代中国社会生产力和生产关系矛盾的特殊性

任何社会形态的最基本的矛盾，都是生产力和生产关系的矛盾。但在不同的社会或不同的发展阶段上，这对矛盾又由于各自不同的具体历史条件，而具有其特殊性。

我国社会主义社会是从半封建半殖民地社会发展而来的，自然经济的根基很深，生产力发展的起点很低。我们在着手建立社会主义的生产关系时，由于指导思想上的原因，对于在我国建立社会主义生产关系的这个基本的历史前提缺乏深刻的认识，而是基本上照搬苏联的生产关系模式。这种生产关系模式的主要内容就是单一的公有制结构、单一的分配方式结构。又由于长期存在的"左"倾错误思想，脱离生产力的现实状况，单纯从所有制的公有化水平高低来判定生产关系的先进与落后、优与劣，造成延续20余年的"穷过渡"行为，使得生产关系中所有制的公有化程度超越了生产力的实际状况，背离了生产力发展的客观要求。这种"超越"所造成的生产力与生产关系的不相适合，就是当代中国社会生产力和生产关系矛盾的特殊性所在。

在一个长时期里，人们曾把生产关系的这种超越性视为先进性、优越性，这是完全不正确的。判定一种生产关系先进与否、优越与否的根本标准，就是看其是否适合于生产力发展的客观要求。在我国生产力总体水平很低，而且发展很不平衡的情况下，由于追求公有化程度过高、公有制成分过纯所造成的生产关系的"超越性"，是不适合生产力发展的要求的。我国在过去许多年里，生产力在发展中的迟缓和徘徊，就是这种不适合的表现。事实上，这种超越的生产关系是同自然经济相联系

的。过去那种"一大二公"、政社合一的农村人民公社和"大而全""小而全"的企业就是自然经济或半自然经济的单位，那种单一的分配方式结构也不可避免地带上平均主义的色彩。这种生产关系的超越性既是自然经济影响的产物，它又强化了自然经济的影响。可见，从实质上看，所谓"超越性"正是落后性的一种特殊表现。因此，用"先进的生产关系同落后的生产力的矛盾"去表述这种矛盾特殊性是不妥当的，而应将其表述为"超越的生产关系同落后的生产力的矛盾"。

认识了我国社会生产力和生产关系矛盾的这种特殊性，也就明确了解决这种矛盾的基本方向。这就是通过发展社会主义商品经济，大力发展社会生产力，并在发展生产力的过程中，纠正生产关系方面曾经造成的超越性，逐步建立与生产力发展状况相适应的生产关系。

第三节　对当代中国经济的哲学思考

对当代中国经济进行哲学思考，主要就是从哲学的高度揭示当代中国经济发展阶段的历史必然性，及其在研究当代中国社会哲学上的意义。这种哲学思考以当代中国经济为对象，当然它要受当代中国经济状况的制约，并随着当代中国经济的发展而发展。因此，在当代中国经济发展过程中所进行的哲学思考成果，都带有探索的性质，都需要不断深化。

一、商品经济是社会经济发展过程中不可逾越的阶段

社会经济的发展，社会生产力的发展，是一个自然历史过程。生产力表示社会与自然界的关系，而生产力又只有通过人

与人之间的社会关系才能表现出来成为现实。生产的社会化程度是生产力发展水平的一个客观标志，生产力发展的过程也就是生产社会化程度不断增强的过程。据此，迄今为止的社会经济发展过程就分为两个基本的发展阶段：一是生产的社会化很低的自然经济阶段；二是生产的社会化发达的商品经济阶段。在这后一阶段，人类社会几百年间创造出的生产力，比过去几千年所创造的生产力的总和还要高出许多倍。商品经济以其旺盛的活力遍及世界，突破着国与国之间的经济界限，冲开了狭隘的民族心理的藩篱，在越来越广阔的范围和越来越深刻的程度上把世界的经济连为一体。东半球生产的原料运到西半球去加工、北半球制造的商品又供应着南半球的市场。商品经济的发展把生产的社会化程度提高到一个空前的高度，从而雄辩地证明，商品经济是人类社会经济发展过程中一个必经的历史阶段。

在我国，由于自然经济思想和"左"的教条主义思想的影响，在一个相当长的时间里，许多人没有认识到商品经济是社会经济发展的必经阶段，而把社会经济发展的这个自然历史阶段等同于商品经济发展的一种特殊的历史形式——资本主义经济，以为中国革命的胜利既然避免了资本主义的前途，也就是"超越"了商品经济发展的阶段。历史的事实已经证明，这正像在俄国企图从村社制度下的自然经济直接过渡到共产主义经济一样，只能是一种空想。

在社会经济发展的过程中，商品经济为什么是不可逾越的阶段呢？

其一，商品经济是自然经济发展的必然结果，是生产社会化的必然表现。

自然经济是一个具有极大保守性的经济发展阶段。自然经济条件下，没有发达的社会分工，只在各个独立的经济单位里存在着简单分工，其产品主要是供生产者自己消费而不进入市场。即使是剥削阶级的剥削所得，也主要为了自己享受，而不是为了获得一般的商品即货币。这样，每一个自然经济单位都是自给自足的。封闭性和孤立性是自然经济最显著的特点。局限于自然经济的简单分工极大地束缚了生产力的发展。

但是，生产力的发展是不会永远停滞的。生产的发展促使了人们物质需要的发展，同时，这种不断发展的需要又成了生产发展的内在推动力。自然经济下的简单分工窒息了生产和需要的发展。当这一矛盾发展到一定程度时，人们只有与他人进行产品交换以满足自己多方面的需要才能使这一矛盾得到解决。这时，商品经济因素就产生了，这是自然经济内部的否定性因素。它的长期发展，逐渐把简单分工转变为以交换为基础的社会分工。这种社会分工是使生产力进一步发展的必然形式，也是生产社会化的具体表现。社会分工使得每个人的物质需要都只有在与他人进行交换中才能得到全面满足。这样，社会分工决定了产品必然具有商品性质，从而使整个经济活动都通过市场而连为一体，打破自然经济的孤立性和封闭性，给生产力的大发展提供广阔的天地。商品经济代替自然经济，是自然经济发展阶段的自我否定。从这个意义上说，商品经济是摧毁自然经济的唯一武器。马克思曾对商品经济必然代替自然经济的过程做过详尽的论述。①商品经济的第一典型形态是资本主义经济。但资本主义经济有其内在的不可克服的矛盾，即生产的社会化和生产资料私人占有制之间的矛盾。直接解决这个矛盾的根本途径显然不是取消商品经济，而只能是改变资本主义的私有制，代之以公有制为基础的、与生产的社会化发展趋势相

---

① 参见马克思：《资本论》第 1 卷，人民出版社 1975 年版，第 4 篇。

一致的社会主义商品经济，社会主义商品经济是商品经济发展是一个崭新的阶段。

其二，商品经济是经济现代化的基本形式，是一体化世界经济的共同基础。

从古至今，经济发展的基本趋势就是生产社会化程度的不断提高。在现阶段，与这种趋势相一致的基本经济形式，唯有商品经济。商品经济是实现现代化的基本经济形式，理解这个问题，必须认识到商品经济对经济发展的推动作用和它的不可替代性。

在自然经济的基础上是搞不了现代化经济建设的。有些人幻想直接在所谓"产品经济"基础上搞现代化，但所谓"产品经济"在现阶段只能是某种变态的自然经济，已如前述。事实已经证明，无论以何种形式退回到自然经济，都与现代化的实质水火不容，都只会使现代化建设失败；只有坚持发展商品经济，才能实现四个现代化。生产的现代化，从某种意义上来说，就是生产的社会化。而唯有商品经济才能促使生产的进一步社会化，从而推动社会生活各方面的现代化。

商品经济使各经济单位通过市场和商品交换而紧密联系起来了。它们通过市场出售自己的产品，换回原材料和设备，通过市场获得最先进的科学技术、大量信息，等等。市场把全社会的经济活动联结为一体，这才有社会范围的协作。而协作就会产生一种新的生产力，把自然经济下被束缚着的社会潜能充分发挥出来。商品经济还迫使各经济单位在市场上展开激烈的竞争，各自竞相生产物美价廉的产品，以占领和扩大市场，这就会刺激最新科技成果转化为现实的生产力。协作促进竞争，竞争推动协作。二者在商品经济基础上的交互作用，使生产的社会化程度日益提高。商品经济的活跃性和开放性，为人们才能的施展提供了充分的机会。商品经济把企业和生产经营者个人的物质利益和经济活动的效益紧紧联系，也激发了人们的积极性和热忱。现在，哲学界越来越重视对个体的主动性、能动性的研究，正是这种状况在哲学上的反映。

我国商品经济发展的过程，也就是实现现代化和走向世界的过程。在当今世界上，经济一体化的趋势和现代化的潮流是一致的。只有走向世界，才能走向现代化。反过来说，只有实现现代化，才能真正走向世界。在世界经济一体化趋势和新科技革命中所表现出来的现代化潮流，对于我们既是机遇也是挑战。我们要抓住这个机遇，迎接这种挑战，就必须立足于国际经济活动所共有的基础之上，坚持对外开放、对内搞活，而这个基础，就是商品经济。世界经济正是在商品经济这个基础上，才表现出一体化的趋势，才产生了现代化的潮流。我们也只有彻底肃清自然经济的影响，大力发展商品经济，才能顺应这种趋势，赶上这股潮流。所谓对外开放，无非是面向国际的商品经济；所谓对内搞活，无非是发展国内的商品经济。离开了商品经济的发展，就谈不上"开放""搞活"，也就谈不上现代化，商品经济不是已经"日薄西山，气息奄奄"，而是依然"欣欣向荣，蒸蒸日上"。这充分表明了商品经济在当代存在和发展的历史合理性。

商品经济与自然经济相比具有强大的生命力，它能使物质财富高速地增长，使科学技术日新月异，使人们的社会关系越来越具有广泛的社会性，这又活跃了人们的思想，开阔了人们的眼界，改造了人们的观念。总之，商品经济的发展不仅推动了现阶段四化建设，也是为未来共产主义社会的实现做了必要的准备。共产主义社会是在生产力高度发达的基础上，社会生活各方面都高度社会化了的社会。到共产主义社会，全社会将共同占有生产资料，实行"各尽所能，按需分配"，个人的自由的全面发展成了社会发展的基础，不仅仅是物质财富的极大丰富和社会关系的全面改造，而且人们的精神生活也将得到最大限度的满足。而这一切，在现阶段都以萌芽的形式存在于商品经济发展的趋势之中，也就是说，共产主义社会所要求的经济发达程度、新的社会关系和新的思想观念等，在现阶段都要依赖商品经济的充分发展，以及由此而实现的社会生活的高度社会化。商品经济是共产主义社会实现途中必经的一个经济发展阶段，从这个意义上来说，不仅走向现代化、走向世界，而且走向未来也同样要以商品经济的发展为基础。这三者在当代与商品经济发展的总趋势是一致的。

二、认识当代中国社会主义商品经济的性质是研究当代中国社会的出发点

当代中国社会是由多因素构成的统一整体，其中政治制度、思想文化等对这个整体的基本面貌都产生着巨大的影响，但是，起决定作用的则是当代中国社会经济的基本状况。因此，认识当代中国经济是公有制基础上的有计划的商品经济，是研究当代中国社会的基本出发点。

如前所述，中国在建立社会主义的生产关系时基本上是照搬苏联的模式，而所谓苏联模式就是在"产品经济"观点指导下形成的模式。这种模式一经搬进中国，即与中国根深蒂固的自然经济传统相结合，逐渐形成了一套带有浓厚自然经济色彩的僵化的经济体制，严重地束缚了社会生产力的发展。因此，只有认识到当代中国社会商品经济发展的必然性，才能深刻认识变革中国旧的经济体制的必然性。在当代中国，经济活动及其产品的商品化是不可阻挡的发展趋势。商品化的发展，必将

使国内市场不断扩大，经济活动空前活跃。国内商品经济的发展，也使我国的经济必须对外开放、走向世界，从而与一体化世界经济在共同基础上紧密联结起来，这反过来又进一步促进了我国商品经济的发展。而这种活跃、开放的社会主义商品经济，必然与原来的带有自然经济痕迹的僵化、封闭的经济体制的矛盾尖锐起来。这个矛盾的发展不仅规定了经济体制必须进行改革，而且也规定了经济体制改革的基本方向只能是适应全面商品化经济的发展，对于改革旧的计划管理体制、价格管理体制、实行政企分家、所有权和使用权的适当分离、给企业以自主权、实行多种形式的生产责任制等，这一切只有立足于发展社会主义商品经济这个基础上才能予以正确的认识。

对于当代中国社会政治生活的变动，也只有立足于发展社会主义商品经济的基点上才能理解。推进中国社会主义民主化的进程，也归根到底是社会主义商品经济发展的客观要求。商品化的发展使得商品关系成了经济活动中的基本关系。商品关系是一种契约关系，契约双方都只从各自特殊的利益出发。契约关系的普遍化，呼唤着社会政治生活中的自由、平等，也要求有健全的法制予以法律上的保证。多年以来，我国的政治体制一直受着僵化模式的影响而存在着若干弊病，我们的法制建设更是十分落后，这些既是商品经济不发达的反映，也是造成它的政治原因。只有认识当代中国社会主义商品经济的性质，才能认识今后政治上层建筑变化的必然趋势。

社会主义商品经济的发展所造成的经济生活的深刻变化，必然影响到社会生活的各方面，使整个社会的面貌发生变化，从而也会使人们的思想观念发生深刻的变化。对于中国社会思想文化的更新，也只有循着由于商品经济的发展所引起的整个社会变动这个基本线索，才能求得真正的理解。

现在，全世界都清楚地听到了当代中国"咚咚"前进的脚步声，看到了那迎风招展的大旗上醒目地写着的两个大字："开放！"不认识当代中国的经济是社会主义商品经济，就不能理解"开放"，而不理解"开放"，也就无从正确认识当代中国社会。

社会主义商品经济的发展，使得我们这个时代成为日新月异的时代，在政治、思想文化和科学等领域都不断涌现出许多新成果。同时，商品经济的发展把人们的交往扩展到社会的各个角落，从而把整个社会连为一体。这就提出了许多需要回答的社会整体性和规律性的问题，要求从哲学上给予回答。因此，对于当代中国经济的哲学思考，也就成为当代中国社会哲学的基础。

第二章　当代中国社会的政治

　　人民民主专政的共和国的建立，剥削制度的消灭，使中国社会的政治生活发生了根本性的变化。当代中国与近现代中国在社会面貌上的显著不同，在很大程度上是由于新旧政治制度之间迅疾而巨大的转换所形成的反差造成的。当代中国社会所发生着的一切，都与这种转换及由于这种转换所带来的现行政治制度和现实政治生活本身的特点有着密切的关系。因此，认识当代中国社会的政治是认识当代中国社会状况的一个十分重要的方面。

第一节　中国政治的历史考察

　　当代中国的政治是对旧中国政治的否定，同时又不能不是它的历史延续。"枪杆子里面出政权"无疑是个真理，但枪杆子可以造成国体、政体等的突变，却无法一下子改变中国的社会结构、政治文化和人民群众的政治心理，无法改变中国政治是有别于"西方政治"的"东方政治"这一历史与现实。中国政治生活的历史传统仍然会在一定程度上影响着当代中国社会的政治生活和政治建设。研究当代中国社会的政治，不能不对中国政治生活的历史传统做必要的考察。

一、中国历史上的封建专制传统

专制主义是中国封建社会政治生活的主要特征。在绝对君主制下以皇帝为核心和最高代表的地主阶级国家政权，以高度集中的方式统治和剥削广大农民。皇帝总揽立法、行政和司法等全部国家权力，皇帝的意志就是法律、判决和公证。

封建专制制度大约形成于战国和秦汉之际。新兴地主阶级在变法夺权的斗争中，改造了奴隶制下已有的专制制度，在保留宗法制度的情况下，用地域性的国家组织代替了以血缘关系为纽带的贵族统治，逐步确立了大一统的中央集权的封建帝国。在封建社会早期，与封建专制制度相一致的统一的、强有力的国家权力对生产力的发展有一定的促进作用，但在封建社会的中后期，不断强化的各种集权措施却越来越成为生产力发展的障碍。

专制主义在中国形成并成为传统，首先是由于封建生产关系和社会关系的"超经济强制"的作用。马克思指出："从直接生产者身上榨取无酬剩余劳动的独特的经济形式，决定着统治和从属的关系，这种关系是直接从生产本身产生的，而对生产发生决定性的作用。但是这种由生产关系本身产生的经济制度的全部结构，以及它的独特的政治结构，都是建立在上述经济形式之上的。"①列宁在论述农奴经济制度的特点时也指出，这种经济制度产生了"超经济的强制"②。所谓"超经济强制"，是指在不平等的封建所有制关系和产品分配关系这种"经济强制"的基础上封建主对农民的人身占有权和支配权，它一般表

---

① 马克思：《资本论》第 3 卷，人民出版社 1975 年版，第 891—892 页。
② 参见列宁：《十九世纪末俄国的土地问题》，《列宁全集》第 15 卷，人民出版社 1959 年版，第 61—62 页。

现为农奴制度、人身依附关系和名目繁多的赋敛徭役。超经济强制是封建土地所有制得以实现的条件。对于地主来说，经济关系以外的特权是维护土地所有制的保障；对于农民来说，它则是使他们和土地牢固束缚在一起的强大力量。在残酷的经济剥削和超经济强制之下，小农没有力量扩大再生产，甚至难以维持简单再生产，从而不断导致了社会经济危机和政治危机。一次次农民战争虽然摧毁了一个个专制政权，但也破坏了生产力的积累，使得以专制主义为政治特征的封建社会只能极其缓慢地向前运行着。

宗法制度的顽固性是专制制度长期存在的另一个重要原因。宗法制度是中国古代、近代社会的独特的社会结构的基本特征之一。宗法制度是以父系家长为中心的一种极为严密的维护世袭贵族统治的制度，简单地说，就是所谓"封建家长制"。在这一制度下，世袭的嫡长子掌握本族的土地和财产，管理本族成员的事务，统治族内的人民。宗法组织逐层上推，皇帝在实际上就成了全国的"总家长"。宗法制度在经济上成为维护简单再生产的条件，在政治上和意识形态上又具有排斥、消灭异己因素的作用。因此，一个个宗法家族和由它们构成的宗法社会就以其顽固的再生能力长久地独立存在着，并成为中央专制主义政权存在和日益巩固的坚实的社会基础。

在我国封建社会的大部分时期，专制主义对社会进步是起阻碍作用的，它维护自身存在的基础——地主所有制和小农个体所有制的自然经济，压抑工商业的发展，妨碍正常的社会分化，使社会长期处于僵化、封闭的状态；它的国家机器特别是皇室和军队耗费了农民创造的无数社会财富，破坏了农民扩大再生产的能力和积极性；它使用一切政治、伦理、法律的手段束缚人们的心灵，压抑人的正常物质和精神需要，窒息人的探索精神，鼓励迷信和盲从，阻碍科学和艺术的发展，等等。这种极端专制主义的皇权政治一直延续到 20 世纪初。

孙中山领导的辛亥革命赶走了紫禁城中的皇帝，建立了民国。长期踯躅不前的中华民族终于跨出了重要的一步。但是，由于封建势力的强大和顽固，也由于民族资产阶级的软弱性，革命成果很快被篡夺。封建军阀继续专制地统治着人民。十月革命一声炮响给中国送来了马克思列宁主义。在十月革命和马克思列宁主义影响下爆发的五四运动打出了民主和科学的大旗，对中国封建势力和专制政治进行了一次猛烈的冲击。中国共产党领导的民主革命的主要任务就是反对帝国主义和封建主义，推翻外国帝国主来支持下的封建专制统治。民主革命的胜利，结束了中国几千年的封建专制主义政治制度。

但是应当看到，中国的民主革命有其特殊的历史条件。近代以来民族矛盾异常尖锐和突出，"帝国主义和中华民族的矛盾，乃是各种矛盾中最主要的矛盾"①。人民斗争的最主要的锋芒，不能不指向帝国主义，不能不把救国救亡作为斗争的最主要目标。中国的资产阶级没有也不能像处于革命时期的欧美资产阶级那样发挥反封建的历史作用。带有买办性的大资产阶级自不必说，它本来就是帝国主义和封建主义相结合的产物，即使是作为民主革命参加者的民族资产阶级，也既有革命性的一面，又有妥协性的一面，它和农村地租剥削的密切联系，使得它不愿也不能彻底地反对帝国主义，更加不愿和更加不能彻底地反对封建主义。中国的小生产像汪洋大海一样，它是适应封建专制主义的广泛的社会基础，而对小生产者的改造，包括对于他们的习惯和心理的改造，显然不可能在民主革命的进程

---

① 毛泽东：《苏联利益和人类利益一致》，《毛泽东选集》第 2 卷，人民出版社 1967 年版，第 594 页。

中提到主要议程上来。这些，都对民主革命的反封建任务的实现起着重大的制约作用，使无产阶级领导的反封建的斗争具有在其他国家所不可比拟的复杂性和艰巨性。尤其重要的是，民主革命的胜利改变了中国专制主义的政治法律上层建筑，却没有也不可能立即改变中国社会的自然经济或半自然经济的基础，这就使得当代中国社会生活在一定范围和一定程度上还不可能不存在专制主义的传统影响，它是当代中国社会民主政治建设中很值得重视的消极因素。

二、西方资产阶级民主思想对近代中国政治的影响

17—18 世纪，欧美资产阶级革命高潮迭起，各西方主要国家先后进入了资本主义时期，但是，此时的中国，仍然按照秦汉时代就已经形成的种种陈规陋习，周而复始地缓慢运行着，专制主义的封建国家依然如故。大约在 19 世纪中期，西方资产阶级民主思想才通过各种渠道传入我国，但是，它们未能在当时的官场和思想界引起多大的反响。只是到了 19 世纪末，随着资本主义生产关系在中国的形成，社会阶级结构的变化，以及外国资本和军事、政治、文化势力的侵入，资产阶级的民主思想遭受冷落的局面才开始发生变化。

19 世纪末，帝国主义国家使用被某些中国人看作"形下之粗迹"的"汽机兵械"，打开了中国大门。一些先进的中国人开始产生了一种危机感。日俄两个近邻在社会改革后所取得的迅速进展，甚至震动了某些顽固派人物。

改良主义者逐步认识到，西方国家的强大不仅在于船坚炮利，科学发达，而且在于有先进的社会政治制度和民主思想。于是，从各种渠道传入的西方民主政治思想，通过一些先进的知识分子的宣传，开始渗入了近代中国的政治生活。人们总是

乐于吸取和利用容易引起思想共鸣和为己所用的思想和舆论。在传入我国的种种西方社会政治思想中，对我国政治生活影响较大的是进化论、社会达尔文主义和资产阶级宪政理论。这是由近代中国社会的历史命运和历史任务决定的。

严复、康有为和孙中山都对进化论和社会达尔文主义有着浓厚的兴趣。甲午战争以后，帝国主义力图瓜分中国，中华民族的历史命运面临着严峻的挑战。在这种现实面前，宣传优胜劣败、物竞天择的进化学说，自然会引起那些清醒、图强的人们的重视。

严复曾留学英国，受到达尔文、赫胥黎和斯宾塞的影响。在中日甲午战争失败的刺激下，他于 1896 年，针对中国的现实有取舍、有评注地翻译了赫胥黎的《进化论与伦理学》，取名《天演论》。他强调：物种进化和社会进化是无法抗拒的规律，中国如果自恃人口众多，地大物博，夜郎自大，麻木不仁，就会亡国灭种。因此。中华民族要"人人皆求所以强而不自甘于弱"，把握住民族的命运。虽然《天演论》有把进化论和社会达尔文主义中和起来的倾向，但它毕竟运用自然科学的事例，有说服力地论证了自然界和人类社会普遍存在的物竞天择的规律，为革命派、改良派提供了思想武器，为资产阶级形成自己的世界观、政治观奠定了一个重要的思想基础。

康有为是近代中国向西方寻求真理的代表人物之一，他的变法理论也建立在进化论的基础之上。他总结了鸦片战争以后各派改良主义的变法思想，抛弃了"中体西用"的新不变论，批评了"器可变，道不可变"的论调，大胆提出了"变者，天道也"的命题。他在"托古改制"的形式下，利用古代哲学的"变易"范畴，同时引进进化论等科学知识，提出了"善变以应天的思想"，试图用中国哲学的传统表述方法揭示天体运行、生物和社会进化的运动法则。康有为是一位实践家。他认为，进化不是坐待进化，而是应当发挥主动性，去实现包括国宪和政体在内的广泛进化和变革，为使中国由弱到强创造条件。

坚持进化论也是孙中山世界观的重要特色。他对进化论的阐述和宣传，以及在以进化论作为武器给民主思想开道方面，都达到了近代中国的顶点。他从不利用玄学掩饰自己的政治主张，而是勇敢地利用西方科学理论和民主思想。他认为社会历史的发展也和自然界的运动一样，是由低级向高级的运动，并包含着由此阶段向彼阶段的质变。在政治上，他宣告君权和神权都已成为历史的陈迹，未来的中华，将是"民权"的中国。

进化论作为西方民主思想的先声传入中国的事例再次说明：民主与科学是不能分割的。进步阶级的代表总是要以在自己时代水平上对自然界和人类社会的一定的科学理解为基础，提出和确立变革社会、变革政治制度的主张。

资产阶级宪政理论，是西方民主思潮对近代中国的政治生活影响较大的另一个方面。

资产阶级民主主要是指它的政治民主。近代中国的一些留学生和驻外使节在中外国情的比较中，产生了对专制制度的厌恶和对西方民主制度的仰慕。西方宪政理论的传入，使得 19 世纪末的中国也出现了"三权鼎立"之类的新名词。关于立法、行政和司法机关之间权力的分立与制衡的理论作为西方宪政思想的重要内容，是资产阶级向封建统治者争取政治权力，巩固新兴政权的主要手段。我国的改良主义者当然不可能抓住分权论的实质，但他们把分权论作为专制主义的对立物，还是颇有进步意义的。中国的改良派和资产阶级革命派也接受过"议会万能论"。康有为就提出，中国也要设议院，选"议郎"，以达到"通下情"的目的。他们当然也像不理解分权论的实质一样，并不理解设议院的真正含义。他们心目中的"议会"不是代议机关，至多不过是皇帝的咨询机构。这一切都表现了他们在政治上的幼稚。

孙中山的政治学说尽管也受到西方政治思想的影响，但要比严复和康有为成熟得多，他认为在政治制度上，"英是不能学的，美是不必学的"。①为了实现"完全无缺的治理"，他提出用选贤任能的考试机关和裁判官吏的弹劾机关来补充传统的"三权"，并用人民掌握的选举、罢免、创制和复决四权来管理政府的治权。孙中山关于政府是一部机器而人民是这部机器的原动力的思想，是他的民主思想中最突出的进步因素。

西方民主思想虽然在19世纪中后期就传入了中国，从以康有为、严复为代表的改良主义者到以孙中山为代表的资产阶级革命家都为宣传民主思想做了大量工作。但是，西方民主思想并没有能够在中国站稳脚跟，产生深入的社会影响，而只是在少数具有进步时代意识的知识分子中流传。

西方民主思想是近代资产阶级的政治武器，但它的传入并没有导致资本主义政治制度在中国的建立。理论和制度的这种分离成为西方民主思想在中国所遭受到的悲惨命运的证明。这种分离，从当时中国社会特殊的经济关系状况和阶级基础来说是必然的。西方民主思想是西方社会历史长期发展的产物，它符合西方政治生活变故的逻辑，但却不适应以自己独特的方式发展起来的中国社会，当然也就更不适于作为改造中国封建政治生活的武器。那时的中国，还没有产生出适合于民主、平等、契约、权利等一系列西方民主政治观念生长和传播的发达商品经济关系。那时的中国，还没有也不可能产生出善于使用西方

---

① 孙中山：《在东京〈民报〉创刊周年庆祝大会上的演说》，《孙中山选集》，人民出版社1956年版，第494页。

资产阶级民主思想的社会物质力量——成熟的近代资产阶级，以及一支庞大的能够积极参加和推动民主运动的产业工人和破产农民队伍。

西方民主思想没有在19世纪末至20世纪初的中国变为现实的事实充分说明，"一定时代的革命思想的存在是以革命阶级的存在为前提的"[①]。在社会大变革的主客观条件都不成熟的情况下，单纯依靠宣传"先进的"社会思想是不能解决任何问题的。与西方资产阶级民主思想在旧中国所遭受的冷遇形成鲜明对照的是，在马克思主义国家学说的指导下，新中国30多年来的人民政权建设赢得了亿万人民的有力支持，并且取得了巨大的成就。这正反两方面的事例说明，中国政治生活发展的唯一方向，是建设高度民主的社会主义国家制度和适合我国国情的国家机构体制。

三、近代中国社会阶级关系的演变

从1840年到1949年的百余年间，中国社会经历了从封建社会沦为半封建半殖民地社会，然后又经过民主革命前进到社会主义历史阶段的跨时代变革。在这个百年沧桑，充满了动荡和冲突的时代，中国社会出现了古今中外历史上少有的阶级关系错综复杂，阶级关系的演变十分剧烈的政治状况。

在这一历史时期，由于帝国主义的对华经济侵略，中国出现了一个为外国资本服务的特殊阶级——买办阶级；封建官僚和开明地主兴办洋务，也形成了最初的官僚资产阶级；由封建社会内部的资本主义萌芽发展成的民族工商业，造成了民族资产阶级；在中外资产者开办的企业中谋生的工人，是最初的工

[①] 马克思和恩格斯：《费尔巴哈》，《马克思恩格斯选集》第1卷，人民出版社1972年版，第53页。

人阶级。由于封建经济依然存在，地主阶级的势力仍很强大，农民也就还在水深火热的生活中挣扎着。但是，透过近代中国社会复杂的阶级关系状况，可以看到这样一个给人以希望的事实——中国社会的新兴阶级力量正在形成。

无产阶级是代表中国社会发展方向的先进阶级力量。它的资格要比中国的资产阶级还老一些。虽然，和西方工人阶级相比，它的年纪轻些，和中国农民相比，它的人数较少。但是，中国工人阶级不仅是先进生产力的代表，而且由于深受三座大山的压迫，革命性最强，斗争最坚决。由于它和农民的天然联系，使这支队伍中的某些成员带有小生产的弱点，但是，这种联系又有利于它和农民结成巩固的同盟，使之具有了更为深厚的社会基础。在一个多世纪的斗争中，工人阶级站在斗争的最前列，一次次胜利，一次次挫折的锻炼和考验，使这支坚强的革命力量日益深刻地认识到了自己的历史地位，自己的力量和自己所处的复杂环境。中国工人阶级的最高代表——中国共产党的出现和成长，标志着这新兴阶级力量的壮大和成熟，标志着它成为中国最先进生产力的代表，成为中国社会在政治上、思想上的最先进的代表。中国社会生活包括政治生活的全面改造的伟大任务，只有在这个先进阶级的领导下才能完成。

中国的资产阶级是一个极其复杂的社会集团。这个在帝国主义、封建主义束缚下出现的阶级，一开始就形成了官僚买办资产阶级和民族资产阶级两个有着原则区别的部分。民族资产阶级是中国社会发展的必然产物，它力图建立中国自己的工业体系，推进近代中国经济的发展，摆脱外国资本的束缚，而官僚买办资产阶级是中国社会的畸形儿，它虽然有雄厚的资金基础和外国资本家的支持，虽然有把外国的先进技术、设备、产品引进中国的一面，但它对民族工商业的遏制却在事实上严重阻碍了近代中国生产力的进步；民族资产阶级是帝国主义、封建主义的对立物，它的经济、政治行为能够在一定程度上反映民族利益，而官僚买办资产阶级则违反民族利益，为帝国主义服务；民族资产阶级的经济力量在旧中国只占很小的份额，政治地位低下，总的政治态度是趋向于民主，而官僚买办资产阶级控制了整个国民经济，参与了清政府及军阀政府的统治，并于 20 世纪三四十年代以国民党的名义上升为独立的当权派。

全面认识中国资产阶级这个近代中国社会发展的特殊产物，特别是客观地估价民族资产阶级的历史作用，对于理解这一历史时期的内在矛盾，认识中国社会进步的必然趋势，具有重要的意义。民族资产阶级是近代中国社会新兴阶级力量的组成部分。这一阶级的杰出代表孙中山在辛亥革命中的伟大历史贡献和一大批民族资产阶级人士积极参加民族、民主革命和拥护社会主义事业的事实都说明了这个阶级在历史上的进步作用。在我国这个近代工业不发达的国家，这种历史进步作用就显得尤为宝贵。但是，民族资产阶级作为旧中国中不依附或不直接依附外国资本的中等资产阶级，在受到帝国主义、封建主义排挤的同时，也与它们有着千丝万缕的联系。因此，它既有发展资本主义，反对帝国主义、封建主义的革命的一面，又有由于自身的软弱而和反动势力相妥协的一面。民族资产阶级领导旧民主主义革命和组织、发展工商事业中的失败经历，都说明它没有力量领导比旧民主主义革命和近代工商事业复杂、繁重得多的中国社会全面改造、全面现代化的任务。

知识分子，特别是青年学生是近代中国社会的另一支重要的进步社会力量。早在 20 世纪初，十多万受过新式中等教育和几万名受过高等教育的青年就以积极的姿态登上了政治舞台。知识分子是社会分工、社会进步的产物，是推动文明社会向前发展的一支重要力量，但知识分子不是一个独立的阶级，也不专属于进步的或没落的阶级，而是一个分属于各阶级的特殊阶层。旧中国的五百万知识分子中，大多数是受雇用在国家或私人机关、企业、学校、医院、新闻单位、银行等出卖脑力劳动的劳动者，是工人阶级的一部分。他们的社会地位并不高，生活清苦，加之有文化，比较容易接受新思想、新知识，有很大的革命性。在他们当中，涌现出了李大钊、毛泽东、周恩来、鲁迅等一大批在中国革命中发挥了领导或旗手作用的杰出人物，并不是偶然的。历史一再证明，如实地把知识分子和学生群众作为近代中国社会民主革命中一支重要的新兴社会力量来对待是正确的。

　　阶级关系是社会结构的一个重要方面。社会发展的政治特征就是阶级关系的改变。近一百多年来，中国社会新兴阶级的崛起和反动阶级的灭亡，这一时代空前激烈的阶级斗争，都是近现代中国社会在经济、政治上的发展趋势在阶级关系方面的反映。在这个变化中最引人注目的是形成了一个可以预示着中国前途的政治力量的组合：中国无产阶级的壮大及其在政治上、思想上、组织上的成熟，它与占中国人口大多数的农民阶级、与民族资产阶级所结成的两个政治同盟。这支以中国无产阶级及其先锋队——中国共产党为基本核心的新兴政治力量有力地推动着中国社会经过新民主主义革命的阶段，迅速地走向社会主义这一中华民族的唯一光明前途。

第二节　当代中国政治的基本状况

一、当代中国社会的阶级关系

列宁指出："进行政治分析首先应该提出阶级问题。"[1]我们对近现代中国社会政治生活状况的认识，是以对当时阶级关系的概括为终点的，而对当代中国政治生活状况的认识，则要以对社会主义改造后所形成的阶级关系的概括为起点。因为，这种阶级关系的新格局不是阶级矛盾自发发展的结果，而是我们自觉改造中国社会的产物，是进一步发展和完善社会主义社会关系的阶级基础，是巩固、改革和健全社会主义政治制度的阶级前提。

中华人民共和国的建立，开辟了中国历史的新纪元。

解放战争消灭了官僚买办阶级，土地改革运动消灭了地主阶级。接着，中国共产党根据民族资产阶级的特点，制定了对其和平改造的方针，即通过国家资本主义的各种方式改造旧企业，消灭资本剥削，将其阶级成员的绝大多数改造成自食其力的劳动者。与此同时，几亿农民经过互助组、初级社、再到高级社，于1956年也基本完成了合作化运动。社会主义改造基本完成以后，剥削阶级作为一个整体已经消灭，工人、农民和知识分子成为当代中国社会的基本阶级力量。

工人阶级仍然是当代中国最先进的阶级。在生产力多层次、经济形式多样化的情况下，工人无疑是最先进的生产方式的代

---

[1] 列宁：《只见树木不见森林》，《列宁全集》第25卷，人民出版社1958年版，第245页。

表。当代中国工人阶级具有许多新特点。他们不再像其前辈那样是来自破产农民和手工业者，而且知识分子的比例也大大增加，因而整个阶级队伍的科学文化素质有所提高，思想更加开阔，更加勇敢地面对着自己的历史使命。

八亿农民是社会主义合作制的新型劳动者。实行联产承包责任制后，以土地为主要内容的生产资料公有制和按劳分配制度都没有变化，并没有退回到小生产的地位。他们的新特点是：涌现出了一大批以专业户为代表的善于把各种生产要素结合起来，自觉学习和运用科学技术，开始具备了社会主义商品生产者的新习惯、新气质的新型农民；一大批农民正在愉快地转化为工人，他们没有像西欧农民那样经历破产的痛苦，而是在城乡经济的相互协作中迅速提高了自身的素质，有步骤地成为工人阶级的一部分。当然，我国农民还没有完全克服小农心理，在劳动方式、生活方式以及领取劳动报酬的方式上，也还和工人有着明显的区别。

新中国的知识分子是工人阶级的一部分。在现代化大生产的条件下，知识分子人数越多，劳动积极性越高，我国的生产力水平和生产的组织水平就会越高，他们是社会主义物质文明和精神文明建设的重要依靠力量。

1978 年以后，我国的个体经济又重新得到了发展。目前，城乡个体劳动者已经超过一千万人。发展个体经济对于弥补全民和集体经济的不足，活跃经济生活，具有重要的意义。在生产发展水平不高的时候，过早消灭个体经济，是不对的。个体劳动者不可避免地具有私有经济的自发倾向，但在社会主义公有制占优势的前提下，个体经济的适当发展，并不会从整体上改变当代中国社会的基本阶级结构。

随着阶级结构的变化，当代中国社会的阶级斗争具有了新的特点。

第一，剥削阶级作为一个整体已经消灭，但剥削阶级的残余分子还存在。剥削阶级在其赖以存在的生产资料剥削者私有制被消灭以后，它作为一个在这种经济关系中处于特定地位的集团当然也就不复存在。这不是指消灭了剥削阶级的成员。少数剥削阶级分子仍然存在，而且仍然会对社会主义机体有侵蚀作用，但已不能以阶级整体的形式构成对人民民主专政的威胁。

第二，剥削阶级消灭了，但阶级斗争在一定范围内仍然会长期存在。所谓"一定范围"，不是指阶级斗争只存在于个别领域，而是指阶级斗争已经不是社会的主要矛盾。因此，尽管这种阶级斗争仍然可能对社会的发展起到一定的推动作用，但已不是社会发展的主要动力，它必须服从和服务于现代化建设这个中心，纳入当代中国社会全面改造的轨道。

第三，当前存在的阶级斗争是特殊形式的阶级斗争。所谓"特殊形式"，是指这个时期的阶级斗争不是根源于社会主义社会本身，而主要是历史上的阶级斗争在新的条件下、在一定范围内的继续。商品生产和商品交换活动固然为某些违法行为和社会腐败现象的出现提供了某些现实条件，但这只是说明我们尚未建立和健全必要的法律手段和完备有效的管理措施，尚未建立社会主义商品经济的新秩序，而不能说明商品经济的存在成为阶级斗争的根源。同时，斗争的形式也不再采用大规模的、疾风暴雨式的群众斗争的形式，而主要是运用法律武器同各种反社会主义分子做斗争。

第四，阶级斗争发展的总趋势是走向消亡过程中的不断缓和。今后，阶级斗争在某种特定条件下还有可能"激化"，但这是指阶级斗争消亡过程中的曲折。

在当代中国，除了在一定范围内存在着具有阶级斗争性质的矛盾以外,大量存在的社会矛盾是非对抗性的人民内部矛盾,如工农之间、脑力劳动者和体力劳动者之间、领导者和被领导者之间、个人与集体之间、先进与落后之间的矛盾等,这些都是在根本利益一致、总目标一致的前提下的社会矛盾。这些矛盾的解决,只能用民主的方法,批评、教育的方法,加强物质文明和精神文明建设的方法来解决。

当代中国社会新型的阶级关系引起了社会政治生活中一系列带有根本性的变化。首先,阶级斗争已经不是社会的主要矛盾,这就要求我们全面调整观察和分析问题的视角,尤其要消除"以阶级斗争为纲"的消极影响,牢固树立以现代化建设为中心的观念。其次,阶级关系在人们的社会关系中已经不占主导地位,各种由于劳动方式、生活方式、居住地区、收入水平、文化水平等的差别所造成的不同利益群体之间的不具有阶级性质的社会关系越来越占有重要的地位,从而带来了许多亟待探讨、解决的新问题。同时,由于阶级关系、社会关系的显著变化,民主与专政的含义以及它们之间的关系也发生了很大的变化,突出表现在人民群众行使民主权利的范围和程度有了明显的提高,专政的范围相对缩小,实行专政的方式也逐步由以镇压措施为主转变为以教育、限制性措施为主。阶级关系、民主与专政关系上的这些显著变化,使得在我国继续坚持运用的无产阶级专政的特殊形式——人民民主专政具有特殊的意义。

二、中国无产阶级专政的特殊形式

无产阶级专政是工人阶级领导的、以工农联盟为基础的、对人民实行民主和对敌人实行专政相结合的国家政权。我国的人民民主专政是无产阶级专政的一种形式。

人民民主专政是无产阶级专政在中国的实现。

　　无产阶级专政就是无产阶级的政治统治。但是，无产阶级（通过共产党）的领导，并不排斥劳动人民的参与和与农民的广泛同盟。人民民主专政在性质上，正是以工人阶级为领导的，以工农联盟为基础的，执行无产阶级政治统治的国家政权，是以最终消灭一切阶级，建设共产主义为目标和任务的新型社会主义制度。在所有这一切基本点上都表明，人民民主专政在实质上就是无产阶级专政。

　　人民民主专政是无产阶级专政在中国的发展。

　　无产阶级在革命胜利之后，建立自己的政治统治，是国家发展的规律。但是，在不同的国家，由于阶级力量对比及经济文化和历史传统的影响，实行无产阶级专政的具体形式则往往是不同的。恩格斯在《共产主义原理》一文中就指出过"直接或间接地建立无产阶级的政治统治"[①]的问题。中国共产党没有拘泥于巴黎公社和俄国苏维埃的无产阶级专政的模式，而是从中国的经济文化比俄国还要落后，农民占人口的大多数，工人在总人口中的比例较小，资产阶级又具有两面性的国情出发，把马克思主义无产阶级专政学说和中国革命的实践相结合，创造性地确立了一种适合自己国情的无产阶级专政的特殊形式——人民民主专政。

　　人民民主专政是一种间接性的无产阶级政治统治，并具有中国的特色。因此，它有一些不同于无产阶级专政的一般形式的特点。

　　第一，人民民主专政是对地主-资产阶级专政的直接否定。

　　中国革命的主要对象是三座大山。革命的动力不单纯是无产阶级，还包括农民，小资产阶级和民族资产阶级。因此，它

---

　　① 恩格斯：《共产主义原理》，《马克思恩格斯选集》第 1 卷，人民出版社 1972 年版，第 219 页。

不是单纯的无产阶级对资产阶级的专政，而是以工人阶级为领导的，以工农联盟为基础的，各革命阶级的联合专政。

第二，人民民主专政包含着两个政治联盟。

人民民主专政有着深厚的阶级基础和广泛的群众基础。中国是一个农民占人口大多数的农业国。无产阶级要战胜强大的敌人就必须建立和农民的巩固同盟。"由新民主主义到社会主义，主要依靠这两个阶级的联盟。"①无产阶级和民族资产阶级的联盟是人民民主专政包含的另一个政治联盟。这个联盟，在民主革命时期，是革命者的同盟；在社会主义时期，是拥护社会主义和拥护祖国统一的爱国者的同盟。

第三，人民民主专政是民主和专政的辩证统一。

人民民主专政的概念，突出了"人民"这个主体和"民主"这个无产阶级专政的根本特点。因此，人民民主专政不仅补充、发展了无产阶级专政的概念和理论，而且澄清了一些关于无产阶级专政的模糊认识，对于争取更广大的人民群众参加社会主义建设，对于逐步建设高度民主的社会主义政治制度具有特殊重要的意义。

第四，人民民主专政担负着双重的历史任务。

人民民主专政是中国无产阶级完成新民主主义革命和社会主义革命、社会主义建设这两大历史任务的工具。在当代中国和今后发展的相当长时期内，人民民主专政将在社会主义建设中继续担负着经济、政治任务。但是，随着社会主义物质基础的日益雄厚和工人阶级力量的更加强大，"人民民主专政应该是，专政要继续，民主要扩大"②。

---

① 毛泽东：《论人民民主专政》，《毛泽东选集》第 4 卷，人民出版社 1960 年版，第 1368 页。
② 周恩来：《专政要继续，民主要扩大》，《周恩来选集》下卷，人民出版社 1980 年版，第 207 页。

总之，我国的人民民主专政不仅本身就突出了民主的地位，而且它对少数剥削阶级残余分子的专政的力量也来自人民民主，这一专政的最终目的是保卫人民民主。这就充分说明人民民主专政在本质上是一种新型的民主制度，它在本质上代表着占人口绝大多数的人民群众的利益，而包括资产阶级民主在内的其他任何类型的民主都是少数人的民主。同时，这种民主也能够以"议行合一"的形式使人民群众充分地行使管理国家和社会生活的权力。这种民主制度是实现当代中国社会全面改造任务的可靠政治保障

三、"一个国家，两种制度"的构想及其意义

"一个国家，两种制度"的科学构想，是中国共产党人在 20 世纪 80 年代做出的一个独创性的重大战略决策，具有深远的历史意义和重大的理论价值。

"一国两制"就是一个国家根据宪法和法律，在本国的个别地区实行不同于这个国家主体部分的社会经济政治制度，但实行特殊制度的地区是国家主权之下的地方性政府。具体地说，在当代中国，"一国两制"就是在统一的中华人民共和国之内，十亿大陆人民选择和实行社会主义制度，香港、澳门和台湾地区允许继续实行其现行的资本主义制度，和平共处，相互促进，共同发展。

"一国两制"的构想有以下几个基本规定：

第一，"一国两制"是指在一个国家内允许存在社会经济政治制度方面重大的、原则的差别，而不是个别制度的不同。大陆是社会主义生产方式占主导地位，而香港、澳门及台湾地区的生产方式是资本主义的，大陆和香港、澳门及台湾地区的政治制度也分别是社会主义的和资本主义的，这都是重大的、原

则的区别。

第二，"一国两制"是一个统一国家内部的两种不同制度。实行特殊社会制度的地区，是统一国家不可分割的组成部分，不能行使国家的主权，以及外交、国防方面的权力。

第三，"一国两制"的主体是社会主义。我国新民主主义革命胜利以来，特别是党的十一届三中全会以来所取得的巨大社会进步，证明社会主义是确有优越性的，十亿大陆人民继续坚持社会主义这一主体是不能动摇的。

第四，"一国两制"是有法律保证的、将长期稳定实行的既定国策。我国政府明确指出，从我国实行现代化的进程考虑，在香港地区回归祖国以后，香港地区的资本主义制度五十年不变。同时，这一制度有我国宪法、中英两国代议机构批准的条约，以及正在制定的"香港特别行政区基本法"等一系列法律作为保证。

毋庸置疑，"一国两制"的构想是没有先例的，从过去的马克思主义著作中是找不到现成答案的，这一构想完全是从当代世界、当代中国包括目前港、澳、台地区的实际情况出发所得出的结论，是坚持不唯书，只唯实，坚持马克思主义的辩证唯物主义和历史唯物主义的科学思想方法的结果。

"一国两制"的构想符合当代世界的实际。现在，整个世界，不论是社会主义国家，还是资本主义国家，都属于统一的世界市场，都不能脱离全球范围的商品生产和商品交换的基础，与此相联系，是两种国家制度的并存，是东西方文化（包括哲学）相互交流，相互吸取的趋势的不断加强。就以香港来说，它作为一个"国际城市"，是多种社会关系交叉、多种社会力量较量的焦点，因此，解决香港问题必须以整个世界为背景，而不能脱离当代世界的实际。

　　"一国两制"的构想符合当代中国的实际。我国是一个面临着迅速发展国民经济和尽快实现祖国统一双重历史使命的社会主义国家。这两大任务的实现是互相制约的。在大陆重新适当发展多种经济形式的同时,"允许一个小的地区存在资本主义",不仅是可以的而且是必要的。这样做既可以利用"统一"来促进"发展",又可以在"发展"的基础上,巩固和发展"统一"的成果,从而顺利完成历史赋予我们的使命。

　　"一国两制"的构想也符合港、澳、台地区的实际。港、澳、台地区的特殊状况是我国国情的一部分。目前,这些地区的生产力发展仍处于正常进步的状态,居民生活水平也较高。因此,在这些地区继续实行资本主义是符合该地区生产力水平对生产关系的要求的。港澳同胞和台湾同胞有着深厚的爱国热情,希望早日回归祖国,但他们在现行制度下生活了很长时间,就形成特有的生活方式和社会心理。对此,我们理应按照实事求是的态度予以理解和尊重。

　　任何社会制度的产生、发展和消亡都有其客观根据,不以任何个人和社会集团的意志为转移。"一国两制"的构想,从实际出发,既肯定了中国走社会主义道路的历史必然性,又肯定了港、澳、台地区在一定时期内维持现行制度不变的必要性。这是一种尊重历史、尊重现实的客观态度,是经得起时代检验的。

第三节　对当代中国政治的哲学思考

一、当代中国政治生活的民主化是社会主义社会自身发展的内在要求

社会主义不仅是一个先进的思想体系和公有制的经济体系，而且应当是一个以高度民主为特征的政治体系。在这个政治体系之下，人民将能够在事实上管理国家生活，管理经济、文化等一切社会事务，享有各种发挥才干、兴趣的社会手段和充分发表个人意见的权利，从而真正成为国家和社会的主人。只有这样的政治制度才能与以现代大工业、生产的高度社会化为特征的以社会主义公有制为主体的物质生产体系相适应，才能和全世界共产主义者、全中国人民的崇高理想相一致。在这个意义上讲，民主制度和民主生活内在地包含于社会主义制度的本性、共产主义理想的精髓以及当代中国全面发展的总目标之中。把政治生活的民主化规定为当代中国发展的基本战略目标之一，是合乎历史发展规律的，否则，"社会主义"只能是一个招牌。

社会主义民主的高度发展不仅是当代中国社会发展的战略目标之一，而且是达到其他战略目标——发展社会生产力和建设高度的社会主义精神文明——的重要手段。

社会主义民主的高度发展对于提高生产力，对于社会主义生产方式的稳定、协调发展是绝对必需的。首先，认识客观经济规律，需要有民主的态度和民主的环境。生产的发展依赖于人们对客观经济规律的正确认识。对经济规律的全面把握，是

理论工作者通过诚实的、艰苦的探索所取得的理论成果，而不可能是个别人物的独断性认识。人们对经济理论的探讨，都需要一个生动活泼、民主和谐的政治环境。其次，社会化的大生产要求实现人们的自觉联合。这种联合不是撮合，而应当是个体在意识到必要的合作可以为自身带来益处的前提下的自愿合作行为。用强迫性的措施把人们撮合在一起，只能削弱生产方式中的人的因素的作用。人们只有在共同理想和利益之下，通过自愿组织，民主选举联合的领导者，共同确立联合的宗旨和规则，才能联合成为现代化建设的宏大队伍。因此，这种社会主义生产者的自觉联合必须以高度民主作为基础。再次，民主生活是充分发挥劳动者的自觉能动性和主动创造性的必要社会条件。纪律涣散的现象，不负责任的现象，对公共财产和集体劳动成果漠不关心，反而盲目追求增加工资和奖金收入的现象的最深刻的政治根源，是民主生活的不健全。领导者的独断专行，往往使职工群众失去了对本单位、本地区经济和社会事务的决策权。人们无权选择，也就没有主动承担相应责任的义务感。制定各种具体行使民主权利的措施和制度，使职工群众在民主集中制原则的指导下，自己决定自己的事情，将有助于克服社会生活中的一些弊端，充分地发挥劳动群众的社会主义积极性。

政治生活的民主化，对于精神文明建设也有着重要的推动作用。首先，民主本身就是一种精神文明，精神文明无疑包括社会在政治伦理方面的进步状态。公民民主习惯、民主意识的培养，国家机关工作人员和领导者民主作风的训练，都是精神文明建设的重要内容。其次，社会主义民主制度建立之后，作为一个既定的对象，对精神文明乃至整个思想上层建筑的建设也有着强烈的影响。

民主应该是人民的事业，当代中国的政治生活现代化，就是要把"政治"完全变为中国人民自己的事业。这项伟大的工作，将彻底清除封建专制主义的残余影响，为当代中国在经济、文化等方面的腾飞创造政治上的条件。

二、当代中国商品经济的发展要求健全和加强社会主义法制

在加强社会主义民主建设的同时，也要加强社会主义法制建设。民主和法制是相辅相成的。高度民主必须由完备的法制来保障。民主是对一种平等的社会关系的肯定。但是，如果不能以法律、制度的形式把这种对平等的社会关系的肯定固定下来，加强民主就成了一句空话。当代中国社会的经济民主、社会民主、政治民主都要求健全和加强社会主义法制。

现在，我们已经认识到，商品经济的存在是当代中国的"社会的经济生活条件"，认识到它对于我国这样一个商品生产尚未得到充分发展的国家更是一个不可逾越的阶段。但是，这种经济生活条件也向我们提出了许多前所未有的新问题。用健全的法制来保护正当的商品经济活动，限制、禁止那些有损于国家和公民利益的经济行为，促进社会主义商品经济新秩序的确立和整个经济生活的健康发展，就是其中最突出的一个问题。

商品经济运动是一种按其固有的规律自发地运行的客观过程。商品经济的运动要求的是一种自由的、开放的社会生活环境，同时又不能不表现为一个按某种规则运动着的庞大的经济契约体系。这就是说，在商品经济条件下，既要允许社会经济活动有足够的自由度，又要使人们的自由选择形成一系列相互关联的契约，从而实现自由基础上的自我限制、相互限制和社会限制。这一运动体现出了个体自由分散运动基础上的社会合

力和自发运动中的规律性。商品经济运动的客观规律是通过全社会形形色色自发的商品生产和商品交换活动表现出来的，并拒绝任何个人意志的粗暴干涉，但是，这种自发性的活动也需要相应的规则，这就是具有高度稳定性和普遍适用性的社会经济立法。

商品经济运动对社会法规体系的高度要求，还可以通过商品经济和自然经济或产品经济的比较来说明。在自然经济的条件下，劳动产品不是用于交换，而是为了满足劳动者本人的需要。社会成员彼此之间很少甚至没有经济联系，家庭或经济单位内部的经济关系由自然分工来调节。在人类走过自然经济、商品经济的历程之后，按照目前的理解，将进入产品经济时代。那时，社会物质资料生产将成为一个统一的系统，各生产单位将不再是相对独立的经济实体，而无一例外地成为整个社会这个巨大的、唯一的"工厂"的"车间"，商品和货币都退出了舞台，全社会的生产和消费都在"社会管理处"的组织之下进行。与自然经济和产品经济不同，商品经济遵循价值规律，商品生产以交换为目的。在商品经济条件下，各生产单位既以为社会而生产为目的，又要为争取对自己有利的供求关系而竞争。因此，在这种经济形式中，既不能像自然经济那样依靠经济单位内部对供求关系的"天然"的自我调节，也不能像产品经济那样，依靠集中统一的管理来组织社会生产，而只能在恰当地使用宏观计划手段和必要的行政手段的同时，依靠法律的力量来调整人们的经济关系。

健全和加强社会主义法制对于发展和繁荣当代中国的社会主义商品经济尤其具有特殊的意义。强调通过完备的经济立法和经济司法来保护和促进商品经济的发展，是我们面临的紧迫任务。我们是在社会主义法制还很不健全，整个社会又缺乏运用法律手段管理经济的习惯和气氛的特殊条件下，开始发展商品经济的。近年来，城乡商品经济的迅速发展，改变了生产、分配、交换和消费等经济领域的旧关系、旧体制，有力地冲击了经济生活乃至整个社会生活中的许多旧观念。但是，在商品经济兴起的热潮中，也出现了盲目竞争和各种浪费现象，出现了大量经济犯罪现象和严重的社会腐败现象。这些问题的出现，原因十分复杂，但不难看出，我国缺乏最起码的经济法规，人们缺乏最起码的法制观念不能不是一个极重要的原因。因此，经济和法制应当协调发展，即经济立法应当超前于经济生活的发展，经济司法与经济生活应齐头并进。这样，才能保证法制建设为经济建设服务，使法制建设跟上或领先于当代中国经济生活发展的步伐，避免不应有的社会混乱和社会浪费。

完备的法制在发展和繁荣社会主义商品经济方面的特殊重要性，表现在以下几个主要的方面。

其一，商品经济为社会成员提供平等的劳动机会和有数量差别的收益，需要法律手段加以保护。在商品经济条件下，生产单位和劳动者个人对物质利益的刚性追求是不可避免的。商品经济为社会成员创造了平等的劳动机会，却不提供"平等"的劳动报酬，这就必然使一些较为勤奋、才能突出的人先富裕起来，使那些信誉卓著、经营有方、资金和技术力量雄厚的生产和商业单位在竞争中取得优越地位，从而使社会成员之间、经济单位之间的经济收益拉开明显的差距。为了切实保证社会成员和经济单位获得平等的机会和有数量差别的合法劳动报酬，同时限制和禁止利用商品经济的自发趋势牟取非法收入的现象，就需要我们运用经济立法和经济司法等法律手段的力量，仅仅依靠政策和行政手段的力量是不够的。

其二，需要运用法律手段疏通社会经济往来，保证经济生活"活而不乱"。商品经济的发展，给我国的经济生活注入了活力。当前经济生活的活跃有两个显著的标志。一是市场活跃。商品必须在市场上交换。商品经济的发展和市场的活跃是相辅相成的。二是横向联系增多。越来越多的企业冲破了"条条块块"的限制，建立和加强了彼此的横向联系。这种横向联系对传统的单纯依靠行政手段纵向管理企业的做法是有力的冲击。这样，在日趋活跃的经济活动中，各社会组织、生产单位在生产、交换、分配和消费方面，在科研、信息交流、人才流通等方面的经济性往来不仅显著增多而且日趋复杂。因此，普遍地通过经济合同和其他法律手段来实现、制约、疏通这些复杂的经济往来势在必行。

其三，社会主义竞争也需要法律手段来保护。商品生产者为了取得有利的产销条件而进行竞争，是商品经济的客观规律。社会主义企业是独立的经济实体，是商品的生产者和经营者，有各自的局部利益，因此，经济单位之间和劳动者之间的竞争是不可避免的。为保证竞争在机会均等的条件下进行，为防止和最大限度地消除竞争可能带来的某些消极的、破坏性的后果，就必须有完备的法制。

运用社会主义法制的力量保护当代中国的商品经济活动，实质上是用法律手段对经济生活的发展进行间接控制。经济法规体系和宏观计划控制手段、行政手段一样，都是代表国家的利益运用客观经济规律来自觉调整人们的经济关系，保证经济生活的健康发展。但是，和计划手段、行政手段相比，法律手段又有自己的特点：第一，法律手段较之其他措施有更大的强制性、普遍性，经济法规是所有经济主体都必须遵守的行为规则；第二，法律手段具有相对的稳定性，适应商品生产长期发展的需要；第三，加强经济法规建设有助于防止任何机关团体和个人任意侵犯他人经济利益的行为。总之，在社会主义商品经济的条件下，法律手段是其他各种调节经济关系的手段所不能代替的。

加强法制建设是发展社会主义商品经济的客观要求。但是，社会主义法制建设的工作是一项涉及社会生活所有方面的，极为繁重的任务，绝不是仅仅局限于经济活动的范围。我国社会的全面改造和现代化建设，都必须有法律和制度的支持和保证。因此，我们要围绕着促进社会主义商品经济的发展和繁荣这个中心，全面加强法制建设，保证当代中国社会有秩序地、稳定地向前发展。

三、民主和法制建设是一个决定于整个社会发展水平的长期的历史过程

中国社会主义商品经济的发展和整个社会生活的全面改造，都要以政治生活的高度民主化为其基本条件，民主和法制建设对于当代中国社会的发展具有十分紧迫的意义，这是毫无疑义的。但是，从中国的具体国情及以往在民主和法制建设上所达到的有限的基础看，民主和法制建设又不能不是一个长期的艰巨的历史过程。

中国历史上缺乏民主生活的传统，中国的民主革命又因面临着灾难性的民族危机，不得不把主要精力集中于解决民族解放问题，因而遗留下大量民主改革的任务。进入社会主义时期以后，又由于"左"的错误思想的影响特别是"文化大革命"的危害，中国社会的民主化进程在一个长时期里未能得以推进，而是处于停滞状态，甚至是严重的逆转。这些历史的因素，对于我们今天的民主政治建设不能不起着强大的制约作用。

更重要的是，社会的民主化作为社会生活全面改造的一个

方面，它不可能孤立地实现，而必然地受着整个社会发展水平的制约。在目前我国经济文化仍十分落后的情况下，期望政治民主化的进程能够迈出很大的步伐是不现实的。一个简单的事实是，只有随着生产的发展，人们为获取生存和享受所必需的物质资料所花费的时间和精力大大减少，才有可能从根本上解决广大民众参与管理国家和社会事务的问题。民众参与管理国家和社会事务，不仅要有时间和精力，而且要有这种参与的意识和能力。现在的情况是，大多数公民的现代民主意识相当薄弱，法制观念相当淡漠，由于文化素质的普遍低下，参政议政的能力也普遍地受到限制。这显然是单靠民主政治的宣传教育所难以解决的，从根本上说，必须依赖于商品经济和社会化生产力的充分发展，依赖于社会的科学文化教育事业的充分发展。人们总是在既定的条件下创造自己的历史，民主化和法制化的政治生活的创造也不能不是如此。如果超越客观条件，在政治上实行硬性过渡，那就如同"大跃进""穷过渡"曾把国民经济推向崩溃的边缘一样，也容易导致民主生活的畸形化和法制建设的简单化。

　　当然，我们也应当反对无所作为的机械的条件论。强调政治民主化、法制化的进程依赖于必要的主客观条件，却绝不是为轻视和推延民主与法制建设提供借口，绝不是认为只有等待各种条件具备了的时候才能着手民主和法制建设。社会主义民主和法制的一定程度的发展，它本身就是上述诸种条件得以创造的基本条件。如果不进行政治体制的改革，不发扬社会主义的民主，不建立和健全必要的法制，那么，经济体制、文化体制及其他各方面的改革就没有保障，人民群众的积极性、主动性就仍然受到压抑，社会生产力的发展、科学文化教育事业的发展也就会受到严重的阻碍。强调民主法制建设受着主客观条件的制约，正是要人们懂得去积极地创造这些条件。在当前，广泛地进行现代民主思想的教育，帮助人们学会运用马克思主义的观点去分析中国传统政治文化和吸取外国政治文化中的进步因素，同时在实践上尽可能地完善民主形式，为公民提供尽可能充分和多样的民主实践的机会和条件，这都是完全必要的。

现代民主法制思想确实起源于西方，它在中国曾长期遭受冷遇。在自然经济、半自然经济占据主导地位的历史条性下，这种情况的存在是必然的。但是，现在随着商品经济的发展，中国社会已初步具备并将越来越充分地具备实现民主化和法制化的现实社会条件，因此，已经没有理由再把"德先生"看作"外来户"，民主和法制已经成为中国社会自身发展的内在要求。正确的结论应当是，既要看到民主和法制建设必然是一个长期的历史过程，又要去积极地推进这个历史过程。

第三章　当代中国社会的文化

文化，广义地说，它是人类一切活动的结晶，既包括物质文化，也包括精神文化。狭义地说，它与社会经济、政治等活动相并列，成为人类社会活动的一个独立领域，而以人类的精神生活为其基本内容，以民族精神、民族性格为其凝聚物。正如 19 世纪英国人类学家爱德华·泰勒所说："文化是一复杂丛集的整体，它包括知识、信仰、艺术、道德、法律、风俗，以及作为社会成员积累而成的才能与习惯。"[①]这一通常为人们所引用的文化定义，恰是我们所说的狭义的文化概念。

在文化研究中，当人们的视角注视文化形成发展的一般情况和基本精神时，即形成文化哲学。本章所探讨的问题，大体限定在这个范围。

第一节　中国传统文化的历史考察

中国当代文化是在中国古代传统文化的基础上孕育发展起来的，其间有着斩不断的源流关系。要认识当代中国文化，势必首先要溯流而上，追踪当代中国文化的源泉，然后站在江河

---

① 爱德华·泰勒：《原始文化：神学、哲学、宗教、语言、艺术和习俗的发展研究》1871 年英文版。

滥觞的源头，鸟瞰这一文化之河奔流腾泻的整体画面。

一、中国传统文化的历史发展

一个民族国家，如果没有成熟的、富有生机的文化传统，它的生命是会枯竭的，即使显赫一时，也不过是昙花一现。

中国传统文化，作为一种成熟的观念形态，在人类文明的"轴心时代"①就已经形成。经过两千多年的发展演变，它逐渐形成一种独立的、颇具特色的文化形态，成为中华民族文化动力接连不断、哲学慧根日益萌发的精神源泉。

春秋战国时代，是中国传统文化的繁荣期。正如梁启超所概括的那样："孔北老南，对垒互峙，九流十家，继轨并作。如春雷一声：万缘齐茁于广野；如火山乍裂，热石竞飞于天外。壮哉壮哉！非特我中华学界之大观，亦世界学史之伟迹也。"②通过九流百家的激烈争鸣，儒、墨、道、法、名、阴阳诸家都得到了充分的发展，特别是儒、道、法三家取得明显的优势，成为后来中国文化传统中不可或缺的组成部分。可以肯定，中国传统文化从它产生之日起，就是多元的复合物，而不是一元的简单体。

诸子百家虽然都是中国传统文化的有机组成部分，但经过汉武帝"罢黜百家，独尊儒术"的思想统治，在形式上占据主导地位的却是以孔子为代表的儒家文化。当然，孔子作为中国封建时代的文化象征，在两千多年漫长的历史上也是不断被改

---

① "轴心时代"是德国哲学家雅斯贝尔斯（Karl Jaspers，1883—1969）提出来的文化学概念。他认为人类文化与文明是多源头的，公元前5世纪前后，在世界各地都出现了辉煌的文化：中国出现了孔、老、墨、庄等一系列哲学家，印度出现了优波尼沙和佛陀，巴勒斯坦拥有一批希伯来的先知，希腊则产生了亚里士多德、柏拉图等一批哲人。这一时代就是所谓人类文明的轴心时代。现在世界上的许多文化学者都接受了这一概念以及有关"轴心时代"的学说。

② 梁启超：《论中国学术思想变迁之大势》，《新民丛报》，1902年3月。

铸的。梁启超曾经描绘过这一过程："浸假而孔子变为董江都、何邵公矣，浸假而孔子变为马季长、郑康成矣，浸假而孔子变为韩退之、欧阳永叔矣，浸假而孔子变为程伊川、朱晦庵矣，浸假而孔子变为陆象山、王阳明矣，浸假而孔子变为颜习斋、戴东原矣。"①其中大的改铸有两次。在封建社会前期孔子被改铸成董仲舒的新儒学，在封建社会后期则被改铸成二程朱熹的道学或理学。可以说，儒家文化在中国传统文化中是一线贯穿的精神主宰。因此，考察中国传统文化，不能不特别注意儒家的思想。

儒家思想的核心是"仁""礼""中庸"。"仁"主要是社会政治伦理学说，即所谓仁爱、仁义、仁政等，如孔子提出"为政以德"②，孟子提出仁政学说③，《大学》提出"修齐治平"，《礼记·礼运》提出"天下为公"，这些都是儒家的社会政治理想，深为封建时代的知识分子所服膺、所赞赏。"礼"即礼仪、礼节、礼教，是维护封建等级制度和社会秩序的伦理规范，也不乏处理人际关系的道德信条。这些规范一方面可以成为民族团结、社会和谐的积极力量，另一方面则发展成形式主义的繁文缛节和极端苛刻的纲常名教。"中庸"是一种思想方法，讲究"不偏不倚""执两用中""适量守度"。其基本精神是通过折中调和的手段，达到消融矛盾、避免冲击、稳定社会秩序的目的。

中国封建时代的统治者在推行文化政策的时候，一般都是打着儒家的旗号，而实际上却是以儒为主，兼取道法，或"儒道互补"，或"外儒内法"，或儒道法兼收并蓄。就其内容来说，儒家的仁政王道，道家的清静无为、以退为进，法家的循名责

---

① 梁启超：《清代学术概论》，商务印书馆（上海）1921 年版。
② 《论语·为政》。
③ 《孟子·梁惠王上》。

实、信赏必罚，这三者是构成中国传统思想文化的三位一体的基本要素，浸透于民族的性格和心理中。然而以官学的形态，授受于庠序，流布于民间的，却基本是儒家的思想文化。

中国传统文化在自己的发展过程中，也曾遇到外来文化的挑战。这种挑战在近代之前大致有两次。第一次是汉唐时期，中国对于佛教文化表现出宏大的气魄，敢于迎接它的挑战，并善于立足本土，吸收、融化、改造它，使之成为中国固有文化的新的因子，而不改变自身文化的特质。正如陈寅恪所说："以佛教学说能于吾国思想史上发生重大久长之影响者，皆经国人吸收改造之过程。其忠实输入不改本来面目者，若玄奘唯识学，虽震荡一时之人心，而卒归于消沉歇绝。"①第二次是明清之际，西方耶稣教士向中国传播基督教义，也兼介绍一些西方自然科学知识。由于他们采取"合儒""补儒""超儒"的做法，尽量使自己带有中国传统文化的色彩，因而颇为上层知识分子所欢迎。但是这次基督教文明输入的时间既短，影响又只限于少数上层知识分子，后来又因信奉喇嘛教的雍正皇帝登基而告中断，没有形成大规模的中西文化交流会通。

二、中国传统文化的历史特点

世界上任何一个健全民族的文化，都必然有其独特的历史传统，有自己的某些优势和特长，同时也不可避免地有自己的某些缺陷和不足。迄今为止，人们尚未发现哪一个民族文化遍身缺点而毫无长处，或者尽是优长而毫无弊病。马克思和恩格斯说得好："古往今来每个民族都在某些方面优越于其他民族"，

---

① 冯友兰：《中国哲学史》，附录《冯著中国哲学史审查报告》，中华书局 1947 年版。

但从来没有"优等"民族和"劣等"民族之分。[1]

中国传统文化是一种从"农业-宗法"社会的土壤中生长出来的伦理型文化。当人们去认识和把握这一特定类型文化的特质的时候，有如下两个异常顽强的事实摆在人们的面前。一个事实是，在世界古老民族之林中，那些曾经一度光华灿烂的古老文化，几乎全都暗淡下来。只有中国的文化具有顽强的生命力和无与伦比的延续性，虽饱经忧患，历尽沧桑，却仍然如薪传火，连绵不绝，创造了罕有其匹的古代文明。这是非常耐人寻味的历史现象。另一个事实是，近世以来，作为这一古老文明的文化载体——封建的东方帝国，却长期食古不化，沉眠不醒，国势不振，民气不扬，终于落伍于近代西方文明。直到中华人民共和国成立，中国人民才开始在政治上获得独立平等的地位。然而在推进现代化建设的过程中，它又总是如疲牛负重，步履艰难；如逆水行舟，一波三折。这也是深为改革志士所扼腕叹息的事情。

基于这两个事实，我们必须认定：中国传统文化确实有它不容置疑的成就和优长，同时也有它严重的缺陷和不足。作如是观，才能正确解释中华民族所经历的十分复杂的历史实践，才能真正洞察中国传统文化的性质特点、是非优劣，从而更好地计划更新文化、再造人文的行动。盲目地对传统加以颂扬或蔑弃，都是于事无补的。

中国传统文化的优长是什么呢？如果我们舍弃旁枝末节，仅仅找寻出贯穿于其中的几个基调的话，那么优长应是：积极的入世精神，强烈的道德色彩，顽强的再生能力，以及注重"中和"的思想方法。

---

[1] 马克思和恩格斯：《神圣家族》，《马克思恩格斯全集》第 2 卷，人民出版社 1957 年版，第 194 页。

（一）积极的入世精神。所谓入世精神就是关心社会现实的人生态度。学界有人曾说，西方基督教文化是"天学"，印度佛教文化是"鬼学"，而中国传统文化是"人学"。这一"人学"文化是积极入世的，而不是消极出世的。儒家文化，不论是先秦的孔孟荀卿之学，还是两汉以后的新儒学，其主流都是经世致用、兴邦治国、教民化俗的。其主要信条，如"内圣外王"，"修齐治平"，"要言妙道不离人伦日物"，"正德、利用、厚生"，都要求将内在的思想外化为积极的事功。道家文化，看似玄虚蕴奥，而其实质却是注重聚积自身的力量，"无为"是为了"无不为"。只要看一看黄老哲学在中国古代每一个动乱向治世转化的时代所起到的特殊作用，这一点就可以了然。①法家文化不待说，它以奖励耕战而著名，重视社会治理，一切以实利实效为依归，具有更明显的现实精神。总之，积极的入世精神，是以儒道法三家为主体的中国传统文化的共同特点。中国传统文化形成这一特质，大致有两个原因：第一，和西方、印度相比，中国古代社会的宗教势力是相对薄弱的，这就决定了它的文化特色，不是把致思的中心紧紧盯在彼岸世界，而是瞩目于现实社会，不是着眼于"来世"，而是致力于"今生"。第二，中国古代哲人大都有一种深沉的"忧患"意识，这种意识可以外化成一种对于民族文化兴灭继绝的感情，以社稷国家为重，以民生民瘼为怀的抱负，以及面向现实、面向人生的入世态度。

（二）强烈的道德色彩。有学者在进行中西文化比较时谓：古代希腊罗马学者有一种"智者风度"，他们十分关注人与自然的关系，富有科学精神；而中国古代学者则有一种"圣贤气象"，

---

① 陈鼓应谓：老子无为、谦退、清静等观念，"不仅没有消极的思想，相反的，却蕴含着培蓄待发的精神；一方面他关注世乱，极欲提供解决人类安然相处之道，另一方面，他要人凝练内在生命的深度"（《老子注释及评介》，中华书局1984年版）。

他们更关心人与人之间的关系，富有道德精神。这是由于中国古代社会从它由原始社会进入阶级社会时起，就是典型的以血缘关系为纽带的氏族奴隶社会，等级名分森严的天子、诸侯、卿大夫之间，既是政治上的君臣关系，又是血缘上的大宗小宗关系，作为被统治阶级的"士农工商"也都紧紧维系在血缘关系的纽带上，因之，社会组织、经济结构、政治设施等，也都无一不与宗法血缘关系紧密结合在一起，反映宗法制度和宗法观念的伦理道德也就成为中国传统文化的核心。从历史看，这种文化特色除有许多消极面以外，也有它积极的一面。第一，它具有强大的凝聚力量。它把在自然经济条件下的以一家一户为基本单位的松散农业组织，用思想、道德的力量维系起来，造成了无形而巨大的民族向心力。中华民族在历史上形成的"炎黄子孙""华夏苗裔"等观念，曾经一次又一次克服民族分裂的危机，保持了国家的大体统一和中华民族的不断发展。第二，就伦理道德本身而言，它除维护统治阶级利益外，也有整饬人伦、和谐人际关系的作用。比如儒家强调的"父慈子孝、兄友弟恭、朋友有信"，以及"忠恕之道""絜矩之道""民胞物与"等观念，都突出强调了处理人际关系时互以对方为重的基本原则。它也注重个人道德品质修养，注重培养健全的人格，认为唯有完善个人的"人格"才有可能推己及人，实现"治国平天下"的抱负。这一人格观念加以扩展，就形成中国人民威武不屈、贫贱不移的民族气节和"国格"观念。

（三）顽强的再生能力。中国传统文化最富于魅力并引起世人赞叹的，不仅在于它的古老，更在于它在内忧外患之中，一次又一次表现出来的顽强的再生能力。这种再生能力表现为它能不断地从"原生文化"转化为"衍生文化"，以适应存在和发展的需要。中国文化史上依次出现的先秦诸子学、两汉经学、魏晋玄学、隋唐佛学、宋明理学、清代朴学，其间既有一脉相承的基本内涵，又呈现出彼此各异的形态。这种在一国范围内，文化发展序列如此连续完整而又不断嬗变更新，是世界文化史上所罕见的现象。这种情况首先是由社会经济因素决定的，它根源于农业-宗法社会本身所具有的顽强的延续力；其次，它也与半封闭的大陆环境提供的隔离机制相关联；同时，中国传统文化本身所具有的生生不已的活力，贯穿于中华民族历史活动中那种"天行健，君子以自强不息"的顽强精神，以及中国古代朴素系统论所具有的涵盖面广、常变相参的思维机制，也是这种情况得以出现的重要原因。

（四）注重"中和"的思想方法。"中和"的思想方法亦称"中庸之道"[①]，它早于孔子而出现，所谓"和实生物，同则不继，以他平他谓之和"[②]，大概就是这种观念的最初表述。后经孔子提出"和而不同""执两用中"以及《礼记·中庸》的全面总结，"中和"思想遂告形成，一直成为中国传统文化的基本精神。"中和"思想就其积极方面来讲，突出强调了两个侧面：一是"中"，即把握事物度量的准确性；一是"和"即不同因素、不同方面的合理组合、对立统一。应该承认，这是含有辩证思维的思想方法。这种思想方法在古代中国社会曾经促使中国人民在很大程度上实现自身协调、天人协调和人我协调，对于民族团结、社会稳定起到了一定的积极作用。中庸之道作为一种文化观念，在中国封建时代常传不息，有其深厚的土壤。首先，它是调节作为"天之元子"与"民之父母"双重身份的专制君主同它的臣民关系的产物；其次，它是适应宗法社会的需要，

[①]"中庸"概念，见于《论语·雍也》。中庸，即以中为用，用中和之道行事。"中和"见于《礼记·中庸》："中也者，天下之大本也；和也者，天下之达道也。致中和，天地位焉，万物育焉。"

[②]《国语·郑语》。

解决以血缘关系为纽带的宗法关系、家族关系内部矛盾的有效方法；此外，农业社会小农经济靠天吃饭的特点，必然使人们重视风调雨顺、阴阳和合，而这种认识的理论抽象就必然是"致中和"的思想方法或中庸之道。

当然，中国传统文化也自有它严重的缺点，而且这种缺点并不是孤立存在的，它同中国文化的优点往往表现为一个事物的两面，它们相互掺杂，难解难分。

中国传统文化的主要缺点是什么呢？

首先，在价值取向上，重视道德的扶植，而忽视力量的培养、知识的研讨和功利的追求。造成德力分离、德智分离和义利分离的不良倾向。

本来，在先秦的主要学派中并不乏"尚力"主义者，如墨家"尚力""非命"，法家主张耕战。但自从儒家文化处于独尊地位以后，在中国思想界一切"尚力"之说均遭非议，只有孔孟"德治""仁政"的口号在思想界回响。[①]从整个封建社会的意识形态和文化心理来看，重德轻力的观念是主要的，基本的。而重视力量的思想则往往只表现为一种潜流，不能理直气壮地加以倡导。这种情形同西方"力的崇拜"的观念恰成鲜明的对照，其结果必然阻滞人力的发挥和对自然的改造。

在德智关系上，儒家文化有一个基本信念，即人格的确立较之知识的获得不知重要几多倍。王守仁曾以精金类比圣贤，认为只需成色精纯即是圣人，至于知识多寡、才能大小的不同，恰如八千镒之金与九千镒之金，分量虽有差，却都不失为真金。

---

① 孔子的学生子贡曾问孔子，在"足食、足兵、民信"三个方面，"必不得已而去于斯三者何先？曰：去兵。子贡曰：必不得已而去于斯二者何先？曰：去食。自古皆有死，民无信不立"（《论语·颜渊》）。去兵去食而存信，正是重道德而轻力量的表现。孟子也片面赞赏"以德服人"，而反对"以力服人"（《孟子·公孙丑上》）。这些思想对后儒影响甚大。

在儒家文化心理结构中，道德是个质的概念，知识只是个量的概念，它看重人"是什么"，而不看重人"有什么"，所以重德轻知。他们认为：有德无知，犹不失为"一个堂堂正正的人"（陆九渊语）；有知无德便是"炊沙成饭""游骑无归"（二程、朱熹语）了。这显然是片面的。

在义利关系上，儒家文化片面肯定重义轻利的思想。孔子是"罕言利"的，孟子则公开宣布"何必曰利"。至于秦汉以后的新儒家所倡导的"正其义不谋其利，明其道不计其功"，"存天理，灭人欲"的主张，更是反映这一思想的典型口号，既然功利和人欲被看作恶的、应该抛弃的东西，力量的培养、知识的研求，也就必然被忽视。从社会效果来看，这种文化观念流行的结果，造成知识分子空谈心性、轻视实践的性格，偏重向内心寻觅"天理""良知"，而鄙视向外界探索客观世界，以致阻塞了探索知识、改造世界的雄心和锐气。

其次，在致思趋向上，重视"形而上"的研讨，而忽视"形而下"的探求，造成"重道轻艺"的不良倾向。

先秦时代中国本不乏科学精神，墨家、名家等学派都是重视"技艺"的，但他们关于科学知识的著述，不是坠落失绪，便是湮没不彰。在儒家想想为主导的文化氛围中，形成了一个极其有害的观念：崇尚"义理"，鄙薄"技艺"。所谓"形而上者谓之道，形而下者谓之器"。历来重视"学道""谋道"，"道"的研究可以著之竹帛，传诸天下，而"形名度数之学"则不可登大雅之堂。中国传统文献把科学技术称作"方技"，这本身就含有轻视的意思。无论多么高明、多有贡献的科学家，也只能在史书末编的"方技传"中留下几笔，而不能与"儒林""道学"先生们为伍。这种对科学技术公开蔑视的态度，贯穿于封建社会的始终。清代乾隆年间编纂《四库全书》时，仍不屑于收入西方传教士利玛窦等人译的科技书。鸦片战争开始时，封建顽固派仍斥西方先进的科学技术为"奇技淫巧"而拒之门外。洋务运动时京师同文馆要设立天文算学馆，顽固派仍以"文儒近臣不当崇尚技能"为辞，加以反对。由此可见，中国传统文化中"重道轻艺"的不良倾向是何等严重！

这种不良倾向又进一步助长了国人偏狭的价值观念，即"德成而上，艺成而下"的观念。人们普遍认为：科学技术无论多么高明总不过属于"艺"和"器"的部分，这部分本属学问的"粗迹"，懂得不算稀奇，不懂不为可耻，只有"正心诚意"的大道理，"治国平天下"的大经纶，才是最有价值的学问。于是造成中国古代文化的畸形状态：技艺工巧虽然为社会民生所必需，手工业虽然异常繁荣和发达，但科学技术在社会上的地位并不高；科学研究、创造发明不被鼓励，它只能自生自灭，循环迭现；知识分子很少有人以全副精力致力于此，于是中国的科技只掌握在一班"匠人"之手，因而总是感性的，缺乏理论和逻辑的，往往不能形成科学公理。总之，中国传统文化片面追求"形而上"的致思趋向，大大妨碍了对科技理论知识的追求和获取，反转过来也限制了"形而上"的迅速进步。到了近代，中国人不得不备尝科学技术落后的苦果。

最后，在思维方式上，强调"尊经""征圣""法古"，而忽视个性的培植、创造性的发挥和多样化的追求，造成死板僵化的文化格局。人们信奉的格言是"述而不作，信而好古"，"祖宗之法不可擅变"。书以经典为尊，言论以圣人为贵，经验以古人为信。久而久之，人们没有自己的是非，只能以孔子的是非为是非，以《四书》《五经》作为判定真理的标准。在文化学方面，一本圣贤经传，后人总是注而又注，疏而又疏，训而又训，考而又考，而且有一个僵死的原则："疏不犯注，注不犯经"，结果愈注愈玄，愈疏愈诞，愈训愈滥，愈考愈烦。这种情形不独在政治伦理著作方面为然，风气所及，就连古代的科学著作也要受其影响。在古代科学著作本来就并不丰富的情况下，人们仍不去致力总结经验，撰写新编，而不断地推出各种注本。如人们所熟知的《水经注》《九章算术注》《本草经典注》，等等。虽然也能在前人的基础上补缀若干新的知识，但总的看来绝不能超越前人规定的范围，很难使学术得到突破性的进展。近代启蒙思想家严复对中国传统文化的这种思维框架有一个总结性的说法："中国由来论辩常法，每欲中求一说，必先引用古书，诗云，子曰，而后以当前之事体语言，与之校勘离合，而此事体语言之是非遂定。"①很明显，中国传统文化虽有不断再生嬗变的一面，也有万变不离其宗的一面，这个恒常不变的东西，就是儒家的统治地位、孔子的圣人身份和被认为是"止于至善"的祖宗之法，这种陈陈相因的思维定式，必然妨碍自由争鸣风尚的开展，泯灭人们的个性和创造精神，到头来成为阻滞学术文化进步的羁绊。

综上所述，作为绵亘于亚洲大陆数千年的中国传统文化，是一个复杂的两面体。从积极的方面讲，它含有一些有价值的东西，是中国人民更新文化、继续前进的基础。从消极方面讲，它又是阻碍中国人民前进的障碍，是沉重的历史负担。有人只看到其积极方面，从而一味地赞赏、颂扬它，有人只看到其消极方面，从而一味地否定、抹杀它。这两种态度都有失偏颇。实际上，国粹主义者的全盘肯定和虚无主义者的全盘否定，都未曾为中国文化找到真正的出路，这种教训值得记取。

---

① 耶方斯：《名说浅说》，严复译，《严译名著丛刊》，商务印书馆 1981 年版。

三、中国传统文化与中国民族精神

一个民族的民族精神或一个国度的国民性，不是孤立存在的，它是一个民族国家的文化传统长期陶铸的结果。因此离开了一定的文化传统，就无所谓"民族精神"，也没有什么"国民性"了。

毫无疑问，中华民族是一个富有个性的优秀民族，是一个内在精神异常丰富博大的民族。这一点是举世公认的。日本现代著名政治活动家吉田茂认为，中华民族是"东方最优秀的民族"，"古代的中国拥有非常先进的文明，对日本来说，学习中国是一个莫大的恩惠"。[1]法国百科全书派领袖狄德罗则说："举世公认，中国人历史悠久，智力发达，艺术上卓有成就，而且讲道理、善政治，酷爱哲学；因而，他们比亚洲其他各民族都优秀。依某些著作家的看法，他们甚至可以同欧洲那些最文明的国家争辉。"[2]当然，中华民族精神也有自己的弱点、缺点和短处，而且往往同自己的优长掺杂在一起，二者呈现一种"你中有我，我中有你"的胶着状态，对此需要进行一些分析。

第一，中华民族是一个求实的民族，如前面指出的，中国传统文化是面向现实、重视人生的，这种文化传统浸透于民族精神中，表现出两大特点：其一是正视现实的态度。中华民族多有清醒的现实主义者，他们不骛于空想，不驰于虚声；他们也善于思考，但一定要根据耳闻目见的事实；他们也富于理想，但一定立足于现实生活的土壤。其二是朴实无华的性格。中国人无论务农、做工、治学、施政，都讲究"脚踏实地"，"按部就班"，"循序渐进"，"一步一个脚印"，对华而不实、脆而不坚

---

① 吉田茂：《激荡的百年史》，孔凡、张文译，世界知识出版社 1980 年版。
② 狄德罗：《中国人的哲学》，参见《中国哲学》第十三辑，中华书局 1985 年版。

的言论、思想、作风，总是表示反感。但是也要看到，在中华民族的求实精神中又包含着某些消极的因素：其一，中国人重视人生的现实，却往往并不重视另一种现实——对自然的利用、改造及对自然科学的研究[①]，因此它的求实精神是不全面的、畸轻畸重的；其二，这种求实精神往往同经验主义相伴随，并含有偏重实惠和眼前功利,而忽视长远利益和全局利益的倾向，这是小农经济带来的必然结果。

　　第二，中华民族是一个崇尚气节、富于革命传统的民族。在中国传统文化特别是儒家仁学思想的长期熏陶下，中华民族尚气节，重情操，有一种浩大的民族之气，有强烈的民族自尊心。中国人把松、竹、梅称作"岁寒三友"，把它们视为气节操守的象征。有许多古老的格言，如"见义勇为"，"当仁不让"，"杀身成仁，舍生取义"，"不降其志，不辱其身"，"富贵不能淫，威武不能屈，贫贱不能移"，等等。这都是千百年来中国人民所津津乐道和身体力行的。荀子在《劝学》篇中，还有一段话专门谈到这个问题："权利不能倾也，群众不能移也，天下不能荡也。生由乎是，死由乎是，夫是之谓德操。"这种"德操"或"节操"观念具体表现是多方面的。它可以表现为"三军可夺帅，匹夫不可夺志"的斗争精神，可以表现为"临大节而不可夺"的不屈精神，可以表现为"士可杀不可辱"的抗暴精神，也可以表现为"志士不忘在沟壑，勇士不忘丧其元"的牺牲精神。这种崇尚气节德操的传统，培养了中国优秀的知识分子和人民大众。他们在内外黑暗势力面前，总是以顽强的斗争方式，解除这种黑暗，表现出无比的革命勇气和力量。正义所在，拼命

---

　　① 爱因斯坦指出：西方科学发展是以形式逻辑和实验方法这两个伟大成就为基础的，而"中国的贤哲没有走上这两步"（《爱因斯坦文集》第一卷，商务印书馆1976年版，第574页）。

为之，不畏横逆，前仆后继，这已经成为中国人的宝贵的"民魂"。但是另一方面，中国人的气节观念中也有某些缺陷。第一，中国传统文化的气节论历来讲究"君子小人之辨""华夷之辨"，其中就包含蔑视下层人民的贵族意识和蔑视少数民族的大民族主义。特别是后者在中外交流的情况下很容易表现为盲目排外的心理。鲁迅曾说中国人往往有"合群的爱国的自大"，即指此意。第二，中国传统气节观念中还有一大缺点，即旧时代封建士大夫往往喜欢标榜"气节"，在非原则问题上无谓地闹意气，争高下，形成派别纠纷，而且牢不可解。这方面对中国人民的心理素质也有一定的影响。

第三，中华民族是一个自强不息、刻苦耐劳的民族。中国最古老的《周易》中就有"天行健，君子以自强不息"[①]的箴言，恰好是中华民族精神的生动写照。鲁迅曾热情讴歌："我们从古以来就有埋头苦干的人，有拼命硬干的人，有为民请命的人，有舍身求法的人……虽是等于为帝王将相作家谱的所谓'正史'，也往往掩不住他们的光耀，这就是中国的脊梁。"[②]从历史看，中国传统文化培植的中华民族的自强不息的精神有两个显著的特点：其一是愈在挫折厄运面前，愈能激起抗争的勇气和力量；其二是，它不是经常地大量地表现为轰轰烈烈的大场面，而是更多地表现为深沉的战斗，坚韧的探索和持久的忍耐。"愚公移山"的寓言所颂扬的愚公精神就是中华民族精神的生动写照，它永远是中国人民奋发图强、自立于世界民族之林的强大的精神动力。当然，全面地看问题还应指出，中国传统的愚公精神还须与创新精神、科学精神相结合，中国古代当然并非

---

① 《易传·乾卦》。
② 鲁迅：《中国人失掉自信力了吗》，《鲁迅全集》第 6 卷，人民文学出版社 1981 年版，第 118 页。

没有科学，但中国古代科学在其最初的表现上就是与种种非理性的、神秘的规范和一成不变的思维框架相渗透，因而不能形成独立的科学学科，从而也使中华民族科学素养不足。另外在农业自然经济的条件下，人们的生产活动一般说来停滞在周而复始、循环往复的范围内，只要恪守一定之规，就可以期望一定的收获，这种情况也造成中华民族在古代创新精神不足。因此中华民族虽然也付出了艰辛的劳作、持久的努力和巨大的牺牲，而取得的成果却是与之不完全相称的。

第四，中华民族是一个宽容、和平的民族。蔡元培称："中华民族性"与"儒家的中庸之道最为契合"。[1]首先，中庸之道浸染中华民族的性格，表现为宽容博大的胸怀，恪守"万物并育而不相害，道并行而不相背"[2]的宗旨。表现于政治生活就是提倡"可否相济"，"和而不同"，集思广益，择善而从；表现于文化生活，就是主张"殊途同归"，"百虑一致"，兼容并蓄，相反相成，从而造成中华民族具有很强的吸纳能力和改铸能力。其次，中庸之道浸染中华民族的性格，又表现为爱好和平的精神。中庸哲学以"和为贵"[3]的观念，以及"德不孤必有邻""天时地利不如人和"之类的古老格言，致使中华民族一向重视人与人之间、国与国之间的睦邻友好关系。西方人士利玛窦称，"我仔细研究了中国长达四千多年的历史"，确认中国人"没有征服的野心，在这方面他们和欧洲人很不相同"[4]，即是有力的证明。当然，另一方面，宽容精神的附属物是中华民族过于

---

① 蔡元培：《中华民族与中庸之道》，蔡尚思主编：《中国现代思想史资料简编》第3卷，浙江人民出版社1983年版，第503页。
②《礼记·中庸》。
③《论语·学而》："礼之用，和为贵。先王之道斯为美。"中庸是合于礼的，是礼的最高表现。
④ 利玛窦：《十六世纪的中国》（即《利玛窦日记》），牛津大学出版社1953年版，第54—55页。

看重均衡，折中调和的色彩过分浓重，以致在需要打破僵局、大胆改革的历史关头，往往也不能勇猛进行，甚至贻误历史的良机。至于和平精神的附属物则是过于"温顺和平，耻于用暴，重文轻武"[①]，文雅而不免纤弱，调和而不免妥协。这些缺点也是非常显著的。

第五，中华民族是一个豁达乐观的民族。著名哲学家罗素说："中国人似乎是富于理性的快乐主义者，这一点与欧洲人不同。"[②]从历史看中华民族的生活条件并不"快乐"，但其生活态度却很乐观。这是由于中国传统文化对人生采取入世主义的态度，不回避现实生活中的矛盾，认为艰难、困顿、挫折等本来都是人生课题中的应有之义。故而儒家有"智者不惑，仁者不忧，勇者不惧"，"乐以忘忧，不知老之将至"的著名格言。中华民族的豁达乐观闪耀着朴素的辩证法的思想光辉。所谓"无平不陂，无往不复"，"盛极必衰，否极泰来"这些格言，表明人们确信人类终有出路，眼下纵有多少不利因素和困难，也一定能够出现转机，只要恒久努力、耐心坚持，转化的"契机"一定出现。所以，中国人很少有彻底的悲观主义者。另一方面，中华民族的豁达乐观也含有若干消极因素，这就是"知足者常乐"，"知足不辱"，"未尝先人，而常随人后"的观念，造成中国人守成心理极重，容易在成绩面前自我满足，不求进取，有时在重大历史隐患面前缺乏必要的危机感和紧迫感。

显然，上述几点尚不足以概括中国民族精神的全貌。但总的说来，可以看出中国民族精神也是一个两面体，既有它的优长，也有它的缺陷。一般来说，它的优长是与中国传统的农业

---

① 梁漱溟：《中国文化要义》，《梁漱溟全集（三）》，山东人民出版社1990年版，第30页。

② 转引自冯友兰：《三松堂学本文集》，北京大学出版社1984年版，第41页。

自然经济和血缘宗法社会相适应的；而它的缺点则是当中国社会从古老的时代缓慢步入近代从而获得西方文化的参考系以后才日益暴露出来的。近代许多思想界的先觉者总是竭力披露、指摘这些缺点，以求引起社会普遍的觉醒和疗救，这是有一定的道理的。

第二节 当代中国文化的性质和发展前景

中国传统文化在中国封建社会中以稳定的形态延续了两千多年，但是到了近代，随着"西学东渐"的强大潮流以及马克思主义的广泛传播，使得中国固有的文化发生了巨大的变化。

一、从传统文化到当代文化的转变

中国传统文化到当代文化的转变是一个十分急促的过程。就转变的内容来说，它完成了由封建文化向半殖民地半封建文化、又由半殖民地半封建文化向社会主义文化两次重大的转折。就时间来说，实现这两次转折仅仅花费了大约一百年的时间，同世界各国相比较，这个时间是太短暂了。[①]就转变的条件来说，这一转变不是在本国的自然经济和农业社会结构解体，商品经济和工业社会结构充分发展和成熟之后，水到渠成地完成的，而是在外国资本以武力打开国门之后，国内国际阶级斗争、政

---

① 这里有个时间上的明显对比：在西欧，从公元 5 世纪到 15 世纪文艺复兴为止，封建文化历时一千年，而从 14 世纪文艺复兴开始萌芽算起，到 19 世纪马克思主义产生以前为止，资产阶级文化冲击封建文化，长达五百余年，以五百年对一千年，其反封建的成效无疑是巨大的，文化形态的转变也是比较彻底的。中国从春秋战国到鸦片战争，封建文化历时两千多年；而从鸦片战争到现在，资本主义文化与社会主义文化对于封建文化的冲击，合起来不过一百五十年。以一百多年对两千多年，在中国反封建文化的成效就远没有西欧那么大，转变自然也就很不彻底了。

治斗争异常复杂激烈的情况下,经过几次突发性转折而完成的。

第一次大的转变是在五四运动以前。自从中国的门户在鸦片战争中被迫敞开以后,中国的士大夫在痛苦经验中逐渐睁开眼睛看世界。经过洋务运动、维新变法、辛亥革命这几次逐步深化的社会改革,中国人学习"西学"的运动也逐渐深化。但总的看来,五四运动以前中国人对西方文化的学习还仅仅停留在简单模仿的阶段,缺乏深入的研究和精细的选择。同时,由于中国传统文化的惰性方面对于新的文化机运所进行的顽强抵抗,也使得西方文化的传播困难重重。于是在中国形成一种特殊的文化格局:新文化企图冲决旧文化的堤坝,而旧文化则把新文化死死地束缚在一定的范围之内。著名哲学家艾思奇总结过这一阶段的情况,他说:"(辛亥)革命后至少三四年间,思想文化仍被传统所君临。欧美的哲学思想虽然早有输入,但在'中学为体,西学为用'的大前提下,儒家思想终究仍是稳固的一尊。传统的地位被看得很高,思想论证常喜到四书五经中去寻找根据。"[1]尽管这样,我们仍应看到,新的文化因素仍在潜滋暗长,并逐步替代着旧的文化因子,这种发展趋势是不可逆转的。

五四运动以后中国的思想文化发生了重大的转折。按照毛泽东同志的说法:"五四运动以后二十年的进步,不但赛过了以前的八十年,简直赛过了以前的几千年。"[2]一方面,西方资产阶级启蒙思想家的民主与科学的思想在中国文化界得以传播,封建主义思想节节败退;另一方面,紧接着是俄国十月革命的成功又把马克思主义的春风送进中国文化界,给中国无产阶级

① 艾思奇:《二十二年来之中国哲学思潮》,《艾思奇文集》第 1 卷,人民出版社 1981 年版,第 59 页。
② 毛泽东:《新民主主义论》,《毛泽东选集》第 2 卷,人民文学出版社 1969 年版,第 703 页。

和革命人民以崭新的世界观。但也不能否认，无论对于西方启蒙学者的学说，还是对于近代启蒙学说"进一步的似乎更彻底的发展"的马克思主义，人们仍然不免囿于自然经济的狭隘眼光甚至夹杂着某些封建主义思想去加以理解。这里制约的因素仍然是近代中国商品经济的发展程度和自然经济的瓦解程度。

中华人民共和国成立以后，马克思主义作为中国文化的指导思想和理论基础，影响更加深远，懂得它的人日益增多，并且在社会主义革命和建设中发挥了巨大的效能。但是不排除这种情况，在现代化的经济基础建立以前，那种在落后的、自给自足的农业自然经济基础上形成的民族文化传统的惰性，总要力图在新建立的社会制度和意识形态之中表现自己。人们对马克思主义的认识和了解。常常是不够完整准确的，常常不免投射出文化传统惰性的阴影。比如在"文化大革命"中把实现现代化的社会要求误解或歪曲为资本主义复辟，把真理法律面前人人平等的民主观念误解或歪曲为修正主义的观点，把人类几千年积累起来的文化知识当作"伪科学"来加以扫荡，相反，却把封建地主阶级的"血统论"当作阶级论加以宣扬，把封建人身依附关系当作组织纪律性加以贯彻，把践踏民主法制当作"造反有理"的革命行动加以提倡，把封建株连当作划分阶级阵营加以推广。这些观念上的颠倒错乱不应看作哪一个人的偏见或失误，而应该进行民族文化的自我反省。当然也要看到，"文化大革命"中的民族迷误只是一种暂时的历史倒退，因为中华人民共和国的成立这一事实本身就决定着中国文化不断进步的总的历史趋势，同样也是不可逆转的。

自从我们国家以党的十一届三中全会为标志进入新的发展时期，随着我国城乡经济政治体制改革的深入进行，以及"对外开放，对内搞活"方针的贯彻实施，更赋予当代中国文化以蓬勃生机和强大动力，人们有充分的理由确信，中国文化的全面振兴时期和繁荣发展时期已经来临。

二、当代中国文化的基本性质

党的十一届三中全会以后文化问题的研讨已经引起全社会的普遍关注，无论是专家学者还是其他职业的人们都在共同探讨文化问题，形成了 20 世纪 80 年代举世瞩目的"文化热"。这是我国的经济生活、政治生活发展到当今的必然产物。

目前我国正处在一个以经济体制改革为先导的社会全面改革的新时期。这场经济体制改革的总体目的，是要实现从原先的半自然经济、产品经济向有计划的商品经济的转轨。这样，当新旧两种不同的经济体制发生转换之时，必然发生新的体制与旧的观念之间的对立和冲突。我国几千年来积累下来的文化观念，并不是与商品经济和工业社会相适应的文化观念，而是农业社会的文化观念，封建宗法观念和小生产观念。而我国近代发生的旧民主主义革命和新民主主义革命，以及新民主主义革命胜利以后的社会主义革命，都没有彻底完成破除这些旧观念的历史任务。今天，反映这些观念的平均主义、重农轻商等僵化保守的传统习惯和社会心理，还在妨碍商品经济的顺利发展，成为影响经济改革深入发展的阻力。同时，在社会政治生活中，人们也发现，官僚主义的大肆蔓延，终身制的难以破除，以权谋私、腐化堕落现象的屡禁不止，人情关系网的日益繁密，以及社会上司空见惯的官本位思想、等级观念等，也无一不与传统文化中的消极落后的方面相联系。因此，20 世纪 80 年代的"文化热"与十年的改革如影随形，紧密伴随，就是十分自然的事情了。

从这场大规模的文化热潮中，我们多少可以把握到当代中国文化的脉搏。

当代中国文化的特点之一是它的现实性。它绝不是文化殿堂里的装饰物或陈列品，也不是清谈馆里供人消遣的谈资，而是牢牢立足于中国改革的现实，凡改革中已经遇到或将要遇到的问题，都被人们从文化的立场和角度加以研究探索。因此当代中国文化在坚持正确的政治方向的前提下，必定能产生巨大的社会效能，促进社会主义物质文明和精神文明建设，给改革带来强大的思想动力。

当代中国文化的特点之二是它的广泛性。它已远远超出了传统的文史哲研究的范围和领域。由于现代科学跨学科研究所带来的各学科之间相互交叉、渗透、综合的趋势，不仅将形成经济学、文学、历史学、社会学、政治学、伦理学等各门社会科学相互配合、通力合作的局面，而且也必将打破社会科学和自然科学的截然分开的传统界限。这种情况对文化的研究也会产生一定的影响。就研究内容而言，举凡人们的思想观念、社会心理、思维模式、伦理道德、审美情趣和生活方式以及文化的各个部门、各个方面，统统都会进入文化学者的研究视野。

当代中国文化的特点之三是它的世界性。在全面开放的总形势下，中国当代文化已把自己置于世界文化背景之中，必然受到世界文化思潮的影响，就算有人希图孤处一隅，与世隔绝，那也已经成为不可能的事情。这不是坏事情。中国文化恰好在中外文化交流之中打破已往的闭塞状态，走向世界，走向未来。

当代中国文化的性质如何？怎样保证中国当代文化沿着正确的路径健康、持久、深入地发展？这是人们十分关切的问题。《中共中央关于社会主义精神文明建设指导方针的决议》指出：我们要建设"以马克思主义为指导的，批判继承历史传统而又充分体现时代精神的，立足本国而又面向世界的，这样一种高度发达的社会主义精神文明"。这是对当代中国文化基本性质的最准确的估定，也是社会主义初级阶段文化建设的基本方针。

首先，当代中国文化应以马克思主义作为自己的指导思想和理论基础。这是中国人民经历艰难困苦，经过无数失败才做出的历史抉择，在此之前，中国人也曾希图以西方资产阶级的天赋人权论、进化论和其他学说作为自己的理论武器，然而成效甚微，失败却接踵而来。在怀疑和困惑中，中国人找到了马克思列宁主义，中国文化从此才真正找到了正确的出路。实践证明，中国人民对于马克思主义的选择是正确的，此外没有别的选择。在中国文化的指导思想和理论基础这个问题上，社会主义革命和建设 30 多年的经验教训昭示我们：第一，中国文化必须遵循马克思主义开辟的道路前进，要同各种反马克思主义的思想分清原则是非，这样才能坚持正确的方向，才不致走到邪路上去；第二，在文化领域坚持马克思主义还必须克服"左"的思想干扰，不应当把马克思主义看作离开人类文明发展大道的、自我封闭的、定于一尊的东西，而应当把它看作开放的、容纳百家的、气度宏伟的思想体系。根植于这样的理论基础之上的中国文化必然是根深叶茂的，自身有永不枯竭的生机，对外有无比强大的竞争能力。

其次，当代中国文化要辩证地处理好"古"和"今"，即历史传统和时代精神的关系。一方面，当代中国文化立足于 20 世纪与 21 世纪之交的历史背景，它要高瞻远瞩，面向世界，面向未丰，有强烈的时代精神，因而决不能把自己局限于一个狭小的格局中孤芳自赏，更不能盲目地颂古、信古、好古、怀古；另一方面，它要对历史传统进行谨慎的甄别，以当代中国文化建设的需要为标准，分清糟粕和精华，然后进行大胆的取舍。在这个问题上，把文化传统全盘接过来是不行的，总体反叛也是不明智的。唯一的办法是对中国古老的文化传统进行有目的的、分门别类的整理、研究、分析、剔抉，就像庖丁解牛那样把整体分解成各个部分，对于当代中国两个文明建设有益的就"拿来"，无益的就加以舍弃，有害的就批判肃清。当然庖丁解牛用的是物质的刀，对古老文化的解析只能用精神之刀，这把精神之刀，葛兰西称之为"文化的批判能力"，黑格尔称之为"扬弃"。

再次，当代中国文化要辩证地处理好"中"与"外"亦即立足本国与面向世界的关系。所谓立足本国就是说中国文化建设要根据中国的国情、中国人民的民族习惯和中国现代化的需要来进行，而不要简单地照搬外国文化建设的经验。中国有自己的特殊情况：人口众多，幅员广大，经济文化发展极不平衡；有些地区近百年来已受到近代经济和文化的洗礼，而更多的地区在生产方式、生活方式和文化心理方面还没有完全脱离自然经济、农业社会的传统模式；知识分子有较高的科学、民主与法制的要求，而文化程度较低的人们又与传统的文化、习俗比较适应。凡此种种，都必须加以具体的分析，从而因地制宜、因人制宜地加以解决，采取"一刀切"的办法是不行的。所谓面向世界就是说中国文化建设必须实行开放政策，不能搞文化禁锢主义。近代世界和中国的历史都表明，拒绝接受外国的先进文化，任何国家任何民族要发展进步都是不可能的。或许有人提出这样的问题：社会主义的中国怎么能够向资本主义的文化学习？我们认为，资本主义文化是人类阶级社会中所取得的高于以往各个社会形态的精神成果，它含有以往各个时代先民的智慧，也含有当代工人阶级的心血，它对于我们实现现代化建设的任务，具有一定的借鉴意义。当然我们提出面向世界、吸收外国文化，决不吸收那些丑恶腐朽的东西，决不吸收其维护剥削和压迫的资产阶级思想体系，这是不言而喻的。但因此而拒绝一切外国文化，则是不合时宜的愚蠢做法。

三、当代中国文化与世界文化的交融会通

当代中国文化与其他国家、民族文化的交融会通，是当代中国文化发展的必然趋势。当然，这一发展趋势不独是中国文化的前景，同时也是世界各民族文化的前景。马克思和恩格斯早就预言："过去那种地方的民族的自给自足和闭关自守状态，被各民族的各方面的互相往来和各方面的互相依赖所代替了。物质的生产是如此，精神的生产也是如此。各民族的精神产品成了公共的财产。民族的片面性和局限性日益成为不可能，于是由许多种族的和地方的文学形成了一种世界的文学。"①中国近代许多大思想家同样有见于此。魏源指出："天地气运自西北而东南将中外一家。"②王韬也认识到："今日之天下乃地球合一之天下"，"天下之道其终也由异而同"，"必有人焉融会贯通而使之同"。③章太炎也认为中国文化的前景是融合"华梵圣哲之义谛，东西学人之所说"④。这些看法都是颇有见地的。

在这一世界文化融合会通的潮流中，当代中国文化必将比以往任何时期都更加迅速地走向世界，成为世界文化的一个重要的组成部分。这是因为：第一，当代中国正在大力发展商品经济和对外经济交往，这种经济运动的发展趋势同世界经济发展的趋势是一致的，在未来出现的全球经济一体化，将造成中外文化融合会通的重要客观基础；第二，现代交通工具、通信

① 马克思和恩格斯：《共产党宣言》，《马克思恩格斯选集》第1卷，人民出版社1972年版，第255页。
② 魏源：《海国图志后叙》，《魏源集》，中华书局1976年版。
③ 王韬：《弢园文录外编》，中州古籍出版社1998年版，第35—36页。
④ 章太炎：《菿汉微言》，《章太炎政论选集》，中华书局1977年版，第735页。

设施以及文化交流手段的巨大进步，使得远隔重洋的各国各民族的文化交往变得异常便利，这就造成中外文化融合会通的物质条件；第三，随着各国各民族人民日益频繁的交往，人们普遍感到在以往时代造成的隔阂日益减少，人们之间的距离似乎越来越小，不仅是空间的距离，更是文化心理的距离，这就必然造成中外文化交流会通的社会心理条件。更重要者，全世界已然形成了一个关系至为密切的"文化网络"：各国、各民族所面临的许多重大问题是共同的，社会作为一个整体，它的各个地区、各个民族的发展是息息相关的，现代化的信息手段使新的思想、理论、学说无比迅速地广泛传播。随着各国、各民族思想文化不可避免的交流，各民族之间的思想文化的相互渗透、相互影响就会日益加强起来。就全世界来看，文化发展的这种"综合"趋势，是愈来愈明显了。因此，中国文化在确定自己发展方向的时候，不能不考虑到整个世界所面临的重大问题，不能不在马克思主义的指导下，以自己的方式，对现实世界向人们提出的各种重大课题加以积极的回应。否则，就不能站在全球的高度来看本国、本民族文化的发展，就不可能反映时代的要求，就要游离于人类文化发展的轨道之外，这样的文化不但是价值低下的，而且在与先进民族文化的碰撞之中很可能要沉沦下去。

中外文化交流会通对于中国来说，是一件绝大的好事，它将改变近世以来由于闭关锁国而造成的文化落后的面貌。中国文化由于取得外国先进文化的参考系，必定能够知己知彼，扬长补短，取得长足的进步。当然，加强中外文化交流会通绝不意味着削弱以至泯灭中国文化的特色和优长。中国文化有数千年的历史发展，有十亿之众的深厚基础，是世界各民族文化中最有特色的文化系统之一，它的优长足供世人采撷、运用。现在世界上许多有识之士在解决当今社会问题的时候，都把视角转向中国文化，认为从中可以寻觅出对应之策，或者解决这些问题的智慧和灵感。作为拥有这一巨大文化遗产的中华民族更理所应当地把自己文化的优长发扬起来、阐发出去，作为自己对于人类应尽的一份贡献。否则，自暴自弃，自践自伐，中国文化是不能走向世界的，因为丧失了自己，也就无所谓交流。

第三节　对当代中国文化的哲学思考

对中国文化的哲学思考，就是从哲学的高度探讨中国文化发展的历史必然性，以及发展的动力和发展方向诸问题。它所涉及的几个关键问题是：文化和经济的关系，中国传统文化和西方文化的关系，以及中华民族精神的扬弃。

一、中国经济的振兴与中国文化的繁荣

一定的文化是一定的社会的政治和经济在观念形态上的反映，反过来，一定的文化也深刻地影响着它所赖以形成的政治生活和经济生活。因此我们的哲学反思势必从经济与文化的关系开始。

任何时代的文化生活，都严格地被该时代的经济生活制约，这是历史唯物主义的基本原理。马克思说："物质生活的生产方式制约着整个社会生活、政治生活和精神生活的过程。不是人们的意识决定人们的存在，相反，是人们的社会存在决定人们的意识。"①社会发展史表明：有什么样的社会经济形态，就会

---

① 马克思：《〈政治经济学批判〉序言》，《马克思恩格斯选集》第 2 卷，人民出版社 1972 年版，第 82 页。

由它产生什么样的社会文化形态。迄今中国经济的发展，经过古代自然经济形态、近代半自然经济形态，当前正逐步走向普遍的、全面的、大规模的商品经济的发展阶段。与之相适应，中国文化的发展，经过古代自然经济基础之上的农业-宗法型的封建文化，近代半自然经济基础之上的半殖民地半封建文化，当前正在建立与商品经济和公有制相适应的社会主义文化。这三个阶段、三种形态的文化，一方面都根植于一定的经济基础之上，一方面有其循序渐进的发展过程，任何摆脱一定的经济基础，或者超越一定的经济发展阶段的文化现象，都是子虚乌有的。

当前，我国正处在经济变革的时代，这一变革所规定的历史目标是：在社会主义公有制的基础上，大力发展商品经济；与此相适应，中国当代文化的立足点，要转移到适应社会主义商品经济的基础上。现在人们普遍认识到：在当代中国，不发展商品经济，社会生产力就不能充分发展，人民的物质生活就难以普遍地"脱贫"致富，整个中华民族的科学文化水平就难以提高，愚昧、迷信、落后的状况就无法彻底改变，社会主义优越性也就不可能充分体现出来。可以说，中国整个社会生活进步的杠杆，就在社会主义商品经济的发展上。社会主义商品经济发展了，政治体制改革和文化观念更新才有可能真正找到支点和依托。

相当长的一个时期里，我们对这个问题缺乏清醒的认识，不是去把主要精力放在经济建设上（更不要说发展商品经济），而是狠抓上层建筑、意识形态领域里的"革命"。结果如何呢？正如世人皆知的，中国的经济一度走到了崩溃的边缘，文化领域也是一片衰微的景象。痛定思痛，我们越发感到经济基础对于上层建筑、意识形态的绝对制约性，任何超越这种经济制约性的意图，必然导致文化建设上的失败。前车之覆，后车之鉴，中国人民无论如何不能重蹈这一覆辙。

另一方面，上层建筑反作用于经济基础的规律也昭示我们：为了促进社会主义商品经济的发展，必须建立一个与之相适应的文化背景。然而，在我们现实生活中直接碰到的、既定的、从传统文化中继承下来的价值观念、思维方式、社会心理、行为规范等，却往往和自然经济结构有着千丝万缕的联系，而与商品经济却是格格不入的。在今天，传统文化中的基本观念正在同现代化的要求发生尖锐的冲突，例如，现代社会的网络结构同传统的封建大一统观念的冲突，贯穿于网络型社会结构之中的平等原则同中国传统文化中贵贱等级原则的冲突，现代社会法治要求与传统文化中人治主义的冲突，现代民主制度与传统文化中宗法观念、忠孝观念的冲突，个性全面发展与共性消融个性的群体原则的冲突，创造需求和保守心理的冲突，开放与封闭保守观念的冲突，竞争原则与中庸信条的冲突，物质利益原则与道德伦理中心原则的冲突，如此等等。这说明在自然经济、农业社会中所积淀起来的中国传统文化，尽管有许多优长，但在总体上已不适应商品经济和现代化发展的需要。因此，不是要让商品经济和现代化去适应传统文化，而是要变革人们的文化观念，使之适应经济发展的需要。如此看来，文化观念的变革是势在必行的。

从系统论的观点看，社会发展是一个整体，"文明"作为人类有意识的自觉活动的结果也是一个整体。在文明发展的过程中，如果有机的整体遭到割裂，变成偏废不全的东西，或者文明的各个组成部分沿着不同的方向各自发展，那么文明就一定会遭到破坏，文明发展的进程就会因受阻而延缓或中断。因此，改革作为一个巨大的社会系统工程，需要经济、政治、文化等方面的协同进行，才能卓有成效。如果把改革当作单纯的经济活动，而缺乏政治体制、思想文化的"配套"，就会使经济改革陷于孤立无援的境地。当前我们就需到思想文化领域中去寻求推动经济改革继续前进的动力，以期改革深入、持久、全面地展开。

当然，社会经济、政治、文化三个子系统的协同发展，并不等于它们的"同步"发展、"同时"发展和简单"配套"。实际上，所谓三个子系统的协同发展更多地是指它们的最后目的和终极结果，它们在具体实施的过程中是很难同时并举、齐头并进的，而一般表现为三者参差错落、相互交叉的合理组合。在进行时，有的超前，有的滞后。这样一种按照协调机制的要求而进行的合理组合，能够发挥出最佳的整体效应。当然，三者的变动哪一个应该成为整个系统发展过程某一阶段的重点和先行层次，不依赖于主观愿望，全凭人们对于社会系统运行机制所做出的科学分析、准确估量和果断判定。

经济领域的变革常常期望着文化的变革，期望它成为经济变革的先导，雷鸣之前的电闪；而文化的变革却无论如何要以经济提供的事实为基础，以经济发展程度为前提。这正是经济与文化关系的辩证法。

二、中国文化的认同与适应

任何一个国家、一个民族的文化，在其发展过程中，都经常出现这样一种矛盾运动：一方面它要维护自己的民族传统，保持自身文化的特色；另一方面它又要吸收外来文化以壮大自己。这种矛盾运动，文化学上称之为"认同"与"适应"。

首先，让我们分析一下民族文化认同。按照斯大林的说法："民族是人们在历史上形成的一个有共同语言、共同地域、共同经济生活以及表现于共同文化上的共同心理素质的稳定的共同体。"[①]可见，任何民族都有其与其他民族相互区别的文化传统。文化传统是一个民族世世代代积累而成的精神财富，是一个民族发展动力接连不断的源泉。文化传统可以造成民族的自尊心、自豪感和自强精神，特别是在遇到难以应付的历史环境的挑战的时候，有了它，就可以激发民族活力，解决面临的复杂问题，使民族获得新生。

从世界文化史看来，欧美各国和日本实现现代化的一个强有力的精神杠杆就是本民族强烈的民族意识和爱国主义精神。尽管英、法、德、美、日诸国在采用资本主义制度和资产阶级意识形态方面是共同的，但是这些国家实现现代化的具体进程和方式，都各有自己的民族特色。它们都尽可能地保持了自己民族文化的特色，亦即最大限度地实现了民族文化的自我认同。这些国家的人民在今天仍然常常以虔敬的心情缅怀自己的文化传统，对于本民族的历史遗迹，包括片纸只言，也视若瑰宝，倍加珍惜。这种非常执着的、被人们称为"寻根"意识的东西，其实就是文化心理认同。[②]

中国作为一个文化动力异常深厚、哲学慧根十分发达的泱泱古国，她的民族文化认同心理更较其他民族为甚。仅以近代为例，无论是资产阶级维新派、革命派，还是无产阶级革命家，那些探寻中国现代化的思想斗士们，他们的基本原动力就是根植于民族文化传统深层的爱国主义精神。今天的中国正处在历

[①] 斯大林：《马克思主义和民族问题》，《斯大林全集》第 2 卷，人民出版社 1953 年版，第 294 页。

[②] 寻根意识亦即文化心理上的民族意识，在当今世界各民族中都是非常强烈的。例如，马来西亚为了强调它的民族统一性，坚持以马来语为国语；以色列为了建国，决定恢复希伯来文作为日常通行语言；南美洲对玛雅文化的研究兴趣空前浓厚，是由于墨西哥等国要求寻找自己的文化根源；在美国，著名小说《根》的风靡一时，则表现了美国人的寻根意识。

史转折的关头，它要迎接世界现代化潮流的挑战，把自己建设成为现代化的社会主义强国，更需要以民族文化传统为依托，进行独立的思考和判断，否则就不能自尊、自信、自强，进而自立于世界民族之林。中国的现代化不应该也不可能是西方各国或东方日本现代化的翻版，而应该是中国人民自己的勇气、信心和力量的产物。

半个多世纪以来，不断地出现这样一种论调：中国文化的出路在于文化传统的"断裂"和"自我超越"。持此论者对旧的传统充满了义愤，渴望与传统一刀两断，于是将传统文化说得一无是处，不可救药。其实，一个民族的历史是不能割裂的，它的文化传统也是不能强行"断裂"的，任何一个民族成员都不可能"超越"自己的时代和自己涵泳其内的文化传统，恰如任何一个人都不可能"超越"自己的皮肤一样。貌似激烈的口号和过分夸张的言辞所包含的主观随意性，绝不能真正给民族文化找到正确的出路，至多只能稍稍掩盖他们对传统的束手无策、软弱无力而已。章太炎针对这种虚诞的论调，指出："自国的人，施自国的教育。像水、火、柴、米一个样，贵也是要用，贱也是要用。"①因此，企图"断裂"民族文化传统的设想完全是一种"无根"之论，事实上既不能兑现，客观上又销蚀了人们的民族自信心，完全是有害无益的。

我们肯定民族文化传统对于现代化的意义，并不就是认为传统文化与现代化没有任何冲突，可以原封不动地保存下来，也不是主张人们回到陈旧的传统中去，更不是要人们去盲目地颂扬传统文化中封建性的毒素。立足于 20 世纪的时代高度和实现四化的历史任务，中华民族文化认同绝不是向传统文化的

---

① 章太炎：《论教育的根本要从自国自心发出来》，《章太炎政论选集》，中华书局 1977 年版，第 517 页。

全面认同和复归，而是立足现实，从传统文化中汲取可以为今天所用的东西。鲁迅说得好："夫国民发展，功虽有在于怀古，然其怀也，思理朗然，如鉴明镜，时时上征，时时反顾，时时进光明之长途，时时念辉煌之旧有，故其新者日新，而其古亦不死。若不知所以然，漫夸耀以自悦，则长夜之始，即在斯时。"[①]这些话是鲁迅在 20 世纪初新旧文化冲突激荡的时刻说的，时隔数十年，仍然闪耀着理性的光芒，他对于"怀古"与"创新"的辩证分析，至今仍不失为我们文化工作的指南。

其次，让我们分析一下民族文化的适应性问题。一般说来，当一个民族处于封闭状态，与外域文化不发生任何联系的时候，是无所谓适应不适应的；只有当它与异民族发生交往，特别是激烈冲突的时候，发展阶段较低的民族文化才有一个如何适应发展阶段较高的民族文化的问题。文化发展的规律是：一个民族的文化只有遇到更先进的文化，在同这种外域文化的冲突与融合中才能更新发展，可以说，外部刺激乃是文化发展的必要条件。

从世界文化史看，欧美国家和东亚日本（它们大都是海湾国家），自古以来就崇尚贸易活动，重视同其他民族相往还，因此把对外文化交流视为习惯和当然，深感文化交流可以带来本民族的文化进步。在这方面日本是一个适应型文化的范例。历史学家高桥龟吉说："日本人对于与本国不同的外国文化，不是看作异端，也没有排斥和偏见，而善于以外国先进文化与思想为师，并积极地进行全力移植和吸收。"[②]事实确是如此。它在古代一直以中国为师，深受中国文化的恩惠，在近代当它意识

①　鲁迅：《摩罗诗力说》，《鲁迅全集》第 1 卷，人民文学出版社 1981 年版，第 65 页。
②　高桥龟吉：《战后日本经济飞跃发展的根本原因》，宋绍英等译，辽宁人民出版社 1984 年版。

到不以西方为师便难以生存和发展时，便断然"脱亚"，而大量地、普遍地引进西方文化，终于使自己迅速成为世界第一流的强国。

相比之下，中国文化的适应能力是比较薄弱的。中国传统文化由于地理环境的隔离机制和历史上的先进地位，遂产生文化优越感和自我中心的文化心态。在中国封建士大夫看来，"华夏"文化高明而精微，"外来"文化低劣而粗浅，因而在对待外来文化上总是难以摆脱自我本位的对应模式。这种对应模式直接繁衍出"文化本位论""国粹主义"的种种论调，什么"中国道德天下第一"啦，"外国物质文明虽高，中国精神文明更好"啦，"外国的东西，中国都已有过，某种科学即某子所说的云云"啦，如此等等，不一而足。我们要排除这种不合时宜的自大心理，就需要从思想上明确："中央之国"的观念是封建时代的观念，平等观念、全球观念才是现代观念。此外，还要在实践中坚持做到：面向现实，面向世界，以世界多民族、多种文化中的普通一员的身份来界定自身，以平等的身份和其他文化进行交流对话。这样，中国文化才有可能走向世界，走向未来。否则，深闭固拒，限于一隅，是难以进步的。

另一方面，对待外来文化的消极适应、全盘西化的观点也是绝对错误的。其错误之一是散布民族自卑感，如胡适说什么"我们必须承认我们自己百事不如人，不但物质机械上不如人，不但政治制度不如人，并且道德不如人，知识不如人，文学不如人，音乐不如人，身体不如人"①。既然事事不如人，无可挽救，俯首投降算啦，还有什么民族自救可言！其错误之二是不辨良莠，全盘引进，如陈序经说，"中国的一切都不如西方"，

---

① 胡适：《介绍我自己的思想》，《胡适文存》四集，卷五，上海科学技术文献出版社，2015年版，第499页。

因此必须"把西方的一切都接受过来，好的坏的都要，不仅要民主与科学，也要军国主义和金力主义"。[①]这种引进方法不啻是把痈疽当宝贝，岂不是病上加病！民族虚无主义同国粹主义、民族自卑感和民族自大狂，看似相反，其实是一枚硬币的正面和反面，是一个人的昨夕和今朝，是病态的文化心理的两种症状，究其病因都是对于文化适应问题缺乏辩证的认识和全面的了解。在这个问题上，还是鲁迅的看法正确，他说："……明哲之士，必洞达世界之大势，权衡校量，去其偏颇，得其神明，施之国中，翕合无间。外之既不后于世界之思潮，内之仍弗失固有之血脉"。[②]这就是说，在对待外来文化上既要有现代的眼光和宏大的气魄，敢于迎接它；同时又要对它加以权衡分析，去取得当，这样才于民族文化有益。这种分析，充满辩证法的奇光异彩，无疑是很有见地的。

　　综上所述，认同与适应是一对辩证的矛盾，认同不是全面的认同，适应不是消极的适应，应当把它们有机地统一起来，既能保持民族文化的优良传统，又能广泛吸收外来文化的优秀成果，而最终以建设社会主义新文化、提高中华民族的科学文化水平为依归。这实际上就是毛泽东同志一向倡导的"古今中外法"，即古代的也要，现代的也要，外国的也要，中国的也要，经过分析、选择与重新建构，把古代的变为我们自己的从而同现代的结合起来，把外国的变为我们自己的从而同中国的结合起来，这就是"古为今用""洋为中用"的原则，这才是马克思主义的文化辩证法。

---

① 陈序经：《中国文化的出路》，商务印书馆（上海）1934 年版。
② 鲁迅：《文化偏至论》，《鲁迅全集》第 1 卷，人民文学出版社 1981 年版，第 56 页。

三、中国民族精神的扬弃

中国民族精神即中国国民性的问题，是近代思想家们十分重视、热烈探讨的文化主题。资产阶级启蒙思想家严复曾经提出"鼓民力""开民智""新民德"，以此作为变法维新的根本。梁启超在总结戊戌变法失败的教训后认为，"夫吾国言新法数十年而效不睹者，何也？则于新民之道未有留意焉者也"[①]，因此必须"唤起国民之议论，振刷国民之精神"[②]。孙中山在领导资产阶级革命的过程中一贯重视"唤起民众"的工作。邹容更大声疾呼"拔去奴隶之根性，以进为中国之国民"[③]。中国文化革命的旗手鲁迅以及与他同时代的许多思想界的战士，也都深刻研究过中国国民性问题，特别是鲁迅，他曾经含着眼泪鞭挞过由于长期封建闭塞状态而造成的民族心理上的"劣根性"，至今仍能引起我们沉痛的思索，给我们以极大的启迪。

但是必须指出，以往的人们对于中国国民性的探讨都是在特定的历史条件下，或惮于亡国灭种的巨大危机，或激于对中华民族长期沉眠不醒的愤慨，或出于以雷霆之声惊醒国民迷梦的热望，因此往往只侧重于揭发国民的"劣根性"即缺陷，而没有来得及进行更深入、全面的研究。今天社会历史条件和以往相比已经根本不同了。我们面临着建设社会主义现代化强国的伟大历史使命，需要动员全国各族人民共同投身于这一前所未有的伟大事业，就更需要立足长远，面向未来，以更宏大的眼光来对我们的民族精神进行一番尽可能深入、准确、全面的

---

① 梁启超：《新民说》，《梁启超文选》，百花文艺出版社 2006 年版，第 44 页。
② 梁启超：《戊戌政变记》，《中国近代史资料丛刊（一）》，上海人民出版社 1957 年版，第 249 页。
③ 邹容：《革命军》，《辛亥革命前十年间时论选集》第 1 卷下册，生活 · 读书 · 新知三联书店 1960 年版，第 673 页。

探讨和反思。

《中共中央关于社会主义精神文明建设指导方针的决议》指出："人的素质是历史的产物，又给历史以巨大影响。在社会主义条件下，努力改善全体公民的素质，必将使社会劳动生产率不断提高，使人和人之间在公有制基础上的新型关系不断发展，使整个社会的面貌发生深刻的变化。这是我国社会主义现代化事业获得成功的必不可少的条件。"这一提法深刻阐明了所谓国民性和民族精神这一问题的本质，它的形成原因、历史作用，以及在新的历史条件下对民族精神进行扬弃的伟大现实意义和深远历史意义。这一论断也是我们在今天研究民族精神问题的根本指导思想。

从哲学的高度对民族精神进行反思，最重要的就是对民族精神的扬弃，这是在辩证法意义上的扬弃——既要肯定、保留、发扬国民性的优点，也要结合时代特点，对国民性进行改造。这是一个事物的两个方面，是一个有机的过程。如若我们辩证地处理这一过程，不但能使民族精神的精华得到保留，而且可以把它提高到新的高度。而其中的关键就在于我们精心的鉴别，正确的取舍和巧妙的改造。这里举几个例子。

（一）对中华民族"民族凝聚力"的扬弃

民族凝聚力的强大，是中华民族的举世公认的优长。在这一点上，中华民族大不同于古希腊罗马以及中世纪欧洲邦国林立、四分五裂的情况。几千年来，中华民族之所以能够屹立于亚洲大陆，窝里反反不了，外来打打不进，即使在最落后的时代，侵略者也无法将它灭亡；国内南北战争，军阀割据，战乱如麻，最后总要归于统一；"文化大革命"时期，林彪、江青反革命集团搞"打倒一切""全面内战"，同样不能使中国分裂。这是和中华民族的强大凝聚力分不开的。

这种凝聚力的形成原因颇多，如大陆环境、宗法社会、血缘关系，以及两千多年定于一尊的儒学思想，等等。今天我们要继续保持中华民族的凝聚力，但需为之创造新的条件。显然、随着世界经济文化的一体化，大陆环境已不足恃；宗法血缘关系已随着农业社会、自然经济的日益解体而日趋衰微；古老的儒学或新儒学当然也不能作为我们民族凝聚力的思想支柱。要保持和提高中华民族的凝聚力，除了在政治上、经济上巩固社会主义制度以外，从文化角度来说，逐步形成一个全社会的统一的指导思想，是完全必要的。这种统一的指导思想，只能是中国人民在近百年的斗争中亲身选择的科学真理——马克思列宁主义、毛泽东思想。当然中国人民的这一指导思想应是开放的、不断发展的、坚持"双百"方针的，而不是封闭的、凝固的、强行定于一尊的。在此基础上，中华民族的凝聚力的强大优势一定可以发挥出来，转化成为振兴中华、实现四化的物质力量。

（二）对中华民族重视"民族气节"的扬弃

中华民族历来重视民族气节，具有自立于世界民族之林的民族自信心和自尊心。即使在西方资本主义列强打开我国门，沦我为殖民地半殖民地的情况下，有识之士仍思振作。"泰西之国岂天国耶？泰西之人岂天人耶？头同圆也，足同方也，趾同五也，肢同四也，心思之慧，才力之雄相为仲伯"①，岂能长久被人宰割奴役，岂能永远落于人后？今天，怎样抓住良机，迎接挑战，争取在两个文明建设上取得一个与东方文明古国和十亿人口之众的政治大国相称的重要地位，是时代赋予当代中国人民的历史使命，因此我们今日的民族气节就应该体现在这种时代的责任感和紧迫感上。这是我们对于民族气节的继承和

---

① 佚名：《中外经世策论合纂》卷二四。

发展。在对外交往中不卑不亢，不崇洋媚外，保持中国人民的崇高"国格""人格"，也是需要大大发扬的民族精神。另一方面，传统的气节观念中也含有一些糟粕，如"华夷之辨"的大民族主义，"中央之国"的自我中心观念，盲目排外的保守心理等，则是需要从根本上加以批判克服的，否则民族气节之说难免有些狭隘。

（三）对中华民族"自强不息"精神的扬弃

中华民族以刻苦耐劳著称于世，具有坚韧不拔、自强不息的精神。中华民族形成发展的历史体现了这种精神，中国革命艰苦卓绝的历程体现了这种精神，海外侨胞赤手空拳创家立业的奋斗史也体现了这种精神。毫无疑问，这种精神在今天，对于一个经济贫穷、文化落后而又担负着如此历史重担的民族来说，弥足珍贵，它无疑要在我们民族中进一步发扬和提倡。但立足 20 世纪世界经济文化科学技术迅猛发展的大背景，中国人民传统的奋斗自强精神亦应有所发展，有所补充。首先，它要和创新意识相结合。从历史上看，中华民族刻苦精神有余，创新精神不足，因此要克服在长期自然经济条件下形成的小农经济思想、保守落后的习惯和排斥竞争的心理，不但苦干还要巧干，不但流血流汗还要讲求效益。其次，它要同科学精神相结合，要克服传统的思维方式、价值标准和生活方式的束缚，使中国人民艰苦奋斗的精神产生时代的效能。

"国民性可改造于将来"[①]，当年鲁迅曾对此寄予莫大的期望。我们看到，经过数十年的民主革命和社会主义革命，中国人民的政治素质、思想素质和文化素质都发生了不小的变化，传统的国民性已经得到一定程度的改造。今后，随着我国社会

---

① 鲁迅：《〈出了象牙之塔〉后记》，《鲁迅全集》第 10 卷，人民文学出版社 1981 年版，第 244 页。

主义商品经济的日益发达，科学文化知识的普及，以及现代化进程的加快，中国人民的民族素质一定能够发生根本性的变革。在不远的将来，一个历史悠久、涵养深厚，具有伟大历史感而又立足现实、面向世界、富于创造力和进取心的伟大民族——中华民族必定能以崭新的精神风貌屹立在世界的东方。

第四章　当代中国的科学技术

经济结构、政治制度、意识形态及其相互关系无疑是社会系统的主体部分，但科学技术的地位也很重要，而且越来越重要。在我国历史上，特别是近现代史上，社会经济的发展水平，思想文化的演进方式，以至整个民族的兴衰荣辱，都与科学技术的状况密切相关。在当代，振兴科学技术已经成为建设具有中国特色的社会主义现代化强国的关键因素，其发展速度和总体水平将直接决定我国今后在世界经济、政治和文化体系中的地位。因此，考察和分析当代中国的科学技术及其社会功能，是认识当代中国社会基本状况的一个重要方面。

第一节　中国科学技术的历史发展

当代中国的科学技术基本上是"西学东渐"的产物，与古代曾辉煌一时的中国传统科学技术并无一脉相承的关系。但是，由于中国社会演变过程的连续性和科学技术自身发展的积累性，它们之间也不可避免地存在着千丝万缕的历史联系。只有从总体上批判地考察中国科学技术的历史发展，认真总结经验和教训，才能正确地认识和恰当地评价当代中国的科学技术及其社会作用。

一、中国传统科学技术发展的历史梗概

全部科学技术的内史导源于工匠传统、技师传统、学者传统[①]的发展，其基本发展模式取决于这三个传统相互关系的类型。在古代，由工匠传统和学者传统相对独立的平行发展，产生出经验规范型的技术和思辨的自然哲学；在近代，日臻成熟的技师传统使工匠传统和学者传统彼此结合，带来了以机器体系为中心的技术群和逻辑构造型的理论科学；在现代，三大主要传统已经汇合在一起，形成基础科学、应用研究和工业技术高度一体化的现代科学技术。上起春秋战国，下迄"洋务运动"的中国传统科学技术大体相当于上述第一时期。不过，由于中国封建时代的特定条件的制约，它始终只是在重利求实和直观思辨的两极上发展，稳步提高的技术和萌芽状态的科学相并立的局面长期存在，从而构成了自己的独具特色的模式。

春秋战国是中国传统科学技术发展的重要时期。五百年间，工匠传统在农耕、冶金、制造、陶瓷等行业中得到了长足的进步，创造了以畜耕、铸铁、造车等为代表的大批实用技术，由此出现了技术向专门化和规范化发展的趋势。学者传统在"百家争鸣"中产生了最早的自然哲学。道家学说，精气本体论和阴阳五行学说等，分别对自然界的变化图景做了总体的描述和思辨的解释，标志着理性支配了朦胧的意念；而名、墨等家对语言和逻辑的研究，则架起从零散的经验过渡到系统性知识的桥梁，使科学思想的产生第一次成为可能。随着阴阳历、十进制、算筹、光学原理等重要成果的取得，天、算、医、农等学

---

① 粗略地说，"工匠传统"是指古代匠人至现代工人所代表的实用操作技艺传统；"技师传统"是指以古代发明家至现代工程师为代表的应用技术原理传统；"学者传统"是指以古代自然论者至现代科学家为代表的理论自然科学传统。

科相继辟为专门领域，特别是物理学科已具雏形。此外，技师传统也初见端倪。工匠传统的代表一方面在总结生产经验和工艺的基础上撰写出《考工记》等技术专著，推进了技术规范化的进程，另一方面直接参与了当时诸子百家的论辩，在一定程度上造成了工匠传统和学者传统的接近，因而为科学和技术的进一步发展创造了良好的开端。总之，春秋战国时期已经具备了科学技术发展的必要条件，就其可能性而言，它实质上已经包含了科学技术一切进步的起点和趋向。正是在这个意义上，它在科学技术史上的地位无疑可与西方的古希腊时代相媲美。

传统科学技术在秦汉两代进入了模式化的时期。随着中国社会封建化的完成，它的发展进程出现了影响极为深远的重大转折。

在封建统治者鼓励农桑和手工业官营化政策的刺激下，工匠传统开始了硕果累累的发展。其中，炒钢技术比西方早1700年以上，造纸术更是世界性的重大发明。到汉末，各主要的生产部门都形成了以经验规范为核心的技术体系，中国传统技术从此在世界上占据了领先的地位。

然而，从"焚书坑儒"到"罢黜百家，独尊儒术"思想禁锢窒息了学者的自由争鸣，政治伦理说教取代了对自然界的积极探讨。由此，技师传统迅速衰落下去，学者传统随即改变了前期的发展轨道，离工匠传统越来越远。特别是语言逻辑研究的废弛使各学科尚在襁褓中的科学思想遭到扼杀，例如，物理学科因之夭折，数学也陷于算筹技法与象数思辨相并立而中间没有任何逻辑联系的境地。这表明，学者传统本身也有了造成具体操作和抽象玄想相脱节的趋势。因此，同工匠传统发展出实用技术体系形成对照，学者传统的演变非但没有使萌芽时期的科学思想成熟起来，反而关闭了通向科学的大门。

从魏晋到明初，传统科学技术以既成的模式继续发展，其固有的优势进一步发扬光大，而其潜在的弊端也日益显露出来。学者传统在儒道合流之后分裂为经验化和玄学化的两极。一方面，以实用为目的的学者通常只是简单地记载或描述现象，通过"尝试-错误法"制定一些有用的规范，但往往是知其然而不知其所以然，即所谓"有术无学"。相应地，各学科创造的成果，从观测工具到意义重大的火药和罗盘针，基本上都只是技术发明。另一方面，热衷于"形而上"之学的思想家则大都在常识的基础上借助于类比法做无止境的外推，停留于直观的思辨，因而实质上已成为不结果实的花。这种两极分化的后果是消除了新的科学产生的任何可能，甚至于也阻碍了原有学科的发展。例如，天算由于缺乏坚实的理论依据，历法的误差得不到系统的校正，到明初已与天象严重不合。相反，在科学得不到真正发展的同时，传统技术却随着社会经济的繁荣和中外交流的扩大，依然保持着旺盛发展的势头。冶金、纺织等行业广泛地采用了机器，具有划时代意义的印刷术也产生于这一时期。宋元两代，传统技术达到了高峰，同欧洲黑暗、停滞的中世纪相比较，可谓独放异彩。

在明清两代，传统科学技术日趋停滞，开始走了下坡路。学者传统向"重经验而不重理论"和"重了悟而不重论证"两个极端越走越远，已经积重难返。传统技术的发展也基本上只是量上的重复或扩张，并且明显地放慢了速度。而在西方，16世纪兴起了一场深刻的科学革命，随后，技师传统又在工业革命中以工艺理论取代了原有的经验成规，使古代技术模式发生了根本变革，从而宣告了近代科学技术体系的诞生。这是中国传统科学技术落后于西方的开始。

意味深长的是，造成西方科学技术和社会发生变革的强大力量，恰恰来自中国传统科学技术的发明。"火药把骑士阶层炸得粉碎，指南针打开了世界市场并建立了殖民地，而印刷术则变成新教的工具，总的说来变成科学复兴的手段。"[①]西方资本主义和科学技术的迅速发展，很快就把中国传统科学技术连同它赖以生存的封建社会一起远远地甩到了后头。这样，当鸦片战争期间西方的商品经济和列强的炮舰以强力扭断中国封建社会自发形成的发展链条的时候，中国传统科学技术模式不久便随之作古了。

二、中国没有产生自己的近代科学技术的原因

中国传统科学技术在两千余年的漫长发展进程中，从没有大的中断，从没有明显的衰退，也从未出现实质性的突破。这种强大的历史惰性举世罕见，同时也留下了一连串的问号：一度领先的中国传统科学技术为什么会落后于西方？近代科学技术为什么没有在中国产生？……

如果仅仅从科学技术内史来看，问题似乎简单明了。因为中国传统科学技术基本上是实用技术体系，且其发展很不平衡，尽管技术在不断进步，科学却始终停留在萌芽状态，技师传统也从未真正形成，所以，这种发展根本不会突破原有模式而产生近代科学技术体系。随着西方近代科学技术的兴起，中国传统科学技术必然日益相形见绌。然而，我们的认识不能到此止步。科学技术不是孤立的系统，它只能在某种社会需要和满足这种需要的价值关系中发展，因而必然要受到社会有机体各个部分及其相互关系的影响和制约。西方近代科学技术的形成就首先是同资本主义生产方式的发展和资产阶级领导的文艺复兴运动相联系的，而在此之前的中世纪，科学技术却不能不处于

---

① 马克思：《机器。自然力和科学的应用》，人民出版社 1978 年版，第 67 页。

停滞落后的状态。中国封建时代的科学技术在取得一系列辉煌成果之后最终归于停滞和落后，同样有着深刻的社会原因。

中国的封建社会是自然经济、官僚政治和儒道文化彼此适应和相互结合而成的大一统体制。它具有顽强的自我调节和自我复制的功能，不仅能排除外来不利因素的干扰，也能遏制内部异己力量的产生。这种封建大一统体制对形成和发展于其中的传统科学技术产生了强有力的制约作用，并决定着它的主要特征。

技术的主体是生产技能、经验及其物化。在整个古代，技术几乎只依存于经济上的需求。只要生产中有需要，相应的技术就会在工匠传统中产生和发展，并且，有什么样的经济类型，就有什么样的技术模式。中国封建经济是农业与手工业浑然一体的自然经济，因此它必然规定了传统技术模式的发展趋势和历史命运。

中国封建自然经济的基础是小农经济。农业税收是国家的命脉，自耕农的多少则往往是社会治乱的晴雨表，因而历代在社会相对安定的时期都实行鼓励农桑的政策，刺激农业的发展。随着农业生产的发展，颇具特色的农业生产技术体系也逐渐臻于完善，中国的农书不下千余种，为古代世界所仅见。但是，在保守的小农经济的束缚下，即使农业技术也不可能突破它的既成模式，并且只能达到非常有限的水平。

中国封建时代的城市手工业，在大一统体制的重农抑商思想和官营化政策的约束下，也完全包容于自然经济，成为小农经济的附属品。手工业的官营化无疑有其积极的作用，它有助于手工业的集中和定向发展。例如，汉代冶金行业的官营化不仅加速了铁制农具在全国的推广，而且产生了西方在 18 世纪才具备的铸铁和炒钢技术；宋元时期纺织行业的纺机和织机无论是性能、质量还是数量，都是英国工业革命前的同类机械不可比拟的。应当说，中国传统技术之所以长期居于世界领先地位，在很大程度上应归因于手工业的官营化。但是，与西方城市手工业自主地发展，最后产生社会化大生产的进程相反，中国的手工业在官营之后便丧失了独立经济实体的地位，成为没有自由竞争的生产-行政联合体。它非但没有表现出商品经济瓦解自然经济、导致资本主义大生产的自发力量，相反，它连在一定规模上扩大再生产都很困难，而只能维持简单再生产。与此相应，传统手工业的生产技术发展到一定的规模和程度之后，就失去了进一步发展的源泉和动力。正因为如此，它必然会趋于停滞，而不可能形成新的技术群。

与技术不同，科学是关于自然的理性认识和知识体系。它的发展除了与经济需要间接相关外，还取决于人们的精神需要和思维方式的状况。古希腊之所以成为近代科学的发源地，是因为那里的学者传统强调贵在于知，认为"求知是人类的本性"[①]。并且，希腊人说明世界的重要准则是，感觉到的东西不足为凭，只有理性展开的解释才是可靠的。而中国古代的学者传统则以"修身齐家治国平天下"[②]为最高宗旨，认为贵在于行，即履行封建的伦理规范。人们所关注的是礼教和德行，而不是事物的本质和规律。同时，在儒道文化中，实际上存在着两极对立的思考路径：富于内省精神、注重德行的儒家将世界拉到身边的生活之中，以人事伦常加以喻释，大谈"尽其心者知其性，知其性则知天矣"[③]，回避从外部对自然进行探索的问题，他们代表着实践理性的一极；而具有外化倾向，热衷

① 亚里士多德：《形而上学》，商务印书馆1959年版，第1页。
② 《大学》。
③ 《孟子》。

思辨的道家则将世界推至无限远的冥冥之处，在"惟恍惟忽"的神秘境界"静观""玄览"那"无状之状，无象之象"①，拒绝回到经验层次上从事对世界的研究，因而代表着思辨理性的一极。显然，这两种不同的思考方式正是造成科学技术的学者传统发生两极分化的观念背景。在它的制约下，有些学科尽管也逐渐成为专门领域，但其价值目标只是满足非常有限的实用要求，而不是探寻解释。此外，由于缺乏分析的工具，学者们难以进一步追究现象背后的真实原因，甚至无法对已知事实做系统的描述。所以，儒道文化背景下的学者传统不可能产生科学，更谈不上产生近代科学了。

从科学技术与社会之间相互关系的总体看，封建大一统体制根本没有为科学技术的继续发展及其社会功能的发挥留有余地。在这方面，官僚政治的人身强制起着重大的作用：它通过各种政策法令把农民牢牢束缚在土地上，巩固了自然经济；它通过高压政治迫使知识分子依附于官僚机构，为强化封建统治服务；它通过大兴文字狱实行思想禁锢，维护儒道文化的正统地位。由此产生了以下两个相关的结果。

其一是使封建大一统体制具有惊人的稳定性，从中难以产生社会化的生产方式、新兴的阶级力量和进步的思想观念。因此，科学技术难以发挥其应有的社会作用，甚至备受称颂的造纸、罗盘、火药、印刷等四大发明，也全然没有起到"宣告资产阶级社会到来"的伟大历史作用。科学技术本身也就无从得到进一步发展。

其二是使封建大一统结构具有顽固的封闭性，外来的因素无法在其内部立足并形成革命性的力量。清代以前，频繁的中外交流曾带来许多先进的科技成果，但封建大一统结构只是有

----

① 《道德经》。

选择地吸收很少的部分，而对成体系的和有悖"中土之学"的成果则一概拒斥。例如在数学方面，代数学传入中国后一直没有被采纳，《几何原本》在明代节译成中文后也被长期束之高阁。到清代实行海禁，全面闭关锁国之后，排外之风尤甚，西方的一切都被斥为奇技淫巧或不经之谈，中国传统科学技术也就失去了通过接受和吸收各国的先进成果实现自身突破的任何可能。

三、近代以来中国科学技术发展的曲折历程

由于历史的原因，19世纪中叶以后中国近代科学技术的产生和发展，不可能是中国传统科学技术模式自身突破或演化的结果，而只能是西方已经形成的先进科学技术成果在中国的缓慢传播和逐步吸收的产物。也正因为是这样，它的进程不仅必须以社会的变革和进步为前提条件，而且所走过的道路也不能不是漫长而又曲折的。概括起来，这一进程大致包括兴起、传播、提高和振兴等四个发展时期。

鸦片战争之后，资本主义的商品经济凭借战舰和枪炮冲决了中国自然经济的坚固堤岸。在中国小农经济和传统手工业的汪洋大海中，破天荒地出现了一批近代大工业企业，从而开始动摇了封建的官僚政治和儒道文化的经济基础，同时也第一次产生了传统科学技术模式无法解决的实际问题。现实的需要和列强的压力迫使满清政府在开放门户的同时，不得不派遣大量人员出洋留学，在"中学为体"的前提下默许"西学东渐"。于是，"洋务运动"在"师夷之长技以制夷"①的口号下掀起了规模浩大，范围很广的西学引进的热潮。其中，技术引进的速度最快，波及面最广，从制成品到整套工艺设备几乎应有尽有。

① 魏源：《海国志·序》。

诚然，由于缺乏起码的知识储备，不懂得技术原理，当时的引进只限于物化的技术，并且具有很大的盲目性和食洋不化的特点，但是它毕竟为中国近代技术的发展奠定了必要的物质技术基础。就其积极作用方面而言，"洋务运动"的意义随着出洋的留学生陆续回国而逐渐显现出来。以严复为代表的思想家对西方学术名著的评述或翻译，在儒道文化占绝对统治地位的中国思想界起了振聋发聩的开化作用。《天演论》等著作所唤起的社会改良思潮，为科学思想的兴起创造了有利的背景和条件；而《穆勒名学》《几何原本》及各种"格致之学"①教程的翻译，则直接传播了科学的知识和方法。更为重要的是，以詹天佑为代表的工程师把西方工业革命中发展成熟的技师传统带回中国，促进了近代的技术和科学在中国的结合。至此，在中国传统科学技术模式中断的地方，从西方引进的工匠传统、技师传统和学者传统以新形式汇集起来，填补了历史的空白。这标志着中国近代科学技术的兴起。

然而从根本上说，中国近代科学技术的兴起是中国社会及其经济结构变革的结果。近代工业的发展，"西学东渐"的扩大和维新运动的高涨，在古老的中国大地上汇成新的强大的社会潮流，打破了东方睡狮田园般宁静的梦幻。封建大一统体制在它的冲击下变得千疮百孔，最后在辛亥革命中土崩瓦解。中国近代科学技术正是在这场重大的社会革命中挣脱封建枷锁而出现的

清王朝覆灭后，中国进入了社会结构再组合的历史时期。由于各项社会重建事业的需要，新兴的中国近代科学技术开始了推广传播期，它的社会地位也在日益提高。人们通过反思中

---

① 即自然科学，当时的翻译家通常把 Physical Science 译为"格致之学"或"格物致知之学"。

国社会的历史，逐步认清了科学技术状况与民族兴衰荣辱的关系，因而科学思想的普及一度颇为迅速，民族工业及相应技术的发展也曾出现一个高潮。五四运动鲜明地打出了倡导科学的旗帜，就是在中国发展科学技术的历史要求的体现。尽管在此后的30多年中，科学技术的发展多次因军阀的连年混战和帝国主义的侵略而受到阻碍，但科学技术的进步从来也没有停止过。许多仁人志士从战乱的痛苦中深切地感到落后必然挨打，从此走上了"实业救国""教育救国"的道路，力图通过振兴科学技术来增强国力，扭转黑暗的时局。当然，从社会史的角度看，这条道路是行不通的，但是就中国近代科学技术的发展和传播而言，他们的工作是极其重要的。他们创建的民族工业，成为近代技术发展的基地；他们开办的各类院校，成为基础科学和应用研究的摇篮；他们培养的大批专业学者，成为科学技术发展的人才基础。在新民主主义革命胜利之前，中国近代科学技术已经初步奠定了自身的基础，并初步具备了同化吸引外来成果的能力。

中华人民共和国的建立标志着中国社会结构再组合过程的基本完成，科学技术第一次获得了稳定发展的条件。在民主革命到社会主义革命的过渡时期，随着国家工业化的进行，工业生产开始纳入正规化的发展轨道；而随着社会主义体系的不断健全，科学教育和科研机构也逐步实现了制度化。中国的科学技术迅速形成了以工业为基础、科学院为中心、大学和专业研究所为骨干的社会建制，基本具备了自身持续发展的能力，由此进入了"有所发现、有所发明、有所创造、有所前进"的稳步提高时期。1956年，在社会主义改造即将完成之际，党中央根据社会主义建设高潮的需要，及时组织制定了"科学技术十年远景规划"，并发出了"向科学进军"的号召。这是中国科学技术大规模发展的重要里程碑。此后短短的十年，我国科学技术在基础科学、应用研究和工业技术各个方面都得到了前所未有的发展，大大缩短了同西方发达国家的差距，某些尖端项目如原子能、半导体技术及生命的化学合成等，已经接近或达到了世界先进水平。

必须指出，由于多年来理论上和实践上的一系列失误，中国现当代的科学技术发展也经历了曲折的道路。理论界在很长一段时期没有认真进行科学技术通史的研究，尤其不注重探讨现代科学技术的发展规律。在科学技术与社会相互关系的问题上，往往片面强调社会决定科学技术发展的一面，而忽视科学技术对社会发展的重大作用，不尊重或不承认科学技术应有的社会功能。在这种错误的科学观的支配下，实践中难免会出现偏差或错误。例如，科学技术体制是按照"教育和科研必须为无产阶级政治服务"的指导方针建立的，而没有考虑科学技术一体化发展的规律和要求。因此，我国的科学技术非但没有形成内在的循环加速机制，相反却被条块分割为孤立的行政部门，屡屡受到人为因素的干扰，在"左"的思想路线指导下，本来应当服务于国家经济建设的科学技术事业就曾一次次卷入政治斗争的旋涡，一再蒙受不必要的损失。与此相联系，我国知识分子的社会地位问题多年来未能得到正确的解决。在"左"倾思想路线肆虐的时期，包括科技工作者在内的知识分子在一些政治运动中受到了种种的打击和迫害。尤其是 20 世纪六七十年代，正值世界科学技术革命蓬勃兴起的重要时期，我国的知识分子却正在"文化大革命"中接受着"触及灵魂"的肉体改造。在必要的科研条件经常被人为破坏、正常的研究工作一再被中断的情况下，科技人员的知识、才能和积极性难以得到充分的发挥，科学技术的发展不能不受到严重的挫折，以至几乎完全陷于停滞状态，与世界先进水平的距离又被拉大了。

　　然而，"青山遮不住，毕竟东流去"。在党的十一届三中全会以后，中国的科学技术适应社会主义现代化建设事业的迫切需要，又以神奇的力量重新兴起，并以惊人的速度跨入了全面振兴的新的发展时期。

　　综上所述，中国近现代科学技术从形成到振兴的历程，是以社会本身的革命改造为背景，并与之同步进行的，这不是历史的巧合。整个中国科学技术发展的历史留给我们的宝贵教训之一，就是科学技术的发展需要适宜的社会条件。如果说，中国封建时代不能产生近代科学技术是因为这样的社会条件尚不具备，十年动乱期间我国科学技术横遭劫难是因为这样的社会条件被人为地破坏了的话，那么，中国科学技术在当代走向全面振兴就是社会主义现代化建设的大规模展开，各项体制改革深入进行和社会主义制度不断完善的必然结果。另一方面，中国科学技术的历史发展还告诉我们，科学技术的发展必须以社会各个方面的需要，尤其是经济上的需要为前提和推动力量。无论在何种情况下，只要存在着这些方面的迫切需要，科学技术或迟或早总会得到发展。正因为如此，中国近现代科学技术在一百多年来的发展中，虽然曾经由于基础薄弱和外侮内患而经历了种种曲折和磨难，但走上振兴之路的历史趋势又是确定不移的。

第二节　当代中国科学技术的特点

　　中国科学技术的曲折发展进程是由它的特殊的内在根据和外部的社会条件造成的。作为这一历史进程的继续，当代中国科学技术的发展也具有鲜明的特点。

一、当代中国科学技术发展的一般状况

在党的十一届三中全会之后，我国的科学技术事业迎来了春天，开始走上了全面振兴之路。然而它又是带着"左"倾思想路线和多次政治运动破坏的累累伤痕起步的。由于十年浩劫给科学技术的发展造成了一大段历史空白，当代中国科学技术不得不回溯到"文化大革命"前，恢复或重建自身发展的基础。因此，种种历史和现实的原因使它的发展状况具有特殊的复杂性。

"文化大革命"以前的十几年，我国的科学技术建制确曾对科学技术的发展起过巨大的推动作用，而且为它的进一步发展准备了一定的必要条件。但是，它毕竟不是在科学技术内在发展规律的作用下形成的，而是人为制定的；而且，在经济和政治体制存在缺陷、我国工农业长期未能摆脱半自然经济或生产-行政联合体的落后方式的情况下，科学技术没有强有力的经济依托。因此，既已产生的科研体制非但不能使科学技术按照科学-技术-经济-社会协调发展的规律形成相对独立的社会子系统，反而把它划分为条块分割的孤立部分。基础科学、应用研究和工业技术分别依附于国家的教育、科研和工业机构，它们只有各自对上级负责的行政关系，而彼此之间或与社会之间却没有直接的横向联系。例如，物质技术基础比较雄厚的工矿企业普遍没有设立专门科研机构，而人才济济的科学院、科研所和高等院校却没有直接为经济和社会服务的渠道。其结果是无形中给科学技术的发展设置了人为的障碍，使它的内在发展机制受到了破坏。所以，刚刚走上振兴之路的当代中国科学技术在建制方面的特殊复杂性表现在：作为其发展的社会形式的科

研体制存在着严重的弊端，科研组织方式很不合理，科研管理水平十分落后。

　　与此相应，由于基础科学、应用研究和工业技术的发展始终在它们各自归属的行政部门中彼此独立地进行，因而它们的发展速度和水平很不平衡。从基础科学看，虽然某些学科进展较大，个别学科甚至取得了世界领先的研究成果，但其余大部分学科分化和综合的程度不高，知识更新缓慢，许多新兴学科在我国几乎还是空白，尚处在引进资料和技术装备进行学科建设的阶段；应用研究的不平衡发展更为突出，大部分人力、物力和财力长期集中在国防事业和少数几个科研尖端领域，而一些社会发展急需的应用性开发却进展缓慢，远未达到应有的水平；在工业技术方面，除少数新兴工业部门具有比较先进的物质技术手段外，绝大部分工矿企业的技术构成很低，机器设备比较陈旧，自动化程度普遍不高，手工劳动仍占很大的比重。这表明，我国的科学技术虽然同旧社会相比有了极大的发展，然而还没有达到全面高速度发展的程度，向现代科学技术体系的转化尚未完成，与世界先进水平还有较大差距。在这个意义上说，当代中国科学技术所面临的必然是基础相当薄弱、水平十分落后的严酷现实。

　　从总体上看，我国的科学技术还没有达到基础科学、应用研究和工业技术在分化和综合的基础上高度一体化并彼此同步向前发展的水平，它们之间的关系仍很不协调。其中，基础科学发展相对较快，各个学科争相奔向当代科研和教育前沿的局面历久不衰，不过有不少学科的发展偏离社会需要较远，几乎不产生什么社会效益。应用研究一直是我国科学技术的薄弱环节，据统计，30多年来工农业总产值的增长依靠应用科学技术成果所占的比重还不到20%，仅相当于发达国家20世纪初的水平。相应地，工业技术的发展不能不十分缓慢，企业的设备和工艺的改造和更新通常需要很长的周期。所以说，中国的科学技术一方面已经具备了持续发展的潜力，另一方面它的发展在总体上还存在着严重的不均衡不协调的情况，相对发达的理论科学和比较薄弱的物质技术基础长期并立，科学技术的社会效益难以充分发挥出来。这种状况远远不能满足社会主义现代化建设的需要，也与科学技术自身发展的要求不相适应。

不仅如此，当代中国科学技术状况的特殊复杂性还表现在不均衡的动态分布上。我国是一个落后的东方大国，粗放的农业仍占主要地位，大工业基础比较薄弱，而且其中近代传统产业占有相当大的比重。因此，当代中国科学技术也相应地分布于如下几个层次：其一，广大乡村普遍采用以经验成规和半机械化农具为主体的农业科学技术，其中除了作物改良等极少数部分同基础科学和应用研究的前沿课题间接相关外，基本耕作技术相当原始；其二，大部分工业企业尤其是传统中小型企业广泛应用以机械化或半自动化生产为主体的近代科学技术，这种定型的模式已经陈旧落后，与基础研究和应用开发没有多少直接的关系，自身的发展余地也不大；其三，少数工业企业采用以基本自动化或初步程序控制化生产为主体的现代科学技术，它直接要求教育、科研、开发和生产之间建立横向联系，集中体现着当今科学技术发展的特色；其四，我国还出现了一些程序控制化的高科技产业，这是技术密集、智力密集和知识密集三位一体的形式，它最能代表当代科学技术的未来发展方向，不过这种高科技产业所占比例极小。显然，这种分布不是连续的，而是一种梯度分布。由于基础科学、应用研究和工业技术的脱节，当代中国科学技术的发展在各个层次上不可能是均衡的。

可见，改变我国科学技术的落后状况，推进当代中国科学技术的全面振兴是一项艰巨而复杂的历史任务。要完成这个任务，首先必须从根本上变革过时的科学技术观，实事求是地考察和分析现代科学技术发展的特点和规律，同时密切注视世界科学技术革命的趋势和它给社会经济带来的新变化，根据我国的具体国情，采取加速科学技术发展的适当措施和步骤。其次，坚定地有步骤地进行科技体制的改革，结束旧体制造成的条块分割的不利局面，根据社会经济的实际需要和科学技术发展的要求，造成科学技术各部分、各分支紧密联系的开放型系统。再次，克服科学技术组织工作中的主观性，按照科学-技术-经济-社会的相互关系及其内在规律，合理地制定科学技术发展战略，保证科学技术自身的协调发展。最后，坚持科学技术为经济建设服务的方向。加强应用研究，不仅努力保证尖端技术成果的应用，而且注意传统科研项目和"不起眼"的技术向经济效益的转化。这样，我国的科学技术就有可能在重点突破的同时，不断提高总体的水平。

二、当代中国科学技术发展的特殊社会条件

党的十一届三中全会后，安定团结的政治局面的形成，改革、开放、搞活方针的贯彻执行，社会主义现代化建设事业的全面展开，为科学技术的发展创造了越来越适宜的优越条件。我国科学技术工作的被动局面已经开始有所转变。

党的十一届三中全会后，中止了"以阶级斗争为纲"的口号，党和国家的工作重点迅速地转移到以经济建设为中心的现代化建设上来，社会主义民主和法制得以恢复和健全，从而为科学技术的振兴提供了可靠的政治保障。党重新明确"科学技术是生产力"，肯定了科学技术的重要意义和独立性，明确了科

学技术为经济建设服务的正确方向，因而发展科学技术的工作不致再被政治运动所干扰或中断。同时，党又明确"知识分子是工人阶级的一部分"，解决了长期被严重歪曲的知识分子的阶级归属问题，从此中国的知识分子不再是改造和批判的对象，不会再成为政治斗争的牺牲品。因此，尽管知识分子的社会地位和工作条件尚需有大的改善，但知识分子及其所从事的科学劳动越来越受到社会的尊重，这对于调动他们为发展科学技术事业而献身的积极性、创造性无疑是有重大的作用的。

党的十一届三中全会后进行的各项体制改革也正在为科学技术的振兴创造良好的社会环境。农业经济体制的改革促使农业经济通过家庭承包和专业化向商品化和社会化的方向迈进。而城市工业体制的改革则废除了企业作为生产-行政联合体的经营方式，逐步确立了企业作为独立经济实体的地位，从而使企业的管理水平、经济活力和社会效益都能有所提高。经济体制改革使整个国家经济结构发生了深刻的变化。与此同时，政治体制改革以经济建设为中心逐步铺开，正在消除党政不分，行业或部门彼此独立、各行其是的不利状况，使整个社会系统日益成为紧密联系的有机体。这不仅为科技体制改革提供了有利的时机，而且使它成为亟待解决的事情。1985年，中共中央及时做出了科技体制改革的决定，直接推进了这项工作。目前，我国已经建立了多种形式的科技市场，通过科技成果的商品化，沟通了基础科学、应用研究和工业技术部门的联系；教育、科研和生产单位之间正式或非正式的横向联合也已经出现。旧科技体制条块分割、行政管理的局面开始有所改观。

随着思想上政治上的拨乱反正，各项体制改革的全面展开，思想解放运动日益广泛和深入。在它的推动下，思维方式和观念形态发生着深刻的变化，人们关于科学技术的观念当然也会随之变化。我国学术界继五四运动前后和抗日战争后期两度开展的中国近代科学技术落后原因的大讨论之后，再一次对我国科学技术发展的条件、机制和规律等进行系统的反思，从而促进了新的科学技术观念的形成。人们从历史的和现实的事实中越来越深刻地认识到忽视科学技术的发展会给我们民族的命运带来何等严重的后果。贬损知识、鄙薄科学技术的旧观念逐步得到消除，尊重科学技术、尊重科技人才的新观念逐步为全社会所接受。在建设社会主义精神文明的过程中，广大科技工作者的精神面貌包括科学道德水准都不断得到提高，这都是科学技术的发展所必备的精神条件。

我国在经济建设方面已取得了举世瞩目的成就。短短的十年，农业已开始摆脱粗放型经营方式，从目前的发展看已初步具备了向集约型农业过渡的可能性；工业结构经过调整日趋合理，企业管理水平有所提高，工艺改造和设备更新也在有步骤地进行。我国国民经济一直以年递增10%以上的速度向前发展，为科学技术的振兴创造了越来越优越的物质条件。与此同时，工农业生产的现代化，还通过直接或间接的渠道向科学技术提出各种新的需要，为它的发展提供强大的动力。正是适应经济发展的要求，当代中国科学技术近年来已经开始出现呈梯度分布的发展，并且，由于经济杠杆的作用和"科技工作应优先解决生产实际问题"方针的指导，科研投资及人力物力在各个层次上的分布与经济发展状况逐步趋于适应。

我国实行的对外开放政策，也为科学技术的振兴开辟了重要的途径。对外开放改变了我国过去长期闭关自守的局面，沟通了我国同世界各国的联系，这有助于我国科学技术通过中外交流引进国外的技术装备和学术成果。特别是在当代世界科学技术革命蓬勃发展的情况下，我们可以通过对外开放接触乃至引进最先进的科学技术成果，从而可以避免我国科学技术工作中不必要的重复和浪费。同中国近代科学技术发展相比，如果说封建时代"洋务运动"的盲目引进尚能创建我国科学技术的必要基础的话，那么在社会主义制度下有目的有计划的引进，无疑将使当代中国科学技术在吸收和改造外来成果的基础上获得加速发展。

同时，也必须指出，当代中国社会无论在政治、经济，还是在思想、文化方面都还远远没有达到同现代科技发展相适应的程度，上述各个方面条件的"优越"是相对于以往的历史而言的，而对于科学技术发展的要求来说，仍是很落后和很不完备的，可以说还仅仅具备了一个较好的开端。目前依然存在着许多不利于科学技术发展的因素。我国是一个贫穷落后的大国，虽然国民经济得到了很大的发展，但到 1987 年人均国民生产总值只有 350 美元左右，科研投资不可能占很大的比重；知识的价值虽然比过去获得了更多的尊重，知识分子的地位比过去有所提高，但仍然十分不令人满意；文化教育还相当落后，文盲和半文盲约占全国人口的 1/4，而中高级科技工作者尚不足 0.1%，人才匮乏的情况十分严重；等等。这些历史遗留下来的情况无疑限制了当代中国科学技术发展的规模和速度。另一方面，即使具备了优越的条件，也不等于说当代中国科学技术必然实现全面振兴，因为这些条件不论多么优越也只能是必要条件，至多意味着一种可能性。事实上，当代中国科学技术自身目前还面临着许多困难。如，旧科学技术建制打破后，至今仍未形成具有良性运行机制的新体制；基础科学、应用研究和工业技术之间的关系依旧很不协调，人为干预的成分还较大。所以，推进当代中国科学技术的全面振兴必然是一项长期而艰难的任务。

三、当代中国科学技术发展的特殊道路

实现当代中国科学技术全面振兴是浩大而复杂的社会工程。要完成这项伟大的历史任务，除了在政治、经济、思想、文化等方面继续创造科学技术发展所必需的优越社会条件之外，还必须选准发展方向和道路。这是我国科学技术发展的一个关键性问题。

从世界范围看，近代以来科学技术历次重大突破的一般进程是，科学在产业技术进步的基础上同直接的生产条件和操作过程相分离，独立地发展并引起科学革命；科学理论成果通过应用研究又反作用于它的基础，加速技术的发展，导致技术革命；由于应用研究的中介作用，在科学革命和技术革命的交错点上，必然伴随着工业革命的发生。以往的三次科学技术革命，都是在科学革命、技术革命、工业革命依次或交替进行的周期中完成的，并且周期一次比一次短。当前世界范围内的新科学技术革命则直接以工业革命为核心和表征，其结果是高科技产业源源涌现。所以，工业发达国家科学技术的发展道路是：产业基础—技术改进—科学革命—技术革命—工业革命……

当代中国科学技术的全面振兴，从发展方向上说无疑也应该以建立和普及高科技产业为目标，并尽快使高科技产业成为我国经济社会发展的主导方式，但在目前条件下却不能全面发展高科技产业。这是因为，首先，中国科学技术发展的历史表明，由于多种复杂的历史原因，我国的科学技术未能按部就班地走上各国科学技术发展的道路，它自身的发展还很不协调，不进行大规模的调整和改革就难以全面发展高科技产业；其次，中国科学技术复杂的现状表明，由于过去"左"的指导思想和政策上的失误，我国科学技术的总体水平十分落后，距离当代

科技前沿还有很大差距，不经历一定的准备时期就不可能大量发展高科技产业；再次，我国工农业生产的技术基础比较薄弱，工业化的补课工作刚刚铺开，高科技产业的发展余地和应用范围相当狭小；最后，我国是一个贫穷落后、人口众多的大国，国家的物力和财力十分有限，不容许大规模发展高科技产业。所有这一切都决定了当代中国科学技术的发展必须走一条特殊的道路。

在选择中国科学技术发展道路的问题上，曾出现过两种失于偏颇的倾向。其一是 20 世纪 50 年代末期的"大跃进"，置我国的国情于不顾，不切实际地提出了"超英赶美"的口号，一味追求搞尖端科研。由于它脱离了我国的具体历史条件和经济社会发展的需要以及科学技术自身的发展规律，因而在热闹一时的"全面赶超"运动中，不但给科学技术自身的一体化发展造成了障碍，而且破坏了科学-技术-经济-社会协调发展的机制。其二是 20 世纪六七十年代的闭关自守，置当代世界科学技术革命的特点和趋势于不顾，片面强调"外国人能办到的事情中国人自己也能办到"，一味追求"靠我们自己从头做起"，其结果是造成了许多不必要的重复和浪费，使我国的科学技术陷于停滞，与世界先进水平的距离越拉越大。这些沉痛的历史教训我们必须牢牢记住。所以，在制定当代中国科学技术的发展战略时，既要根据我国的具体国情和科学技术发展的现实状况确定可行的发展道路，又要依据世界科学技术革命浪潮的发展规律和趋势明确发展方向。这就是说，要正确处理好立足我国实际与把握未来方向这两者的关系。

所谓立足我国实际，就是根据我国社会经济和科学技术发展的具体情况，同时利用各先进国家正在把传统科学技术成果大量抛向国际科技市场，把劳动密集型生产迅速向第三世界国家转移的机会，在现阶段上大力推广和普及传统科学技术和劳动密集型生产部门。从表面上看，在各先进国家争相发展高科技产业，逐步淘汰传统产业的时期，我国却要花费相当大的气力发展传统科学技术和劳动密集型企业，似乎有悖当代科学技术革命浪潮的大趋势，但在实际上，这个措施是由我国社会经济发展的特殊状况决定的。同我国现阶段多种经济形式的不同发展要求相适应，科学技术的发展也必然呈现多层次的梯度发展。例如，通过实施"星火计划"，可以逐步改变落后陈旧的农业科学技术；通过发展劳动密集型企业，可以在广大乡村推进工业化的进程；通过推广和普及传统科学技术的应用，可以提高乡镇企业的生产工艺水平，此外也可以加速城市老企业的设备改造或更新的过程。可以预言，在今后一段较长时间里，中国科学技术的全面振兴仍将以这种多层次的梯度发展为基本形式。所以，大力发展传统科学技术和劳动密集型企业并不是消极被动的措施，相反，它是现实的积极的措施，具有重要的战略意义。在我国的特定国情下，科学技术呈多层次梯度分布的全面发展符合科学-技术-经济-社会协调发展规律的要求，而且是我国科学技术腾飞的一个不可逾越的重要发展环节。

　　所谓把握未来方向，就是在立足我国实际的前提下，依据当代科学技术发展的规律，以改革和开放为先导，有条件地直接发展一些高科技产业。一方面，发展高科技产业已经成为世界各国科学技术发展的主导趋势，成为各工业化国家面临的共同课题，它直接关系到未来科学技术和生产体系的格局和发展速度，正在走向现代化的中国当然也不能背离这一主导趋势；另一方面，这种发展又必须是有条件的。我国现有的物质技术基础和产业结构还远不是雄厚和合理的，科学技术也还没有形成独立发挥社会效益的开放系统，因此，在我国直接发展高科技产业不能不顾现实条件而盲目地进行。这就是说，为了从根本上改变我国科学技术的落后局面，必须在改造更新传统产业，促进科学技术多层次的梯度发展的同时，坚持以发展高科技产业为基本方向，不失时机地根据具体需要发展一些高科技产业，以加速实现科学－技术的一体化，完成向现代科学技术的转变，并在此基础上使我国科学技术按照其内在机制加速发展，逐步赶上世界新科学技术革命的步伐。但是发展高科技产业不能再搞"大跃进"，而应该量力而行，在人力物力财力允许的情况下由点到面地逐步铺开。还应当看到，在我国有条件地直接发展高科技产业，也有着现实的可能性。前面已经指出，当代中国社会的发展已经为科学技术的振兴创造了十分有利的社会条件，这是发展高科技产业的可靠保证。同时，当代世界新科学技术革命也为我们提供了良好的机遇。在对外开放的条件下，我们可以跨过西方科学技术发展的某些传统阶段，直接引进最先进的科研成果直至成套的现代化科学技术装备来填补我国在这些方面的空白。

上述这两个方面是相辅相成的，不可偏废。如果不以大力发展传统科学技术和劳动密集型企业为现行措施，就无法为科学技术的全面振兴创造雄厚的物质技术基础，开辟现实的途径；同样，如果不坚持以有条件地发展高科技产业为基本方向，而是坐等传统科学技术和劳动密集型企业得到充分发展之后再提出发展高科技产业的要求，那就会坐失良机，再一次落到时代潮流的后面。只有这两个方面的结合，才能减少科学技术工作中的盲目性，使发展高科技产业同改造传统产业协调地发展，使高科技产业直接成为老企业改造和更新、新兴工业不断生长的推动力量，进而在最大限度地发挥科学技术社会效益的同时，实现当代中国科学技术的全面振兴。当代中国科学技术发展道路的特殊性恰恰体现在这里。

　　当然，在我们这个经济水平落后，科学技术基础薄弱的国家，要真正实现科学技术的全面振兴，还需要努力做好各项工作，进一步开创现实可行的具体途径。

　　首先，必须认真搞好横向联合。各国发展高科技产业的历史经验表明，以经济实体为依托实现教育、科研和生产的一体化，是科学技术发展战略的现实基础。由于我国具体国情的特殊性，在现阶段只能采取横向联合的形式达到教育、科研和生产的密切联系。只有经过这一步，才能充分发掘现有科学技术的潜力，促进传统产业的更新或改造，提高企业和科研的管理水平和经济效益，保证社会主义物质技术基础结构的建设顺利进行；同时，教育、科研和生产单位在引进科技成果的基础上的合作研究和共同开发，也将加速当代中国科学技术的发展。

　　其次，必须大力开拓科技市场。由于我国的社会主义经济是有计划的商品经济，科技成果的商品化和科技市场的建立就成为横向联合中的中心环节。通过科技市场不仅可以有效地利用价值规律的杠杆作用调节科技商品的流向，为科技成果的应用开辟更广泛的渠道，使科学技术迅速转化为直接的生产力，并发挥其应有的社会功能，而且可以根据经济建设的需要，及时对科学技术部门的人力物力做合理的调整，进行有计划的重点项目的引进或科研开发，保证科学技术平衡、稳定地向前发展，并与社会经济的发展协调一致，此外还可以以科技信息的传递或反馈的方式为科学发展战略和科研投资规划提供客观依据，实行引进和开发的信息决策和科学管理，避免科学技术工作中不必要的浪费和重复，提高高科技产业发展的社会效益和速度。

　　最后，必须进一步加强科学技术教育。在科学技术飞速发展的今天，教育已经成为最重要的事业。美国和日本之所以能够凭借发达的高科技产业保持科学技术的领先地位，重要原因在于教育的系统和完善。在我国的社会主义现代化建设事业中，知识和人才具有头等重要的地位，而知识和人才从根本上说是来自教育。因此，只有加强科学技术教育，才能保证我国科学技术具有长久发展的潜力，真正实现向知识密集型的高科技产业的过渡，赶上世界先进水平。

第三节　对当代中国科学技术发展的哲学思考

中国科学技术发展的历史和现状都表明，科学技术是一个具有独立的内在机制，但又不能绝对孤立地发展的社会系统。科学技术的发展从来都是与社会经济的发展协调地进行的。它一方面会受到社会条件的影响和制约，另一方面又发挥着重要的社会功能。因此，分析科学技术与社会的关系，自然就成为对当代中国科学技术的发展进行哲学思考的基本线索。

一、科学技术与社会经济发展的相互关系

科学技术与社会经济的关系是具体的、历史的。恩格斯指出："科学的发生和发展从一开始就是由生产决定的。"[①]在人类历史的早期阶段，社会经济的状况确曾对技术和科学的发展起过不可逆的决定作用。然而，在第一次产业革命兴起之后，随着科学和技术相继从近代工业生产的具体操作中分离出来，并逐步结合起来，这种单向的决定作用开始渐次减弱，而科学技术对社会经济发展的作用则与日俱增，以至在一定条件下成

---

① 恩格斯：《自然辩证法》，人民出版社 1971 年版，第 162 页。

为起决定作用的因素。马克思把科学技术看成与劳动生产力有所不同的"另一种生产力"[①]。20 世纪以来，科学技术在迅速分化和高度综合的基础上形成了一体化的独立系统，社会经济的发展也进入了全面信息化和系统化的时期，它们之间相互作用和相互制约就显得越来越突出和重要了。

在当代新科学技术革命的条件下，科学、技术、经济、社会之间的关系又出现了新的变化，从而人类社会的自我运动更加多样化了。

从宏观上看，科学技术与社会经济既相互独立，又相互依存，相互限制。科学技术已经形成独立的社会系统，它的发展方向是由其内在机制规定的，通常不会被外部因素所改变。然而，这种独立性并不意味着科学技术可以脱离社会条件孤立地发展，因而只是相对的。现代科学技术革命正是在社会有机体的总体运动中实现的，这足以表明它对社会经济系统的依存性。因此，科学技术的发展不能不在某种程度上受到社会经济状况的种种限定。例如，科学技术的总体水平在特定时期一般不能超出社会条件所容许的限度，它的发展速度往往取决于社会经济所能提供的投资数量，它的应用范围也与产业结构的内容和管理方式有关，等等。

反过来，社会经济虽然属于与科学技术不同的社会系统，但也依赖于科学技术，并受到它的种种限定。离开了科学技术的发展，现代社会便不能再前进一步，甚至无法正常地生存下去。同时，科学技术发挥社会功能的程度和方式，也对社会经济的发展规模和速度产生重要的限定作用，甚至可以影响它们的发展方向。

科学技术与社会经济之间的关系在微观上比较复杂。概括

---

① 马克思：《机器。自然力和科学的应用》，人民出版社 1982 年版，第 190 页。

起来，主要表现在它们的相互联结，相互制约，相互促进。

现代科学技术与社会经济的发展使社会有机体各部分的联系空前紧密，一些子系统的基本单元甚至直接相互包含。例如，相当多的科研机构本身就设置在企业当中，因而现代生产也担负着科研工作，成为应用研究的生长点；同样，专业研究中各项技术课题的研制和实验过程往往就是生产过程的预行和缩影。随着这种联系的发展，科学技术与社会经济之间又产生了一系列以信息服务为主的职能单位，成为它们相互联系进一步密切的枢纽。

科学技术与社会经济的相互联结并不等于融合，而是表明它们之间的相互制约得到了加强。例如，在教育-科研-生产联合体中，企业以个别赞助的方式影响科技机构的攻关项目的确定，而后者也通过提供先进装备或技术咨询制约着企业的生产状况。同样，通过科技市场，各种信息不仅反馈到科学技术领域，调节科学技术的发展，而且也传递到经济部门，影响企业的经营方向，甚至决定它们兴衰成败的命运。此外，这种相互制约作用还规定着整个社会管理体制的运行，协调各个部分的发展。

科学技术与社会经济的相互促进是在相互联结和相互制约中实现的，其结果是使科学技术的分化和综合的速度不断加快，同时推动社会经济朝着物质基础日益雄厚，管理方式逐步合理的方向发展，当然，这种相互促进是通过各系统的内在发展机制实现的。

当代科学技术与社会经济在宏观上和微观上的相互关系又是统一的，其集中的表现就是科学社会化和社会科学化的进程正在同时得到实现。一方面，科学技术研究的规模不断扩展，成为日益庞杂的社会建制，它的发展构成了一种社会性的运动，整个社会的发展正在作为巨大的"实验场"为科学技术的进步提供条件；另一方面，现代科学技术不仅日益渗透到生产力中，通过生产力各要素的变化和再组合推动经济的发展，而且也日益渗透到社会的物质生活和精神生活的各个领域，从而使社会有机体的一切方面都得到革命的和科学的改造。

综上所述，在当代，科学-技术与经济-社会的相互关系已经构成了矩阵式的，具有多重交叉的立体网络。其中，各子系统的自我发展及其相互作用是现代社会有机体运动的基本运行机制。因此，科学-技术-经济-社会的均衡、同步和协调的发展，是当代社会发展的普遍规律。

在我国，深刻地理解科学技术与经济社会的相互关系，正确认识和利用科学-技术-经济-社会协调发展的规律，具有特殊重要的意义。30多年来我们在科学技术工作中的种种失误，从认识上说，正是由于没有掌握科学-技术-经济-社会协调发展规律。那种把科学技术各部分硬性地纳入国家的行政体制的做法不能不妨碍科学技术形成独立的社会系统，束缚科技生产力，而那种脱离我国社会经济的实际状况，凭主观愿望大搞"超英赶美"的科学技术发展规划，也是导致我国社会发展不平衡的一个因素。这些历史的教训应当从理论上加以总结并认真吸取。随着社会的改革和开放，我国的科学技术和社会经济都已经取得了长足的进步，它们之间的内在联系正在得到建立或恢复，科学-技术-经济-社会的协调发展更加成为社会主义现代化事业不断进展的客观要求。在这个伟大的历史转变关头，我们必须认识和尊重科技和社会经济发展的客观规律，以推动经济振兴为中心，制定合理的社会发展战略，同时以解决科学技术的状况与经济建设的要求不相适应的矛盾为主要任务，制定科学技术发展规划，加快科学技术前进的步伐，进而保证科学-技术-

经济-社会的协调发展。

二、当代中国科学技术的发展对民族振兴的特殊意义

中国实现现代化的关键是科学技术现代化。这是中华民族长期以来对科学技术与国家命运之间的关系进行系统反思的结果，也是新中国 30 多年中社会主义建设的正反两方面的实践经验的总结。

中华民族在鸦片战争后的百余年间之所以屡遭侵略和奴役，除了政治腐败等因素以外，一个重要的原因就是科学技术落后。我国人民也正是在这段黑暗、屈辱的历史中，从痛苦的亲身经历中认识到科学技术的重要性的。大批立志报效祖国的人们对中国科学技术落后原因的认真研究和对科学救国途径的不懈探索，正是这种认识不断深化的体现。尽管依靠科学技术救国的愿望在旧社会不可能实现，但是也不能把它视为空想。相反，作为中国近代史上最重要的观念之一，科学救国的思想有着它的积极的进步作用。它不仅一次次唤醒人们的民族意识，激发人们的爱国热情，而且确实为科学技术和社会经济的发展奠定了重要的基础。在社会主义制度下，科学救国的愿望已经具备了实现的条件，"科学技术立国"无疑应当成为发展社会主义事业的一个响亮口号。我国 30 多年来的历史充分表明，科学技术对社会经济的推动作用在不断增大，当代中国科学技术正在民族振兴的伟大事业中发挥着极为重要的作用。

当代中国社会主义商品经济的迅速发展是民族振兴的物质基础，而它发展的速度则是同科学技术的状况密切相关的。我国经济建设中的关键性课题的解决，有待于科学技术取得突破性进展；我国工农业生产要持久地保持高速度的发展，其深厚

的泉源在于科学技术的不断进步；我国产业结构能否迅速变更和超越传统模式，达于现代化和合理化，归根到底取决于科学技术沿发展高科技产业的道路前进的程度；我国企业经营管理水平的提高和劳动生产率的增长，在很大程度上依赖于微电子学和信息技术的普及和运用；如此等等。因此，只有大力发展科学技术，才能推进我国经济建设现代化的进程，从根本上改变我国贫穷落后的面貌，使中华民族能够雄踞于世界民族之林。

当代中国社会主义政治制度的不断完善是民族振兴的可靠保障，而它的完善程度也无疑要受到科学技术发展水平的制约。科学技术的不断进步不仅大大加快了社会物质财富的积累，而且深刻地改变了人们的经济关系和交往方式。以往存在于工农之间、城乡之间、脑力劳动者和体力劳动者之间的巨大差别正在逐步缩小，从而使我国的阶级结构和政治结构出现了重大变化。同时随着科学技术的自我运动和庞大的社会建制的形成，我国的社会结构和政治体制正在向着合理化的方向演变，社会管理和决策的科学化日益成为客观的要求。在这种情况下，社会主义民主和法制的建设不仅有着迫切的必要性，而且真正具备了充实的内容和广泛的群众基础。没有科学技术的进步，这一切都无法真正实现，也无从得到说明。因此，当代中国科学技术的发展，也正在发挥着加速我国政治生活现代化的功能。

当代中国思想文化事业的繁荣昌盛为民族振兴提供了精神源泉，这固然是社会的经济和政治不断发展的结果和反映，但科学技术也在其中发挥着至关重要的作用。首先，科学技术的发展，为我国文化设施的建设准备了现代化的手段和工具，丰富了人的精神生活的内容。其次，科学的社会化和社会的科学化使我国正出现一场全面而深入的变革。改革的实践需要改革的思想武器、现代化建设需要现代化的思维方式，因而传统观念的转变和更新成为历史的必然。最后，科学本身就是彻底革命的精神力量，它同一切迷信和偏见不相容。科学每前进一步，都会打破独断论的壁垒，带来思想和学术自由，从而使自然科学奔向社会科学的历史潮流得以实现，进一步推进思想解放。所有这一切，都为我国思想文化的繁荣昌盛创造了条件。因此，当代中国科学技术的发展，不仅能够改变物质资料的生产方式，加速社会物质文明建设的发展，而且能够改变精神生活的传统方式，加速社会主义精神文明建设的发展。它的全面振兴，必将推进中华民族新型思维方式的形成。

总之，科技不举则国家不兴，国家不兴则民族无望。当代中国科学技术的发展对民族振兴的特殊意义正在于此。

第二篇 当代中国社会发展的 国际环境

第五章 国际经济政治及其对当代中国社会发展的影响

近十几年来，世界的格局发生了重大的变化，出现了许多新的特点，它已经和将会对中国社会的发展产生巨大的影响。世界整个格局的变化首先是由世界经济和政治格局的变化所造成的，因此，我们首先要考察国际经济政治发展的新特点及其对当代中国社会发展的影响。

第一节 当代世界经济的基本特点

世界经济是人们超越国界，在世界范围内进行生产、分配、交换、消费等经济活动的总称，是各国经济通过千丝万缕的联系紧密地交织在一起的统一体。因此，世界经济是人类社会长期发展过程的产物，是资本主义创立了世界市场、特别是帝国主义最终形成并发展为世界体系所带来的产物。

第二次世界大战结束以来，世界经济的发展出现了许多新现象，表现出了许多新特点，其中基本的特点是：世界经济生活趋于国际化；世界经济形势趋向多元化；世界经济在调整中发展。

一、世界经济生活趋于国际化

远在 100 多年前，马克思就指出："各国人民日益被卷入世界市场网，从而资本主义制度日益具有国际的性质。"①后来，列宁更明确地说："……人类的整个经济、政治和精神生活，在资本主义制度下已经越来越国际化了。社会主义会把它完全国际化。"②按照历史唯物主义的观点，经济活动从社会化到国际化的发展，是社会生产力发展的必然结果，它符合人类社会由低级向高级发展的进步趋势。

"二战"后，世界经济有了长足的发展，各国间的经济、贸易、资金和技术的交流进一步扩大，由此增强了国际经济联系与合作，加速了国际经济一体化的进程，同时也为各国经济发展提供了较好的国际环境。尽管旧的国际经济秩序仍在妨碍国际经济联系的正常发展，高昂的贷款利率、恶化的贸易条件、严重的债务危机等因素，给发展中国家的经济捆上了一道道困扰的绳索，但各国却承认这样的现实：发展中国家需要资金与技术，发达国家需要市场与资源。因此，它必将加速和扩大世界经济国际化的倾向。

世界经济生活趋于国际化，主要表现在生产的跨国化倾向和第三产业的跨国化。

生产的跨国化是世界经济生活趋于国际化的基础。早在 19 世纪末至 20 世纪初，经济生活的国际化就已经在资本主义世界出现。列宁曾经指出："大约在 19 世纪和 20 世纪之交，交换就造成了经济关系的国际化和资本的国际化。"③但是，直到"二

---

① 马克思：《资本论》第 1 卷，人民出版社 1975 年版，第 831 页。
② 列宁：《民族问题提纲》，《列宁全集》第 19 卷，人民出版社 1959 年版，第 239 页。
③ 列宁：《给布哈林的小册子〈世界经济和帝国主义〉写的序言》，《列宁全集》第 22 卷，人民出版社 1958 年版，第 94 页。

战"后，生产的跨国化才获得了真正的发展。这是因为，随着科技革命的迅速发展和生产力的提高，进一步促进了世界范围内的生产社会化和国际化：国际分工和专业化生产日益发展，国际交流的领域（商品、资本、劳动力、科技等）迅速扩大，社会再生产的国际依赖性大为加强。

资本立足利润，放眼全球，其生产是没有国界的。发达资本主义国家的大企业、大公司，为了扩大垄断势力，争夺世界市场和丰厚的利润，用直接投资的方式实行资本输出，在国外进行吞并，利用当地原料、劳动力、技术条件与市场，来从事生产和销售，这种现象是老早就有的。"二战"后的问题是，大企业、大公司在"全球战略"的指导下，纷纷以尖端技术或技术诀窍为武器，通过金融合作，在世界范围内扩大生产和销售网。特别是美国的企业，由于技术发展的影响，生产力有了很大发展，生产关系亦做了相应调整，因而引起了生产的社会化和国际化的一个大潮流。在"二战"后初期的 1950 年，美国在国外建立了 7400 多家子公司，这些子公司主要集中在西欧、加拿大以及拉丁美洲。后来，这一动向迅速发展，美国等发达资本主义国家的大企业，从 1960 年起，开始在世界各地建立经营基地。例如，美国的 F-16 飞机在比利时有生产线，英法合资的"协和"号飞机，名义上是英法合作生产，实际上许多零部件是在比利时、荷兰及其他西北欧国家加工的。"跨国公司"（Transnational Company）这个词（又称多国公司，Multinational Company），当时尽管还没有确切的定义，但它已经被广泛用于各方面了。

跨国企业目前所占的经济，按照一般的计算方法，就是把该国商品出口总额与其在国外子公司的生产总额相比较。以此计算，在 20 世纪 60 年代以前，依靠海外直接投资而建立的子公司，即使拥有相当强的生产能力，但与其整个国家的商品出口总额相比，也是微不足道的。经过七八十年代的发展，这一比重显著上升，据日本《世界》月刊 1986 年 10 月号资料计算，1981 年的比较结果，国外子公司的当地生产总额，超过国家商品出口额的国家就有三个：美国为 206.8%，瑞士为 125.9%，英国为 125.4%；其余的国家为瑞典 99.2%，西德 63.9%，意大利 54.2%，法国 45.7%，日本 20.3%。在 1984 年日本对美国的 331 亿美元贸易顺差中，就有 190 亿美元是美国子公司的产品，占日本对美出口总额的 32%。

值得指出，在上述计算中，出口额是包罗万象的，但从跨国公司在国外的子公司来看，例如美国，经过相当严格的挑选，只计算了 239 家。因此，实际上，跨国公司在当地生产的比重，要比上述数字大得多。另外，根据同一资料，仅从 1978 年至 1981 年这三年的数字看，子公司在当地生产的增长率，普遍为 50%以上。这说明近年来跨国公司的生产增长率相当快，也说明如今已进入了这样的时代：跨国公司，作为全球生产和经营战略的一环，是不受国籍限制的；而且，它在不断促使社会再生产的其他环节，即交换（流通）、分配和消费等方面也向国际化发展；同时，它还使现代经济中的五大要素（劳动力、资金、资源、技术和市场），彼此联系更加紧密了。

总之，跨国公司（目前各国跨国公司的子公司已超过 10 万家）跨越国界，绕过壁垒，渗透到社会生活的各个领域，已成为当代国际经济、技术和贸易中最活跃、最有影响的力量。

联合国曾给"跨国公司"一词下过含义广泛的定义："所有能支配在两个或者两个以上的国家拥有的资产（如工厂、矿山、营业所等）的企业"。不过，重点是指在两个以上国家进行物质生产活动的企业。与此相适应，大量非物质生产部门的第三产业行业，其跨国化倾向也越来越明显了。

首先是资本跨国化。生产和市场跨国化必将导致资本的跨国化。银行和非银行的金融机构是金融资本的基础。近年来，随着跨国公司和区域经济一体化的发展，以及各种国际金融业务活动的扩大，银行和非银行的金融机构也国际化了。银行的国际性活动迅速发展，例如目前美国的大银行均已发展成跨国银行，世界 50 家最大银行中，美国占 10 家，居垄断地位，在国际信贷活动中占首位。这些跨国银行与跨国公司相结合，形成一股强有力的国际支配力量。就西欧和日本的银行来说，也可以看出大体相同的倾向。显然，国际金融资本的支配力量之所以能够发展壮大，也是同信息革命即计算机和通信技术的蓬勃发展分不开的。1973 年，有 15 个国家参加的 239 家银行，组成了世界金融电信协会，即所谓"世界电子市场"。由于这一新型市场的形成，从而在时间和空间上基本消除了金融交易中的障碍。例如纽约、伦敦、东京三大市场，在 24 小时内可以像一个市场那样发挥机能；过去香港的黄金买卖，因香港的白天是美国的晚上，要等到第二天早晨才能知道价格消息，现在通过卫星马上就传来了，为资本的流通提供了非常便利的条件。

其次是第三产业中的其他领域也国际化了。这些领域主要是：（1）流通领域两大系统：商品流通系统（包括有形商品和无形商品）和资本流通系统即信贷和金融，如长期信贷和短期信贷。（2）信息、通信和交通领域：通信卫星、海底电缆和大型客机的运行，使得"地球变小"了，各国间的距离相对缩短，可以说，任何人为的国界，都不可能阻挡一切有用的信息的广泛传播。（3）旅游领域：随着社会的进步，在物质生活得到一定满足之后，即开始所谓"饱暖之后思旅游"。现在国际旅游业以各种方式广泛开展起来了，这种"无烟工业"（又叫风景输出）

的经济效益越来越高，它不仅成为赚取外汇的"摇钱树"，而且成为吸收世界先进科技、外资、管理和文化以及建立各国友好往来关系的重要途径。(4)广告业也出现了明显的国际化倾向。

二、世界经济形势趋向多元化

列宁曾经指出，资本主义政治经济发展的不平衡是绝对规律。这条规律在当前还在起着极为重要的作用，但它"已经自我膨胀，成为世界经济发展的不平衡规律了"①。

人所共知，"二战"后初期，西欧、日本等国家均在大战中遭受严重破坏，唯有美国的经济实力得到加强，并在资本主义世界中占有绝对的经济优势（1948年，美国工业生产占资本主义世界的一半以上，出口贸易占三分之一，黄金储备占四分之三）。美国凭借这种优势，建立了它在世界范围的霸权。当时，苏联与美国的经济差距也比较大，远不是美国的竞争对手。但经过"二战"后40多年的发展，由于世界经济发展不平衡规律的作用，整个世界的经济形势逐步走向多元化。现在看来，在20世纪结束前，很难再出现像"二战"后那种美国独霸世界的局面；代之而来的则是各类国家、各经济集团间的竞争与对峙。

第一，在世界经济多元化的趋向中，美国、日本和西欧实力地位的消长具有首要的意义。

20世纪50年代以后，西欧和日本在美国的援助下，抓住了第三次科技革命的有利时机，结合本国国情，利用外资，引进技术，广招人才，减少国防开支，来发展本国经济，使国内工业产值迅速增长（见表5-1）。

---

① 钱俊瑞：《马克思与当代世界经济发展规律》，世界经济导报社1983年版，第27页。

表 5-1　　"二战"后主要资本主义国家工业生产增长率比较①（%）

国家	50 年代	60 年代	1970 年
美国	5.1	5.0	-2.9
日本	16.1	15.0	16.1
西德	10.9	6.2	5.9
法国	6.3	6.9	6.3
意大利	8.7	8.3	6.5
英国	3.2	3.1	0.8

　　上表清楚地显示，后起的主要资本主义国家，在 20 世纪五六十年代里，其工业生产呈跳跃式增长，除英国外，均超过了美国，从而动摇了美国的霸主地位：到 70 年代，日本、西欧与之鼎立，形成了资本主义世界的"三极"。

　　从 20 世纪 80 年代的情况看，美国的绝对经济优势虽已不复存在，但它仍是头号经济大国，就一个一个国家单独较量，无论是日本，还是欧洲共同体国家，仍与美国相差较远。

　　第二，东西方国家之间发展不平衡，也是形成世界经济多元化倾向的重要因素。

　　"二战"后，苏联由 20 世纪 50 年代经济上、军事上的相对劣势，逐渐转化为相对强势（见表 5-2）。

表 5-2　苏美基本经济实力对比②（苏对美占比　%）

	1950 年	1975 年	1983 年
国民收入	37	65	67
工业产值	30	80	80
农业产值	50	85	85

　　上表可见，美苏力量对比改变得最快的时候，是 1950 年到 1975 年这一段。从 1975 年以后，基本上没有变。这是因为，

---

① 根据《国际金融统计月报》计算。
② 参见《国防现代化发展战略研究》，军事译文出版社 1986 年版，第 7 页。

20 世纪 70 年代以后，苏联经济发展趋缓，在 1975 年到 1983 年的 8 年间，与美国的差距仅仅缩短了 2%。这就是说，在 20 世纪 70 年代形成的两霸相争的局面，至 80 年代还没有大的变化，美苏两国仍然是世界上最重要的"两极"。

第三，世界经济发展的不平衡性，导致多种经济势力和集团同时并存的局面。

这主要表现在区域性多元化方面。从经济实力来看，中、美、日等国是形成太平洋经济中心的主要支柱，在 20 世纪末，大有可能取代大西洋的地位，成为世界经济发展的中心。

太平洋地区（亦称太平洋盆地）崛起为世界新经济中心，并不是偶然的，而是由有利的客观环境和条件促成的。一方面，该地区拥有富饶的天然资源、工业原料和丰沛的人力资源，人口多达 18 亿 3 千万人，其中包括工业高度发达的美、日、东南亚的"四只小老虎"以及发展潜能雄厚的中国和东盟各国。另一方面，该地区人民的消费力近年来大为加强，使本区成为一个迅速成长的投资和制成品市场。目前，太平洋地区国家的对外贸易占世界总贸易额的三分之一，美国与这一地区的商品交换超过了它与欧洲的商品交换。20 世纪 70 年代以来，以美国西部和日本为轴心，包括澳大利亚和太平洋西岸发展中国家在内的亚太地区，经济增长速度高于世界其他地区。

如同亚太地区一样，世界上更多的地区经济的崛起，"欧洲共同体""北美大市场""石油输出国组织""拉丁美洲经济体系"等，也利用本地区的特点，以技术、资源、劳务等因素作为武器，在世界经济的激流之中互争长短。显然，世界经济区域性多元化，将成为长期存在的普遍现象。

综上所述，随着科学技术的发展，我们面对的世界经济格局的特点是：北美、日本、西欧、苏联东欧、亚太地区发展中国家和拉丁美洲国家，其经济发展不平衡将加剧，因而世界经济将日益明显地多元化。

三、世界经济在调整中发展

"二战"后至五六十年代的资本主义经济高速发展时期，已成为历史陈迹。70年代中期以来，发达资本主义国家的经济陷入"滞胀"（stagflation）的困境；80年代初，又发生了"二战"后最严重的经济危机。目前，西方经济回升已接近尾声，种种迹象表明，一轮新的经济衰退将要来临。

但与此同时，也应该看到，西方资产阶级及其政府，通过多方面的调整和国家干预，企图使资本主义经济走向新的发展。这些调整主要包括以下三个方面。

第一，调整经济政策。

拿美国来说，以里根为代表的资产阶级保守派，制定和实行了一些新的经济政策，例如，他标榜美国放弃了奉行30多年的凯恩斯主义，转而实行供应学派和货币主义的经济政策。里根上台伊始，提出了"双减一增"的经济复兴计划：减少政府开支，减少税收，增加军费开支。里根总统新经济政策的执行结果，在人均收入增加和通货膨胀率下降等方面是有成绩的。英国的情况也大体相似，但他们却为此付出了巨大的代价：经济危机拖长，企业大量倒闭，失业人数增如，公司债台高筑，联邦赤字累累。近来，美国华尔街股票价格狂泻，酿成了世界性股票风潮，暴露了西方经济的弱点。这进一步加剧了西方国家的不同政党和各派经济学家之间的争论：西方经济理论和经济政策向何处去？众说纷纭，莫衷一是。这种情况清楚地说明，西方经济理论和经济政策，依然处于摸索、调整和实验之中。

第二，调整产业结构。

"二战"后至 70 年代初为止，在科技革命的推动下，西方国家用刺激需求的办法促进经济增长，形成了所谓"高速增长"时期。但 80 年代以来，随着资本主义基本矛盾的尖锐化，高速增长不可能了，西方各国转而打出经济"现代化"的旗号：美国叫作"再工业化"，日本名曰"技术立国"，英国提出"改组工业"，法国计划"重振工业"，等等。这些旗号虽然不尽统一，但方向一致：生产集约化，技术尖端化，经济高效率。发达资本主义国家产业结构的调整，就是在这种战略思想指导下进行的，它使西方国家产业结构发生了重大变化。

变化之一是农业在国民经济中的比重显著下降。拿美国来看，随着美国农业的生产工具机械化、生物技术科学化和经营管理社会化的发展，农业部门从业人数猛烈下降：1940 年美国农业从业人数占全部就业人数的 21%，1956 年降至 9.8%；1966年降 5.5%；1978 年又降至 3.8%；1986 年更降至 2.9%。

变化之二是工业在国民经济中的比重也呈下降趋势，新的调整主要是工业内部结构的改变。

首先，改造传统工业。就是说，把那些停滞或衰落的传统工业部门，即通常说的"大烟囱工业"部门，亦称"夕阳工业"部门，如汽车、钢铁、造船、纺织和化工等工业，其中小部分通过跨国公司转移到发展中国家去，大部分要利用新技术加以改造。新技术渗透到传统工业所引起的产业结构的变革，比新技术工业本身的发展所形成的产业结构的变革还要大。据美国《商业周刊》报道，1984 年美国企业资本投资额为 3076 亿美元，其中设备投资占 64%，厂房投资只占 3.2%，在设备投资中绝大部分又是用于购买自动化设备。由此不难看出，美国企业固定资本投资构成和方向的改变，集中反映了传统工业的前景——

推广新技术，着重改造传统工业。

其次，工业内部结构的改变，重点是发展新兴工业部门，如微电子技术，装备有微电子计算机的各种机器设备、机器人、光导纤维、激光、遗传工程、新型材料、新能源、海洋技术、宇宙开发，等等。据调查，最近几年，美国工业中每 10 个增长最快的行业，就有 9 个是尖端技术行业。这些新技术的广泛发展和应用，将有助于人类向大自然更深、更广的领域开发，从而使社会生产和经济生活步入新的现代化阶段。虽然这些新兴工业部门难以弥补旧部门的停滞和衰落，但它明显地预示着产业结构将发生重大变化。美国《时代》周刊认为，尖端技术竞争的结果，将是区别第一流经济强国和第二流经济强国的标志。因此，面对挑战，各发达国家竞相发展高技术。目前，美国的"星球大战"计划，西欧的"尤里卡"计划，日本的"人类新系统研究"以及苏联-东欧的"经互会成员国到 2000 年的科学技术进步综合纲要"，均属高技术领域的发展战略和规划，其中以美国的"星球大战"计划为最——它是世界高科技之星中最亮的一颗星。世界高技术的发展，在可预见的 20 世纪末、21 世纪初，将给世界产品结构、产业结构以及人们的就业结构，带来重大影响，使之发生深刻变化。

变化之三是服务业（亦称第三产业）在国民经济中的比重日益扩大，新的调整将会使服务业有更大的发展。

首先，工农业生产率提高后，能够用较少的劳动力生产更多的产品，省出劳动力转移到服务性行业中，从而进一步提高人们的生活质量和创造出更多的价值。这是服务业发展的物质前提。近几年，特别是科研、教育、培训、信息、通信、咨询、保健等服务部门有较大发展。1984 年美国各产业部门在国民生产总值中的比重，第一产业为 2.8%，第二产业为 28.6%，第三产业为 67.6%。其他发达资本主义国家的情况也大体相似。服务业的迅速扩大，是世界经济发展的一个重要特征。目前，这一行业是世界经济的重要部门之一，它对居民的消费水平、生产效率和整个经济的发展产生着重大影响。值得注意的是，当代服务行业存在两种发展趋势：一方面，以美国为首的发达资本主义国家服务行业，目前正处在由粗放型再生产向集约型再生产过渡的阶段，有些部门已进入以集约发展为主的阶段。服务行业大量使用现代技术设备，如财政信贷、卫生保健和商业部门广泛使用电子计算机。但由于这一行业的劳动机械化和自动化水平目前仍低于物质生产部门，所以工业方法在这类服务部门仍得到广泛使用。这种方法的特点是：服务迅速，服务形式单一，能节省劳动力，扩大业务规模，并能按照工业企业模式有条不紊地组织生产。另一方面，不管哪类国家，为满足多样化的需求，服务行业又有进一步个体化的趋势。这类企业的特点是方便，接近消费者，需要大量工作人员。上述两种服务趋势，是整个服务行业有效发展的重要因素。短期内，这两种趋势并行不悖，是不会改变的。

第三，调整企业形式和管理。

产业结构的调整，除要求应用和发展新的科学技术外，还要求有新的企业形式和管理与之相适应。目前西方国家正在探索新的企业形式，如生产的高度自动化，有可能使多种产品实行小批量生产，从而企业规模变小，并非一定要巨型化了。美国的小企业现正处于爆炸性发展，据统计，20 世纪 50 年代美国新企业的增加数字每年约为 9.3 万个，而 80 年代每年约为 60 万个。1982 年，美国有 25346 家企业倒闭，新开业的却有 566942 家。近些年来，日本和西欧也特别注意小企业的发展，尤其对知识密集部门的小企业更是倍加扶植。与此同时，企业管理也面临着改革，譬如，随着国家垄断资本主义的发展，国民经济计划调节也在发展；实行企业的"经理革命"和吸收工人参加经营管理；广泛发展社会保险和福利制度，等等。今后，企业的组织管理方法，将在全面自动化、信息化的基础上得到进一步的改革。正如美国报刊所说，"每一个工业化国家都指望尖端技术救命"，但没有企业管理的相应改革，"一家效率低的制造集成电路板的工厂，会像一家效率低的钢铁厂一样亏本"。

综上所述，经济政策和产业结构的调整，尽管存在着困难和阻力，但从 20 世纪 70 年代中期以来，已经取得了相当进展，使世界经济逐渐呈现出一种新的发展方向和活力。这不仅对西方国家经济的发展产生深刻影响，而且对我国经济的发展也将产生重大影响。

第二节　当代国际政治的基本特点

国际政治和国际经济一样，属于各国之间的横向的或平行的关系。但是，国际政治和国际经济相比又有其特殊性。首先，从构成国际政治格局的基本行为主体——国家的角度看，它内部社会关系的垂直统治模式和强制服从的性质，就显著地不同于一国经济生活中那种自发发展与政府调控相结合的特点；其次，从国与国关系的角度看，国际政治根本不具有国际经济那种公认的规则，而呈现出缺少统一的意志、价值观念和行为规范，各行其是的局面。因此，国际政治较之国际经济，是一个更加错综复杂，充满了矛盾与冲突的领域。这一特点，在当代表现得尤为突出。

一、国际政治的多极化

当代国际政治的基本格局是对第二次世界大战后世界政治发展的总结。尽管"二战"后国际政治生活风云变幻，纵横交错，但只要追根寻源，都可以从"二战"的结局中找到其起始基础。

"二战"导致了国际政治的两极化，即以苏联为首的社会主义阵营和以美国为首的帝国主义阵营相对立的基本格局。残酷的战争并没有使苏联一蹶不振。经过短短的几年时间，到1950年前后，苏联的工业总产值就达到了"二战"前水平并完成了打破美国核垄断这一战略任务。同时，苏联和欧亚大陆一系列在"二战"后陆续走上社会主义道路的国家，结成了一个拥有占世界近 1/3 人口的社会主义阵营，特别是占当时世界人口四分之一的中国在新民主主义革命胜利之后所奉行的与苏联结盟的政策，显著地改变了东方乃至整个世界政治力量的对比。"二战"后的美国，政治、军事、经济力量也都达到了自己的顶峰，成为帝国主义阵营的霸主。在"二战"中重伤了元气的西欧各国和日本，为了恢复经济，同时也由于意识形态方面的原因，只好暂时充当美国的小伙伴。帝国主义阵营对社会主义国家实行了军事威胁和经济封锁相结合的战略包围，各社会主义国家也加强了彼此的经济和军事合作，并采取了联合、支持亚非拉民族解放运动的国际政治战略。这种两极对立的格局一直延续到 50 年代末至 60 年代初。

政治发展和经济发展一样，不平衡是绝对规律。世界经济发展中不可避免的多元化，必然推动着国际政治格局由两极化向多元化的转变，即推动着国际关系的分化和改组，加速着两大阵营的分裂。这一过程在某种意义上说，至今仍然持续着。

早在 20 世纪 70 年代初，时任美国总统的尼克松就曾比较恰当地评价了当代世界的基本政治格局，即当今全球有美、苏、中、日、西欧"五大力量中心"。事实上，正在崛起的第三世界国家和正在逐步走向独立发展社会主义事业的东欧国家也都是当代世界的重要政治力量。

当代国际政治格局的多极化大体表现在以下几个方面。

（一）苏美仍然是国际政治生活中最重要的"两极"

苏联和美国是当代世界仅有的两个有能力发动世界大战的超级大国。美国利用其强大的经济实力和军事实力继续充当西方世界的"头羊"，对盟国仍具有相当大的影响力。苏联随着经济实力的增长，已不满足于与美国平起平坐的地位，而是开始追求对美国的军事优势。近几十年来，两国最高领导人几次会面，核裁军谈判略有进展，但在对话的同时继续对抗的态势并没有根本改变。

（二）实行独立、和平外交政策的中国是国际政治中一支重要的积极力量

中华人民共和国成立以后，先后实行过与苏联结盟和与苏美等国相隔绝的外交政策。近十年来，中国从发展经济、实现统一和维护世界和平的角度着眼，采取了不同任何一个超级大国结盟，也不同它们搞战略关系的方针，着重加强同第三世界国家的合作，发展同第二世界的正常关系，独立自主，不搞"等距离"，也不搞"平衡"，根据自身的利益和事情本身的是非曲直，决定自己的立场，既反对强权政治，又努力改善同所有国家的关系。

（三）自强和联合的西欧正在形成

这里说的"西欧"实际上包括西欧、北欧、中欧和南欧区域内 24 个实行西方议会民主制度的国家。西欧有三个突出的长

处：经济实力雄厚和工业技术发达，地理位置重要，人民的政治和文化素质很高。"二战"后初期，西欧在经济上有求于美国，政治上也不得不亦步亦趋。但是，随着经济的恢复和发展，联合的趋势日益明显，经济一体化进一步深化，外交协调已经制度化，欧洲议会和跨国政党已经出现。作为盟国，西欧注意在对苏政策上与美国协调，但与美国的矛盾也在扩大。自强、联合的西欧的出现，对于牵制苏美，缓和国际局势是有积极意义的。

（四）日本在国际政坛上的动向引人注目

"二战"后，日本在美国的帮助下恢复和发展了国民经济，调整了国家体制。自 20 世纪 60 年代以来，日本的经济迅速起飞，现已成为世界第三经济大国、最大的债权国和最大的贸易顺差国。在这种雄厚的经济背景下，日本的政治姿态有所变化。1987 年日本军费开支首次突破了占国民生产总值 1% 的限额，并参与了战略防御计划的研究工作，民族沙文主义和军国主义有所抬头。这一切令亚太地区其他国家不安的举动说明，随着经济实力的增强，日本在国际政治舞台上所扮演的角色亦将发生变化。

（五）东欧国家出现了自主发展的倾向

东欧和西欧一样，也不愿受制于人，不愿把自己绑在别人的战车上。它们赞成缓和，反对战争，力图通过改革和开放来独立发展与其他国家特别是西欧各国的正常关系。近几年来，苏联和东欧一些国家之间，就和平、民族等问题发生了一系列前所未有的争论。为了调整关系，苏联领导人表示承认社会主义各国之间有平等的地位。总之，东欧国家的自主倾向有所增强，但是，由于意识形态和历史条件等因素的限制，东欧作为国际社会一支独立力量的发展过程将可能是复杂的。

（六）第三世界作为一支强大的政治力量正在崛起

第三世界国家拥有世界 2/3 的人口和陆地面积。它们的觉醒和联合正在构成一支强大的政治力量。虽然，由于经济文化发展水平的限制，它们的政治斗争力量仍有一定的局限性，但是，它们也正在利用自己的自然资源优势、人口优势、地理位置特点和在某些技术领域的特长同发达国家特别是霸权主义者进行着顽强的抗争。"欧佩克"石油输出国组织的有效斗争就是一个例证。第三世界国家重点是反对苏美垄断国际事务的行为，要求在和平、发展等问题上有更大的发言权，不结盟运动和一系列区域性经济或政治合作组织是这一斗争的主要形式。第三世界国家的崛起将进一步从根本上改变世界政治力量的对比。

国际政治关系的"多极"，是彼此制约的"多极"。从总体上看，上述复杂的多极关系，也可以划分为"南北关系"和"东西关系"两个大的方面。

"南北关系"，就是发展中国家和发达国家的关系。南北关系主要是要解决建立平等的国际经济新秩序及相应的政治对话关系问题。它主要是寻找人类在经济生活方面的发展前景。

"东西关系"，就是社会主义国家和资本主义国家两大制度体系的关系问题。虽然东西方国家之间也存在着大量的经济问题，但更多的、更主要的是政治问题。关于东西关系的问题，我们将在下面加以阐述。

二、不同社会制度的共处和对话

社会主义和资本主义是在性质上两种根本不同的社会制度。但是，在目前和今后一段相当长的历史时期内，实行这两种制度的国家之间将不得不处于和平共处，相互对话，以求共同发展、繁荣的状态。

俄国十月社会主义革命的胜利，标志着社会主义和资本主义这两大思想体系进入了在经济、政治制度等方面的全面的并且是实际的交锋时期。从这个时候起，帝国主义一直把消灭共产主义当作自己的首要政治任务，但这丝毫也没有阻止住社会主义力量在全世界特别是欧亚大陆的发展，同样，在这个时期，全世界几乎所有的社会主义国家和共产主义组织也把反对乃至消灭资本主义制度当作自己的历史目标和现实任务，但这也同样未能制止住资本主义国家在各个方面的持续发展。

自 20 世纪 70 年代以来，这种东西方对峙的状态开始发生了一系列重要的变化。

由于历史和现实的种种原因，东西关系在很大程度上表现为苏美关系，同样，东西对峙状态的松动也就仍然主要地表现为苏美关系的调整。

到 20 世纪 60 年代末和 70 年代初，随着社会主义国家政治、经济事业的发展和西欧、日本的东山再起，美国在国际政治格局所占有的地位相对下降。于是，尼克松在 1970 年宣布，美国发号施令的时代已经结束了。从此，美国开始从亚洲撤减军事力量以加强在欧洲的军力配置，并着手利用中苏两个社会主义国家之间的矛盾来推行"三角外交"。相反，正值"50 年大庆"的苏联则抓住时机，加紧对外扩张，尽力挤压美国，威胁中国，争取西欧，与一系列亚非国家实行"多方面"的"友好合作"，一时颇为得势，形成了苏攻美守的态势。但不能不看到，作为不同的民族国家，西欧诸国和日本等的再次崛起，是对美国的相对削弱，但它们作为美国在政治上、意识形态上的伙伴，又有事实上增强了美国力量的一面。与此同时，在以苏联为代表的一系列社会主义国家高度集中的经济、政治体制所产生的短时效应已经出现了减弱的势头，一些弊病开始有所暴露，发展速度时快时慢，尤其是经济效益很不理想，中苏矛盾加剧。这一切，不能不反映到苏美关系、东西方关系上来。

20 世纪 80 年代以来，里根改变了尼克松"以谈判代替对抗"的对苏政策，采取了既谈判又对抗的所谓强硬政策，扩大军备竞赛，并提出了"星球大战"计划，力求打破苏美核均势，标志着对苏关系已经转守为攻。但是，苏联也并不示弱，它一方面力求通过国内改革来增强自己的实力，另一方面大力发动政治攻势和宣传攻势，表示"决不允许美国打破现有的军事平衡"。

尽管近 20 年来，苏美之间的攻守态势时有一些微妙的变化，但力量对比并没有发生实质性的变化，战略均势依然如故，即所谓谁也吃不掉谁。在更大的范围内看，社会主义和资本主义两种制度、两种意识形态之间的分野虽不可能消除，但也难于彼此压倒。总之，在可以预见的将来，它们之间包括苏美两国，任何一个都无法取得压倒对方的优势，更不能取代对方。正是因为如此，双方在政治对抗和保持意识形态的分野的同时，也需要把这种对抗和"分裂"控制在维护全球政治秩序和军事均势的范围以内，以便使双方都得以生存下去，这也就需要必要的往来、接触、谈判，即所谓"对话"。

"对话"包括狭义的对话和广义的对话。就具体问题在国家间或一个分裂国家内举行的双边、多边会谈、谈判、磋商等，是"对话"的本来的含义。当今世界上影响最大的是苏美之间的双边核裁军谈判即从 1969 年 11 月 17 日开始的关于限制战略武器谈判。这个对话经过近 20 年的反复于 1985 年 11 月进入了首脑级会谈的阶段，并于 1988 年就"中导"问题达成了协议。这一初步的成果及有关对话所带来的阿富汗问题的政治解决等，树立了人们对"对话"的意义和价值的信心，促进了在更大范围内通过"对话"，政治解决争端的各种努力。现在，中苏就恢复睦邻关系，朝鲜北南双方就民族统一问题，东南亚若干国家就柬埔寨问题，安哥拉、古巴、南非等就安哥拉问题，民主德国和联邦德国就关系正常化问题等问题的对话，都不同程度地有所进展。

社会主义国家和资本主义国家之间日益频繁、深入的经济、文化、政治往来，两种制度之间多方面的相互借鉴，则属于广义的"对话"范畴。在社会主义国家出现之前，这种对话实际上就开始了。以《资本论》为代表的一系列科学社会主义著作，深刻地揭露了资本主义制度的弊病和剥削的秘密。从这个时候起，一些资本家就开始针对这些问题，吸收科学社会主义作家提出的某些思想，调整了自己的行动、制度和口号，从而改变了自身的一些弱点，使生产力得到了新的发展。同样，具有科学态度的共产党人和社会主义国家也不一般地反对和拒绝与非无产阶级政党、资本主义国家的来往和交流。特别是进入 20世纪 70 年代以来，人们正从社会主义就是要与资本主义"对着干"的绝对化观念中解脱出来，开始不再把那些现代社会所共有的东西当作资本主义所独有的东西加以排斥，而是通过了解和交流，吸收那些东西中的合理因素。至于社会主义国家和资本主义国家之间的经济贸易活动和文化交流，近年来更是有了很大的发展。这种广泛的对话，反映了现阶段社会主义和资本主义两种思想体系的实际状况，促进了缓和的进程，符合各国人民反对战争和要求维护和平的愿望。

三、和平力量的增长超过战争力量的增长

当代中国所处的将是一个和平的环境，还是一个战争的环境？在一个相当长的时间里，社会主义国家关于战争与和平问题的基本观点是"帝国主义的存在使世界战争不可避免",并以此作为自己制定对内对外政策和战略的基本理论依据。

但是"二战"后国际形势发生的一系列重大变化要求我们对当代世界的战争与和平问题做出新的估计。邓小平的一些论述集中反映了我们对这个问题的新看法。他指出,"我们多年来一直强调战争的危险。但是,现在我们的观点有点变化","全世界维护和平力量进一步发展,在较长时间内不发生大规模的世界战争是有可能的,维护世界和平是有希望的"。[①]

我们之所以认为战争可以避免,关键在于和平力量的增长超过了战争力量的增长,国际政治中和平的、稳定的因素有很大的可能限制和制止战争的、动乱的因素。

首先,苏美两个超级大国以核武器为基础的"恐怖均势",使他们之间对抗而又不失去控制,争夺而又离不开对话。形成这种特殊关系的决定性因素是,苏美两国都拥有毁灭对方乃至整个世界若干次的核力量,在核战争中已经不可能有"胜利者"。这就加大了一方对另一方的"容忍"能力,从而使均势难以发生突变。

其次,世界各国之间,特别是市场经济国家之间千丝万缕的经济联系,成为和平因素制约战争因素的重要方面。目前,生产的社会化、国际化程度日益加深,资本、生产、信贷、贸易相互交叉,休戚相关,战争的结局是各方经济共同崩溃。这就使得有关国家不敢贸然发动战争。

第三,第二世界国家对第一世界的牵制和约束,是"二战"后世界保持和平局面的又一个重要因素。同时,这些国家内部社会政治结构民主化的加强,已使军事封建主义分子和法西斯

---

① 转引自刘守璞主编:《建设具有中国特色的社会主义》,山东人民出版社 1987年版,第 95 页,第 112 页。

分子不大可能再有控制国家机器的机会。第二世界国家群众和平运动的广泛发展，也为维护世界和平制造了一个舆论环境。

第四，第三世界国家作为一个强有力的和平支柱，在制止战争的过程中是有潜力的。但实事求是地说，第三世界国家大部分还很贫困，目前制约战争的能力还不强。随着它们的发展，也会对和平事业起到更为显著的作用。

和平和发展一样，同样决定着人类的前途和命运，人类不可能在核战争的威胁下幸福生活；和平和发展一样，也是各国人民的共同愿望，一切有理智和正义感的人们都要为实现这个目标而努力；和平和发展一样，是不可阻挡的历史潮流。我们相信，"二战"后 40 余年始终没有爆发世界性战争的和平局面一定会继续下去。

第三节　国际经济政治对当代中国社会发展的影响

一、开放性国际经济环境为中国经济发展带来的机遇

当代世界经济已把世界上所有的国家联结成统一的经济整体，每一个国家的经济发展都脱离不了同整个世界经济的联系。这种开放性的国际经济环境使我们不得不将自己的经济发展置于国际经济环境之中去加以考察，从全球经济范围内去加以筹划。正是在这种国际经济背景下，我们根据马克思关于"生产的国际关系"的理论，提出了"两种资源"（国内资源和国外资源）、"两个市场"（国内市场和国外市场）和"两套本领"（组织国内建设的本领和发展对外经济关系的本领）的思想，坚定

地实行对外开放的经济政策，通过发展对外经济关系，逐步以生产和交换的国际化取代闭关自守、自给自足，促进商品经济的发展，推动我国经济的良性循环，使我国由封闭型经济逐步变为开放型经济。

经济生活国际化是历史发展的大趋势，因此，国际分工和国际交换的发展是必然的。分工产生交换，交换促进分工。早在奴隶社会和封建社会就出现了国际贸易，到了资本主义时代，在大机器工业生产的背景下，形成了世界市场。由此，一国范围内的分工和交换，发展成为国际分工和国际交换。随着资本主义进入垄断阶段，资本输出成为一个重要特征，生产和资本国际化日益发展起来。"二战"后，在科技革命的影响下，国际分工和国际交换大大地深化了，从而使各国之间各种方式的生产合作与技术合作加强了，甚至一国的经济活动过程成了国际经济活动过程的一部分，各国之间的相互依赖更为加深，国际交换成为经常性的了。国际分工和国际交换对于各个国家的经济发展都是有利的。一方面，如马克思所说，交换"双方都是让渡对自己没有使用价值的商品，而得到自己需要使用的商品"，从而得到转换使用价值的好处。即是说，当今各国可以利用国际交换去调剂余缺，互通有无，从而得到本国经济发展所需要的生产和消费资料，先进技术及其产品。另一方面，国际交换可以使双方节省社会劳动。各国都有自己的优势和劣势，生产相同产品所需要的劳动时间和成本迥然不同，通过交换可以取长补短，以最小的投入，获得最大的产出。显然，国际分工和国际交换的原理对社会主义国家也是适用的。社会主义经济仍是商品经济，走向经济生活国际化同样是社会主义商品经济发展的必然趋势。我国是发展中的社会主义国家，尤其需要利用包括不同类型国家在内的国际分工和国际交换，需要适应世界经济的多极化趋势，分散风险，博采众长，以增强我国实力，加快经济建设进程。

从一定意义上说，国际分工和国际交换的充分发展，会给经济相对落后的国家带来更多的机遇。从当代世界经济发展格局来看，在各类国家中，发达资本主义国家的经济实力，依然占据很大的优势。它们经历了"二战"后初期的经济恢复时期、20世纪五六十年代的高速发展时期，自70年代以来进入了低速增长时期。至今，它们占有世界国民生产总值和出口总值的大约三分之二，在世界黄金和外汇储备总额中占有五分之四以上，世界先进科学技术也大都掌握在它们手中。因此，在很大程度上，发达资本主义国家的经济形势决定着世界经济的发展趋势，从而也就决定了经济落后国家在发展对外经济关系中主要的是同这些发达国家进行交往。在这种国际交往中，为经济落后国家提供了利用外资和引进先进技术的机会，这对促进它们的经济和社会的发展是十分有利的。

经济上落后的国家和地区，要加快经济发展的步伐，跻身世界发达国家之林，不重视利用外资和引进技术是不行的，这已是为世界经济发展史所一再证明了的道理。英国在16世纪前还是一个落后的农业国，经济实力同欧洲大陆相比，存在着很大的差距。但是，从16世纪到17世纪，英国大量引进西欧大陆先进的科学技术，加以消化和利用，于18世纪完成了以蒸汽机为主要标志的产业革命，开创了人类历史上的第一次工业化，从而在经济上取得了世界领先的地位。只有200年历史的美利坚合众国，也正是由于实行开放政策，为外国资本、技术和人才向美国转移创造了条件，才使自己后来居上。可以说，美国是靠引进人才起家，靠引进外资和先进技术发家，并依此保持世界领先地位的。美国从1790年引进英国的棉纺技术开始，到

1854 年向英国输出美国标准化生产法为止，前后共 64 年，即是美国的工业革命从发生、发展到完成的时期。由于美国工业革命是在英国工业革命技术成就的基础上进行的，所以美国工业革命的全部时间，比英国少用了 20 年。可以说，美国工业化的历程，就是广为引进，并加以消化、利用和创新的历程。如今，美国是世界科学技术最发达的国家，但仍然注意引进世界各国的先进技术，优秀人才和资金，并形成了一些新的特点。"二战"后，世界经济科技的繁荣带动了一系列国家和地区的经济起飞。众所周知，西德后来居上，日本迅速崛起，亚洲"四小龙"（中国香港、中国台湾、新加坡、韩国）的"经济奇迹"，非洲"象牙海岸神话"，南美巴西等经济迅速发展现象的出现，都是成功引进和汲取世界经济科技优秀成果的结晶的典型。

我们国家自民主革命胜利转入社会主义建设以来，在自力更生的基础上，陆续从国外引进了一些先进技术和外籍专家，这对加速我国社会主义建设也是起了积极作用的。例如，20 世纪 50 年代初期，从苏联东欧国家引进了 156 项重大建设项目，即通常所说的"一五六项"；60 年代初期，从日本、西欧等国家引进一系列专门技术和成套设备，并填补了部分科学技术的空白；70 年代初期，虽有林彪、"四人帮"的干扰和破坏，但在毛泽东主席和周恩来总理的直接关怀和领导下，我国同西方发达国家签订了 200 多个引进项目的合同；党的十一届三中全会以后，我国采取了对内搞活经济，对外开放的政策，积极地从国外引进先进的技术和设备，弥补某些技术弱项或空白。与此同时，我国还先后建立了经济特区、沿海开放城市和经济开发区，作为引进国外先进技术、设备、知识和管理的"窗口"。这个时期我国引进的项目之多，范围之广，规模之大，渠道之多，内容之丰富，方式之多样，都是空前的。这种利用外资、引进技术的工作已经取得了显著的效果。例如，我们引进一批先进技术填补了一些生产、技术领域的空白，促进了现有企业的技术改造；利用外资维持或恢复了一些大型骨干项目的建设，加强了能源开发和交通运输的建设，促进了农牧渔业的发展；引进先进的工艺技术，提高了产品竞争能力，扩大了出口创汇；借鉴国外先进管理经验，改进了企业管理；引进一批优秀人才，壮大了科技人员队伍，促进了劳动者素质的改造，等等。这些，都已经并必将继续对我国的经济和社会发展产生巨大的积极影响。

国际分工与国际交换日益发展的开放性的国际经济环境，将促使我国社会主义建设在生产要素的配置和生产力的布局上发生总体性的变化。它将使我国以自然经济、自我平衡为目标的配置和布局，变为以世界市场为目标、以国际流通作为手段来求得平衡的配置和布局；以自有资金、现存技术条件为限度的配置和布局，变为日益增多地利用国际资金与技术条件的配置和布局；以自有资源为基础的配置和布局，变为与国际资源盈缺条件相关联的配置和布局。另外，利用当前发达国家正在调整产业结构，劳动密集型产业从发达地区向劳动费用低的地方加速转移的机会，发挥我国劳动力丰富、费用低廉的优势，争取首先振兴沿海地区经济。上述配置和布局的调节机制，将日益同国际经济往来的调节机制相联系，如价格、利率、信贷、专利以及外汇、工商管理和进出口管理等，都将以国际市场的变化和国际通行的原则为基础，以求顺应经济生活国际化的潮流。总之，开放性国际经济，为我国的经济振兴带来的机遇是重要的，而更为重要的是我们应该捕捉住这些机遇，以便最大限度地利用开放所带来的好处，尽量避免介入国际经济大循环所可能产生的消极影响。

二、相对稳定和平的国际政治环境为中国的现代化建设提供的有利条件

我国的现代化建设事业作为我们共和国对内职能的主要体现，是要在一定的国际政治环境中实现的。国家的对内职能是其对外职能的基础，对外职能是对内职能的延续。因此，从党的十一届三中全会以来，我国一直从现代化建设着眼来考虑我国的对外政策；与此相应的是，一个国家实现其对外职能的过程也直接影响、制约着它的对内职能，而其实现对外职能的状况又是与一定的国际政治环境密切相关的。从当前的情况看，我国所处的国际政治环境的发展趋势与我国力求实行的独立和平的外交政策是基本吻合的，而且对完成当代中国的中心任务——现代化建设也是十分有利的。

从对当代世界的和平和发展这两大主题或者说两大潮流的分析出发，我们认为，从目前的情况看，如果国际局势不发生逆转，到20世纪末以至更长的时向里，亚太地区的大规模国际战争乃至全球性的战争是可以避免的。对战争与和平的这种估计，是当代中国一心一意进行全面现代化建设的一个基本的客观依据。

从内部看，相对稳定和平的国际政治环境有利于国内人民集中精力进行现代化建设。我国在70年代以前的20多年中，一直把"备战"作为一个重要的指导性方针，为此，我们搞了所谓大小"三线"工程，把一些大型的骨干企业从经济条件较好的沿海地区迁移或建在条件比较差的内地，用于国防项目的开支也较多一些。随着我们对国际政治局势认识的转变，我国与一些国家关系的改善，国际政治局势对我们的现实压力和我们自身的心理压力都显著减少。为此，中央军委做出了全军裁

减员额 100 万人的重大战略决策，国内适当压缩了国防事业的费用，使一些军工企业"军转民"，让一些"人防"工程转为日常民用等，都有力地促进了国家的经济建设。

从外部看，相对稳定的和平国际政治环境，有利于给我国的现代化建设提供一个相对稳定和活跃的国际经济环境。我们的现代化建设要求对内搞活、对外开放，这就必须有一个适宜的国际经济环境。尽管经济生活的国际化是历史发展的大趋势，国际分工和国际交换的充分发展是当代世界经济一体化的客观的内在的要求，但这种趋势和要求的实现也不可缺少必要的政治保证。常识告诉我们，在战争条件下必然伴随着重重的经济封锁，使国际分工和国际交换不可能正常地进行。从近几十年的实际情况看，由于战争一直是局部现象，因而在世界的绝大部分地方，从资金转移到一般的民品贸易，从技术交流到人员的往来，总的来看是正常的，而且频率愈来愈高。这就为我们在现代化建设中争取外资，引进技术和人才，进行国际政治、文化交流创造了十分有利的外部条件，甚至可以说是难得的机会。

渴望和平的另一面，是要注意居安思危。严格地说，当代世界既没有处于战争之中，也没处于和平之中，世界没有一天不在打仗，当代世界是没有和平的和平。国际经济旧秩序所造成的发达国家与发展中国家日益悬殊的差别本身就是潜在的动乱因素。居安思危不是天天"准备打仗"，而是要天天抓紧经济建设，充分利用在多种因素制约下出现的国际和平环境，通过发展经济和文化，使自己彻底摆脱贫困和落后的状态。拥有 10 亿人民和 960 万平方公里土地的中国，如果能通过自己的努力冲破国际旧经济秩序和国内旧体制的束缚，本身就将极大地推进亚太地区乃至整个世界的发展和稳定。

第六章　世界科学技术革命及其对当代中国社会发展的影响

　　20 世纪中叶兴起的新科学技术革命正在世界范围内迅猛发展，形成了当代最引人注目的社会浪潮之一。在科学技术进步的强有力的推动下，现代社会开始跨入信息化和科学化的时代。相比之下，我们这个幅员辽阔，人口众多的泱泱大国，却由于种种历史的原因，包括过去几十年中政治上的动乱和政策上的失误，已经远远地落到了时代潮流的后头。我们不能不正视这严峻的现实。因此，从总体上探讨科学技术革命的一般问题，分析当代科学技术革命的社会价值，认清当代科学技术革命对我国既是挑战又是机会的局势，以及我们抓住机会、迎接挑战的必要性和可能性，也就成了当代中国社会哲学的重要课题。

第一节　当代世界范围内的科学技术革命

　　方兴未艾的科学技术革命正以前所未有的规模、程度和速度蓬勃开展，其表现形式也具有令人眼花缭乱的多样性。只有透过五光十色的现象把握其根源、实质、特征和动向，才能从总体上对当代科学技术革命有一个比较明确的认识。

一、当代科学技术革命的兴起

科学技术的发展表现为积累性的进化与突破性的革命这样两种基本形态的依次更替。其中，突破性的革命则是科学技术发展的关键环节。

近代以来，科学技术以积累性的进化为基础一再发生突破性的革命。在大工业的生产方式逐步波及全球的"第二次浪潮"期间，就曾经出现过三次重大的科学技术革命。第一次发生于17—18世纪；第二次发生于19世纪；第三次发生于19世纪末叶至20世纪中叶。科学技术的进化与革命，不仅极大地推进了近代工业的发展，而且使基础学科、应用研究和工业技术之间的关系日趋紧密和系统化。这就为现代科学技术的迅速发展奠定了基础。

20世纪中叶，历次科学技术革命过后的积累性进化仍在继续进行并发挥着社会效益，"第二次浪潮"的余波尚未平息，工业化的进程还在世界范围内进一步扩展，科学技术实现新的突破性革命的条件又悄悄地酝酿成熟了。50年代，由于边缘性科学的大量涌现，综合性技术群的形成和广泛应用，一系列新兴工业生产技术部门的产生和迅速发展，一场国际性的科学技术革命事实上已经开始，只是当时的人们还没有清醒地认识到这一点罢了。到了20世纪六七十年代，随着激光、半导体器件、集成电路的出现，合成材料的大量采用，生物工程的崛起，原子能的和平开发和利用，航天事业的发展等，当代科学技术革命的种种迹象才日益明显地表露出来。

现代自然科学在迅速分化和高度综合的基础上开辟了更为广阔的研究领域，创造出以系统论、控制论、信息论等为主要代表的大批综合学科、横断学科，具有交叉科学性质的分支学科也大量涌现。这些新兴的基础科学的建立，增加了人类认识客观世界的深度和广度，扩大了现代自然科学同自然界的"接触点"，也使现有的知识体系更加完备。

在自然科学迅速发展的同时，一系列具有跨行业、跨学科特点的应用技术开发研究部门迅速崛起，从中产生了大批新兴的综合性技术群，并且首先在某些军事工程或尖端科研领域内获得了成功的运用，如著名的"曼哈顿工程"和"阿波罗计划"等。此后，综合性技术群迅速向社会的各个领域扩展和渗透，在很短的时间内获得了长足的发展。尤其是，随着第二代、第三代电子计算机的诞生，崭露头角的综合性技术群以电脑的程序控制为核心开始了系统化的发展，目前已经取得了卓越的成果：新能源、新材料、新机器、新工艺源源不断地被创造出来。人类有效地改造和利用自然界的能力和自主性正在大幅度地提高。

在科学和技术的巨大发展的推动下，现代工业技术的物质结构基础和生产手段也在发生着全面而深刻的变革。一方面，以新兴的综合性科学技术为支柱，具有"三高三低"（即高效率、高效益、高技术和低消耗、低能耗、低污染）特点的高科技工业部门如雨后春笋般地大量涌现出来，逐步在生产领域中扮演主要角色。另一方面，整个传统的"第二次浪潮"工业面临着要么弃旧图新，要么在现时代的科技角逐中被抛弃的抉择。"重新工业化"的运动在竞争中应运而生，传统工业生产部门迅速向程序自动化和智能控制化的方向发展。而所谓重新工业化不是别的，正是走上发展高科技工业生产的道路。知识、智力密集型的高科技工业正在成为现代生产发展的主流。

由于这些领域的飞跃式的发展，以微电子学、原子能科学、材料科学、传导技术、航天技术、电脑工业、生物工程、海洋开发等为主要标志的当代科学技术革命在世界范围内掀起了一个规模空前的高潮。整个世界都受到了这个现时代最强大的社会浪潮的冲击，各国朝野人士无不对之投以极大的关注。

当代科学技术革命兴起于 20 世纪中叶，并不是偶然的。从根本上说，这场科学技术革命主要根源于现代社会生产发展的刺激与需要。现代大工业在近两百年间历次重大的变革和发展的基础上，已经通过机器的运转把规模巨大、种类繁多的自然力引入生产领域，生产的工艺过程也形成了以大型化、精密化、连续化为主导的体制。这样，自然力的充分利用和有效控制，生产工艺过程的程序自动化就成了提高效率、创造新型生产力的关键。不仅如此，现代社会化大生产使社会有机体各个部分之间的关系日趋紧密，整个世界被联成一体。生产领域各部门之间，生产领域同其他社会部门之间，原料产地、产品加工基地、商品销售地之间，乃至国与国之间的联系迫切需要有力的媒介和手段。生产的信息管理和国与国之间大量信息的高速度传递和高效率处理成为当务之急。这些都给科学技术的发展以刺激。另外，现代社会生产也面临着许多严重的困难。以传统工业为主体的机器生产是以不可再生的自然资源的巨大消耗为前提的。煤、石油和其他各种矿藏每年以惊人的数字被开采、加工或利用，照此速度发展下去，工业生产将有变成"无米之炊"的危险。开发可以再生的能源，创造廉价的合成材料，挖掘现有自然资源的潜在价值，提高各种工业原料的重复利用率，就成了现代科学技术亟待解决的实际问题。所以，当代科学技术革命从一开始就受到来自社会生产方面的强大推动。

当代科学技术革命的兴起，也同第二次世界大战后特殊的社会矛盾有着深刻的联系。首先，"二战"后，资本主义一体化的世界体系被打破了。东西方两大以军事条约为纽带的政治集团在"冷战"与"热战"中的对峙，构成国际政治关系的基本格局。为了争取军事上的优势，两大集团的各缔约国都把经济纳入了优先发展军事工业的轨道。军备竞赛连年升级，从陆地、海洋一直扩展到外层空间。这虽然给科学技术的发展以强大的刺激，但同时也造成了人力、物力、财力，尤其是自然资源的巨大浪费。其次，"二战"后资本主义国家的各种社会矛盾不断激化，经济危机频频爆发，滞胀期一次比一次长。为了摆脱困境，资产阶级一方面在价值规律的自发作用下力图通过发展科学技术复兴经济，以此减少失业率，稳定社会局势；另一方面极力向发展中国家转嫁危机，在倾销商品的同时，进行资源的掠夺。凡此种种，在全球范围内造成了严重的后果。20世纪初已经出现的工业发展、人口增长与原料短缺、能源不足、粮食匮乏的矛盾空前尖锐，人类社会与自然界这两大系统的关系越来越不协调。这些矛盾导致世界市场的价格急剧动荡；各国经济都受到冲击，因此它们的解决成为全人类面临的共同问题。而在现代条件下，只有依靠科学技术的新的突破性革命，才能重新调整人与自然的关系，使上述矛盾在一定程度上得到缓和。所以，当代科学技术革命在20世纪中叶的兴起，不仅是社会经济发展的结果，也是人与自然界的矛盾在当代各种社会矛盾的作用下达于激化的产物。

二、当代科学技术革命的实质和特征

20世纪70年代中期以后，科学技术革命逐渐成为人们的中心议题。各国学者纷纷著书立说，就这场科学技术革命的实质和特征进行了广泛的讨论。一时间，形形色色的见解纷至沓来。有人从经济学角度称其为"新产业革命"；有人从社会学角度说它是"信息革命"；有人从历史学的角度把它叫作"第三次浪潮"；有人从未来学的角度预言它是向"后工业社会"的发展；等等。这些见解各有其合理之处，但也不乏理论上的偏颇或错误。要从总体上认识当代科学技术革命这一重大社会事件的实质和特征，仅仅片面地着眼于某些发展成果是不行的，必须从科学、技术和生产的内在统一性以及人与自然两大系统的动态关系的角度加以全面的考察和分析。

　　科学、技术和生产之间有着不可分割的联系。从历史上看，科学、技术都是从生产活动中分化出来的。马克思指出："资本主义生产的发展势必引起科学和劳动的分离，同时使科学本身被应用到物质生产上去。"①随着机器大工业的发展，技术也日益同直接从事生产操作的活劳动相分离，作为独立要素成为科学应用于生产的中介。这样，科学、技术和生产的关系就变得更加紧密和具有系统性。其中，技术的中介作用表现在：一方面有助于"大工业把巨大的自然力和自然科学并入生产过程"②；另一方面，又正如恩格斯所说的，"社会一旦有技术上的需要，则这种需要就会比 10 所大学更能把科学推向前进"。③从社会-自然的系统看，科学、技术和生产同属于人类解决自身与自然界之间各种矛盾冲突的基本方式。社会生产的发展只有在科学日益丰富关于现实世界规律性的知识、技术不断提供改造现实世界的可行方法或手段的前提下才有可能。反之，科学和技术的真正价值也只有在成功地运用于生产过程之中才能得到实现。正是在这个意义上，科学技术的突破性的革命，无疑包含着工业技术及生产工艺的变革在内，并且只有通过生产的高速

---

　　① 马克思：《剩余价值理论》，《马克思恩格斯全集》第 26 卷第三册，人民出版社 1972 年版，第 489 页。
　　② 马克思：《资本论》第 1 卷，人民出版社 1975 年版，第 424 页。
　　③ 恩格斯：《致符·博尔吉乌斯（1894 年 1 月 25 日）》，《马克思恩格斯选集》第 4 卷，人民出版社 1972 年版，第 505 页。

度发展，才能表现出来。

所以，所谓科学技术革命，就其实质而言，就是科学和技术的突破性进展，使生产力在质上实现根本改造，在量上得到迅速增长的过程。历史上的历次科学技术革命都是这种类型的革命变革，当代世界范围内的科学技术革命也不例外。目前，它正在使科学技术进化与革命的最新成果成为现时代工业生产发展的主导因素，并进一步加速着科学、技术和生产一体化的进程。

科学技术革命，就其发展形式而言，是科学革命、技术革命和工业革命的有机统一。到目前为止，已经发生的几次重大的科学技术革命，有着共同的内在机制和结构。这就是，它们都包含着以科学革命为先导、技术革命为核心、工业革命为归宿的三个环节。这三个环节上的革命，或者是彼此独立地和分阶段地交替进行，或者是依次兴起和相互依存地发展，构成了一个比较完整的发展周期。目前这场科学技术革命尽管有着丰富多彩的内容和纷繁复杂的表现，然而就其结构看，也同样有科学革命、技术革命和工业革命这样三个基本环节或方面，并且同样以技术革命为贯穿整个发展周期的纽带。

不过，在现时代新的历史条件下兴起的这场科学技术革命，也具有与以往历次同类革命大不相同的鲜明特征。

当代科学技术革命的特征首先表现在，"分析的时代"正在过去，而综合成为科学技术发展的主流。从科学革命看，作为带头学科的原子能科学、微电子学、计算机科学、空间科学等，都是通过诸领域中已有的理论再综合而形成的边缘科学或交叉科学。这表明，凭借传统科学理论提供的坚实的经验基础以及现代完备的技术手段和形式工具，科学完全可以跨过认识的许多中间环节，通过综合和重构，从理论直接"生产"新理论。

"从经验归纳地上升到理论"的传统科学模式已不再占主导地位。正是通过综合和重构，在当代科学革命中，新理论的涌现和原有知识体系更新的速度是惊人的。"知识爆炸"正是这种发展的真实写照。从技术革命看，作为六大支柱的应用技术，即材料技术、能源技术、信息技术、生物技术、空间技术和海洋技术，都是综合性的技术群。天然的材料和自然力的开发和利用，曾导致技术的专门化和定向化。与此相应，以往的技术革命都是以分化和创造专门机械为特点的。然而现在，传统模式的技术已经远远不能满足人们改造自然界的需要了，新的自然力的征服，可以再生的能源（如太阳能、核能、化学能、海洋发电等）的产生，人工合成材料的制造，都只有在新兴技术和传统技术实现再综合的前提下才有可能。与此相应，综合性技术群的产生和应用自然成为现代技术革命的特点，并将成为今后技术发展的方向。其中，电子技术是这次技术革命的主导技术，它对各技术群的进一步综合将产生重要影响。从工业革命看，作为骨干工业的"硅谷型企业"不是别的，恰恰正是知识密集度和技术密集度很高的生产体制。由于综合性学科群和综合性技术群在这里获得了广泛和系统的应用，科研、开发、生产、管理等方面具有很高的程序性和很高的效率，因而电脑在这种生产体制中最先得到有效而合理的运用，而后又向其他工业部门转移。如果说，前几次工业革命分别为机器革命、动力革命、能源革命的话，那么，当代工业革命则是材料革命和以电子计算机为核心的控制革命。正因为当代科学技术革命在各个环节上都以综合为显著特征，所以它的发展在广度上也是以往历次科学技术革命所无法比拟的。

其次，科学革命、技术革命和工业革命的同步发展，是当代科学技术革命的另一个显著特征。这场科学技术革命是在基础科学、应用研究和工业技术已经趋于一体化，"生产-技术-科学"和"科学-技术-生产"的转化周期已经大大缩短的前提下兴起的，因而它的发展在各个环节的关系上与前几次科学技术革命都不相同。当代科学革命不再是单枪匹马地孤立先行，而是直接成为技术上实现突破的有力前导，同时，当代技术革命反过来又为自然科学的迅速发展创造了前所未有的物质条件，提供着精良的研究手段。特别是，当代工业革命不再仅仅表现为科学技术革命的最终结果，相反，它同科学革命和技术革命一起发生，并发挥着基础和中介的作用：一方面为科学革命和技术革命成果的应用开辟了极其巨大的社会实验场所，另一方面又以信息反馈的形式向它们提出新的要求，以物质和"能量"交换的方式为它们提供动力。所以，当代科学技术革命的总体特征在于，科学革命、技术革命和工业革命在同步发展中相互促进、相互结合，逐步汇成一个统一的过程。这使得当代科学技术革命的发展在深度和进展速度上都是前所未有的。

再次，当代科学技术革命的特征还在于它的社会结合程度空前紧密。以往的科学技术革命的社会价值往往要经过一个较长的历史过程才能表现出来。例如，在第二次科学技术革命中，从基础电磁理论的研究到电灯、电话的普遍使用，其间用了大约一个世纪。当代科学技术革命则不同：一方面，社会上的消费需求、各生产领域的难题很快会成为科研机构的攻关项目；另一方面，基础科学领域中涌现的新理论、新发现又往往立即可以在技术应用研究中引起一系列新创造、新发明，并迅速在生产部门中获得实际应用。由于这种具有正、负反馈机制的连锁放大效应，当代科学技术革命的社会效益的实现在速度上非常之快，在广泛性上也是相当惊人的。从半导体材料的研究到晶体管收音机问世只用了几年的时间，试管婴儿不断加入到人口大军的行列中，电视的普及，微机进入家庭……所有这一切，都是当代科学技术革命在不长的时期内的发展所带来的结果。

最后，当代科学技术革命具有国际性。前三次科学技术革命都是以某个国家为中心首先兴起，然后才逐步波及整个世界。而当代科学技术革命却找不到这样的中心或发源地。由于能源、材料、动力、自动控制、生态等方面的困难是各国经济、社会发展的共同问题，各国政府也大力支持和赞助科学机构对与之相关的课题的基础研究和应用研究，因而科学技术的突破点和新学科、新技术的生长点出现在几乎所有的研究领域，遍及于全世界。不仅像美国、日本和西欧这样的工业发达地区涌现出大量的研究成果，甚至许多发展中的第三世界国家也做出了一系列科技上领先的新发现和新发明。所以，尽管当代科学技术革命是悄无声息地发生的，但它从一开始就是在全球范围内兴起的，这就使它的发展规模无比巨大，对整个世界的影响也极为广泛。

三、当代科学技术革命发展的趋势

从历史上看，已经发生过的三次科学技术革命在周期上有着某种规律性。第一次科学技术革命以经典力学的创立为科学革命时期，经蒸汽机、纺织机等的发明和采用进入技术革命时期，最后随着工业革命时期社会化的机器大生产的实现而结束了发展的周期，前后共约一个半世纪以上；第二次科学技术革命开始于电磁学以及化学（特别是后来的有机化学）的建立和发展所构成的科学革命阶段，到电机、炼钢技术、铁路运输、有机合成、电信等技术成果的推广和应用从而在技术革命阶段上形成了高潮，并在工业革命阶段上的电力工业、机械制造业和化学工业等新型工业部门的迅速发展中达于完成，整个周期历时近一个世纪；同样，第三次科学技术革命以物理学革命（以及由此带动的其他学科中相继发生的革命）为起点，以原子能、石油开采等所体现的技术革命为核心，其归宿是以电气化、自动化为标志的工业革命，由这三个环节构成的发展周期总共只用了不到 70 年的时间。显而易见，这里体现出来的规律性就是，随着科学技术的进步和经济、社会的发展，科学技术革命的规模一次比一次大，波及面一次比一次广，而它的发展周期则一次比一次短。

如果是这样，那么，有理由在理论上推断，当代科学技术革命正在进入尾声，它将在 20 世纪末以前达于某种意义上的完成，或被新的科学技术的重大突破所取代。现实的种种迹象也已经表明，当代科学技术革命在进入 80 年代后已经达于高潮，目前正在向纵深发展，使新兴的科学技术原理或成果迅速推广并转入实际应用。因此，今后的十几年将是科学技术发展的极为重要和最激动人心的历史阶段。近年来各国在"高温"超导研究、信息技术、电脑工业、宇航事业等领域内的激烈竞争也明显地预示着这一点。据有关专家估计，在室温条件下几乎没有能量损失的超导材料，能量收支平衡的受控核反应装置，集通信、存贮、信息处理和智能选择等功能于一身的第五代电子计算机，都将在 20 世纪内问世。

从总体上看，当代科学技术革命今后的动向主要体现在以下几个方面。

首先，当代科学技术革命的发展将以持续的综合为主导趋势。从各个环节上看，科学的综合程度将进一步提高，范围将不断扩大，日益向"大科学"的方向发展，不仅自然科学和社会科学将进一步数学化，而且横跨这两大领域的交叉学科将成为科学进步的主要代表；技术的综合将表现在，以电子计算机和信息处理技术为中心，材料技术、能源技术、信息技术、生物技术、海洋技术和空间技术这六大支柱性技术群会实现进一步综合，并将在能源、材料和控制技术方面取得新的进展；工业革命将主要表现在"技术密集型"（精密自动化的机器装备）、"智力密集型"（高级科技劳动者）和"知识密集型"（雄厚的教育或培训的后备）的生产部门将趋于统一，而其规模则由大变小，并有向多样化的微型程控生产体制的综合群体过渡的趋势。毫无疑问，各个环节上的这种不断综合以及它们之间的交叉和综合，结果将会出现比今天更加复杂多样的现象。但从整体上看，当代科学技术革命的发展是有中心的，这就是高科技工业。因为高科技工业的发展不仅需要科学上的理论发展，也需要技术上的变革，所以只有它最能代表当代科学技术革命发展的综合趋势。在这个意义上，当代科学技术革命今后将直接和集中地体现在工业革命上，并随着高科技工业的发展不断向纵深发展。当代科学技术革命的这种持续的综合，将使它不会像前几次科学技术革命那样，在各环节的关系上出现中断或某一环节陷于低谷，而将是全面地持续地向前发展。

其次，信息化将成为当代科学技术发展的主流。材料、能源、动力、信息是构成人类社会赖以存在和发展的物质前提的四大要素。科学技术革命通常都围绕这几个方面进行，信息革命也常常伴随于其中发生。然而科学技术革命同时又是知识和情报急剧增长的时期。因之，信息业的进步的作用变得日益重要。在当代，人类认识的发展已经带来了"知识爆炸"，社会上各种信息的总量也在惊人地膨胀，超过了现有装备的负荷量。此外，材料技术、动力技术、能源技术等技术群的发展，以及以自动控制为特色的高科技工业，也在很大程度上依赖于信息技术。因此，以微电子学为基础的三"C"（Communication，

Computer，Control，即通信、计算机、控制）革命必然对当代科学技术发展的趋势产生重大的影响。目前，信息技术的革命以电子计算机为核心开始在获取信息的手段，传递信息的媒介，处理信息的方式等方面取得重要的进展，为放大人脑的功能，提高人类的智慧创造了条件。可以预言，第五代多功能和高"智商"计算机的出现，将以更大的容量、更快的频率、更高的效率和精确度处理各种信息，使知识成为越来越重要的生产力。与此相应，整个科学技术将取得更大的进展，增强人类有效地控制和利用自然力和自然资源的能力。同时，随着智能计算机在各行各业的广泛使用和家庭化，现在通行的程序控制将越来越多地为信息控制所取代，生产、控制、管理乃至整个社会都将广泛地采用信息技术的成果。也就是说，人类将进入全面信息化的时代。

综上所述，当代科学技术革命同历次科学技术革命一样，是为着解决人与自然界的矛盾的需要而兴起的，但它的规模、范围和程度却远远超过以往任何一次同类革命。当代科学技术革命不仅千百倍地扩大了人的肢体的力量，而且越来越多地替代了人脑的功能。因此，它标志着人类在认识、改造和控制自然的新基础上进一步征服和利用自然的开始。这也正是当代科学技术革命的实质之所在。

第二节　当代科学技术革命的社会意义

当代科学技术革命在迅疾发展的同时，也发挥着越来越大的社会功能。然而，作为一种复杂的社会现象，科学技术进步的后果既有正的社会价值，也会表现出某些负的社会价值。理解科学技术革命的社会意义，必须全面地考察科学技术革命的社会后果，分析它同社会革命的关系，特别是当代科学技术革命与共产主义运动的关系。

一、当代科学技术革命和经济、社会的发展

科学、技术与工业是人类认识、利用和改造自然界的有力手段。每一次科学技术革命都为人类在自然界面前争得更大的自由，使经济得到发展，使社会生活的各个方面都得到合理的改造。当代科学技术革命，就其正的社会价值而言，它正在加速人类社会各个方面的发展进程，其影响是重大而又深远的。

首先，当代科学技术革命变革了生产方式，极大地促进了社会经济的发展，从而加速着人类物质文明的进步。

如前所述，当代科学技术革命加速了科学、技术和工业的一体化的进程，因此科学技术成果的现实可应用性空前提高，同生产力各内在要素的关系也越来越直接和密切。当代科学技术革命正在通过改进和完善劳动资料、扩大和开发新的劳动对象、提高劳动者的知识水平和工艺技能等途径转化为物质的力量，推进生产力的发展。此外，当代科学技术革命使现代社会生产的方向发生了变化。马克思在分析科学技术在第一次工业革命发展中的作用时指出：随着科学的因素取代世代相袭的经验成为大工业的基础，"生产过程成了科学的应用，而科学反过来成了生产过程的因素即所谓职能"。① 当代科学技术革命给社会生产带来的这种变化更为突出。科学、技术、知识、信息的投入取代了"机械＋劳动力"的劳动方式，成为生产发展的主导方向。现代科学技术已经成为产生新的能源、动力、材料、机器或设备的唯一源泉，它必然成为提高劳动生产率和实现经

① 马克思：《机器。自然力和科学的应用》，人民出版社 1978 年版，第 208 页。

济增长的首要因素。所以，最先进的科学技术成果在生产领域中的应用，千百倍地提高了劳动生产率，极大地推进了社会经济的发展，加速着社会物质财富的积累。

当代科学技术革命也深刻地改变了当代社会的经济结构。一方面，传统产业发生了根本性的革命。那种依靠大量投入人力和泰勒式的劳动力组织管理形式来提高产量的"劳动密集型部门"已经成为"夕阳工业"，"大烟囱产业"正在退出历史舞台；而依靠科学进步、技术构成和智能控制来增强经济效益的"知识密集型部门"则表明是"朝阳工业"，高科技产业逐步在生产领域担任主要角色。另一方面，新兴的产业迅速崛起。继第三产业即服务业有了较大的发展并发挥着越来越大的作用之后，被称为"第四产业"的信息业已经构成了重要的产业部门，在社会生产的总体运动中日益居于举足轻重的地位。近年来，各国从事信息搜集、处理和传递的工作人员越来越多。以美国为例，据统计，从事第四产业的人员在全国劳动力人口中的比例为60%以上，而第一产业和第二产业则分别仅占3%和13%。有人甚至认为，在第三产业特别是第四产业工作的人员在总就业人口中所占比例数的大小，就业人口向第三、第四产业流动的快慢，是衡量一个社会经济发展水平或速度的标志之一。可以预料，随着当代科学技术革命的发展，产业革命将会深入、持久地进行下去。社会生产高度科学化的进程将得到加速，整个产业结构将趋于合理化。以"硅谷型"工业部门为支柱，以更新快、周转灵的小型经济联合体为补充的网络化的生产体制，以生产、科学研究、应用开发、教育和信息服务相互协调和高度综合为特征的劳动力布局，将成为社会经济结构的主体。所以，当代科学技术革命使整个社会生产的面貌发生了根本性的变化，不断完善着人类社会有机体的物质结构的基础设施。

其次，科学技术革命正在通过科学的社会化导致社会的科学化，整个人类社会有机体的结构和发展机制都发生了相应的改变。

在当代科学技术革命的条件下，科学技术的发展已经成为一项具有高度社会化特点的事业。一方面，科学研究活动的社会性增强了。科学家和工程师们已经抛弃了"为科学而科学""为研究而研究"的准则，他们越来越充分地意识到自身的社会职责，对自己的发现或发明的实用价值和社会后果也有比较清醒的估计。企业的经营者也往往积极地、有针对性地采用最先进的科研成果进行生产，增进科学技术的社会效益。同时，科学技术的发展和应用不再是个别学者或个别企业的事，只有在多学科、多领域、多层次、多方面的人员密切协作和相互配合的前提下才可能真正实现。另一方面，科学技术已经被纳入各个国家的总体发展规划，成为由国家拨款资助的规模庞大和组织严密的社会建制。由于当代科学技术革命对社会经济的巨大作用，各国都非常重视科学技术的发展和应用，纷纷设立或完善各种专门的机构，对其进行统一的管理和调节。所以，科学技术不仅由分散的活动变成社会性的事业，而且由自发的力量转变为由国家自觉控制的社会力量。

科学的社会化反过来加速了社会的科学化的进程。所谓社会的科学化，就是指科学技术在渗透于社会有机体的各个部分、各个方面的前提下，推动或加速社会结构的全面改造，使社会结构趋于系统化和合理化。当代科学技术革命已经使人类社会的各个部分、各个方面、各个环节的系统化程度大为提高，社会的结构发生了全面的变化。其表现是，社会有机体的几个主要部分，即对自然和社会内在规律性的理论认识（科学），改造自然界的物质手段和经验的综合（技术），创造物质财富的实践过程（生产），人类文化和智慧成果的传授与普及（教育），各种社会活动的合理的相互关系的方式（管理）等，形成了一个统一的整体。这种统一，对其中每一组成部分的发展都有深刻的影响，各个部分之间的联系也得到加强，使它们的结合方式趋于合理。在这样的前提下，生产部门的管理，科学、技术和教育机构的管理，乃至整个社会机体的总体管理不仅变得十分必要，而且成为可能。相应地，社会发展的机制发生了新的变化。我们在第四章中已经指出，科学-技术-经济-社会的相互作用成为社会有机体自我运动的基本机制，它们协调和同步的发展是当代社会发展的普遍规律，其中，科学技术是中心环节。所以，当代科学技术革命的发展将带动整个社会系统发生相应的改变，促进社会组织、社会管理和经济社会发展战略的进一步科学化。

再次，当代科学技术革命全面而深刻地变革了各种社会关系。

在当代科学技术革命的条件下，城市与农村、工业与农业、脑力劳动与体力劳动之间的差别大大地缩小了。人们之间的交往关系发生了很大的变化。一方面，这种交往关系虽然实质上仍以生产关系为核心，但内容已经变得多元化或多样化，规模也变得更加庞大，范围从一个国家内部和个别国家之间扩展到全世界。另一方面，人们之间的交往方式已经高度现代化了。程控电话、传真电报、光导纤维和通信卫星扩大了信息交流的含量，高速列车和超音速喷气客机等交通工具扩展了人们活动的范围。人们摆脱了狭隘的地域和有限的空间的限制，直接建立起各种密切的联系。这种发达的交往方式已经使整个社会、整个世界成为一个紧密联系的整体。

当代科学技术革命对阶级关系也产生了重大影响。恩格斯在分析第一次科学技术革命的社会后果时指出,"生产力将因此得到极大的发展，以致资产阶级对生产力的管理愈来愈不能胜任"。①历史的发展证实了这一预见。尽管现代资产阶级剥削的手段更加隐蔽，统治方式也有所改变，但资本主义国家中企业所有权与管理权分离的情况已成为相当普遍的事实。可以进一步推断，随着科学技术的发展和社会的科学化，资产阶级对整个社会的控制和调节也将"愈来愈不能胜任"。与此同时，重新工业化和都市化使工人阶级的人数已经空前增长，其中，白领工人的比例越来越大，表明工人阶级的经济状况、文化水平和社会地位都有了相当程度的提高。特别是工人参与管理的新情况更为突出地表明了工人阶级的力量得到加强。这也将使工人阶级在管理生产、管理社会的艺术和能力方面受到新的锻炼。在这种情况下，现代资产阶级社会的阶级矛盾虽然总的说来趋于缓和，并且阶级斗争大都以合法斗争的形式出现（应当指出，这恰恰是工人阶级力量强大和资产阶级被迫做出让步的表现），但是，无产阶级对资产阶级斗争的自觉性和组织化程度都已经大大地提高了。

最后，当代科学技术革命还对社会的精神生活产生着重大的影响，并推进了传统观念和思维方式的变革。

科学技术革命的发展不仅使生产和管理实现了信息控制和自动化，而且，自动化的家用电器已经进入了千家万户，成为人们日常生活的伴侣。人们从繁重的生产劳动和家务劳动中解放出来，能够有充裕的精力和时间从事文化活动和各种社会活动。这就为丰富人们的精神生活创造了物质前提。同时，科学技术的发展也为人们的精神生活创造了有效的手段。全息摄影，

---

① 恩格斯:《致爱·伯恩斯坦》,《马克思恩格斯选集》第4卷,人民出版社1972年版,第436页。

电视、录音、录像、电脑存贮系统的广泛应用，不仅比以往任何时候都更加真实更加详尽地记录下人类所创造的精神文化财富，而且为人们的精神生活提供了极其丰富的内容。这一方面使精神生活在人们的日常生活中占据越来越重要的位置，另一方面也极大地推动了文化艺术事业的发展。

在科学技术革命发展的影响和作用下，传统观念正在经历一个转变过程。主要表现是，其一，综合性、整体性意识得到加强。20 世纪上半叶，西方思想界以分析性为主要特征。当代著名学者怀特将他介绍 20 世纪著名哲学家的著作特地冠以《分析的时代》的书名，就是为了突出地强调这个特征。然而，当代科学技术革命从其发生、发展的各个方面，到发挥重大的社会功能，无不通过综合而完成。这一重要特征必然会在人们的观念中得到体现。20 世纪下半叶思想发展的主流用"综合的时代"加以概括或许更合适些。其二，多元化的观念牢固地确立下来。科学技术革命带来的是一个多元化、多样性的世界。这种多元化、多样性的世界是任何传统的单一决定论模式无法说明的。于是，多元主义在各个思想领域迅速兴起。其三，价值观念正在发生改变。价值取向越来越转向关心人际关系，关心人类面临的共同问题，关心人类的未来。这种变化不仅在西方社会学界近年来的发展和大量未来学著作之中有充分的表现，也在各国人民或人民团体反对核军备及呼吁保护人类生态环境的实践活动中有明显的体现。总起来看，观念领域中种种变化的共同趋势是越来越关注社会的实际问题。甚至作为理论思维的最高形式的哲学，也从抽象的顶峰跌落下来，日益走向生活。现代哲学的两大思潮，即人文社会思潮和科学主义思潮都从不同角度或侧面对科学技术进步及其社会后果的种种实际问题展开讨论。如美国一些哲学家所说的，哲学已经由思想方式变成一种生活方式，它正在受到社会生活的指导而不能相反。

综上所述，当代科学技术革命在社会的一切领域和一切方面产生了全面而深刻的影响，发挥了极其巨大的社会功能，有力地推动着经济和社会的变化和进步。

二、当代科学技术革命和"全球问题"

如前所述，当代科学技术的迅猛发展已经在社会进步方面发挥了巨大的作用。但这仅仅是问题的一个方面，另一方面，它也带来了一系列严重的社会问题。其表现几乎涉及了社会的各个领域：自然资源的巨大消耗，使工业生产的能源和原料极为紧张；大工业特别是化学工业和核工业，对空气、土壤和水源的污染空前加剧；对海洋生物和森林植被的狂捕滥伐，使生态环境遭到毁灭性的破坏；人口数量惊人地膨胀，目前世界已有 50 亿人，同时沙漠化和干旱地区急剧扩大，耕地日益减少，粮食普遍短缺，需要救济的人口越来越多；印度博帕尔化工厂的毒气泄漏事件，使成千上万的人成为无辜的受害者，而苏联切尔诺贝尔核电站的意外爆炸，则使几乎整个欧洲都受到放射性污染的损害；自日本广岛、长崎上空升起蘑菇状烟云后，人类始终笼罩在核战争的阴影之中……所有这一切，不仅严重地阻碍着社会的发展，而且直接威胁着人类在这个星球上的生存。同时，它们也表明，科学技术的发展并不总是带来有利于人类的后果，也会产生负的社会效应或社会负价值。

最早对于当代科学技术革命的后果进行系统研究的是西方的未来学派。其中，以罗马俱乐部成员为代表的西欧的技术悲观论，将包括上述现象在内的所有使整个人类面临困境的问题叫作"全球问题"。1972 年，他们以《增长的极限》为题，发表了关于"全球问题"的专题研究报告，指出"地球环境的承载量"是有极限的,因此科学技术与生产只能维持"零的增长",而不应继续发展,否则将使人类面临更加严重的困境。由此兴起了 20 世纪 70 年代风靡一时的技术悲观论的思潮。直到 1978 年,法国人米•波尼亚托夫在其著作《变幻莫测的未来世界》一书中,仍然认为当代科学技术革命的严重后果之一是社会的普遍的混乱。而以贝尔、托夫勒和奈斯比特等为代表的美国的技术乐观论,则描绘了另一幅世界图景。他们在《后工业社会的到来》《第三次浪潮》和《大趋势》等著作中指出,高科技产业的发展和信息技术的普遍应用,将使人类与自然的关系趋于协调,社会系统将向良性循环的方向发展,所有目前使人类陷于困境的问题都将得到解决,最后,"民族国家"归于消亡,人类进入"后工业社会"或"信息社会"。20 世纪 80 年代,这种对待"全球问题"的乐观主义态度逐渐盛行起来。不过,直到今天,关于科学技术究竟是"天使"还是"魔鬼"的旷日持久的争论仍在继续进行。

毋庸置疑,西方未来学派的观点中包含着某些合理的东西。但从总体和本质上看,科学技术悲观论和科学技术乐观论都是各执一端,在实质上都是科学技术决定论。它们或者把"全球问题"的恶化唯一地归咎于科学技术的发展,或者把解决"全球问题"的希望唯一地寄托于科学技术的进步,并以此来说明人类社会的未来。作为一种社会观,科学技术决定论者闭口不谈社会基本矛盾的作用,掩盖社会主义同资本主义的本质区别,否定无产阶级革命和建立无阶级社会的必然性和必要性。

实际上,"全球问题"并不只是当代的产物,早在第一次科学技术革命时期就已经出现了,只不过在 20 世纪中叶以后表现得更加突出而已。这类问题的出现有其深刻的根源。从认识根源上看,人类对于自己同自然界的关系的认识仍然存在很大的盲目性。近代以后，人类凭借手中的科学技术和大工业取得了征服自然界的重大胜利，但是人们却把自然界当作工业发展的取之不尽、用之不竭的消费源泉无限制无计划地加以开发。对于这种做法的严重后果，恩格斯早就提出过告诫。他指出，"我们不要过分陶醉于我们对自然界的胜利。对于每一次这样的胜利，自然界都对我们进行报复。每一次胜利，在第一线都确实取得了我们预期的结果，但是在第二线和第三线却有了完全不同的、出乎预料的影响，它常常把第一个结果重新消除"。①当代"全球问题"的激化，正是人类遭受自然规律的报复趋于加剧的表现。

但是，仅仅从认识根源考虑，不仅不能说明"全球问题"的全部，而且不能揭示它的实质原因。从根本上说，"全球问题"导源于社会的固有的内在矛盾。科学技术不是孤立的自我封闭的系统，它的发生、发展和应用只能在一定的社会关系中进行，并受其制约。特别是，科学技术进步所带来的后果的性质并不取决于它自身，而决定于社会的性质。在资本主义条件下，科学技术的发展带来的是与其客观本性完全相反的效果。马克思在分析当时科学技术的社会负价值时指出，"因为机器就其本身来说缩短劳动时间，而它的资本主义应用延长工作日；因为机器本身减轻劳动，而它的资本主义应用提高劳动强度；因为机器本身是人对自然力的胜利，而它的资本主义应用使人受自然的奴役；因为机器本身增加生产者的财富，而它的资本主义应用使生产者变成需要救济的灾民，如此等等"。②所以，资本主义制度是造成人与自然的对立和矛盾不断激化的根本原因。就是说，科学技术的异化是剥削制度下劳动异化的必然结果。当

---

① 恩格斯：《自然辩证法》，人民出版社1984年版，第304—305页。
② 马克思：《资本论》第1卷，人民出版社1975年版，第483页。

代"全球问题"的日趋严重，也在很大程度上是由资本主义制度造成的。首先，剩余价值生产是资本主义生产的绝对规律。为了获得高额利润，各资本主义国家不仅不断扩大本国的生产规模，而且纷纷通过跨国公司在原来资源丰富、自然条件优越的发展中国家大量建立工厂，不顾后果地大量开发资源和倾泻工业废料。例如，造成几万印度人受害的博帕尔化工厂就是美国的企业。这样，就使得自然资源枯竭、环境污染和生态破坏成为全球性的。其次，资本主义生产的无政府状态是资本主义的另一条规律。面对严重的"全球问题"，各国人民纷纷呼吁寻求解决的办法。但由于企业的私人占有，已不能胜任整个社会管理的资产阶级却无力采取有效的措施。例如，大河流域和沿海居民一再要求禁止向河流和近海排泄工业（尤其是化学和核工业）废料，但河流和海洋的污染有增无已。"全球问题"迟迟得不到解决的主要原因正在于此。事实上，只要资本主义还存在，"全球问题"就得不到真正的解决。

更进一步说，"全球问题"虽然是全人类面临的共同问题，但并不是所有国家和民族共同地造成的。在社会主义制度下，这类问题正在有计划、有步骤地得到解决。我国是一个发展中的社会主义国家，工业化的进程正在全面扩展，现代化建设刚刚起步，但"全球问题"的影响已经引起了极大的重视，国家正在通过一系列法律手段和行政措施制止资源浪费和环境污染的发展。

所以，"全球问题"只是科学技术进步的伴生物，而不是必然结果。相反，它是科学技术发展到一定程度，同时又很不充分的表现。就是说，人们对自然规律的认识还不全面，改造自然界的手段还不完善，因而还不能做到在合理开发和利用自然资源的同时，维持整个地球的生态平衡。然而，从根本上说，

"全球问题"是资本主义生产的无政府性和发达国家在世界范围内进行掠夺的产物，是科学技术在资本主义制度下出现异化的表现。

显而易见，要解决"全球问题"，必须像恩格斯指出的那样，从两个方面进行。一方面，要"弄清楚我们的生产活动的间接的、比较远的社会方面的影响，并且因之我们就有可能也去支配和调节这种影响"[①]。遵循人类社会与自然界两大系统必须协调发展的规律，大力发展科学技术，这当然是解决"全球问题"的一条重要出路。当代科学技术革命已经推出了可再生的能源，人工复合材料，并为环球大气监测、综合治理生态提供了有效的方法和工具。目前，生态危机和资源危机逐渐有所缓和。另一方面，"要实行这种调节，仅仅认识是不够的。这还需要对我们迄今存在过的生产方式以及和这种生产方式在一起的我们今天整个社会制度的完全变革"[②]。消灭资本主义制度是消除"全球问题"的根本出路。上述这两个方面是不可分割的。不言而喻，只有在科学技术革命与社会革命和经济制度的改造协调、同步发展的长期历史进程中，才有可能最终地解决"全球问题"。

三、当代科学技术革命和共产主义运动

科学技术与人类社会相互作用的正反两个方面的情况表明，就其本性而言，科学技术革命的社会意义在于，它的直接功能是为人类征服和改造自然界提供可行的手段，使人类成为在自然界中获得自由的主人，并使人的价值在社会关系中的提升成为客观的要求；它的终极价值是推动社会进步，为实现人

---

① 恩格斯：《自然辩证法》，人民出版社 1984 年新版，第 306 页。
② 恩格斯：《自然辩证法》，人民出版社 1984 年新版，第 306 页。

的解放提供现实的物质条件。然而，科学技术革命不能替代社会基本矛盾的作用，不能改变社会的性质，不能规定社会发展的方向。相反，它的社会价值的"正"与"负"，并不取决于科学技术本身的进步和革命，而决定于社会的性质和科学技术成果被哪个阶级所利用，为什么样的目的服务。在资本主义制度下，科学技术不论发展到什么程度，它的真正价值也不会充分体现出来。科学技术革命不能改变资本主义制度，也就不可能消除自身的社会负价值。因此，由科学技术革命所导致的社会进步和人类解放总是不完全、不充分、不彻底的。同科学技术决定论的断言相反,科学技术革命不能唯一地决定人类的未来。

代表着未来社会发展的方向，为人类解放直接提供现实力量的是共产主义运动。这是因为，现代社会的基本性质仍然是由社会基本矛盾即生产力与生产关系、经济基础和上层建筑之间的矛盾决定的，现代社会发展的未来，仍然是由社会基本矛盾运动的方向规定的。共产主义运动则是解决社会基本矛盾的根本力量，共产主义的发展方向与社会基本矛盾运动的方向是完全一致的。共产主义事业从兴起至今，不过一百多年的历史。但是，它作为一种思想体系，科学地指明了社会主义取代资本主义，人类终将消灭一切剥削制度进入无阶级社会的内在根据和历史必然性，因而以正确的世界观和全人类精神文明的优秀成果武装了无产阶级和劳动群众，成为当今世界上最有影响的精神力量；它作为一种现实的社会运动，以强大的物质力量冲决了资本主义的世界体系；在剥削制度的链条上打开了一个又一个缺口，导致苏联、中国等社会主义国家的建立和发展；它作为一种社会制度，在一些社会主义国家已经实现了它的初级形态，现在正经历着一个自我完善和发展的过程，其优越性将日益明显地表露出来。共产主义事业在世界范围内的巨大发展，已经汇成了现时代最强大的社会浪潮，它的发展已经引起，并将继续引起人类社会的根本性的革命变革。

科学技术革命和共产主义运动这两大世界性的潮流，乍看起来是两种不同性质的社会浪潮。科学技术革命是人对自然的关系的革命，而共产主义运动则是社会革命，即人与人之间社会关系的革命。但是，这两大潮流不是平行无涉、更不是彼此对峙的。相反，它们之间有着深刻的相互联系，具有内在的统一性。事实上，科学技术革命和共产主义运动已经在发展中日益紧密地结合起来，在社会主义国家中表现得尤其明显。这种汇合并不是历史的巧合，科学技术革命和共产主义运动的本性决定了它们必然要汇合在一起。首先，科学技术革命和共产主义运动的发展在历史方向上是一致的。它们的社会效益都是使整个社会得到革命性的改造，它们的终极价值都是为人类的彻底解放开辟途径。其次，科学技术革命和共产主义运动在社会意义和作用性质上是相互制约的。如果人类还在自然界面前受到盲目必然性的支配，那么共产主义运动不会有重大进展，也不会有实质的社会意义；反之，如果人们还在社会关系中受到剥削、奴役和压迫，那么，科学技术革命的后果就恰与符合其本性的作用方向背道而驰。最后，共产主义运动以科学技术革命为手段，科学技术革命又以共产主义社会为归宿。人类从必然王国向自由王国的飞跃，只有在科学技术高度发展，共产主义运动不断取得胜利的进程中才能实现。总之，科学技术革命和共产主义运动这两大世界性潮流的汇合是不可抗拒的历史趋势。这既是科学技术发展的客观要求，也是人类社会不断进步的历史必然。

现时代是科学技术革命迅猛发展，共产主义继续前进的时代。科学技术革命和共产主义运动的汇合加强了它们之间的相互作用，形成了推动世界历史前进的重要机制。一方面，科学技术革命为共产主义运动奠定了雄厚的思想基础和物质基础。在科学技术革命的条件下，自然科学和社会科学的巨大发展，以及思想观念的进化一再证明共产主义世界观的理论的正确性；生产力的高度发展和社会财富的迅速积累为共产主义运动的发展提供了越来越充分的物质前提；生产方式和经济结构的深刻变革使国家职能形式发生重大变化，其统一管理和协调社会系统的作用日益突出，这就为工人阶级管理国家，治理社会准备了直接的社会条件；与此相应，推翻资产阶级的社会革命在内容上变得更加简单，在形式上变得更加多样：暴力革命、议会斗争和政治改良都有可能成为向社会主义过渡的形式。可以预言，共产主义运动今后将一再出现新的高潮。另一方面，共产主义运动的发展将全面提高科学技术的社会价值。在已经铲除剥削制度的社会主义国家中，科学技术的发展获得了优越的社会条件；科学技术正在得到充分、全面、合理的应用，发挥着积极的社会功能；科学技术的社会负价值已经被减少，并将进一步减少到可能的限度；而科学技术在剥削制度下的异化带来的灾难性后果，只有在共产主义运动埋葬这种制度本身之后才能得到根除。不言而喻，只有人在社会关系中争得自由的时候，他在对自然界关系上获得的解放才是彻底的。

总而言之，共产主义运动本质上是人类解放的现实力量，然而这种力量只有在科学技术的不断进步中才能充分显示出其重大意义；科学技术革命本质上是为人类解放提供的有效工具，然而这一工具只有在共产主义运动的逐步胜利中才能发挥其应有的作用。所以，科学技术革命与共产主义运动的结合，体现出当代人类社会发展的实质意义，也只有这种汇合，才决定了人类社会发展的方向和未来的总趋势。

第三节 当代科学技术革命对中国社会发展的影响

在当代科学技术革命蓬勃发展，共产主义运动不断前进的国际背景下，正在走向世界的当代中国社会不能不处在一个兴衰攸关的重要时期，不能不受到两大世界性潮流的发展及其不断汇合这一时代特点的影响。

一、中国社会主义现代化潮流与当代世界历史潮流的同向性

当代世界历史潮流就是前面指出的科学技术革命与共产主义运动汇合而成的时代发展潮流。它决定着社会进步的方向和人类解放的未来。

中国社会主义现代化事业是实现中华民族的全面振兴，使我国在不太长的时期内赶上和超过世界发达国家，进而雄踞于世界民族之林的伟大事业。然而，它又是在当代特殊的时代背景下发展的，它同当代世界历史的总潮流是完全一致的，也正因为如此，它不能不受着世界历史潮流的强大影响。

中国社会主义现代化是一个全方位的概念，它包括生产方式、管理方式、生活方式、思维方式等等在内的全盘现代化。中国现代化建设的中心任务是发展生产力，加快经济振兴的步伐。这是中国社会的现代化的物质前提，然而。我国是一个贫穷落后的大国，虽然有丰富的自然资源和劳动力资源，但生产的设计落后、装备陈旧、工艺粗糙、管理松懈，基本上属于粗放经济。在这种特定的国情下实现经济的高速度增长，靠大量

地消耗资源和投入劳力的办法是无济于事的，只有大力发展科学技术，使经济建设走上依靠科学技术进步和提高劳动者素质的轨道，才是一条根本出路。

中国现代化建设的决定性因素就是发展现代化科学技术。只有实现科学和技术的一体化，完成向现代科学技术的转变，进而实现科学、技术、生产和教育的一体化，向当代科学技术过渡，并坚持科学技术工作为经济建设服务的正确方向，才能使我国的经济结构从粗放逐步走向高度集约，即由自然经济或半自然经济型转变为"劳动力密集型"，进而转变为"技术密集型"，最后达于"技术密集型""智力密集型"和"知识密集型"的一体化；使我国的劳动力的构成和行业分布由集中于第一产业（农业），到以第二产业（工业）为主，并逐步过渡到以第三产业（服务业）和第四产业（信息业）为主，最后趋于合理。也只有实现产业结构和劳动力布局的合理化和科学化，才能使我国国民经济在最大限度地合理利用和开发现有资源的基础上，持续、稳定和高速度地增长。不言而喻，科学技术的现代化是经济现代化乃至整个当代中国社会现代化的必要前提。

目前，走向全面振兴的当代中国科学技术正在现代化的道路上迅速前进，随着改革的深入，我国已经实现了基础科学、应用研究、工业生产和科技教育等部门的横向联合，为科学技术向现代化的方向发展创造了良好的条件。而随着开放的扩展，我国引进了大量先进的科学技术成果，为科学技术向现代化方向的发展不断填补着空白。在这样的基础上，我国的科学技术已经实现了呈梯度分布的全面发展。一方面，近现代的传统科学技术在我国获得了广泛的发展和应用。劳动密集型企业以大中型工业城市为中心迅速向乡镇扩展，劳动力向第三产业的流动大大加快。换句话说，工业化的"补课"工作正在全面铺开。

另一方面，在当代科学技术前沿，我国近年来在基础科学、应用研究和工业技术等领域也取得了许多世界一流的成果，其中以超导研究、生物工程、激光技术等方面的成果尤为突出。新兴工业，如微电子工业、电脑工业、材料工业等在我国发展极为迅速。号称"朝阳工业"的高科技工业正在崛起，第四产业也已经形成。与此相应，劳动密集型企业在我国不再是一个独立的工业发展阶段，而仅仅表现为一个过渡环节，随之而来的是广泛采用自动化技术和电子计算机进行程序控制和信息管理，由此逐步向技术密集型企业及其更高形式过渡。也就是说，工业化和"重新工业化"是同步和连续进行的。不难看出，我国科学技术的现代化尽管起步晚、起点低，但现在已经汇入了当代世界科学技术革命潮流之中，并且与它的发展趋势是完全一致的。统计表明，当代中国科学技术正处在"S"形逻辑规律曲线的中段。这意味着今后几年是我国科学技术发展最快的时期，因而它必将极大地推进中国社会现代化的进程。

中国社会主义现代化的根本性质是把社会主义事业推向前进，而完善的社会主义制度则是中国社会现代化的根本保障。完善社会主义制度的根本出路是解放思想，全面改革。不单是中国，所有社会主义国家都面临着不断完善社会主义制度，进而加速经济发展，以逐步取得对资本主义制度的优势的问题。当代国际共产主义运动的发展，除表现为一些非社会主义国家的工人阶级为建立社会主义制度而进行合法和"非法"的斗争而外，主要表现在各社会主义国家为完善社会主义制度而进行的体制改革上。因此，中国所进行的改革和开放的实践，毫无疑问是当代国际共产主义运动的一部分，并且与其发展的根本方向是一致的。

总之，中国社会主义现代化的实现，一要靠发展科学技术，促进经济增长；二要靠改革开放，完善社会主义制度。这两个方面是相互依存、不可分割的，它们的相互作用、相互补充，共同构成了当代中国社会主义现代化事业的内容，并决定着它的实质和方向，所以，中国的社会主义现代潮流直接而集中地体现了科学技术革命和共产主义运动这两大世界性潮流的汇合。它的发展同时代发展潮流、社会进步和人类未来解放的历史方向是完全一致的；而它的实现则会加快人类历史的进程，将对人类的进步做出更大的贡献。

二、新科技革命对当代中国社会发展是一种"挑战"

当代中国科学技术近年来在现代化的道路上已经取得了很大的进步，并且已经汇入了世界科学技术革命的潮流。但是，它还远没有达到与当代科学技术革命同步发展的速度，因此，大力发展科学技术仍将是我国的一项极为艰巨的任务。

当代科学技术革命的迅猛发展，已经使世界上所有的国家和民族都面临着无法回避的严峻挑战。"现代化"不仅是一个全方位的概念，而且是一个历史概念。"大烟囱企业"曾经是科学、技术和工业现代化的主要标志，而今天它已经日薄西山。今天的现代化也将在未来的某一时期成为历史的陈迹。时代的发展总是把速度问题摆在人们面前。在当代世界科学技术革命已经达于高潮的条件下，激烈的科技角逐使所有国家都受到强大的冲击。经济和科技都比较发达的法国忧心忡忡地表示，"现在一步赶不上，就会步步赶不上"，而在经济实力和科技水平方面已位居世界前列的日本，则提出了"要制造危机感和紧迫感"的口号。刚刚走向全面振兴的中国科学技术在发展速度方面更加不能不受到来自当代科学技术革命的挑战。特别是，当代科学技术革命高潮过后将以更快的速度发展，这种挑战将变得越来越严峻。

西方的某些人士说，当代科学技术革命使"穷国和富国在跃向未来的赛跑中站在同一条起步线上"。但事实根本不可能是这样。穷国和富国发展经济和科学技术的起点相差悬殊，它们受到当代科学技术革命挑战的情况是不会相同的。我国是一个发展中的社会主义国家，经济基础相对说来比较薄弱，科学技术的现代化远未达到全方位的阶段，因此，我们面临当代科学技术革命的挑战不仅来自速度方面，也表现在规模和程度上。

我国科学技术现代化的总体规模还不是很大的。例如，以尖端领域的研究为目标的机构只是整个科学技术建制中的很小的部分，世界一流的科研成果有如凤毛麟角；新兴技术的应用范围很小；微电子工业，电脑工业等在整个工业部门中所占的比例不大；高科技产业只是刚刚出现；高等教育机构数量不多，在校生只占人口的 0.12%；等等。同时，从总体上看，我国科学技术现代化是在发展和普及以"第二次浪潮"产业为主体的传统科学技术的低基点上起步的，其发展程度也还不很高。无论在基础理论的研究、综合技术群的开发和工业生产的自动化方面，还是在科研、生产的管理和教育方面，相对说来还较落后，消化吸收当代科学技术革命最新成果并在此基础上进行综合和创新的能力还不很强。这表明，我国科学技术的发展在广度和深度上离今天的现代化还有较大差距。因而，当代中国科学技术所面临的挑战就显得更加严峻，更具有全局性。

然而，不管当代世界科学技术革命对中国社会发展的挑战多么严峻，我们都必须以坚定的态度迎接这个挑战。这是因为，在人们创造社会历史的全部活动中，只有科学技术才能提供关于现实世界规律性的认识和改造现实世界的可行性方法。在当代，科学和技术作为获取和支配自然力、开拓生产领域的手段，已经成为社会发展的主要因素。中国社会主义现代化，包括生产方式、生活方式、思维方式等的现代化在内，从根本上说，需要依靠科学技术的现代化。如果我们不用百倍的干劲急起直追，赶上当代世界科学技术革命浪潮的发展，就不可能持久地实现经济的高速度增长，不可能从根本上改变我国贫穷落后的面貌，不可能缩小同经济发达国家的差距，中国社会主义的现代化也就成了一句空话。在当代科学技术革命的条件下，科技发展的角逐丝毫不亚于战场上的拼杀。我们能不能在这次全球范围内的科技大战中取胜，关系到现代化建设的成败和国家的兴衰。因此，为实现中华民族的腾飞，我们只有以积极的姿态迎接当代科学技术革命的挑战，别无其他选择。

迎接当代科学技术革命的挑战，必须立足于我国的实际，面向现代化，面向世界，面向未来，以强烈的使命感和迫切感，认真采取积极有效的对策。而这需要首先对我国科学技术发展的现状有一个清醒的估计。应该看到，在现阶段上，中国科学技术呈梯度分布的发展，不同层次或方面的发展在速度、规模和程度上不平衡的状况不仅不可避免，而且还将在相当长的一段时间内继续存在下去。因此，必须根据科学-技术-经济-社会协调发展的规律，制定适合于我国这种特定国情的科学技术发展战略。

中国科学技术的梯度分布，主要表现在三个主要层次上。其一，以机械化和半自动化的乡镇企业为代表的近代科学技术；其二，以基本自动化和初步程序控制化的城市工业为代表的现代科学技术；其三，以技术密集和程序控制的极少数高科技工业为代表的当代科学技术（这里没有把半原始和半机械化的农业科学技术包括在内）。与此相应，中国科学技术的发展也必然呈多层次的梯度分布。首先，乡镇企业的扩展，使农民离土不离乡地流向第二产业，同时它本身逐步向工业化程度较高的劳动密集型企业发展；其次，城市工业实现自我改造和设备更新，提高自动化和程序控制化程度，向"重新工业化"的技术密集型生产方式转化；最后，高科技工业由点到面逐步扩展，并向技术、智力、知识三位一体的高度密集的形式过渡。这几个层次的发展不可能是均衡的，向当代最先进的科学技术的转变也不会在短期内一下子完成。然而，这种呈梯度分布的发展适合于我国经济基础薄弱，农业人口占全国人口 80%以上，生产技术普遍落后的特点。

显然，实现中国科学技术的现代化，既不能倾注全力搞"大跃进"，直接发展大量的高科技产业，又不能置当代世界科学技术革命发展的速度和趋势于不顾，埋头发展"第二次浪潮"，即工业化的传统科学技术，而必须分两步走，做到打好基础和突出重点并举。

第一步，在一个不太长的时间内，以迅速完成工业化的普及和推广为主要任务。首先，要大力推广劳动密集型企业，普及大规模生产的工艺原理和技术装备；其次，要加速传统工业技术改造的步伐，不失时机地向生产的自动化过渡；再次，以科技市场为枢纽发展横向联合，缩短科技成果转入应用的周期，最大限度地提高科学技术的社会效益；最后要振兴教育，培养后备的人才力量。以这几个方面的发展为科学技术的现代化打好基础。与此同时，在经济力量允许的前提下，有条件地优先发展一些高科技工业，咬住当代世界科学技术革命发展的潮头。这一步的发展对于我国科学技术以后的发展是至关重要的，并且实质上也是不可逾越的。

第二步，在第一步发展奠定的雄厚的基础上，以大量发展高科技产业为主要任务。到这时，我国的科学技术就可达到与当代世界科学技术革命同步发展的水平，并可通过持续的综合朝着信息化的方向大踏步地迈进，逐步接近发达国家的科技发展水平。

所以，在当代科学技术革命的挑战面前，既要看到这种挑战的严重性，又要看到我国具备一定的应战能力。只要我们认真积极地研究对策，做到政策对头，措施得当，步骤合理，我们就一定能够经受住这次挑战的考验，把当代中国科学技术的发展推向高潮。在此基础上，推进经济、社会各个方面的发展，加速中国社会主义现代化建设的进程。

三、新科技革命为当代中国社会的发展提供新的机遇

制定正确的科学技术发展战略，全面推进中国社会主义现代化建设的进程，不仅要立足于我国国情，密切注意研究当代世界科学技术革命发展的动向，采取有效而稳妥的对策，迎接挑战，而且还应看到，当代科学技术革命的发展，也为各国、特别是发展中国家提供了发展科技和社会经济的有利机会。这种机遇对我国是急需和重要的。

首先，当代科学技术革命为各国提供的发展机遇是客观存在的。科学没有国界，基础学科的理论成果一经发表，就立即为各国科学家共同体所共有，并且可以在世界范围内无偿交流；技术的研制和开发虽然高度保密，但转入实际应用以后事实上已无秘密可言，各国可以通过国际专利允许的途径进行有偿转让；工业生产技术的保密期相对长些，但由于更新速度的加快，也往往转化为商品明价出售。在当代科学技术革命的条件下，国际科技市场空前活跃，各国出售或转让的成果，从先进的高技术到传统工业技术的成套生产设备，应有尽有。任何一个对外开放的国家都有机会接触到较先进的，甚至是第一流的当代

科学技术成果。在这个意义上说，摆在各国面前的机遇大致是均等的，中国也不例外。

其次，落后国家抓住科学技术跃进的机会实现本国经济和科学技术的跳跃式发展，在不太长的时间内跻身世界强国的行列不是没有可能。历史上不乏这方面的成功的事例。幅员辽阔、人烟稀少的美国就抓住了前几次科学技术革命所提供的机会，以当时先进的蒸汽动力技术、电气化技术和制造技术为核心，进行了大规模的开发研究和科学技术引进，特别是经历了以引进劳动力、科学技术成果和高级科研人员为主的三个阶段，使美国成为世界上第一个实现生产、教育、应用研究和基础科学一体化的国家。结果，美国在不到一个世纪的时间内超过了老牌的发达国家英国和法国，成为世界头号强国。而地域狭小，人口稠密的日本也曾两度抓住科学技术革命的机会在"弹丸小国"中创造了惊人的奇迹，特别是在"二战"后，日本在战败国的一片萧条中通过引进和综合各国科学技术成果，很快实现了经济复苏。"创造来自综合"这一口号就源于日本。20 世纪60 年代后，日本抓住了微电子技术、材料技术、激光技术等关键领域，大量进行引进和开发，实现了科学技术和经济的跃进。目前，日本的科学技术和经济发展水平已经跃居世界首列。

当代科学技术革命为各国、特别是发展中国家提供的发展机遇大致均等，但各国抓住机遇的条件各有不同。我国是一个发展中的社会主义国家，虽然目前还很贫穷和落后，与发达国家有较大差距，但无论就社会制度还是科学技术和经济发展状况而言，都远比其他发展中国家优越。因此，我国完全有希望利用当代科学技术革命的有利时机，实现科学技术与经济社会的全面振兴，从穷国跃入发达国家的行列，在当代人类历史上再创奇迹。我们可以通过引进、消化和吸收，直接掌握当代科学技术革命的先进成果，在较短的时间内形成和完善我国的现代科学技术体系。我们也可以通过研究和借鉴发达国家"重新工业化"的经验来进行我国传统工业技术的彻底改造，探索我国发展高科技产业的道路。在此基础上，我国必将迎来高科技产业普遍发展，经济建设全面振兴的时代。也只有在这样的基础上，我国在 21 世纪中叶位于中等发达国家行列的目标才能真正实现。

机遇是客观存在的。但"机遇"一词本身就意味着不常有，因而仅仅发现它还是不够的，关键是要紧紧抓住。40 多年来，我国由于指导思想和政策上的失误，已经失去了几次宝贵的机遇。尤其是 20 世纪 60 年代，世界科学技术革命刚刚兴起，而我国却走上了闭关锁国和全面内乱的邪路，延误了迎头赶上世界发达国家的进程，失去了一次极为难得的机会。我国科学技术的总体水平与世界先进水平的距离又拉大了，特别是，在一些尖端领域，如半导体、激光、电子计算机等领域的研究，我国与日本同时起步，进展速度也差不多，但后来却远远落到了日本的后头。这些沉痛的教训必须认真汲取。当代科学技术革命已经达于高潮，目前正处于最关键的发展时期，未来的科学技术革命将以更快的速度发展。而我们刚刚才认识到这次机会的重要性，已经落在了许多国家的后面。机不可失，时不再来。如果我们不及时抓住这最后的机会，奋起直追，就无法缩短我国在科学技术和社会经济方面同发达国家之间的差距，我国就会长期落在时代发展潮流的后边。所以，抓住机会是迎接当代科学技术革命挑战的关键一环，因而也是关系到我国现代化建设成败，民族兴衰的大事。

第七章 当代西方社会思潮及其 对中国社会发展的影响

当代西方社会思潮是当代西方社会状况的精神反映。当代西方社会在科学、经济、政治等方面的变化，都指向一种非绝对化或者相对化、多元化。思想的变化自然与之相应，越来越与科学技术的发展密切相关，空前地突出了人的问题，且"非意识形态化"的倾向亦在加强。具有这些特征的当代西方社会思潮，由于其发生的社会文化心理背景与中国社会的某种类似性，因而对中国社会产生了巨大的影响。正确对待这种影响作用是中国走向现代社会的一个重要环节。

第一节 当代西方社会思潮产生的历史背景

自 20 世纪初以来，西方世界在科学技术、经济和政治等方面都发生了巨大的变化，这些变化提出了许多问题，引发了当代西方诸多社会思潮的发生发展。

一、现代科学技术发展提出的问题

20 世纪是科学取得突飞猛进的时代。20 世纪初以来，科学在各个领域都取得了令人瞩目的成就，但其中最有力地改变了科学世界图景并提出了一系列重大问题的，是相对论与量子力学。相对论在世纪初率先打破了长期统治西方人头脑的作为神学观念残余的绝对时空观，表明绝对时间与绝对空间的概念只是想象中的虚构，是一种形而上学的东西，而不是直接由物理学的观察和实验得来的，在宇宙间不可能存在任何优越的位置或观察体系，物理学定律对于任何体系都是同一的。这就是说，我们所能面对的只是对象与我们的关系，或者说，我们只能在这种关系中认识对象，而不可能纯粹地以上帝式的优越地位去认识对象。其结果是，上帝没有了，而人作为观察者则在认识过程中占有了一种相对中心的地位。

相对论拉开了这场革命的序幕，量子力学随后极大地扩张了这一革命。量子力学最深刻的革命意义在于它揭示出，我们只能在与对象的相互作用中认识对象，我们只能如对象在相互作用中所表现的那样认识对象，在这里，议论某一对象不与任何其他事物发生作用的状态是毫无意义的。继相对论之后，量子力学在更普遍、更深刻的意义上提示人们，宇宙之中并不存在一个具有优越地位的绝对者，任何状态都是相对的；能够借助任何中介参与世界上任何事件并对所参与事件进行反思的只是人类自身。

从社会功能上看，现代科学发展的一个明显趋势是科学与技术日益密切的结合，这引发了一些新问题。在以往，科学发现转化为技术的过程很长很慢，且技术发明往往不借助于科学而在暗中摸索。但到 20 世纪，尤其是自两次世界大战以来，这种情况从根本上改观了。科学与技术的联系逐步密切起来了，从科学理论转化为技术的周期明显地缩短了。这主要是因为科学理论在技术发明中有了自觉的运用。于是，理论科学在社会生产的发展中扮演了越来越重要的角色这一事实，一方面极其充分地展现了人类理性的伟大力量，表明了人类不必求助于任何神圣的东西而只依靠自身的力量所能达到的成就；另一方面，如何合乎人道地利用科学所释放的自然力量，也成了越来越紧迫的问题。

电子计算机以及人工智能也从一个方面鲜明地提出了人的本质以及人类的未来等重大问题。在以前，工具的发明都只是对于人体执行器官的延扩，但计算机、人工智能则极大地延展了人的思维器官。那么，人脑会被这种工具所取代吗？未来的世界里人类会沦为智能机器人的奴隶吗？这些问题并不是毫无意义的概念游戏，而是关系到人类对自身的认识以及对未来的探索的重要问题。

总起来看，相对论、量子力学等从科学自身的内涵方面提出的问题，连同科学技术的发展从社会功能方面提出的问题一起，全都紧紧地纠缠于人类自身。一方面，绝对者从科学中的被取消，使人的地位明白地突显出来；另一方面，在不存在一个超自然的绝对者的制约下，正确认识人类自身的本质、能力和发展的限度等，成了无法回避的问题。

二、现代西方经济发展提出的问题

西方资本主义经济渡过了1929年至1933年的大危机之后，走上了一个新的发展阶段，经过战后的恢复和20世纪五六十年代的发展阶段，呈现出了与以往大不相同的面貌。这种不同主要是经济结构方面的变化，即服务业的大规模发展。在西方资本主义各国，服务业在国民经济中所占的比重，有不断上升的趋势。在美国，服务业的比重已超过了第一、第二产业。服务业的内容或性质也发生了变化，现代服务业的内容主要是管理、教育、保健等。

社会经济结构的这种变化产生了一系列重大后果。其中最重要的是所谓白领工人，即那些从事管理、专业技术工作的人员数量的巨大增长。在以工业为主干的社会里，那些只需经过短期训练便能进行简单操作的半熟练工人是全部劳动力中最大的一部分。而在以服务业，即以管理、教育、卫生等行业为主干的社会里，则是所谓的"白领工人"占主要成分。从1956年以来，在美国社会的职业结构中，白领工人所占的比重便开始超过蓝领工人，且这一比例还在持续加大。西方其余各国的情况也与之类似。对于这一现象，人们有不同的看法。西方一些学者称这些人为"新中产阶级"，这主要是相对于往日的小业主等旧中产阶级而言的。一些西方马克思主义者则把他们称为"新工人阶级"，这又主要是相对于未受过高级训练而不具有专业技术的传统工人阶级而言的。苏联的一些学者则只把他们看作工人阶级中的一些具有较高知识的新阶层，等等，不一而足。不管人们的看法或称名有多大的不同，但有一点却是共同的，即都承认在西方发达资本主义社会里，一个不同于任何传统定义的新的职业集团已经出现并在不断发展。这一集团的出现不能不对西方社会的阶级结构发生重大影响。西方社会从工业化以来，阶级结构发展的趋势一直是简单化，两极化，即原有的中产阶级不断地分化，并入资产阶级和工人阶级，整个社会日益发展为两大阶级的简单对抗。但20世纪中期以来西方各国经济结构的改变，却又极大地影响了这种发展趋势，使之呈现出一种复杂的情势。不可否认，这个新发展起来的白领集团，一方面由于他们一般地并不拥有资本而主要地依赖薪金为生，使他们根本不同于资产阶级；另一方面，又由于他们的工作性质主要地是脑力劳动，工作的地点、条件、薪金的数量与领取的方式也都大不同于普通工人，且其教养、兴趣、日常生活方式也与之大相径庭，因而，就不好把他们简单地塞入传统工人阶级的范畴。从各方面的情况来看，这些人在经济地位上是介于两极之间的。有了这样一个集团之后，西方社会的两极结构就面目全非了。此外，在白领集团之中，各人之间的种种差异也较大，这进一步使整个社会的阶级结构呈现出一种复杂的多元化趋势。

服务业取代工业成为西方资本主义经济结构中的主要部分，也使经济的社会组织形式发生了重大变化。在工业中，起主导作用的是为数不多的一些大型公司。但随着经济结构重心向服务业方面的转移，这些大公司作为西方资本主义经济主要标志的地位正在下降。代之而起作为经济最大部门的服务业，其特点是单位企业的规模都比较小。其中一些规模较大的部门，如医院和学校，其下属部门则有着相对的独立性和较大的专业控制权。因此，总的说来，服务业的大发展，使得西方整个经济结构在社会组织上也渐趋多元化状态。

服务业的大发展以及科学与技术的日益密切化，也导致理论知识在社会生活中日益取得支配地位以及专业技术人员在社会生活中的作用日益增大。这一变化的直接结果就是经营决策的非个人集权化，即往日那种由个人凭经验的决断，正在为一批专家凭借科学理论的决策所取代。从人事上来说，决策权力在某种意义上被分散了，所有权与经营权正在由于决策的高度技术化而逐渐远离。尽管所有权仍然是占支配地位的权力，但也在一定程度上受制约于经营权，从而使经济运行内部的制约权力也趋于多极化。

20世纪初以来西方社会经济结构的变化以及伴随着的阶级结构、经济组织形式等的变化的总趋势，是指向一种多元化、多极化、非集中化。但这种多元化并不是自然经济条件下的那种各自封闭的多元化，而是在人与人之间交往高度发达条件下的多元化。如果说，中世纪的那种多元化可以称为多元无关化的话，那么，现代条件下的多元化则可称为多元高度相关化。这种经济层面上的多元相关，一方面是多元，另一方面又是高度相关，为人们处在一种既相对独立、又具有多种选择可能的社会关系之中提供了基础。

三、现代西方社会政治格局的变化所产生的结果

在 20 世纪，对西方当代政治产生最重要影响的事件，无疑是两次世界大战。大战，对于西方社会的政治层面来说，第一个明显的后果是贵族社会的彻底没落。西方社会从 17—18 世纪的数次资产阶级革命以来，贵族阶级便无可挽救地走向了没落。但传统往往是一种很强大的势力。19 世纪后期的欧洲社会，基本上仍由贵族统治。旧的贵族尚未彻底消亡，而又从上层资产阶级那里得到源源不绝的补充。明显的封建特权大多已消灭，但那些不太显眼的因素仍然潜藏在社会生活之中。贵族们还拥有大量的土地，在许多地方，尤其在农村，还对社会与政治生活产生着重大影响。特别是在国家的高级领导层中，那些显要的职位仍然保留给贵族。而资产阶级，则如恩格斯曾经说过的那样，只是谦逊地站在后面，掌握实权，只满足于处理实际事务，掌握经济。两次世界大战，杀人如麻，而首当其冲的是军人，且其中军官的伤亡比例高于士兵。于是，欧洲的贵族在肉体上被大批地消灭之后，他们所确立下来的整个生活格调也随之离开了人世。此外，空前残酷的战争，也有效地使各个阶级之间的差别至少在战争期间缩小。总之，两次世界大战，有效地加速了贵族社会的灭亡，完成了资产阶级大革命时期遗留下的任务，从而使整个社会趋向平民化。

贵族社会的没落，为西方各国的民主化清除了地基。第一

次世界大战之前，欧洲各国的民主化进程就有了较大发展，由选举产生的民主政体在一些国家取代了贵族统治。但两次世界大战加速了这种变化。首先是政治领导人来源的变化。昔日贵族社会中的杰出人物在战争中已经耗尽，民主政体向更广泛的阶层的人们敞开，一批律师、商人、工会领袖等走上了政治领导舞台。其次，由于工商业的发展和贵族在政治上的衰亡，欧洲社会的重心在20世纪20年代明显地从农村转移到城市，而城市里各种社会力量错综复杂的情况又有助于各种政治团体的活动，从而有助于社会的民主化。即便是农村，由于通信与交通工具的发展以及战争的震动，也极大地改变了过去与世隔绝的状况，农民们与大都市生活有了密切的联系，他们作为一种政治力量也日益不容忽视。再次，在各种社会变动的影响下，民主的内容也有了某种加深。经过民主力量的斗争，各国教会在政治方面的作用被削弱；对选举权的限制在一些较落后的国家被逐步扫除。在教育上，贵族与资产阶级上层的特权地位也渐次被冲淡，更多的普通家庭的子女获得了受较好教育的机会。受战争影响，人们的生活方式也趋于简单化。当然，最后，最重要且作为种种变化象征的变化是妇女社会地位的提高。由于战时人力短缺，欧洲妇女在"一战"的几年间在经济平等方面取得的进展，超过了她们在"一战"前整整一代人在争取女权的运动中所取得的。战后，范围广阔的工业工作和自由职业向妇女敞开了大门，而在战前这些工作却都严格地是留给男人做的。女律师、女医生、甚至女国会议员和女内阁大臣已开始出现。

宗教在西方社会中历来具有举足轻重的作用。虽经近代数次革命的打击，但仍然在教育、文化、政治以及社会生活的其他方面发生作用。20世纪初以来的民主浪潮的进展，进一步削弱了教会的影响，迫使其不得不进行某些内部改革和调整其战略。这种改革与调整的总趋势是使教会更加现实化，与现代社会调和。它一方面严厉地批评资本主义制度的残酷无情和对劳动人民的剥削，另一方面又反对社会主义运动，而鼓吹一种阶级调和的方法，赞成通过国家的干预而保护劳动人民。同时它也支持工人为自我保护而组织的工会。一些神学家在社会观点上也趋向民主主义。经过这些改革，天主教会的形象已变得与中世纪的那种至高无上性截然不同了。它已变得温和而世俗化，不再要求一种控制人们灵魂的特权。宗教信仰越来越成为个人的事情了。

　　两次世界大战的另一个重要后果是加速了殖民体系的崩溃。第一次世界大战促成了奥匈帝国的解体，使匈牙利、捷克斯洛伐克、塞尔维亚等各中东欧民族从这一老式帝国中解放了出来。第二次世界大战则导致了整个殖民体系的全面崩溃。从1945年到1960年的15年间，欧洲各国几乎全部丧失了它们那些殖民地。在战争中，各宗主国为自身需要，往往未经同意就把其殖民地拖入战争。但战争一方面严重地削弱了殖民统治的根基，使经过战争震动的殖民统治再也不能保持老样子了；另一方面，战争也把当地居民从长年的沉睡中唤醒了起来，使他们的民族意识有了空前的高涨。于是，经过战后十几年的斗争，各殖民地逐个取得了政治上的独立。殖民地的独立运动不仅使国际政治趋于多极化，而且不可避免地对西方各国国内政治产生重大的影响。保留一个殖民地体系，对于保守主义来说，其理论与实践是一致的；而对于自由主义和激进党人来说，则是一件与其信仰不符的极其难堪的事情。殖民地体系的崩溃，宣告了帝国主义政策的彻底失败，同时亦有助于民主力量的增长。

　　两次世界大战以来，西方世界政治格局变化的基本趋势是

指向多极化、平民化。由于旧有政治势力的消亡以及传统社会
准则的松弛，个人越来越具有了独立性，至少是形式上的独立
性。如何对待这种独立性，勇敢地正视抑或逃避，这是历史要
求这种处境下的每一个人做出回答的问题。

总括起来看，西方社会在科学技术、经济和政治几个方面
的变化，都是以非绝对化或者多元化、相对化为基本特征的。
这种非绝对化或多元化的结果，使人们摈弃了超自然的绝对者
及其在人类社会中的代表，而把目光转向人自身，特别是转向
个人自身。这个总的历史进程，就是当代西方社会思潮赖以发
生的社会历史背景。

第二节　当代西方社会思潮的特点

社会思潮是一个整体性的概念，它意指一种总体性的社会
思想倾向，但在大体上主要地体现于哲学、道德、政治、文学
艺术等几个方面的发展变化之中。当代西方社会思潮的总体倾
向可以说是非绝对化，这一倾向亦体现于诸方面。

一、当代西方社会思潮的概况

人类社会的诸方面是一个相互映照、相互制约的有机整体，
社会的经济、政治、科学技术诸方面的发展制约着社会思想的
变化，而社会思潮的发展形态也必映现着其他诸方面的发展。
不言而喻，当代西方社会思潮的发展也必然依循整个西方社会
发展变化的总的指向。

但是，社会思潮与社会的其他诸方面的相互作用，并不是
使得社会思潮简单地反射社会的变化。思想的发展，不必亦步

亦趋地合于社会发展的总步骤。在很多情况下，思想家们更易感受社会变化的先兆，而预先立说；而当社会的变化为多数人所感受到的时候，这些预立之说就经过种种演化而铺陈为一种思潮了。当代西方社会的诸思潮，若推究其萌芽，当从19世纪中叶看起。19世纪的两位思想家孔德和尼采，可以说是开了当代西方诸社会思潮先声的人物。孔德把人类精神发展的进程划分为依次相接的三个阶段：神学阶段或虚构阶段、形而上学阶段或抽象阶段、科学阶段或实证阶段。在神学阶段，人们追求对于超自然实体的认识，而形而上学阶段只不过是改头换面的神学阶段，但实证阶段的人们则不再追求那不可能得到的绝对的概念，而只把对事实的解释限制在现实的范围之内。在实证阶段，超越的上帝或抽象的实体再也没有存在的地位了。时隔几十年之后，尼采则以其特有的风格，惊世骇俗地喊出了这一事实："上帝死了！""上帝死了"，这就是当代西方思想的基本前提。西方世界两千多年的文化传统，都是在上帝或准上帝存在的基础上建立起来的，但现在这个基础却不存在了。人否定了上帝，上帝也离开了人，人必须在没有上帝的情况下，靠自己的有限理性与情感意志生活下去。孔德、尼采都是西方思想转折点上的人物，他们的影响既深且广，并不仅限于哲学。事实上，当代西方社会诸思潮的非绝对化倾向，都可以说是其基本前提的发挥。

（一）当代西方哲学思潮

当代西方哲学思潮大体上可分为人本主义与科学主义两大流派。两者之间固然有诸多不同，但在反对绝对主义方面却是相同的。《分析的时代》一书的作者说："几乎20世纪的每一种重要的哲学运动都是从攻击那位思想庞杂而声名赫赫的19世纪德国教授（指黑格尔）的观点开始的。"我们知道，黑格尔哲学是一种绝对理念创世说，它集一切旧形而上学之大成，把传统的理性主义推向了极致。物极必反。正是在这种情况下，20世纪的西方哲学由这种绝对理性主义转向了反面。这一对绝对理性主义的反叛，科学主义与人本主义各自采取了不同的方式。

科学主义，主要以分析哲学为代表，采取的是一种有限理性主义的立场，即把知识限于人类有限的科学理性。分析哲学为罗素、摩尔和维特根斯坦在20世纪初所开创。第一次世界大战后在中西欧出现的以维也纳学派为核心的逻辑经验主义，把分析哲学推进到一个新的阶段。20世纪30年代希特勒上台后，大批逻辑经验主义者受其迫害而迁美，使美国成了分析哲学的新的中心。此后又与美国本土的实用主义相互影响、渗透、融合，使分析哲学运动展现出新的局面。分析哲学的内容虽然庞杂，但具有明显的基本特点。首先，分析哲学诸家一般都继承了英国经验主义和第一、二代实证主义的基本观点，坚决反对旧形而上学的超越性，否认那种超验的、只可能属于上帝的绝对的、无限的理性，而只承认人类的有限理性，尤其是科学理性。因此，拒斥形而上学的研究方法和研究对象，批评旧哲学的玄虚、混乱，就成了分析哲学的一个基本出发点。其次，分析哲学与自然科学的关系极其密切，分析哲学家们一般都有较好的科学素养，在数学、物理学、语言学、逻辑学方面多有较深的造诣。分析哲学家们十分不满意于旧哲学与科学的脱节甚至对立的状况，他们激烈地批评、攻击旧哲学的命题的含糊性、不可公共证明性，不可有意义地在主体间的传达性。旧的形而上学，说得好一点，也不过是一些非常不成功的文学作品，而绝非严密的科学推理。旧形而上学的方法与科学相比，也显得玄虚、混乱。再则，旧哲学执着于唯心主义与唯物主义的争论，也是分析哲学家攻击的一个焦点。他们认为这种争议是毫无意义的形而上学问题。因此，必须改变哲学不适应于科学发展的现状，而以科学的方式去改造哲学，使得哲学能成为科学的仆人。许多分析哲学家指出，为了改变哲学的非科学状况，必须首先革除掉哲学语言的含糊性，哲学已无必要在科学理论体系之外再创造一套概念体系，哲学的任务，只应限于逻辑和语言方面，它只应对已有的知识进行逻辑语言分析。他们认为，传统哲学的许多问题都是由于误用语言而人为地造成的，都可以通过语言分析而消除之。许多在传统哲学中的根本性概念，在分析哲学看来则是没有意义的词语误用。因此，他们强调哲学研究就是进行"语言分析"，即对科学语言或日常语言中的概念与句子的意义进行分析，这样，分析哲学就把语言放在了哲学的核心地位上，就有了所谓的在哲学史上继近代的认识论转向之后的语言的转向之说。

当代西方人本主义哲学思潮则以存在主义为其主要代表。存在主义的先驱可追溯至 19 世纪的丹麦哲学家克尔凯郭尔和德国哲学家尼采，现象学创始人胡塞尔亦为存在主义的创立提供了方法论基础。但存在主义作为一种哲学流派则正式形成于"一战"后的德国。其代表人物为海德格尔、雅斯贝斯。海德格尔的《存在与时间》在1927年的发表，标志着存在主义理论体系的形成。第二次世界大战期间和战后，存在主义开始广泛流行，出现了存在主义热。许多著名的存在主义者，如萨特、加缪等，不仅是哲学家，也是拥有更为广大读者和观众的文学家、剧作家、艺术家，因而，存在主义的流行尤其借重于文学艺术媒介。这使得存在主义的影响广泛地波及政治、道德、宗教、教育、文学、艺术等社会生活的各个方面。这一点远非其他学院派的纯哲学流派所能比拟。存在主义作为一个哲学流派在今日虽已衰落，但其影响却仍在深刻地发生着作用。存在主义者们的观点多不相同，甚至有着有多少个存在主义者就有多少种存在主义的说法。但从基本方面来看，他们是有着一些共同观点的。存在主义之为存在主义，就在于它强调存在对于本质的优先地位。西方传统一向认为哲学是对于本质的研究，认为万物都有一先于存在的本质。但存在主义认为，对于事物而言，上述说法或可成立，但对人而言，则或如萨特所说的，存在先于本质，人须先存在，然后方可能选择自己的本质，或如海德格尔所说的，人的本质就是他的存在，而存在是在自身之外的，故，人的本质就是在人自身之外，即有待于实现而非固定的一成不变的东西。与之相关，存在主义也一反西方哲学的理性主义传统而强调非理性。克尔凯郭尔否定理性支配一切的观点，认为人的本质不是理性，人的活动是非理性的，并非是根据某一抽象的原则，而是由本能或情绪产生的。这些情绪是个人的主观意识的内心体验，只要生活在内心深处，个人就处在必然的领域。他坚决反对对人的抽象，认为这即意味着死亡。他亦坚决反对黑格尔的解释一切的体系，认为存在是不能当作一个知识体系去把握的，而只能靠非理性的内心体验。他的这些思想为后来的存在主义者们所继承发展。存在主义由于其坚持存在对于本质的优先地位以及非理性主义的内心体验的首要性，因而又是一种个人主义。存在主义反对把人的生存和他的思想分开，强调个人，强调人的个体性和人的绝对自由，个人高于一切，每一个人都是独一无二的，他的生存是孤独的，独自在创造自己；人亦必须靠自己创造自己，选择自己的生活，保持自己的独立性。存在主义反对解释世界的体系，他们的体系都是以个人为基点建立起来的，他们也谈到他人、集体，但那是基于个人而存在的。

（二）当代西方道德思潮

道德思潮从理论水平的意义上来说，是属于哲学思潮的。但由于道德思潮密切相关于人们的日常生活，则又有其相对的独立性。20 世纪的道德思潮在基本趋向上与哲学思潮一样，也是指向非绝对化或相对主义的。正如《理想的冲突——西方社会中变化着的价值观念》一书的作者宾克莱所说的，我们的时代常被称为相对主义的时代，一些"现代性的酸"已使过去各种宗教式的笃信溶解了，而科学方法的影响和工业都市社会的发展是使各种绝对的东西失去信仰的主要因素。一些思想家指出，我们的一切想法都是意识形态，甚至连好和正确这样的概念也都是纯粹意识形态的东西。对一个特定的文化来说，一种意识形态在实际上可能比另一种意识形态更为有用，但无法超越各种意识形态之外去找一种普遍适用的价值。另一些人则指出，所有的价值同样都是随意的，并不是以理性为根据的。这种道德相对主义往往有两方面的含义，一方面它是旧时代道德原则被抛弃后，人们的绝望与荒谬感的反映；另一方面也反映了这样一种要求，即把人们从过去的一些抽象原则下解放出来，而去寻求最能以理性为之辩护的各种价值。存在主义的伦理学思想，自然与其哲学原则一致，是非绝对化、非理性主义和个人主义的。对当代西方文化发生巨大影响的弗洛伊德主义，也是一种非理性主义，它提出的关于精神生活的无意识方面左右人的行为的学说，对改变人是理性的动物这个旧观念起了重大的作用。在西方社会，对人的道德生活具有支配地位的宗教信条，在 20 世纪也随时代的变化而发生了根本的改变。出现了一些新的神学家，他们要求在传统的希伯来-基督教上帝已经"灭亡"的情况下建立一种新的世界观。他们都以某种方式强调，如果宗教想要对现代人有任何价值，就必须适合现代人的生活与需要。在其新解释中，宗教道德完全世俗化了，他们不再强调道德教条的绝对有效性，或主张除过仁爱之外，所有其他一切原则都是有条件的"有原则的相对主义"，或主张一种在特定的境况中应当有一套一般的规则的"规则功利主义"，等等。

（三）当代西方文艺思潮

当代西方文艺思潮的主要特征是彻底的反传统主义与多元化倾向。与尼采相似，诗人叶芝曾惊呼，这个时代"失去了中心"，西方现代文学的主流是总体概念上的现代主义，其中包括诸多流派，如象征主义、后象征主义、意象派、未来派、立体派、弗洛伊德主义、表现主义、意识流、达达主义、超现实主义、存在主义、黑色幽默、魔幻现实主义，等等。文艺批评则有形式主义、语义学派、新批评派、结构主义、精神分析派、神话仪式派、西方马克思主义、现象学派、人类学派、新托马斯主义、新人文主义、历史学派，等等。派别虽多，但多种流派之间关系往往很深，共同点很多，往往一个流派又兼有其他好几个派别的特征，且数个流派亦往往同出一源。现代派文学在思想内容上的突出特点有二，一是反映西方传统文明的危机，一是反映现存制度下人的异化之苦。现代派作品给人的第一印象，就是充满悲观绝望情绪的幻灭色彩。现代派特别关注现代社会的异化现象，描写了无数异化的画面，描写人的失去自我、个性的扭曲、物对人的统治。现代派的表现手法特别重视对人的内部的探究，为此，它大量借助于各种非理性的表现手段。现代主义文学批评则日益把视点集中在作品的形式上，着重探讨文学作品的构成形式。各种文学艺术思潮，由于文艺本身的特点，一方面是对于社会生活的变化十分敏感；另一方面又拥有广大的接受者，因而，在各种形式的社会意识中，它起着一种特别的作用。

二、当代西方社会思潮的主要特点

（一）与科学技术的发展密切相关

西方社会近代以来的发展，多得力于科学与技术的进步。科学思想成了西方社会意识中的一种举足轻重的力量，其他各种思想无不受其影响。当代西方诸社会思潮的发生、发展自然也是与科学技术的发展变化密切相关的。20世纪初发生的科学革命，深刻地改变了人类关于自然界的图景，这不能不有力地触动其他思想领域。事实上，非绝对化或相对化趋向，在科学思想领域与在其他思想领域里是一致的。人类思想的各个分支本来就应该被视为是统一的，其间必然会有直接或间接的相互影响。对于当代西方诸社会思潮而言，至少可以说现代科学革命曾经触发了人们对社会、对整个世界也做类似的考虑的想法。相对论本身就吸引了许多哲学家思考其哲学意义，研究其思想方法。量子力学自身也提出了大量的哲学问题。近几十年，作为一种科学方法的系统理论，也引起了人们对整体论哲学的重视。数学的发展曾引发了许多哲学问题。20世纪相继兴起的逻辑主义、直觉主义和形式主义等派别，就直接涉及不同的哲学观点。生物学中还原论与生机论以及后来的系统论的争论，既是关于科学又是关于哲学的。生物学中遗传工程等的发展所提出的社会问题，亦引发了伦理学的思考，此外，一般科学技术迅猛发展所引起的经济结构、阶级结构及社会结构的新改变，也直接成了各种社会、政治、伦理学理论的研究内容，并导致这些理论的发展变化。

科学是一种有限的人类理性活动。说它是有限的，不仅是指它相对于西方传统的超越的形而上的理性或上帝而言是有限的、属人的，而且相对于人类全部精神生活而言，它也只是一个有限的方面。由于它有这两个方面，在较深刻的意义上，它与当代西方诸社会思潮的关系也就有了两个方面。作为一种有限的人类理性，它是人们据以反对那种传统文化强加给人类的超越的绝对理性或上帝的有力武器。从 20 世纪的科学革命以来，科学作为一种有限理性的这一特征日渐明确，人们也日益自觉地以科学思想为武器来反对传统的东西。在这方面，科学的发展与诸社会思潮的发展是正面相关的。另一方面，科学作为人类精神生活中的一个有限方面，它只追求一种科学上的合理性，并不问其余。但人类的精神生活是多方面的，若只片面地追求其中之一，则不免显得抽象，不免使人的丰富性受制于物，个性受到压抑。这一方面于是便成了诸人本主义思潮所批判的问题之一。这是科学与诸社会思潮负面相关的一面。不管正也罢，负也罢，科学在今日西方，总是与其他思想领域有着不解之缘且深深地渗透于其中了。

（二）突出"人"的问题

20 世纪的西方世界是一个"上帝死了"和"失去了中心"的时代。上帝死了，只有人在。在人与万物之上再也没有一个超越的、绝对的统治者了，于是，人这具有自我意识的存在物在世界中的地位就空前地突显出来了。西方世界近代以来的精神历史，就是人与上帝、人性与神性斗争的历史。早在文艺复兴时期，人文主义者就高举起了人道主义的旗帜以反抗束缚人性的僵死的宗教神学，或曰神道主义。但这种有意识的反抗在起初还只限于思想文化领域，且往往极不彻底。许多人文主义用以反对旧宗教神学的武器仍然是准神学的。17—18 世纪，乃至 19 世纪的资产阶级革命从政治上改变了西方的社会结构，但封建贵族在许多领域仍然很有势力。20 世纪初以来的一系列事变，尤其是两次世界大战，彻底埋葬了作为一个阶级的欧洲贵族，摧毁了旧观念赖以存在的基础，使西方社会空前趋于平民化，作为资产阶级革命时期的平等民主的理想，也在形式上得到了实现。但在这之后，社会的异化现象并未得到消除，形式上的平等并不能消除内在的不平等。而且一旦过去由外部强加给人们，被视为来自神意的不平等、不自由被从形式上消除之后，内在的不自由、不平等就更显得突出，更成为人们关注的问题。况且 20 世纪的经济、政治、文化等方面的发展，使普通人们的独立性大大增强，现代人的自我意识的觉醒也是空前的，这就使他们对于异化的感受远比往日强烈。在这样的条件下，当代西方社会诸思潮便不可避免地要把人及其内心的感受作为自身的关注中心了。

当代西方诸社会思潮从不同的方面关注着"人"的问题。在哲学上，分析哲学一派以人类的有限的科学理性或日常理性为对象，摈弃了旧形而上学的超越的无限理性，企图以此来说明人的活动。人本主义则以有感情有意志的个人为立足点，全力探究传统哲学所忽视或压抑的非理性领域，以此与传统哲学的形而上学的理性主义相对抗。弗洛伊德的精神分析则以揭示人的无意识精神活动为己任，使无意识活动成为在人的精神生活中至少可与理性相抗衡的力量。伦理学的各流派也不再以上帝的"绝对命令"为出发点来建立人的行为规范理论，而直接从人的境况出发，探究在无上帝的情况下人的活动准则。各种政治思潮也日益趋向现实、具体，旧日的理想主义在其中变得暗淡无光。诸多变幻莫测的文学艺术派别更是直接以强烈地表现个人的情感、无意识心理为主要内容。通观 20 世纪的西方思想文化领域，人在西方社会的历史上第一次成了自身精神活动所关注的中心，人的目光一去不复返地离开了上帝、绝对。

（三）非意识形态化的倾向

当代西方社会思潮的又一个显著特点就是所谓的"非意识形态化"倾向的加强。19世纪后期和20世纪初期的西方世界，可以说是一个意识形态占主导地位的时代。现代西方思想家所说的意识形态一词，含有反映某一阶级或集团的利益、愿望而并不是客观的科学理论的意思。在这个意义上，意识形态是一种理想主义的产物。19世纪后期到20世纪初期，是西方资本主义世界内各种社会矛盾、阶级矛盾比较尖锐的时期。但从两次世界大战以来，这些矛盾都在某种程度上平缓了。由于社会经济、政治的变化，一些旧有的比较敏感的矛盾，诸如普选权、极端贫困化等问题趋于缓和，而一些更一般性的社会问题、人自身的问题则被突出了出来。反映在政治上，西方各国社会主义运动日益放弃"大决战"的姿态，而趋向一种"渐进工程"，致力于各种比较具体的社会改良事业，工人阶级所要求的也往往是具体的经济目标。正如一位美国历史学家所说的："就社会党人而言，这种情况由来已久：半个世纪以来，他们就不再是革命的（就革命一词的实际意义而言）。更为新奇的景象是，共产党人管理市政和合作社，如在意大利，或在自发的叛乱中起刹车的作用，如在法国的'五月事件'期间——总之，他们正在构成国家既成体制的左翼。"这表明，当代西方社会中的各个阶级的人们变得更加重视现实问题，而对未来、对比较抽象的理论的兴趣淡漠了。对于上层社会来说，下层社会放弃进攻姿态，这自然是求之不得的事情，焉能不尽力响应。

在这种形势下的当代西方诸社会思潮也便有了不同于前一时期的特色。在哲学上，分析哲学家们往往远离社会现实问题，只关注于科学自身；在人本主义思潮中，各派都把注重点放在个人身上，各种社会问题倒在其次。在政治社会理论上，资本主义与社会主义的"趋同论"风行一时。各种文学艺术派别更是只把个人的情感体验放在中心，等等。总之，西方社会的思想文化生活中，传统的意识形态斗争的色彩已日渐淡化了。当然，这并不是说西方思想文化的意识形态性在事实上淡化了。西方占统治地位的思想文化在本质上仍然是地地道道的资产阶级意识形态，它从来没有也不可能放松对于共产主义意识形态的进攻。西方社会"淡化"意识形态斗争的所谓"非意识形态化"的倾向只是一种表面现象。这种表面现象的出现，更需我们对西方思潮的影响加以警惕。

第三节　　当代西方社会思潮对中国社会发展的影响

在当今时代，各种文化、各种思想之间的交互影响、交互渗透已成一种世界性潮流。西方社会思潮的渗透，是影响当代中国社会发展的不可避免和不可低估的外部因素。这种影响既有其积极的一面，也有其消极的一面。我们必须审慎地对待这种影响并做出自己的反应。

一、当代西方社会思潮的影响促使中国社会意识的更新

当代西方社会思潮对中国社会的影响，近年来显著增强了，而且作为一种不可易改的历史趋势，这种影响还会持续下去。

一种外来的社会思潮得以在一个社会发生影响，必有其得以发生的条件。当代西方社会思潮对中国社会发生影响的最一般条件是当代中国社会的一定程度的开放性。社会的开放性是

当今时代的突出特征。由于科学技术的飞速发展所提供的可能性，各个地区和国家的人们之间的交往日趋紧密。这种交往一方面有力地加速了各个地区的发展，另一方面又把各个地区国家紧密地联系在一起。在当今世界上，任何一个国家或地区再也不可能脱离整个世界的发展变化而独自前进了。开放就是交互来往、交互影响，从经济、政治、文化各个方面交互作用，从而把自身置于一个世界体系之中。因此，对外开放是当代西方社会思潮得以影响中国社会的最基本条件或最一般条件。

开放作为一种一般条件，尚不足以说明这种影响的具体情形。除这种一般条件之外，还有更高一层的条件，这就是当代西方社会与当代中国社会在文化心理背景上的某种类似性。因这种类似性而产生的共鸣作用，构成了这种影响得以发生的内在的社会机制。这种类似性有两个层次。一是表层的类似。这就是许多人常说的，在西方世界，两次世界大战给人们留下了难以平复的内心创伤，大战的残酷与无理性，荡尽了人们对人类理性的乐观主义态度；而在中国，"文化大革命"以及多次政治运动，也对人们产生了类似的作用，这种说法有着一定的道理。在结束十年内乱后的初期，西方诸社会思潮对中国的影响。主要是借助于这种心理情感上的类似性而发生的。这种影响曾表现为各种形式，主要是通过各种文学艺术形式来进行的。但这种表层形式的类似所导致的影响作用并不长久，它随着最初的新奇共通感的消失而逐渐归于淡薄了。而根植于深层类似性基础上的影响却更深沉更有力地展开了。在社会文化背景的深层次上，当代中国与西方世界的类似性在于：西方世界在 20 世纪把从近代开始的以一般的理性对宗教神学的反抗，进一步推向了以具体的个人的情感、意志、理性等对于一切抽象的、超越的绝对物的反对；而中国，虽然其经济社会结构与西方很不相同，但由于中国历史上是无宗教的文化早熟型社会，并无许多神圣的东西需要破除，束缚中华民族前进的东西并不是超越一般人类的绝对物，而只是超个人的、以宗法血缘关系为基础的伦理的家族实用理性，因此，在追求个性的解放、以个人的情感与理性反对超个人的种种传统力量的束缚方面，便与西方思潮有了某种共同点而产生了共鸣。事实上，个性解放的潮流，从中国近代以来就一直存在，"冲决罗网"之说亦早有人喊出，但从未形成强大的思想潮流。在当代，随着社会主义商品经济的发展及与之相应的社会改革的深化，发展个性已成为一种客观的历史要求。个性的健康发展同绝对主义的观念是不相容的。在这种文化心理背景下，具有非绝对化倾向的当代西方思潮就很自然地成了人们参照的格架和探索方法的借鉴。

对于中国来说，接受当代西方社会思潮的影响的必然性，还有更深一层的原因。中国文明是世界上唯一保存到现在的原生文明，而其他现存的文明都是非原生的，如日本文明是一种三生文明（本土文明在古代受中国文明的影响、近代又受西方文明的影响），而西方文明，在古希腊已是受东方文明影响的次生文明，罗马文明可视之为三生文明，近现代的西方文明已是四生文明了。西方世界从近代以来的加速发展，与它包容了早先的诸多文明成果是有关系的。它包含了诸多不同的因素，便处于一种非平衡状态。诸多因素的非平衡，构成了一种内部的张力，此张力阻止了静止的倾向，可以成为一种发展的动力。反观中国历史，虽然未曾有过特大的文化融合之事，但曾有过的汉唐盛世，却无一不是从非平衡走向高一级有序的过程。汉王朝是继统一了东西南北文化各异的诸侯国的短命的秦王朝而兴起的。唐王朝则是建立在南北民族大融合，儒、佛、道文化大融合的基础上的。到宋代，中国文明经过几次文化融合已完全发育成熟而臻于顶点，且周遭再也没有比它更发达的文化可以去融合了，于是，它便在一种平衡状态下停滞了。可见，吸收异种文化的有益因素打破旧有的平衡态，增强内部的张力，是促使文化发展的必要条件。近代以来，西方文化的影响日渐达于中国，但由于这种影响在过去总是伴随着某种屈辱感，从而就全民族范围而言无以冷静而理智地看待这一过程。今天，这种屈辱感理应成为过去，中华民族已经以崭新的姿态自立于世界民族之林，完全可以以独立自主的姿态对待任何一种外来文化的影响。在当代，实行包括文化领域的对外开放，不仅是一种客观的必然性，而且也是民族自信心的一种表现。

总之，当代中国接受西方社会思潮的影响，是由当今时代条件所决定的不可避免的趋势，而且从总的方面说，它对促进中国文化的发展也有积极方面的意义。但是，同时必须看到，当代西方文化是在数百年资本主义发展的基础上形成的，是同社会主义相对立的文化形态。就以当代西方社会思潮所表现的非绝对化倾向来说，它固然反映了当今科学和社会发展的趋势，这同当代中国社会要求破除绝对主义，推进思想解放的潮流是相吻合的，但是，西方文化中在非绝对化倾向支配下所贯注的具体内容，如极端的个人主义、非理性主义、非意识形态化等，却完全是资产阶级的，是同社会主义思想格格不入的。非绝对化主要是一种思维方式或思想模式。由绝对化转向非绝对化，并不能改变西方文化的资产阶级性质。而且，作为一种思维方式，非绝对化倾向的发展也有两种不同的结果，它可以导向辩证法，也可以导向相对主义。事实上，西方思潮中的非绝对化倾向在许多方面正是以相对主义的方式贯彻的。在这种情况下，如果不坚持马克思主义的指导，不能对西方思潮做出科学的分析和选择，就有可能由非绝对化走向相对主义，就有可能把西方文化当作适合潮流的东西一股脑儿接受过来。譬如所谓个性发展的问题，如果不分清马克思主义个性发展的理论同资产阶级"个性解放"口号的界限，就会把资产阶级个人主义连同它的社会政治观点统统视为"新潮"接受过来，那就成了资产阶级思想的俘虏。

可见，所谓当代西方社会思潮的渗透促使中国社会意识的更新，应表现于两个方面。一是吸取西方文化中的积极方面即适合当代科技和社会发展潮流的东西；二是批判西方文化中的消极方面，即以马克思主义的观点回答西方思潮中的新问题。总之，正确有效地对付外来文化的渗透，要求中国自己的社会意识不断更新，它也能促进中国自己的社会意识的更新。

当代西方社会思潮对中国社会的影响是多方面的，我们下面只从价值观念和思维方式这两个最重要的方面略加考察。

二、西方价值观念的影响

价值观念是人们社会生活、行为的基本内在准则。因而，当代西方社会思潮对中国社会的影响，在最广泛最一般的意义上，就是对传统价值观念的影响作用。中西两种文化中的价值观念有着极大的差异，这里不仅有现代化与尚未现代化之间的差异，有异质文明之间的差异，而且有资本主义和社会主义的阶级差异，两种差异又往往交织在一起，难分难解。一般说来，现代西方社会的普通价值观念是相应于现代商品经济的社会结构的，但它又是在本质上反映资产阶级的利益要求和心理的。而中国就其传统的价值观念来说是相应于一种中国式的自然经济结构的社会的，但又只能用社会主义的观念加以改造，使之适应现代化的社会生活。这就使中西两种价值观念的相互影响和冲突表现出极其复杂的情形。

　　中国传统价值观念是在长期自然经济和宗法制度的社会条件下形成的，在中国社会现代化的过程中，它必然受到猛烈的冲击，包括来自西方价值观念的冲击。中国传统价值观念的核心是家族伦理中心主义，其余的一切准则都或多或少是从这里派生出来的。中国的文明社会的形成与起源于对异族的征服与奴役的西方文明社会不同，基本上是由具有血族关系的诸原始集团渐次融合而成的，因而家族一直在社会生活中占有极重要的地位。国家天下也不过是家族的简单放大，治国平天下之道亦与齐家之道相通。在这种情况下，很自然地使维持家族和谐的人伦关系准则成为全部价值观念的核心，由此派生出了传统价值观念的一系列独特性。其一，由于特重家族，便在一方面吞没了个人，在另一方面又溶解了国家和抑制了其他非血缘性的社会集团的发展。吞没个人，导致人们处世行事缺乏个性，不重自我，常常以他人的观念为观念。溶解了国家，则导致对国家大事漠不关心。其二，由人伦关系为重导致人事关系繁复，看重虚文缛节，不重效率，凡事要照顾尊长亲朋面子，情面先于原则甚至法令。其三，以家庭为重，自然便看轻个人的实现，个人的成功即是家族的成功，而非是个性之自我实现。其四，由于个人主要是家族之一分子，事事须对家族负责，因而人们行事多以老成持重、循规蹈矩为准绳，而少冒险精神。其五，家族为重，则凡事讲求礼让，反对个人权利，反对竞争，且由此而缺乏时间观念、效率观念。其六，家庭人伦为重还是根深蒂固的平均主义之源。家族与个人互相负责，故一人荣，举家共荣，一人富，举家共享。不患寡，唯患不均，为数千年来的社会通则，等等。近代以来，中国传统的价值观念在多次社会变革的冲击下，已发生了明显的变化。特别是中国共产党所领导的新民主主义革命和社会主义革命更是有力地推动了传统价值取向的转变。但是，一种历史悠久的价值取向传统是极为稳定而难于改变的东西，特别是较深层次的东西更是顽强异常。就现今价值观念的较深层次来看，我们不得不说，作为传统价值观念基础的家族伦理中心主义并未从根本上受到改造，而在多数情况下只是改变了其表现形式。20 世纪 50 年代以来，随着经济的增长，国家建立了许多厂矿企业，有大批农业人口进入了城市，此外，也成立了众多的群众团体。但是，这些企业与团体基本上都是按照自然经济的家庭结构加以放大而建立起来的，与商品经济的要求大半无涉。当前为人们所批评的"大而全""小而全"者，即指此。这样，尽管经济结构有了变化，但人们仍然可以按旧有的价值准则行事。从实行开放改革政策以来，人们对这个问题的认识才发生了变化。随着商品经济的发展，人们的价值观念在这十多年里也有了显著的变化。

价值观念是一种社会心理的东西，它的转变除了受着相应的现实基础的制约之外，也还受着各种精神性因素的影响。在这方面，近年来当代西方诸社会思潮随着对外开放的进入与传播，对于人们价值取向的转化，是起了一定作用的。如前述，当代西方诸社会思潮的基本趋势是一种非绝对化倾向，它反对传统的神圣性、绝对性，而倡导个性的自由，强调个人的独特性。这种倾向从形式上看，是在一定程度上与中国人价值观念所要变化的方向相吻合的。但也正因为有这种形式上的、一定程度上的"吻合"，才需要我们在对待西方价值观念的渗透方面采取十分审慎和明确的态度。西方价值观念是同商品经济的发展相适应的，是西方社会现代化过程的一种观念表现，它具有对于中国传统价值观念的某种冲击作用，因而如果引导得好，也能对中国传统价值观念的转变起到一定的促进作用。但是必须注意，现代化和非现代化、商品经济和非商品经济的差别绝不能替代和消除价值观念上的阶级差别。西方社会占统治地位的个人本位、个人至上、金钱至上等价值观念，既是商品经济发展的产物，又更是资本主义生产关系的产物，它同社会主义现代化所要求建立的价值观念体系是不相容的。因此，在中国发展社会主义商品经济、实现社会主义现代化的过程中，既要正视西方价值观念的影响，正确地利用它对中国传统价值观念的某种冲击作用，又要特别注意自觉地抵制它的消极影响。

三、西方思维方式的影响

思维方式是文化系统中最深层的东西。思维方式对于精神生产有如物质生产中的工具系统，决定着产品的状况。当代西方诸社会思潮对中国社会的影响，在最深层的意义上讲，当是对中国传统思维方式的冲击作用。

中国传统的思维方式形成于传统的社会生活之中，与传统的社会生活一样，有着极为显著的特点。中国传统思维方式的最根本特点是其伦理中心主义。中国人对待世界的态度基本上是一种伦理的态度，它不仅一切以伦理为归宿，且往往从伦理出发，把人事关系向外推去以解释世界，这种态度不是一种静观的理论态度，而只能称之为一种伦理的实践或实用态度。所谓的"民胞物与"之最高境界，正是这种态度之极致。在西方哲学史上，理论理性或纯粹理性一向高于实践理性。至近世康德才提出实践理性高于理论理性，但人们一般仍更看重其《纯粹理性批判》，而不是相反。在中国则忽视独立的、作为一切知识基础的理论理性，而是倡导一种消融了未经发展的理论理性于其中的实践理性或实用理性。中国哲学史上的知行关系中，人们一般重行甚于重知（尽管这些知亦多为伦理之知），且认为行可兼知，而知不可兼行，或者主张知行可以合一。这种轻理论重实行的主张，正是中国传统思维方式的核心，且由此派生出了思维方式上的一系列的特点。首先，由于理论理性不发达与特重实践理性，中国传统思维方式的指向具有显著的现实性，它所关心的不是超越的形而上的东西，而是世俗的社会生活。在西方哲学史上，许许多多思想家致力于探讨那一切存在物背后作为其根据的纯存在本身；而中国传统哲学则以"体用不二"为特征，从不离开现世去探讨那超越经验可能的东西，中国思想史上也没有那种类似于西方的形而上学或第一哲学的东西。其次，中国传统的思维方式由特重人伦而导致一种看问题的有机整体方式。这是把人类自身的有机性外推的结果。不仅以有机的方式看社会，也以这种方式看自然，且看自然从属于看社会人伦，或者并不严格区分二者。这便与西方着力于分析、还原的思维方式大异其趣。因此，在中国古代，最发达的学问是对象为有机整体且关于实用的医学与历史，而不是需要精细分析的数理科学。再次，由于重人事伦理，且以有机的方式看待事物，便又导致认识中重了悟而轻推断证明的倾向。中国的逻辑学没有发展起来也正是由于这个原因。逻辑学需要的是一种纯粹理性的精神。在中国古代，名家一派曾有过这种理论理性的倾向，但却在着重实效的人的攻击下被扼杀了。又次，由于以上各种原因，中国传统的思维方式特重的是诸事物或因素之间的"和谐"，而不是西方传统所讲求的"同一"。"中庸"是中国人思想与行为的最基本准则；而偏颇、过激、走极端历来为人们所诟病。特重和谐与轻视逻辑严密性，在思想的发展中，便一般不是打破旧有的理论体系，而往往只是补充完善，使之进一步平衡稳定，在思想的常规时期与革命阶段之间并无显著不同。

　　中西两种思维方式极为不同，各具特色，都有自己的优长和缺陷。若就各自长处而言，中国传统的思维方式长于理解、体察作为复杂有机体的社会生活，而西方的思维方式则长于科学创造与宗教冥想。但对于社会现代化而言，科学的发展是至关重要的。因此，欲使中国的科学赶超世界先进水平，吸取西方思维方式的某些长处而使中国传统的思维方式得以改造，是十分必要的。思维方式是文化中最为稳定的东西。当代西方诸社会思潮就其中非理性主义这一倾向而言，与其传统思想是对立的。但从其深层的思想方式看，则仍未脱离旧轨。有一些作家，特别是一些文学家、艺术家采取了不同于传统的表达方式，但在大多数思想家那里，虽然其理论主张是非理性主义的，但其表达方式以及从中表现出来的思维方式本身却并不是非理性的，他们并不排斥逻辑上的严谨性，就是那些声称要"消解"传统的"逻各斯中心主义"的人也不得不使用传统的语言。这正如有人所说的那样，逻辑是驳不倒的，因为要驳斥逻辑还得使用逻辑。如弗洛伊德着力考察了人的无意识活动，认为无意识支配人的心理活动，但其考察方法却并非是非理性的。当然，当代西方诸社会思潮的反形而上的超越性的非绝对化倾向，是异于传统的天真的非批判精神的，但这种相对化倾向从总体上来说是对于过去那种绝对化倾向的校正，而非指根本改变了其所源自的传统思维方式。这种校正，使之更加适合现时代的思想任务，即由过去适合于指向上帝或形而上的本体转变为适合于指向人类现实的生活领域，指向具体的科学领域。可见，当代西方诸社会思潮对中国社会的积极方面的影响，就思维方式而言，可从两个方面去看，一方面，就当代西方社会思潮的非绝对化倾向而言，这种影响将有助于打破中国传统的思维定式，破坏传统观念中束缚人思想的僵化成分，从而有助于中国人的思维方式更新。另一方面，就当代西方社会思潮所包含的深层次的思维方式而言，这种影响将可能补充中国传统思维方式的不足之处，增加其内部张力，改变其适应性。例如，西方思维方式的纯粹理性精神将有补于中国的实用理性倾向；西方人对自然的静观态度将有补于中国传统对自然的伦理态度；西方理性追求逻辑彻底性、重视方法论的精神将有补于中国传统的笼统直观的了悟方式。总之，这种影响在总体上将有助于中国人的思维方式向着适应现代生活的方向变化。

　　思维方式既然是文化系统中最深层的东西，它的改造也就依赖于各种因素的综合的作用，是随着整个社会生活的全面改造而实现的。固然，在当今开放的时代，西方思维方式的冲击是不可避免的，从积极方面说，它也可以为中国传统思维方式的改造提供借鉴和某些有益的补充，但是，决不能认为西方的思维方式一切皆好，可以全盘照搬，中国思维方式的现代化绝不是什么"西方化"。即使对于西方思维方式的借鉴和吸取，也必须以马克思主义为指导，特别是以马克思主义的唯物辩证法为指导，必须贯注马克思主义的批判精神。

第三篇　当代中国以经济变革为基础的社会整体运动

第八章　发展生产力是当代中国社会的根本历史任务

中国社会正发生着深刻的历史性转变，它的目标是循着社会主义的道路走向富强、民主、文明的现代社会，这是中国社会生活的全面变动，是中国社会的整体运动，而实现这个转变的根本基础则是社会经济的变革。只有实现由自然经济、半自然经济向商品经济的完全转变，才能经过社会主义商品经济的发展，造成高度发达的社会化生产力，才能为民主政治建设、精神文明建设提供必需的物质前提。因此，发展生产力是当代中国社会的根本历史任务。

第一节　现代化的生产力是当代中国社会发展的基础

一、社会化大生产是社会主义制度赖以建立的物质基础

社会主义社会是比资本主义社会更高的社会形态，社会主义制度的建立是资本主义社会内在矛盾发展的必然。从历史发展的一般规律说，社会主义制度赖以建立的物质基础是由资本主义社会的发展所提供的，这就是社会化的大生产。资产阶级

在它的阶级统治中所创造的生产力，"比过去一切世代创造的全部生产力还要多，还要大"①。与此同时，它又使生产力强大到资产阶级所有制关系不能适应的地步，使资产阶级所有制的存在受到威胁。生产的社会化和生产资料私人占有制的矛盾是资本主义社会无法摆脱即无法在自身基础上解决的矛盾，它必然导致社会主义制度的产生。所以，列宁强调，社会化大生产"就是社会主义必然到来的主要物质基础"②。

近代中国没有经历一个资本主义充分发展的阶段，而是由封建社会逐步变为半封建半殖民地社会。民族资本主义工商业虽然在外国资本主义入侵的刺激下产生并有所发展，但一直受着外国资本的压迫并与封建地主经济有着千丝万缕的联系，这就注定我国近代资本主义发展患有先天的"软骨病"和"侏儒症"。所以，直到新民主主义革命胜利前夕，社会化大生产的近代工业不过占社会总产值的 10%左右，封建的自然经济和半自然经济依然是社会主要的物质基础，生产的社会化程度、生产力水平远远落后于发达的资本主义国家。我们的社会主义社会就是从这样的社会状态中直接脱胎而出的。这当然不能说明我们的社会主义制度赖以建立的物质基础是自然经济的小生产。作为社会主义物质基础的社会化大生产，在旧中国虽然发展不充分，所占比重不大，但它有一个十分显著的特点，这就是官僚垄断资本的发展迅速，在我国资本主义发展中占据绝对的优势，并通过国家政权的力量控制了国家的经济命脉。一方面，这种腐朽的官僚垄断资本的统治把国内的阶级矛盾激化到极点，促使无产阶级阶级觉悟的觉醒，而且由于它通过与地主阶

---

① 马克思和恩格斯：《共产党宣言》，《马克思恩格斯选集》第 1 卷，人民出版社 1972 年版，第 256 页。

② 列宁：《卡尔·马克思》，《列宁选集》第 2 卷，人民出版社 1972 年版，第 599 页。

级的联盟残酷地压迫和剥削农民，也就为无产阶级革命准备了天然的同盟军。另一方面，官僚垄断资本由于控制了国家的经济命脉，掌握着近90%的近代资本主义工商业，这也为无产阶级革命通过剥夺官僚资本来建立自己的物质基础而准备了必要的物质条件。因此，我国能够在相对落后的生产力基础上建立起社会主义制度。我国社会主义制度赖以建立的物质基础并不是小生产，仍是主要由官僚垄断资本为之准备的社会化大生产。

显然，这种社会化大生产作为社会主义制度的物质基础是极不充分，极不发达的。那么，我们能否等到旧中国完全准备好这种物质基础再去建立社会主义社会呢？这也是不行的。基本的原因就在于，在旧中国特殊的历史条件下，资本主义道路是走不通的，企图等待资本主义在我国的充分发展来为我们准备好社会化大生产的物质基础，只能耽于空想。社会化大生产充分发展的唯一出路，就是推翻帝国主义、封建主义和官僚资本主义的反动统治，走社会主义道路。这种特殊的历史条件，决定了我们在社会主义制度建立以后，需要自己去发展和完善这个物质基础，通过社会主义道路去实现别的许多国家在资本主义条件下实现的工业化和生产的商品化、社会化、现代化。

社会主义必须建立在社会化大生产的物质基础上，这是科学社会主义的普遍原则。在我国，这个物质基础不是完全由资本主义的充分发展所提供的，而是在建立社会主义制度后依靠这个制度自身去创造，这是我国社会主义发展的特殊性。这并不是离开了普遍原则，而只是这个普遍原则在我国特殊历史条件下的具体运用。认识这一点，对于我们正确把握社会主义与资本主义的关系有着十分重要的意义。历史已证明，要发展社会化大生产，资本主义道路在中国是走不通的，必须坚持社会主义道路。现实也告诉我们，我国的社会主义还需完成许多别的国家在资本主义条件下完成的发展社会化大生产的任务，因此，发达资本主义国家在发展中的许多经验值得我们借鉴，许多成果值得我们吸收。这也就是说，我们还须向资本主义学习。既不能走资本主义道路，又要向资本主义学习，这就是我们面对的复杂局面。

社会化大生产不仅是社会主义赖以立足和发展的基础，也是社会主义的本质规定的一个方面。过去常说公有制是社会主义的本质特征，这个说法在科学上不是很严格的。因为公有制并非社会主义所独有，在人类早期的原始社会也曾存在过。但原始社会的公有制是建立在极其低下的生产力水平之上的，这种公有制不能促进社会生产力的发展和整个社会的进步。从历史发展的意义上说，这种公有制并没有什么优越性。而社会主义的公有制则是建立在高度发达的生产力水平之上的，这种高度发达的生产力就是社会化的生产力。这是社会主义公有制和原始社会公有制的基本区别。只有建立在社会化大生产基础上的公有制，才能实现它促进生产力发展和社会进步的优越性。所以，在严格科学的意义上，不能笼统地说公有制是社会主义的本质特征，而应当说建立在社会化大生产基础上的公有制才是社会主义的本质特征。可见，离开了社会化大生产，也就没有社会主义。

二、生产的商品化、社会化和生产的现代化

实现社会的现代化，首先必须实现生产的现代化。"生产的现代化"是关于生产力发展水平的范畴，而衡量生产力发展水平的标准是双重的。其一，是"用什么劳动资料生产"[①]。因

---

① 马克思：《资本论》第 1 卷，人民出版社 1975 年版，第 204 页。

为，劳动资料"是人类劳动力发展的测量器"[1]。劳动资料这个标准是最为重要的，但并不是唯一的。其二，是生产的社会化即生产的社会分工的发展程度。生产力水平的这二重标准，不是互相分离的，而是互相联系的。劳动资料（其主体内容是生产工具）的新发展，会引起生产社会化的进一步发展。所谓生产社会化，表现在诸经济单位之间，一方面是社会分工越来越细，一方面是社会联系越来越密。简言之，生产的社会化程度也就是生产的专业化程度和专业化生产之间的相互依赖程度。所以，生产的社会化发展，也要求并促进着劳动资料的发展变化，并为之提供必要的社会条件和环境。因此，生产的现代化绝不是单指劳动资料及其中工具的先进程度，还包括与之相适应的生产的社会化程度。也就是说，生产的现代化就是在现代化劳动资料基础上使生产达到高度的社会化。

所谓生产的社会化，是一个历史的概念。从人类社会生产发展的整个过程来看，生产的社会化程度呈现出逐步提高的趋势。这与劳动资料特别是生产工具的发展是一致的。但是，这并不是说生产的社会化程度只是生产力发展水平的被动表现。在大体相同的劳动资料（包括生产工具）条件下，提高生产的社会化程度，即发展社会分工和增强社会协作，就能够使生产力得到相当的发展。因为这里有"由于许多力量融合为一个总的力量而产生的新力量"，这就"创造了一种生产力，这种生产力本身必然是集体力"[2]。在资本主义工场手工业初期，劳动资料并没有发生重大变化，但由于生产社会化程度的提高，使生产力也得到了很大的提高。因此，生产社会化程度是生产力发展水平的一个重要标准。从历史上来看，生产的社会化与生

---

① 马克思：《资本论》第 1 卷，人民出版社 1975 年版，第 204 页。
② 马克思：《资本论》第 1 卷，人民出版社 1975 年版，第 362 页。

产的商品化是不可分的，或者说，只有实现了生产的商品化，生产的社会化才在完全意义上实现。生产的社会化程度也就是生产的商品化程度。对于我国生产力的发展来说，认识到这点尤其重要。

我国的自然经济传统非常久远，其影响也非常深广。在社会主义制度建立以后的一个长时间里，认识不到生产的商品化即是生产的社会化，认识不到生产的商品化是社会经济发展的一个不可逾越的阶段，而把生产的商品化混同于资本主义化。于是，在公有制基础上搞变态的自然经济或半自然经济，严重地束缚了生产力的发展，妨碍了社会主义制度优越性的发挥。前些年，我们引进的先进设备和技术不少，但生产力的水平并没得到相应的提高，社会整体的经济效益没达到相应的高度，从经济上说，一个基本的原因就在于生产的社会化即生产的商品化没得到相应的发展。由于生产的商品化水平较低，使得社会浪费了大批的物化劳动和活劳动，抑制了市场的活跃和发展，先进的设备和技术也不能发挥出应有的效益。从我国现阶段的基本状况来说，生产的社会化就是生产的商品化，而生产的商品化则是生产现代化的基本条件或基本环境。从这个意义上说，我国的生产现代化和生产社会化都集中表现为生产的商品化。生产的商品化是生产社会化的表现，也是生产现代化的必由之路。因此，发展现代化的生产力，就必须要发展社会主义的商品经济。

三、发展社会化的生产力和当代中国社会关系的全面改造

生产力的发展必然引起生产关系的变化，使之调整到与生产力发展相适合的状态，它首先影响到人们的经济生活和经济

关系，又会进而影响到人们的政治生活和精神生活，使人们的一般社会关系得到改造。当代中国的社会关系正处于全面的变动之中，这一变动的最深刻的根源同样在于生产力的发展。问题是要对这种变动进行具体的分析。

我国有十亿多人口，但八亿在农村，基本上还是用手工工具搞饭吃；已有一部分现代化工业，但又同大量落后于现代水平几十年甚至上百年的工业同时存在。这就是我国生产力的现实状况。造成生产力这种落后状态的一个基本的历史原因，就是我国几千年的小生产自然经济传统的影响。在自然经济条件下，各个小农彼此间只存在地域的联系，不需要发生多种多样的关系，因而没有丰富的社会关系。他们的生产方式不是使他们互相交往，而是使他们互相隔离，任何多因素互相影响的、横向的联系都是不可能发生的。正如马克思指出的那样："他们不能代表自己，一定要别人来代表他们。他们的代表一定要同时是他们的主宰，是高高站在他们上面的权威，是不受限制的政府权力，这种权力……从上面赐给他们雨水和阳光。"①这就决定了自然经济条件下的社会关系主要是由单一因素所决定的、纵向的关系，是"上"对"下"的绝对统治和"下"对"上"的绝对服从。我国几千年封建社会里的社会关系（如父子、君臣、男女等关系）就是以这种单纯的纵向关系为主。在这种社会关系环境中形成和发展起来的我国传统文化，就以"上下尊卑"观念为其基调。我国的生产力在社会主义革命和建设时期有了很大的发展，特别是近十年来发展的速度更快了。但是，以"上下尊卑"观念为基调的旧文化传统的影响依然很深，在社会的经济生活、政治生活和精神生活中都有其表现，在"集

---

① 马克思：《路易•波拿巴的雾月十八日》，《马克思恩格斯选集》第 1 卷，人民出版社 1972 年版，第 693 页。

中统一"的名义下，使社会关系依然以纵向为主。这就严重地
束缚着社会化生产力和社会主义商品经济的发展。商品化、社
会化、现代化生产的发展，冲击着与自然经济相适应的单纯纵
向的社会关系，使得横向社会关系的范围日益扩大、内容日益
丰富。

　　社会化生产力的发展和社会主义商品经济的发展是同一个
过程。而商品经济的发展则意味着人们经济生活对市场依赖性
的增强和市场的扩大。在商品交换市场上，互相交换的商品所
有者们都是"作为有自由的、在法律上平等的人缔结契约的。
契约是他们的意志借以得到共同的法律表现的最后结果"①。
商品所有者的自由和他们之间的平等关系，与那种"上下尊卑"
的纵向关系截然不同，这是一种自由的平等关系，也是一种广
泛的、丰富的横向关系。经济生活中的这种关系，影响并改变
着人们之间的思想关系和政治关系，从而使社会关系得到全面
的改造。从我国社会主义商品经济的发展进程来看，也正是这
样。我国经济体制和政治体制的旧模式都是过度的集中统一，
干部管理体制的旧模式也是单纯的由上而下的任命制。随着商
品经济的发展，企业间横向联系的增强成了社会化生产力发展
的必然，这就对旧的经济体制造成冲击。经济体制改革的深入，
又要求旧的政治体制消除权力过分集中的弊端，实行党政分开
和政企分开。这种横向关系的发展，也就是个体独立性意识和
平等意识的增强。这些与商品经济一同发展起来的意识，也表
现在一般的社会关系即人际关系上，使得整个的社会关系由单
纯的纵向关系向以横向关系为主的网络关系转变。可见，社会
化生产力的发展是我国社会关系全面改造的推动力，而社会关
系的变化又推动着社会化生产力的进一步发展。

　　　① 马克思：《资本论》第 1 卷，人民出版社 1975 年版，第 199 页。

第二节　当代中国社会生产力发展的动力

生产力是人们改造自然并从自然获取物质生活资料的能力，是人们解决社会和自然矛盾的实际能力。它表示人和自然界的关系。以生产工具为主的劳动资料、劳动对象和劳动者，是构成生产力的三个实体性的基本要素，但它们不是生产力的全部内容。在生产力中还包括科学技术因素、管理因素、社会需要因素以及被利用的自然力因素和资源因素等。现实的社会生产力就是由诸因素以一定的结构方式而联结为体系，这种生产力体系又现实地存在于一定的生产关系之中，并受社会的政治制度和意识形态的影响。简言之，生产力是一个系统，它又处于社会这个大系统之中，因此，无论生产力系统内的诸矛盾，还是社会诸方面对生产力发展的制约和影响，都是研究和探讨生产力发展动力问题时应予以分析的。这就是说，生产力发展的动力也是一个系统。发展生产力既是当代中国社会发展的根本任务，是我国现阶段全部工作的中心，这也就说明，一切方面的工作都直接或间接地与生产力的发展相关联，都应当把它们作为生产力发展动力去对待、去研究。全面地说明这个问题是十分困难的。我们这里只是对我国生产力发展诸动力中，从理论上说是基本的而从实践上说又是重要的几个方面，进行一番考察。

一、商品经济是生产力发展的重要条件

在现代条件下，商品经济是社会化大生产得以实现的唯一的、必然的形式，因而也是社会化生产力得以发展的重要条件。

商品经济发展是社会化生产力发展的重要条件和动力，首先表现为商品经济的基本规律即价值规律也是生产力发展必须遵循的客观规律，它对生产力的发展起着极大的促进作用。在商品经济条件下，生产者的生产经营活功都要与市场相连，都要服从市场的权威。市场的权威，也就是价值规律的权威。价值规律通过市场促使生产者尽量采用先进的技术与设备，生产适销对路的商品，从而在竞争中把整个社会生产力提到一个更高的水平。同时，这种竞争也在无情地淘汰着那些跟不上社会生产力发展的"落伍者"，使资源、资金、人才等进行重新优化配置。这两方面的作用，都在刺激着社会生产力的发展。离开商品经济形式，扼杀了市场竞争，只能保护落后，维持低水平的简单再生产，从而使社会生产力的发展失去活力。我们不是已经看到，把商品经济、价值规律当作"资本主义"的东西加以批判，曾使生产力在许多年里都发展缓慢，以致徘徊不前吗？

其次，商品经济发展作为社会化生产力发展的重要条件和动力，还表现在它是实现生产关系对生产力促进作用的必要形式。生产关系对生产力的反作用是生产力发展的重要动力。但人们常常忽略这种反作用的实现所必须依赖的经济形式的意义。实际上，无论社会化的生产力，还是与此相适应的生产关系，都存在于商品经济的形式之中。生产关系对生产力的促进作用，当然也只有通过商品经济形式才能实现。生产关系中所有制的实现是在市场中进行的，人们的相互关系和地位是在市场中确立的，而分配和再分配更是离不开市场的。因此，市场的发育及其机制的完善就成为生产力发展的重要条件和动力。商品生产者都有着自己独立的特殊利益，他们之间的利益关系是生产关系的实质。生产关系对生产力的促进作用，从其最基本的内容来说，就是通过市场调节商品生产者之间的利益关系来促进生产力的发展。调节这种利益关系的基本场所是市场，其基本原则是价值规律，其基本形式是竞争。商品经济的发展固然是生产力发展的结果，但它又为生产力的进一步发展提供了重要的条件和动力。这一点，无论从我国还是欧洲的近现代经济发展史中都可以得到说明。

二、生产力的内部矛盾推动生产力的发展

和任何事物一样，生产力发展的基本推动力量也在于它的内在矛盾性。在生产力体系的诸矛盾中，有一对矛盾对于生产力的发展具有十分重要的意义，这就是作为生产内在动机的需要和满足这种需要的手段之间的矛盾。

人们进行生产活动的目的，就是为了满足需要。需要，"本身就是生产活动的一个内在要素"①。对此，马克思指出："消费创造出新的生产的需要，因而创造出生产的观念上的内在动机，后者是生产的前提。消费创造出生产的动力；它也创造出在生产中作为决定目的的东西而发生作用的对象。……消费在观念上提出生产的对象，作为内心的意象、作为需要、作为动力和目的。……没有需要，就没有生产。"②这里所说的"需要"，是生产的前提和目的，还只是生产力中的主观性要素。这种主观性要素只有在同生产力中的客观性要素即满足需要的手段结合为矛盾统一体时，才能对生产力的发展起到现实的推动作用。同样地，如果只看到满足需要的手段在生产力发展中的作用，而忽略了主观性要素即需要的意义，也是不正确的。因为那样，生产的发展就没有目的，手段的发展也就失去了内在的动力。

①　马克思：《〈政治经济学批判〉导言》，《马克思恩格斯选集》第 2 卷，人民出版社 1972 年版，第 97 页。
②　马克思：《〈政治经济学批判〉导言》，《马克思恩格斯选集》第 2 卷，人民出版社 1972 年版，第 94 页。

就商品生产的形式来说，所谓"需要"的意义在实际上也就是市场的意义。我国在过去一段时间里生产力发展缓慢、比例严重失调等问题的存在，不能不说与忽视需要的意义即市场的意义有着密切的关系。

人们的需要和满足需要的手段之间的矛盾推动生产力的发展，在现实中表现为这一矛盾双方的既对立又统一关系的辩证进展。人们有生存的需要、享受的需要和发展自身的需要，这些需要又会在不停的变化中日趋高级和复杂，这就一方面为满足需要的手段的发展注入无穷无尽的活力，从而成为生产力不停顿发展的内在根据，另一方面"满足需要的活动和已经获得的为满足需要用的工具又引起新的需要"[①]。手段的发展又决定需要的发展。不管是人们的物质生活需要还是精神生活需要，都是依据一定的客观物质手段及其发展趋势而出现的。需要依赖于手段、又推动新的手段的出现，手段满足着需要、又决定新的需要的产生。在这对矛盾推动下，生产力不停地愈益高级地向前发展着。

对于当代中国来说，这对矛盾集中体现为发展生产与满足人民物质文化生活需要之间的相互作用关系。我国经济在相当一段时间里都将是短缺经济，即生产的发展落后于需要的发展，从而表现为消费的"超前"。因此，我们在认识到商品经济条件下生产通过市场刺激消费这一方面的同时，特别要重视需要通过市场对生产的指导作用。生产的发展要以市场需求状况为基础，使生产与需要的矛盾对我国生产力发展起现实的推动作用。而这又要求有完善的市场反馈机制和市场调节机制。只有建立了统一的、机制完善的市场，生产与需要之间的矛盾才能合乎

---

① 马克思和恩格斯：《费尔巴哈》，《马克思恩格斯选集》第1卷，人民出版社1972年版，第32页。

规律地向前发展。我国人民的物质文化生活需要的迅速增长之所以未能对生产发展起到相应的刺激作用，就是因为缺乏这样一种市场。因此，市场问题成为当代中国社会生产力发展的一个重要问题。

在生产力体系中，另一对矛盾对于生产力的发展也有着重要意义，这就是构成生产力的三大实体性要素之间的矛盾，即生产力中人的因素（劳动者）与物的因素（包括劳动资料和劳动对象在内的生产资料）之间的矛盾。生产力中人的因素和物的因素按一定方式结合起来，就是满足需要的现实手段，因此，这对矛盾是从属于需要和手段之间的矛盾的；但是，手段的发展又是生产力发展的现实表现，因此，这对矛盾在生产力发展中又有自己的独立作用和意义。劳动者不断地再生产着生产资料，并创造出新的生产资料；而生产资料的发展又促进着劳动者技术、才能和智慧的进步，并创造出新的劳动者来。这样，生产力就在这对矛盾的推动下迅速向前发展。但是，这只是问题的一个方面。另一方面，所有的生产力发展的动力又都可能成为生产力发展的阻力，而阻力不过是动力的反面表现。例如上面所说的需要和满足需要的手段之间的矛盾就是这样。需要的畸形膨胀或手段的发展背离需要的方向，都会严重阻碍生产力的发展。同样的，如果劳动者和生产资料不能形成合理的结构整体，比如劳动者的技术水平不能适应先进的生产资料的要求或落后的生产资料束缚了劳动者才能和创造力的发挥，都会延缓生产力发展的速度。这些情况在我国现实生活中都是存在的。所谓劳动者和生产资料结合的合理结构整体，不仅要求二者在数量比例上相适应，而且，从我国生产力发展的现状来看，更重要的在于使二者不是在低水平而是在高水平上统一起来，并使二者同步发展。这就要求在发展生产力中，把发展科学技术、提高管理水平和搞好教育事业放在首要位置，使我国的经济建设由拼体力、拼资源转到依靠现代化科学技术、现代化管理和提高劳动者素质的轨道上来。

三、科技、管理、教育与生产力的发展

从现代的观点来看，科学技术、管理和教育都是生产力中的重要因素。它们属于生产力诸因素中非独立的、非实体性因素，是通过或说是物化在三大实体性要素中，才起到对生产力发展的直接推动作用的。它们在我国现代化生产力发展中的作用是互相区别、又互相联系的。

现代科学技术和现代化管理已成为当代中国发展生产力、提高经济效益的决定性因素，是使我国经济走向新的成长阶段的主要支柱。我国生产力的落后和发展缓慢，突出的原因就是科技落后、管理落后。科技和管理的落后，一方面是由于我们是在中国这样落后的东方大国建设社会主义，起点低，底子薄，自然经济思想的影响很深；另一方面则是由于我们过去指导思想上的失误。从 20 世纪 50 年代后期开始，由于"左"倾错误的影响，我们曾急于求成，盲目求纯，以为单凭主观愿望，依靠群众运动，就可以使生产力急剧提高。结果，20 世纪 60 年代在世界范围内的科技大发展和从 70 年代开始的新科技革命，使我国的科技和管理水平与世界上发达国家之间的差距更加扩大了，生产力的发展水平也相对地更加落后了。如果我们不抓紧时机，急起直追，就无法缩短我们在经济技术上同发达国家之间的差距。

科技和管理都是现代生产力发展的推动力量，但它们转化为直接生产力的途径和实际起到的作用又是不同的。科学技术要"物化"在劳动者身上和生产资料中，提高劳动者的科技素

质，提高生产资料的科技水平，利用科学技术把愈来愈多的自然力纳入生产力中，"迫使它为人们服务；这样我们就无限地增加了生产，使得一个小孩在今天所生产的东西，比以前的一百个成年人所生产的还要多"[①]。另一方面，生产力的科技因素加强了，也将使产品的信息含量增大而物质消耗减少，以利于保持优化的自然环境和生态环境。管理对生产力发展的促进作用，在社会化大生产中表现得最为显著。马克思说："一切规模较大的直接社会劳动和共同劳动，都或多或少地需要指挥，以协调个人的活动，并执行生产总体的运动——不同于这个总体的独立器官的运动——所产生的各种一般职能。"[②]管理，是生产力诸因素优化组合的"黏合剂"，也是生产过程顺利进行的监督和保证。"管理水平的提高，可以使生产力在现有的人员和物质条件下得到最为迅速的发展，取得最大的经济效益。我国经济生活中的很多事例，都可以说明这一点。管理是生产力发展的一个经常性动力。但是，生产力的科学技术因素和管理因素必须是相互作用、相互联结在一起，才对生产力的发展起到现实的促进作用。生产力的科学技术性质决定着生产过程中管理的具体状态，科技的发展要求管理也相应地发展；而管理的水平又制约着既定科学技术在生产中所能发挥的作用，管理水平的提高也会推动科学技术的发展及其在生产中的应用。

无论科学技术的发展，还是管理的水平提高，又都离不开教育的作用，因为这一切都要通过提高全体人民的素质、特别是生产劳动者的素质才能实现。从现代的观点看来，教育主要属于生产力的范畴。科学技术物化在劳动者身上，这直接依靠教育；而物化在生产资料上，也间接地依靠于教育。同样，管

---

① 恩格斯：《自然辩证法》，人民出版社 1984 年版，第 20 页。
② 马克思：《资本论》第 1 卷，人民出版社 1975 年版，第 367 页。

理水平的提高，也是一点也离不开教育的。有的国家以教育立国，使生产力得到迅速而又持久的发展。这种成功的经验，值得我们深思和学习。

四、社会主义政治经济制度对发展生产力的保证作用和促进作用

社会生产力都是在一定的政治制度和经济制度下发展的，因此，政治制度和经济制度对于生产力的发展有着十分重要的影响。我国是社会主义国家，人民民主专政的基本政治制度和以公有制为主体的基本经济制度与当代中国社会生产力的发展是相适应的，因而是生产力发展中不可忽视的重要动力。我们在进行现代化经济建设中进行政治体制和经济体制的改革，也就是为使这种动力能够充分地发挥出来。诚然，政治制度和经济制度对生产力发展的作用，在其范围和方式等方面也是各有特点的。经济制度的作用是直接的，而政治制度的作用则是间接的。但它们的作用也有其共同之处，这主要有以下两个方面。

首先，社会主义的政治经济制度能够对社会生产力的迅速发展起到保证作用。社会主义民主政治和法律制度的逐步完善，保持了社会的安定，为生产力的发展提供了良好的社会环境，特别是社会主义法律制度的健全，使得经济生活中的基本行为准则法律化、规范化，为生产的商品化、社会化和现代化的发展提供了最为切实可靠的法律保证。这对于生产力发展的意义是十分重大的。国家通过经济法规调整生产经营者之间以及他们与国家之间的利益关系，保护合法的竞争和诸种债权关系，从而为社会主义商品经济提供了良好的法律环境。现阶段以公有制为主体的、多种经济成分并存的经济结构与我国多层次存在的生产力是相适应的，它既保证了国家对经济的宏观控制，

又保护了微观经济的搞活。

其次，社会主义的政治经济制度能够对社会生产力的迅速发展起到促进作用。在我国社会主义社会中，劳动人民已成为国家的主人翁，他们为自己的利益而劳动，在社会中的政治地位与经济地位和资本主义雇佣工人相比发生了根本性的变化，这就有可能充分调动起劳动者的生产积极性，从而使生产力的发展达到资本主义不可比拟的高速度和高水平。马克思说："最强大的一种生产力是革命阶级本身。"[①]在无产阶级革命的时期即解放生产力的时期，这是一个真理；同样，在社会主义建设时期即发展生产力的时期，这也是一个真理；社会主义的政治经济制度就是把劳动群众中蕴藏着的最强大的生产力充分释放出来的必要的社会条件。其中，社会主义经济制度对生产力发展的促进作用是最为直接的。以公有制为主的多种形式的所有制和按劳分配制度，把社会效益、企业的经济效益和个人物质利益结合为一体，促进了个人潜能的释放和整个社会生产的发展。近几年在改革中出现的农村家庭联产承包责任制和适度规模经营，企业租赁、承包、兼并以及财政包干、上缴利税递增包干等探索性措施，给经济发展注入了活力。经济体制改革十年间，我国经济增长的平均速度高于世界主要资本主义国家同期经济增长速度，就是一个有力的证明。

社会主义的政治经济制度对生产力发展的保证作用和促进作用，在我国现实状况中，集中表现为政治体制和经济体制的改革对生产力发展的巨大推动作用。改革，是我国社会主义政治经济制度的自我完善。而改革的动因和目的，都在于我国社会生产力的发展。

---

① 马克思：《哲学的贫困》，《马克思恩格斯全集》第 4 卷，人民出版社 1958 年版，第 197 页。

第三节　当代中国社会生产力发展的趋势

生产力的发展是一个自然历史过程，有着自己内在的、不依人们的意志为转移的客观规律性。这种规律性，表现为生产力的发展速度与协调发展的统一，发展的渐进性、连续性与跳跃性、间断性的统一，以及基本阶段的不可逾越性与某些具体阶段的可逾越性的统一等诸方面。生产力正是在这诸方面统一的发展过程中展示了自己的发展趋势。我们应当把握当代中国社会生产力发展的趋势，以促进生产力按照其自身固有的客观规律性尽快地发展。

一、现代生产力发展的一般趋势

所谓现代的生产力，就是立足于最新科技成果基础上的商品化、社会化、现代化的生产力。这种生产力，在新技术革命方兴未艾、突飞猛进和以发展和对话为主潮流的国际环境中，其发展的一般趋势表现为：科学技术（包括信息、管理等因素以及创造力等智力因素）在生产力发展中的作用越来越重要，生产的商品化、社会化程度越来越高，以致使全球的生产都通过市场连为一体，这就使现代生产力呈现为加速度发展的趋势。对于生产力发展的这种一般趋势的分析，既应该把握它与国际政治经济环境的关系，也应该把握它与新科技革命的关系；既应该全面把握它依存的条件，也应该把握它发展的特点。这种全面的分析，对于我们来说，尚有待于研究。这里，我们只从生产力内在要素的发展上，来看一看这种一般趋势的具体表现。

现代生产力发展的显著特点之一，是把越来越多的与生产

直接相关的方面作为要素包容在自身之内。传统的生产力社会
化程度低，作用范围也小，只要生产资料和劳动者以某种方式
结合起来，生产就可以进行了。现代生产力则与此有所区别。
虽然它也以生产资料和劳动者为其最基本的要素，但这些最基
本要素结合为现代生产力却离不开许多与此相关的要素，例如
科学技术、管理、信息、能源、教育，甚至生态环境都已成为
现代生产力发展不可须臾离开的基本要素。越来越多的要素被
生产力所容纳，是现代生产力发展的表现，也是它的内在动力
源泉。在越来越多的生产力的要素中，智力等精神性因素的增
加及其作用的增大是最为明显的。因此，从某种意义上说，现
代经济的竞争也就是科学技术、人才和教育的竞争。

现代生产力发展的又一显著特点，是生产资料发展和更新
的速度加快了。生产资料是生产力中最基本的物质要素，其中
的劳动资料更是生产力发展水平的客观的测量器。因而，生产
资料的迅速发展和更新，就使现代生产力的发展有了愈益坚固
的物质基础。在新科技革命基础上，现代生产力拥有了自己的
物质手段，这就是以电子计算机、空间技术、核能及智能机器
人为标志的日新月异的生产资料。在世界经济一体化条件下，
这些崭新的生产资料正在使全球的生产力发生一场重大的革命
性变化。

现代生产力发展的另一个显著特点，是使生产力中唯一能
动的因素即劳动者也经历着深刻的变化。传统的、以体力劳动
为主的劳动者的概念正在被新的劳动者概念所替代。现代生产
力的发展要求劳动者在生产过程中付出越来越多的智力因素，
发挥出越来越多的主动的创造力。这就必须加强对劳动者的职
业教育和在职继续教育，提高他们的科技素质和创造能力，以
适应现代生产力的发展。随着生产过程中精神性因素的作用日

益增大，劳动者的概念也越来越扩大了。马克思根据生产力发展的趋势，已经科学地预见了这种情况。他指出："随着劳动过程本身的协作性质的发展，生产劳动和它的承担者即生产工人的概念也就必然扩大。为了从事生产劳动，现在不一定要亲自动手，只要成为总体工人的一个器官，完成它所属的某一种职能就够了。"①因此，在现代生产中，以体力劳动为主的和以脑力劳动为主的，都属于总体的劳动者范畴。以体力劳动为主的劳动者在劳动者总和中所占比重呈下降趋势，这是现代生产力的发展趋势在其劳动者这个因素上的具体表现之一。

二、当代中国社会生产力发展的特殊途径

确定当代中国社会生产力发展的特殊途径，是探索有中国特色的社会主义道路的基本任务之一。所谓特殊途径，就是从我国生产力现实的基本状况出发，遵循生产力发展的客观规律，所应采取的正确的经济发展战略对策。

在生产力的发展过程中，其工业化即商品化、社会化阶段是不可逾越的。但由于诸种条件的不同，各国工业化进程却有长有短。一般说来，工业化起步较晚的国家由于有别国的经验可借鉴，又可利用工业化国家的先进技术和设备等，因而可以跳过或缩短工业化进程中的某些具体阶段，加速生产力的发展。这种基本阶段不可逾越性和具体阶段可逾越性的统一，是生产力发展规律性的一种表现。认识到这点，对于我们生产力的发展有十分重要的意义。我国生产力落在世界先进水平的后面，一个基本的历史原因就在于自然经济和半自然经济一直占相当比重，在近代没有实现产业革命，商品经济很不发达，生产的社会化程度还很低，因此，必须补上工业化这一课。在我国社

---

① 马克思：《资本论》第 1 卷，人民出版社 1975 年版，第 556 页。

会主义初级阶段，发展生产力所要解决的历史课题，是实现工业化和生产的商品化、社会化、现代化。但是，当我们着手解决这一历史课题时，在世界范围内又发生着使生产力突飞猛进的新技术革命，这又给我们提出了赶上世界新技术革命的任务。世界新技术革命对于我们实现工业化，是一种挑战，但也是一种机遇。新技术革命可以使我们加速工业化进程，越过西方发达国家工业化中的某些具体阶段，完成生产力发展的双重任务，从而尽快赶上世界先进水平。

我们既要着重推进传统产业革命，又要迎头赶上世界新技术革命，虽有许多有利条件，但也存在不少困难和矛盾。我国人口众多、资源相对不足、资金严重短缺等，都妨碍着生产力迅速发展。而矛盾的焦点则是经济活动的效益太低。因此，我国当前的经济发展战略应当是：注重效益、提高质量、协调发展、稳定增长。这个战略的基本要求，归根到底，就是要从粗放经营为主逐步转向集约经营为主的轨道。我国社会生产力发展的特殊途径，概括起来说就是如下几个方面。

首先，要把发展科学技术和教育事业放在首要位置，使经济建设转到依靠科技进步和提高劳动者素质的轨道上来。现代科学技术和现代化管理是提高经济效益的决定性因素，是使我国经济走向新的成长阶段的主要支柱。而这一切，都取决于劳动者素质的提高和大量合格人才的培养。因此，必须坚持把发展教育事业放在突出的战略位置。

其次，要保持社会总需求和总供给基本平衡，合理调整和改造产业结构。只有在合理的产业结构基础上实现总量平衡，才能取得良好的宏观经济效益。我们要以运用先进技术改造和发展传统产业为重点，同时注意发展高技术新兴产业，带动整个国民经济向前发展。在合理的产业结构中，农业居于十分重要的战略地位，第一、第二、第三产业协调发展，整个社会生产的社会化程度将得到很大的提高。

最后，要进一步扩大对外开放的广度和深度，不断发展对外经济技术交流与合作。我们必须以更加勇敢的姿态进入世界经济舞台，正确选择进出口战略和利用外资战略，进一步扩展同世界各国包括发达国家和发展中国家的经济技术合作与贸易交流，为加快我国科技进步和提高经济效益创造更好的条件。

这个经济发展战略的实现，从根本上说，要依靠经济体制改革的加快和深化。因此，经济体制改革是我国社会生产力发展特殊途径的基本内容。在改革中前进，这是由我国社会主义初级阶段生产力的实际状况所决定的。

第九章　建设社会主义精神文明是当代中国社会发展的重要内容

精神文明是社会文明的一个极为重要的方面，它包含着十分复杂的内容。因此，对于社会主义精神文明的发展问题，可以从不同的理论角度加以研究。这里，我们仅从当代中国社会哲学的角度，从对于把握当代中国社会整体运动具有重大意义的几个方面加以探讨。

第一节　精神文明和社会主义

社会主义是社会文明发展到一定历史阶段的产物，同时，它又在新的历史条件下使社会文明发展为新的类型，使文明冠之以社会主义的美名。社会主义的精神文明是社会主义社会区别于以往社会的显著标志之一，它充分体现着社会主义的优越性。社会主义和精神文明不可分，没有社会主义精神文明，就谈不上社会主义。

一、精神文明是社会文明的基本组成部分

文明所标示的是人类社会的进步和开化状态，它由物质文明和精神文明两个基本部分组成。物质文明指的是人们改造自然界的物质成果，它表现为人们物质生产的进步和物质生活的

改善；精神文明指的是社会精神生产和精神生活的积极成果，它表现为教育科学文化知识的发展和人们思想道德水平的提高。精神文明之所以和物质文明一样，也是社会文明的一个基本组成部分，这是由人们的社会实践的本性决定的。恩格斯说："文明是实践的事情，是一种社会品质"。[①]文明与社会实践是密不可分的，是人类实践的产物，是通过改造世界的实践活动获得的积极成果。实践是主客体之间的一种相互作用，通过实践，一方面使客体得到改造，产生和积累起作为物质文明的物质财富；另一方面，主体自身也得到改造，社会的精神生产和精神生活也得到发展，产生和积累起作为精神文明的精神财富。可见，作为主客体相互作用的实践活动，必然会在客体和主体两个方面产生结果。在这两个方面所获得的积极成果——物质文明和精神文明，就共同成为社会文明的基本组成部分，构成社会文明的整体结构。

应当指出，人们改造客观世界的实践活动不仅包括改造自然界、创造物质文明成果的活动，而且包括改造社会的活动。人们改造社会的成果是新的生产关系和新的社会政治制度的建立和发展。它既不能归属于物质文明也不能归属于精神文明，但它对两个文明的建设又都具有巨大的促进作用，会把物质文明和精神文明推向新的历史高度。所以，社会的改造，社会制度的进步，最终又将表现为物质文明和精神文明的发展。

精神文明作为社会文明的一个基本组成部分，与物质文明是相互制约、相互促进的。物质文明是整个社会文明的基础，是精神文明不可或缺的前提和条件。首先，精神文明必须以物质生产的一定发展为物质条件。只有在物质生产有了一定发展，

---

① 恩格斯：《英国状况　十八世纪》，《马克思恩格斯全集》第 1 卷，人民出版社 1956 年版，第 666 页。

衣、食、住等人类生存所必需的物质生活资料能够得到保障的前提下，人们才能从事科学、艺术、教育、哲学等精神活动，发展社会的精神文明。一个社会物质文明越发展，花费在生产物质生活资料上的劳动和费用越少，就越能为精神文明的发展提供有利的条件，就越能促进精神文明的发展。正如马克思指出的："最文明的民族也同最不发达的未开化的民族一样，必须首先保证自己有食物，然后才能去照顾其他事情；财富的增长和文明的进步，通常都与生产食品所需要的劳动和费用的减少成相等的比例。"① 其次，精神文明建设所需要的物质设施和手段也要由物质文明来提供，受物质文明发展水平的制约。精神文明的发展水平越高，对相应的物质设施和手段的依赖性就越大，而物质文明越发展，就越能为精神文明建设提供有效的物质设施和手段，就越能促进精神文明的发展。再次，创造物质文明的生产实践为精神文明的发展提供源泉。创造物质文明的生产实践活动是人类最基本的实践活动，是精神文明发展的最基本的源泉。在创造物质文明的生产实践中，人们不仅创造出物质财富，而且积累起可供精神活动总结和概括的实践经验和素材，并使人自身的认识能力和思想道德观念得到提高，使人与人之间的社会关系得到改造，使社会的道德风尚和精神面貌发生变化，推动精神文明的发展。

　　在物质文明基础上发展起来的精神文明，对物质文明也具有制约和推动作用。首先，精神文明制约着物质文明的发展方向。由于精神文明不仅以物质文明为基础，而且反映社会制度的性质，因此，它能够制约物质文明的发展方向。相近水平的物质文明，由于精神文明的性质不同，在发展方向上就会大相

---

① 马克思：《政治动态。——欧洲缺粮》，《马克思恩格斯全集》第 9 卷，人民出版社 1961 年版，第 347 页。

径庭。在我国，以马克思主义为指导的精神文明建设，为物质文明建设提供着正确的思想保证。另外，精神文明建设还可为物质文明建设乃至整个现代化建设提供精神动力和智力支持。精神文明的发展，对商品经济的发展、物质文明的建设具有巨大的促进作用。发展社会主义商品经济，是对价值规律的自觉运用。它要求破除小生产的狭隘眼界和保守习气，确立发展商品经济所必需的价值观念、竞争观念、效率观念等新观念。观念的变革正是精神文明发展的一个重要的方面，甚至是最重要的方面。精神文明的发展，人们思想道德觉悟的提高，还会振奋起全国人民进行物质文明建设和体制改革的巨大热情与创造精神，形成推动物质文明建设、体制改革的强大精神动力。精神文明的发展，还能为物质文明建设提供智力支持，为体制改革提供有利的文化条件。现代化的经济建设、现代化的管理体制的建立，都离不开现代化的科学技术，离不开掌握现代科学技术的人。因此，大力发展教育科学文化事业，努力提高人的素质，对实现整个社会生活的现代化，具有智力保障的作用。

二、社会主义精神文明是社会主义的重要特征

一定的社会不仅有自己的经济特征、政治特征，而且有自己的思想文化特征，因为一定社会的经济和政治必然要在社会的精神生活领域反映出来，表现出来，必然要求有一定的思想文化为其服务，与之相适应。社会主义社会作为人类历史上崭新的社会发展阶段，它在思想文化方面区别于以往社会的根本特征，就是以马克思主义为指导的社会主义精神文明。

把社会主义精神文明作为社会主义的重要特征，是我们党在总结历史经验、科学地认识现代化建设总体布局基础上提出的。以往，在讲社会主义社会的特征时，人们往往只是讲社会

主义的经济特征、政治特征，而没有把社会主义精神文明也作为社会主义的一个特征。这绝不是由于偶然的疏忽，而是由于没有认清社会主义社会的主要矛盾，对整个社会特别是思想文化领域的基本状况缺乏正确的估计，没有摆正发展社会主义的总体布局。在过去相当长的时期里，我们一直坚持以阶级斗争为纲，并错误地认为社会主义时期的阶级斗争主要就表现在思想文化领域，因而长期进行意识形态领域的阶级斗争，并愈演愈烈，直至发生"文化大革命"的历史悲剧。既然思想文化领域存在着激烈的阶级斗争，无产阶级和资产阶级在意识形态领域谁战胜谁的问题还没有真正解决，那么也就不会把社会主义精神文明作为社会主义社会的一个特征，只是在十一届三中全会以后，通过政治思想上的拨乱反正，才对思想文化领域的基本状况做出了正确的估计。党的十二大第一次明确地把社会主义精神文明作为社会主义社会的一个特征提出。党的十二届六中全会通过的《决议》进一步从现代化建设总体布局的高度，确定了精神文明建设的战略地位，再一次明确地把社会主义精神文明作为"社会主义社会的重要特征"。

我国的社会主义现代化建设是社会的总体性工程，它不仅包括经济建设、体制改革等，而且包括精神文明的建设。所有这些方面是相互制约的，忽视了任何一个方面都会拖住其他方面的后腿，都会贻误全局。没有不断发展的物质文明提供物质条件，精神文明的建设就没有必要的物质基础；没有改革开放的促进，精神文明的建设也难以焕发出生机活力。同样地，不依靠精神文明的建设去提供理论指导、精神动力和智力支持，物质文明的发展和改革开放的进行就失去思想保证，就失去方向，失去后劲。可见，精神文明既受物质文明、体制改革的制约，它又对物质文明、体制改革具有重要的制约作用。是否致力于精神文明的建设，关系到社会主义现代化建设的全局，关系到社会主义的兴衰成败。社会主义现代化是社会生活的全面现代化。它不仅是指经济的现代化，社会政治生活的现代化，而且包括思想文化的现代化。经济上的现代化以高度的社会主义物质文明为标志，政治上的现代化以高度的社会主义民主为标志，思想文化上的现代化则以高度的社会主义精神文明为标志。社会主义精神文明是社会主义社会必不可少的重要特征。

社会主义精神文明作为社会主义社会的重要特征，充分显示了社会主义社会的优越性。社会主义精神文明是以马克思主义为指导的，马克思主义就是人类精神文明的伟大成果。以马克思主义为指导，就有可能保证社会主义现代化建设沿着正确的轨道前进，有可能消除剥削阶级社会无法消除的种种丑恶腐朽的精神现象。社会主义精神文明的建设有助于我国各族人民形成共同的社会政治理想，共同的道德标准。这种共同的理想、共同的道德由于集中反映了全国人民的共同利益和愿望，因而具有强大的精神凝聚力，是使全国亿万人民紧密团结起来，同心同德进行现代化建设的巨大精神力量。

三、精神文明建设和社会主义现代化

社会主义精神文明建设作为整个社会的精神建设，作为社会主义现代化建设整体工程的一个有机部分，决定了它必须是推动社会主义现代化建设的精神文明建设，必须是促进全面改革和实行对外开放的精神文明建设，必须是坚持四项基本原则的精神文明建设。我们必须从社会主义现代化建设总体布局出发，理解这个总体布局中其他各个方面对精神文明建设的制约关系，从而理解精神文明建设在整个社会主义现代化建设中的地位。

　　当代中国社会处于社会主义的初级阶段。它区别于成熟的、发达的社会主义的一个根本特点就是生产力水平比较低，人们日益增长的物质文化需要同落后的社会生产力之间的矛盾是社会的主要矛盾。这个主要矛盾决定了这一阶段的根本任务就是发展生产力，进行经济建设。因此，我国社会主义现代化建设的总体布局必须以经济建设为中心，其他方面都应围绕这一中心旋转，都要受这一中心的制约，为这一中心服务。精神文明建设作为社会主义现代化建设总体布局的一部分、一方面，也不能例外。社会主义精神文明建设不能是任何其他意义上的精神文明建设，而必须是服从于、服务于经济建设的精神文明建设，是推动社会主义经济建设的精神文明建设。这并不是说可以贬低精神文明建设的重要性，而是说，只有把精神文明建设放到以经济建设为中心的社会主义现代化建设总体布局中，其重要性才能得到正确的、恰如其分的说明。离开现代化建设的总体布局，势必会把它的重要性强调到不适当的地步，甚至于推向极端，干扰经济建设的顺利进行。我们强调精神文明建设的重要性，应是以肯定物质文明建设对其具有决定性的制约作用为前提的。

　　物质文明的发展，经济的振兴，整个现代化建设的成功，都要求必须坚持四项基本原则和坚持改革开放。因而也就决定了精神文明建设必须是坚持四项基本原则和坚持改革开放的精神文明建设。

　　改革开放要求精神文明的发展与之相适应。要实行改革开放，首先要有思想的大解放，有观念的大变革。这就是要破除封闭、保守、僵化、大一统的陈旧观念，形成与改革开放相适应的开放式的、富于创新精神的、现代化的新观念。要实行改革开放，还需要有民族精神的振奋，要使全国各族人民认清我国目前处于世界经济发展后列的落后状况，认清改革开放是我国摆脱贫穷落后走向现代化的唯一出路，增强改革的紧迫感，焕发出巨大的热情和创造精神。要实行改革开放，还须造成改革开放所需要的社会政治心理环境，增强广大人民群众对改革开放的心理承受能力，使改革开放得到人民群众的普遍理解和大力支持。要实行改革开放，还需要创造与改革开放相适应的文化条件。改革是要调整社会的各种矛盾关系，要自觉认识和运用社会规律和社会运行机制，要采用科学的手段对社会生活进行科学的管理，没有现代化的科学文化知识，没有人的素质的普遍提高是难以获得成功的。改革开放要吸取和掌握国外先进的科学技术，经济行政管理经验和其他一切有益的文化，要善于识别和自觉抵制资本主义的腐朽思想，这也离不开现代化的科学文化知识。因此，大力发展精神文明，是改革开放对精神文明建设提出的要求，是改革开放不可或缺的精神条件。

四项基本原则是立国之本，是我国现代化建设和改革开放沿着社会主义方向前进的政治保证。坚持四项基本原则更是社会主义精神文明建设的内在要求。只有坚持四项基本原则，才能保证精神文明建设的社会主义性质，才能使精神文明建设为经济建设、改革开放提供正确的有力的思想保证，才能使社会主义精神文明真正作为社会主义的一个重要特征而显示和发挥出社会主义的优越性。

第二节　当代中国精神文明建设的根本任务

当代中国精神文明建设的根本任务，是适应社会主义现代化建设的需要，培育有理想、有道德、有文化、有纪律的社会主义公民，提高整个中华民族的素质。要实现这一任务，必须有马克思主义的指导，必须批判地吸收人类一切优秀的思想文化成果，必须遵循社会精神文明自身发展的规律进行长期的、坚持不懈的努力。

一、当代中国精神文明建设以人类文明成果为基础

精神文明是人类创造的精神财富的积累，是一种具有连续性、继承性的社会历史现象。虽然在不同的生产方式和社会制度下，精神文明会有性质上的差别，但与以往社会的精神文明又都具有继承关系，都以以往社会精神文明成果作为自己发展的前提和基础，都是以往精神文明合乎规律的发展。具有历史继承性是精神文明发展的一个内在规律。

当代中国精神文明建设是在具有悠久的精神文明传统的中国大地上进行的，它首先必须批判地继承中华民族的思想文化传统。

中国作为一个文明古国，在人类历史上曾创造过光辉灿烂的古代东方文明，给我们留下了极其丰富而又珍贵的文化遗产。批判地继承这份历史遗产，对于当代中国社会主义精神文明建设是十分重要的。我们所要建设的精神文明，是具有中国特色的社会主义精神文明，是具有自己民族风格和民族特点的社会主义精神文明。要使社会主义精神文明具有浓郁的中国特色，必须具备两个最基本的前提，其一是它必须从当代中国的国情出发，与新时期社会主义现代化建设的需要相适应；其二是它必须以我国悠久的文化传统为基础。因此，社会主义精神文明的建设不应是对中国文化传统的全盘否定，而应是中国文明的伟大复兴。当然，这种复兴不是兼容并蓄，不是以往文明的简单复归，而是中国悠久的精神文明传统在新的历史条件下的发

扬光大。

对人类文明成果的吸取不仅包括纵向的批判继承，即对自己国家历史上文化遗产的吸收，而且包括横向的消化吸收，即批判地吸取当代世界各国包括资本主义发达国家文明发展的一切积极成果，实行思想文化上的对外开放。列宁在讲到无产阶级文化同剥削阶级文化的关系时曾经说过："无产阶级文化应当是人类在资本主义社会、地主社会和官僚社会压迫下创造出来的全部知识合乎规律的发展。所有这些大大小小的途径，无论过去、现在或将来，都通向无产阶级文化。"①既然这些途径都通向无产阶级文化，无产阶级文化就不应关上大门，不能因为它们中存在某些糟粕而一概拒之门外。应该说，在这些文化中，资产阶级文化是无产阶级文化最直接的思想来源。资本主义社会先进的科学技术和管理方法等，体现的是人类认识世界、改造世界能力的发展，属于人类共同的精神财富，对其采取拒斥态度，是十分愚蠢的。资产阶级文化中存在的维护资本主义剥削制度的资产阶级思想体系和各种精神上腐败、堕落的现象，是应该坚决摒弃的，但是，在资产阶级的各种哲学、社会学说的流派和思潮中也有某些合理的成分，某些值得吸取和借鉴的东西，对其应采取研究和分析的态度，而不是全盘否定。精神文明建设的对外开放不仅是指科学文化教育的开放，而且也应包括思想道德方面的开放。如果把对外开放只限于科学文化教育，是不全面的。诚然，实行全面的开放，并不意味着对外来思想文化全盘吸收，而必须是有批判、有选择的撷取。由于科学文化教育和思想道德有不同的特点，前者主要反映的是生产力的发展水平，后者则主要是对社会经济、政治制度的反映，

---

① 列宁：《青年团的任务》，《列宁选集》第 4 卷，人民出版社 1972 年版，第 348 页。

因此对它们的批判吸收方式也各有特点。如果说在科学文化教育方面可以侧重于吸取，那么，在思想道德方面则应侧重于批判。当然，批判和吸取是辩证的统一，批判和吸取的侧重点的不同，并不是主张只吸取不批判或只批判不吸取。中国作为一个世界文明古国，在古代文明史上是一直处于领先地位的，只是自从近代以来才落后了。这个落后，既是由于帝国主义的入侵对中国文明的践踏，也是由于中国长期实行闭关锁国的政策。如果说在尚未形成世界性联系的近代以前，在封闭的状态下还能使本国文明获得某种发展，那么，在形成了世界性普遍交往和联系的近代之后，再闭关自守，拒绝接受世界各国先进的科学文化，就必然会落后下去。在开放的世界面前，任何国家企图把自己封闭起来求得发展和进步都是不可能的了。我们应该记取这一历史教训，积极开展开放式的精神文明建设，实现中国文明的伟大复兴。

思想文化上的对外开放，不仅是消化吸收外来的思想文化，把各国有益的思想文化成果引进来，为我所用，而且要把我国悠久的精神文明的传统、把我国社会主义精神文明建设的成果推广出去，使中国文化走向世界，成为世界文化的一个有机组成部分，对世界文化的发展产生积极的影响，对世界文明的发展做出应有的贡献。

现代化是一种世界历史潮流。中国的现代化建设只有纳入世界现代化的潮流之中，努力学习和引进世界发达国家现代化的科学技术和其他各种有益的思想文化成果，博采众长，补己之短，才能加速我国的现代化进程，才能使精神文明建设获得源源不断的丰富营养。中华民族是善于吸收外来文化的伟大民族。在中国历史上曾多次实现过对外来文化的融合，带来思想文化上的繁荣。我们应该发扬这种开放精神，把社会主义精神文明建设推向前进。

总之，我们的精神文明建设必须以现有人类文明的一切积极成果为基础，必须批判继承历史传统而又充分体现时代精神，立足本国而又面向世界。

二、当代中国精神文明建设的基本内容

当代中国精神文明建设是一个包含极为丰富内容的复杂的社会系统工程。根据这些内容的不同特点，可以大致分为教育科学文化建设和思想道德建设两方面的基本内容。教育科学文化主要是指教育、科学、文学艺术、新闻出版、广播影视、卫生、体育、文物、图书馆、博物馆等各项文化事业的发展和人民群众知识水平的提高，以及各种健康的群众性娱乐活动等；思想道德建设的主要内容是社会主义和共产主义的理想、信念和道德以及社会主义的民主、法制、纪律观念等。无论是教育科学文化建设还是思想道德建设又都离不开马克思主义的指导，即离不开马克思主义的理论建设。

当代中国处在社会主义的初级阶段，因此，无论是教育科学文化建设还是思想道德建设，在内容上都必然带有社会主义初级阶段的特征，必然呈现出多层次的复杂情形。

从教育科学文化建设来看，中华人民共和国成立以来，我国的教育科学文化事业有了一定的发展，取得了不少成果。但是，总的来讲，仍然远远落后于世界发达国家的水平，广大人民群众的文化水平普遍偏低，并且还存在两亿多文盲和半文盲。这种现状决定了我国的教育科学文化建设必须区分为普及和提高等不同层次，根据不同的对象提出不同的、切合实际的要求，采取不同的、切实可行的措施。

从思想道德建设来看，社会主义初级阶段的经济和政治状

况以及人们思想道德水平的多层次性,决定了我国的理想建设、道德建设和民主法制观念建设也都要区分为不同的层次。在理想建设上,分为共同理想和最高理想两个层次。建设有中国特色的社会主义是现阶段我国各族人民的共同理想。由于这一理想集中了全国各族人民的利益和愿望,具有现实的可行性,因而能够为广大人民群众所接受,能够成为一种巨大的向心力,最大范围地把全国各族人民团结起来,为这一理想的实现而共同努力奋斗。对于共产党人和先进分子来说,则要坚持共产主义的最高理想,并自觉地把最高理想和共同理想结合起来,把为共产主义而奋斗的理想落实到实现现阶段全国人民的共同理想上来,体现在为实现共同理想而奋斗的实际行动之中。在道德建设上,也应分为社会主义道德和共产主义道德两个基本层次。道德不是脱离历史发展的抽象观念,而是一定社会经济基础的反映。我国社会主义的经济基础,必然要求社会主义道德与之相适应。既然社会主义道德有其存在的历史必然性,就理应把社会主义道德作为当代中国社会道德建设的一个基本层次。我国现阶段经济基础的状况决定了在全民范围内的道德建设上,应当肯定人们在分配方面的合理差别,同时鼓励人们发扬国家利益、集体利益、个人利益相结合的社会主义集体主义精神,发扬顾全大局、诚实守信、互助友爱和扶贫济困的精神。这种社会主义道德既反映了社会主义经济基础的客观要求,又与现阶段广大人民群众的道德水平相适应。因此,它既有利于社会主义经济基础的巩固和发展,又有利于广大人民群众道德水平的提高。共产主义道德作为道德建设的高层次,是对社会先进分子的道德要求。由于社会主义不是凝固不变的,而是必然要向共产主义方向发展的,因此,它要求社会的先进分子确立崇高的共产主义道德,站在时代潮流前面,奋力开拓,公而忘私，勇于献身，必要时不惜牺牲自己的生命。这种共产主义道德应积极倡导，以引导全社会的道德建设。同样，在民主法制观念建设上，对共产党员和普通公民也有不同的要求。把精神文明建设各方面的内容具体区分为不同层次，就可以使社会主义的文化建设、理想建设、道德建设、民主法制观念建设等都形成由不同的层次结构构成的比较完整的系统，使整个精神文明建设日益科学化。

教育科学文化建设和思想道德建设这两个方面是辩证的统一，它们是相互制约、相互促进、相互配合的。教育科学文化建设是思想道德建设的基础，人民只有掌握现代科学文化知识，才能够有对革命理想、道德、民主法制观念的科学理解，并自觉地身体力行。只有掌握现代科学文化知识，才能提高管理国家和社会的能力，增强社会主义公民意识。也只有掌握现代科学文化知识，才能够清除旧思想道德、旧风俗习惯的影响，接受各种现代化的新观念、新道德。学校、广播影视、新闻出版、图书馆、博物馆等，是传播革命理想、道德、纪律的场所，是对人民群众进行理想、道德、纪律教育的重要手段。这些机构和设施的建设无疑是精神文明建设的重要方面。而思想道德建设则决定着整个精神文明建设的社会主义性质，是社会主义精神文明优越于以往社会精神文明的根本标志。它不仅保证教育科学文化建设的社会主义方向，而且为教育科学文化事业的发展提供精神力量，激励人们努力掌握科学文化知识，提高科学文化知识水平。当代中国社会精神文明建设就是在这两个基本方面的相互配合、相互促进中发展的。

三、提高整个中华民族的素质是当代中国精神文明建设的根本任务

社会主义精神文明建设，从根本上讲，是一种主体性的建设，是人的主观世界的改造，是人的素质的提高。作为精神文明建设两个基本方面的教育科学文化建设和思想道德建设都要落实到改善人的素质上来。提高整个中华民族的素质，是社会主义精神文明建设的根本任务。

人是一切社会实践活动的主体，人的素质必然会对社会历史的发展产生决定性的影响。人类社会发展的历史表明，人的素质的提高，对社会生产力的发展，社会关系的改善和整个历史的进步都起着至关重要的作用。可以说，人类社会发展的历史，就是人们在实践中不断提高自身的素质，进而不断把人类社会推向前进的历史。

历史的车轮转动到当代，中华民族已经跨入了社会主义的发展阶段，走上了社会主义现代化的道路。进行社会主义现代化建设，必须把提高全体社会公民的素质提到首位。因为无论经济的现代化，政治生活和整个社会生活的现代化，都要由人来实现，都要依赖于人的现代化，依赖于人的科学文化水平的现代化和思想道德观念的现代化。社会主义精神文明对整个社会主义现代化建设的推动作用，正是通过对人的素质的改善和提高而实现的。可见，把提高人的素质作为社会主义精神文明建设的根本任务，是社会主义现代化建设的客观要求，是由精神文明建设在社会主义现代化建设中的战略地位决定的。在实际生活中处处可以看出，我们的效率低得惊人，各项工作推动起来困难重重，许多事情并不是设想得不合理，并不是方案不可取，但实行起来总是走样。这些现象的出现，无不同人的素

质的普遍低下相联系。人的素质不高已经成为改革和建设事业前进的障碍，已经日益显示出人的素质问题的严重性。更为严重的是，许多人对于这样严重的问题不以为严重，例如轻视教育就是一个最突出的表现。因此，阐明社会主义精神文明建设的实质和任务，使全社会普遍地理解提高人的素质的紧迫性和重要性，在当前更具有迫切的现实意义。

社会主义现代化建设是亿万人民群众参加的生机勃勃的创造性活动。人民群众中蕴藏着极大的建设自己美好生活的积极性和聪明才智的潜能。建设社会主义精神文明的意义就在于把蕴藏于亿万群众身上的积极性充分激发起来，把沉睡于他们身上的潜能唤醒起来，开发出来，使之形成强大的精神力量，推动现代化事业的蓬勃发展。

人既是进行社会主义现代化建设的力量，也是社会主义现代化建设的目的。把提高人的素质作为社会主义精神文明建设的根本任务，充分体现了社会主义精神文明高于、优越于以往社会文明的特质。在以阶级对抗为基础的文明时代，社会文明的发展不是以人为主体，以提高广大劳动群众的素质为目的，而是以个人对物质财富的追求和占有为目的。正如恩格斯所指出的："卑劣的贪欲是文明时代从它存在的第一日起直至今日的动力；财富，财富，第三还是财富——不是社会的财富，而是这个微不足道的单个人的个人的财富，这就是文明时代唯一的、具有决定意义的目的。"①而广大劳动群众则不过是实现这一目的手段，他们的聪明才智受到极大的压抑和摧残。在资本主义社会，随着科学技术在社会生产中作用的日益突出，资本家虽不得不越来越关心劳动者科学文化素质的提高，加大对劳动者

---

① 恩格斯：《家庭、私有制和国家的起源》，《马克思恩格斯选集》第 4 卷，人民出版社 1972 年版，第 173 页。

的智力投资，但是，这并没有改变劳动者作为积累财富手段的地位。如果说在资本主义社会，劳动者的科学文化素质有了一定提高，"那也不过是因为在积累财富方面的现代一切成就不这样就不能获得罢了"①。只有在人民群众当家做主的社会主义社会，人民群众素质的提高才受到社会的高度重视，才把满足人民群众的文化和精神需要作为精神文明建设的着眼点，把全面提高人的素质作为社会主义精神文明建设的根本任务。这是由社会主义社会的性质决定的。当代中国社会虽然还处于不发达、不完善的社会主义初级阶段，但它毕竟已经进入了社会主义社会，与把广大劳动群众作为致富手段的剥削阶级社会已有本质的区别。由于历史条件的限制，虽然它还不可能达到共产主义高级阶段那样每个社会成员能力的自由全面的发展，但是，既然社会主义是向共产主义高级阶段前进的历史运动，那么，它也就必然要把精神文明建设的注意力集中到提高人的素质，发展人的能力上来，把培育和造就社会主义新人作为精神文明建设的根本任务。

把提高整个中华民族的素质作为社会主义精神文明建设的根本任务，必然重视个性的发展，因为没有绝大多数成员的个性的充分发展，整个民族素质的提高是不可能的。由于我国长期处于自然经济、半自然经济的社会条件下，自然经济所造成的人身依附关系，使个人缺乏独立性、自主性，即缺乏个性，这是造成整个民族素质同现代化潮流不相适应的重要社会历史根源。社会主义商品经济的发展，为人的个性的发展提供着现实的可能性。商品经济以社会分工的一定发展为条件，并会促进社会分工进一步发展，从而造成人们的劳动差别、利益差别，

---

① 恩格斯：《家庭、私有制和国家的起源》，《马克思恩格斯选集》第 4 卷，人民出版社 1972 年版，第 173 页。

为人们多样化的才能和需要的形成和发展提供有利的条件。商
品经济所带来的自由竞争，也使人们能够在相互比试中各施其
能，各展所长，逐步发展为具有个性的人。商品经济的发展越
充分，社会成员个性的发展也就会越普遍、越充分。从历史上
看，个性解放的口号就是资产阶级为适应商品经济发展的需要
而提出的，但由于资本主义私有制造成了人们根本利益的对立，
人的个性只能以多数个性遭到扼杀的方式而畸形地发展，这充
分反映了资本主义制度的深刻矛盾。在我国以公有制为基础的
有计划的商品经济下，由于有全社会共同的利益，共同的理想，
有统一的社会控制和指导，因而既能通过自由竞争使人们的个
性获得发展，又能将人们个性的发展引导到健康、正确的方向，
使个性的发展同社会整体的发展方向相一致。社会成员个性的
充分发展是社会主义商品经济发展的内在要求，也是社会主义
精神文明建设的内在要求。这也说明，我们在现阶段所要建设
的精神文明，正是同发展社会主义商品经济相适应的精神文明。

第三节　当代中国精神文明发展的条件和途径

一、精神文明发展的一般过程

诚如前述，精神文明不是完全独立的社会历史现象，而总
是要受到物质文明的纠缠，要由物质文明提供基础和条件的。
因此，考察人类精神文明的一般发展过程，也就是要在动态中
考察精神文明和物质文明的辩证关系，考察物质文明和精神文
明辩证运动的一般规律。

从精神文明的一般发展过程来看，人类精神文明的发展，

是既依赖于物质文明的发展，又相对独立于物质文明的发展的。

　　首先，物质文明的发展对精神文明具有决定性的制约作用，精神文明的发展必然要与物质文明的一定发展状况相适应。与以青铜器、铁器为标志的物质文明相适应，产生的是奴隶社会的精神文明；与以手推磨为标志的物质文明相适应，产生的是封建社会的精神文明；与以蒸汽磨为标志的物质文明相适应，产生的是资本主义的精神文明。精神文明的发展对物质文明发展的这种依赖性，实质上是对创造物质文明的活动方式即物质资料生产方式的依赖性。创造物质文明的生产方式制约着整个社会生活，政治生活和精神生活的过程，精神文明是人们在改造客观世界、进行物质生产的同时也改造自己主观世界所取得的积极成果，它必然受到物质生活生产方式的制约。这就是说，创造物质文明的活动及其活动方式必然会对从事这种物质生产活动的社会主体产生重大的影响，必然会在社会的精神生产和精神生活之中得到反映。精神文明两个基本方面的内容，实际上就是对一定社会生产力状况和社会关系状况的反映。而物质文明（以一定的生产工具为标志）作为社会物质生产活动所产生的积极成果，它既标志着社会生产力的发展水平，又在一定程度上体现着人们社会关系的发展程度，因此，精神文明的发展与一定物质生产方式的基本适应也就表现为与一定物质文明发展状况的基本适应。

　　其次，精神文明的发展固然依赖于物质文明的发展，但却不能把这种依赖性绝对化，把精神文明看成物质文明的简单附属物。精神文明虽然和物质文明具有不可分割的联系，但它们毕竟属于两个不同的发展领域和发展系列，具有各自独特的发展规律。物质文明虽然是制约精神文明发展的重要因素，但不是唯一因素。除物质文明外，精神文明的发展还要受到社会制度的制约，受到精神文明内部各方面相互作用的影响，并且有自身发展的历史继承性，等等。受这些因素的制约和影响，精神文明的发展又会表现出一定的独立性，它可以先进于或落后于物质文明的发展。当然，精神文明的这种独立性只能是相对的，是在一定物质文明基础上表现出来的独立性。一定的精神文明，就其基本形态来说，在其赖以产生的物质条件尚未具备时，是不可能出现的，至少是不可能充分发展的，在其存在的物质基础消失之后也不会永远存在下去。

最后，精神文明与物质文明发展的不同步性，表明精神文明不是消极地适应物质文明的发展，而是可以能动地制约和影响物质文明发展的。先进的思想和理论等对物质文明的发展具有推动作用，落后的思想和理论等则阻碍物质文明的发展。这说明精神文明和物质文明不仅有相适应的一面，而且有相矛盾的一面。但是，既然精神文明受到物质文明的决定性的制约，那么，它同物质文明发展不相适应的状况就不会永久地存在下去，物质文明的发展在客观上必然要求克服精神文明与物质文明之间的矛盾。精神文明的发展一定要与物质文明的发展状况相适应是社会文明发展的一条客观规律，它不以人的意志为转移。按照这个规律的要求，任何一个社会的精神文明和物质文明之间在客观上都必须保持着一定的平衡、协调的关系，如果这种平衡、协调关系受到破坏，就必然在进一步的发展中消除这种不平衡、不协调，而趋向于平衡、协调。正是在这种矛盾运动中推动着整个社会文明的进步。从人类文明史上看，每个社会的精神文明总是高于前一社会的精神文明，人类的精神文明总是同物质文明一起不断地被推向新的发展水平。

精神文明一定要适应物质文明发展状况的规律虽然存在于整个人类文明的发展过程中，但是，在以私有制为基础的文明时代，这一规律是作为盲目的力量自发地起作用的，无论对社会的物质生产还是精神生产都缺乏自觉的计划和调节，文明的进步总要伴之以野蛮和倒退，文明的光辉总要在野蛮的阴影下闪烁，这无疑会减慢人类文明的发展进程。只有在以公有制为基础的社会主义社会，人们才有可能自觉地运用物质文明和精神文明运动的规律，对社会物质生产和精神生产进行合理的计划和安排，使其协调发展，从而大大加快人类文明发展的步伐。

二、精神文明建设和商品经济的发展

当代中国的精神文明建设是在发展社会主义商品经济的历史条件下进行的。商品经济的发展，不仅会促进社会生产力的提高，物质文明建设的发展，而且对精神文明建设也具有强有力的推动作用。从历史上看，资本主义商品经济的兴起，曾如同一种神奇的力量唤起了潜藏在社会劳动中的巨大的生产力，造成了世界性的普遍交往，带来了科学技术的进步和思想文化的繁荣，把整个人类文明推向新的、更高的形态。今天，社会主义商品经济发展的成果也必然会在社会的精神生产和精神生活中反映出来，表现出来，使社会的精神文明获得迅速的发展。

商品经济对社会主义精神文明的促进作用是多方面的。商品经济的发展，在经济生活中引进了竞争的机制。生产者、经营者要在竞争中取胜，就需要采用先进的科学技术，提高劳动生产率，从而促进科学技术的发展和进步；商品经济的发展，会扩大人们的社会联系和交往，开阔人们的视野，使人们突破现存关系限定的狭隘眼界；商品经济的发展，竞争的展开，增强了对各类人才的需要，同时也会铸造出各类人才，这也为人才的培养、发现和使用提供了有利的条件；商品经济的发展还会猛烈地冲击各种封建意识和小生产观念，形成与商品经济的

发展相适应的新观念。而最为根本的是，商品经济促进着整个
社会的思想活跃。思想活跃固然离不开政治上的民主，但它归
根到底要以商品经济的发展为基础。商品经济与封闭的自然经
济、半自然经济不同，它具有开放的本性。这种开放的本性决
定了它必然要求思想的活跃、开放、自由与之相适应，必然要
同以自然经济、半自然经济为基础的各种思想专制、文化专制
及与之伴随的各种封闭、保守、僵化的思想和观念相冲突。自
由思想实际上就是商品经济所确立的自由、平等的交换原则的
一种思想升华。马克思在讲到商品经济与自由，平等思想的关
系时说过："如果说经济形式，交换，确立了主体之间的全面平
等，那么内容，即促使人们去进行交换的个人材料和物质材料，
则确立了自由。可见，平等和自由不仅在以交换价值为基础的
交换中受到尊重，而且交换价值的交换是一切平等和自由的生
产的、现实的基础。作为纯粹观念，平等和自由仅仅是交换价
值的交换的一种理想化的表现，作为在法律的、政治的、社会
的关系上发展了的东西，平等和自由不过是另一次方的这种基
础而已。"[①]马克思的上述论断虽然是在资本主义商品经济的历
史条件下做出的，但却对于整个商品经济时代都具有普遍的意
义。自由思想是整个商品经济时代的社会思想特征，只要发展
商品经济，就要提倡自由思想，就要求有自由思想与之相适应。
那种既想发展社会主义商品经济又反对自由思想，把自由思想
作为资产阶级所特有的思想而加以拒斥的观念，是不合逻辑的。
如果说在资本主义商品经济条件下，自由平等思想在对资本主
义文明起巨大推动作用的同时，又由于渗入资产阶级的阶级内
容而带有一定的虚伪性，那么，在社会主义商品经济下，则完

---

① 马克思：《〈政治经济学批判〉（1857—1858 年草稿）》，《马克思恩格斯全集》
第 46 卷上册，人民出版社 1979 年版，第 197 页。

全有可能避免它的消极的方面,因而更应大力倡导真正的自由、平等思想。

建立在商品经济基础上的自由思想,对于精神文明建设具有决定性的作用。社会精神文明的状况,在很大程度上取决于人们思想的普遍活跃程度。可以说,自由思想是思想文化进步的最重要条件,只有在发展商品经济的同时积极倡导自由思想,才能使人们从各种思想禁锢中解放出来,才能通过对各种观念和思潮包括外来思想和文化的自由选择和比较,而接受先进的新观念,抛弃落后的旧观念,才能使人成为有现代化观念武装的现代化的人,才能使中国文化由传统文化彻底转变为现代文化;只有思想自由驰骋,大胆探索,刻意求新,才能生产出越来越多的、富于创造性的精神产品;只有人们思想普遍活跃起来,形成浓厚的自由探讨、自由争论的学术空气,才能形成"百花齐放、百家争鸣"的大好局面,才能有思想文化的繁荣昌盛,人们精神面貌的彻底改观,才能使精神文明建设蓬蓬勃勃地向前发展。

如前所述,精神文明建设的根本任务是提高人的素质,发展人的个性。人的个性的发展是不能没有自由思想的,是必须由自由思想提供精神条件的。在思想、文化专制下,整个社会只能用一个脑袋思维,一种腔调讲话,这只能使具有不同禀赋和特性的人变成一个个的"同名数",根本谈不上人的个性。长期的自然经济、半自然经济所造成的人们思想的封闭、保守,也会使禁锢人们头脑的旧思想、旧观念陈陈相因,难以突破。只有发展商品经济,倡导自由思想,才能打破各种思想专制、文化专制,冲破各种旧思想、旧观念的束缚,在自由的精神状态下,在思想的自由伸张中塑造自己,实现自己,使自己成为具有丰富个性的人。

倡导自由思想同坚持马克思主义是相一致的。当初如果没有欧洲商品经济的发展，没有与之相适应的自由思想，马克思主义这种崭新的、富于创造性的科学理论就不可能创立，也不可能传播。马克思的整个理论生涯都是在倡导自由思想，主张作家写作风格的多样性、个性。马克思主义经典作家留给我们的全部精神财富，都是自由思想的结晶，处处闪现着自由思想的光辉。在某种意义上可以说，没有自由思想，就没有马克思主义。在当代，我们要发展马克思主义，要避免把马克思主义教条化、僵化，仍需由自由思想开辟道路。

商品经济的发展不仅会促进精神文明建设，而且建设精神文明也是商品经济的发展提出的客观要求。在我国，由于封建意识、小生产观念根深蒂固，整个社会缺乏发展商品经济所必备的精神文化的准备，这就容易造成商品经济的某种扭曲和变形。商品经济本应充分发挥价值规律的作用，进行公平的竞争。但在实际的经济活动中却常常有大量的超经济的因素参与，出现非正常的经济行为，妨碍公平竞争。商品经济承认各经济实体的独立利益，视人们争得自己合法利益的行为为正当，这在当前的精神文化条件下极易诱发"一切向钱看"的倾向，甚至使某些人见利忘义，非法牟利，使各种社会腐败现象滋生。这说明，在发展社会主义商品经济的情况下，更需要加强社会主义精神文明的建设。

三、当代中国精神文明发展的基本途径

当代中国社会的精神文明建设是在社会主义初级阶段这种极其复杂的社会历史条件下进行的，不仅精神文明内部具有复杂的层次和结构，而且同外部环境也处于复杂的联系之中。这就决定了精神文明发展的条件和途径的复杂性、多样性。在这

里，我们仅就当代中国社会精神文明发展的基本途径做一简略的考察。这个基本途径主要指以下几个方面。

第一，积极发展社会主义精神生产，为人民群众提供日益丰富的精神产品。精神生产是社会精神产品的创造和发展，是"思想、观点、意识的生产"①。精神生产的积极成果和精神生活的积极成果一起，就是社会的精神文明。在这里，尽管精神生产和精神生活都与精神文明息息相关，但是，精神生产对精神文明的发展起着更为重要的作用。精神产品的质和量，对人们的思想意识、精神面貌会产生重大的影响。可以说，一个社会精神生产的发展程度，体现着这个社会精神文明的一般发展水平。因此，发展社会主义精神文明的基本途径是发展社会主义的精神生产。

在当代中国社会，要发展精神生产，首先要坚持精神生产的社会主义性质，以日益充分广泛地满足人民群众的文化和精神需要为目的，以社会效益作为衡量精神产品的最高标准，制止各种以追求名利为目的的低劣精神产品的生产和传播。应当特别注意的是，精神生产不能只是适应目前的需要，而应当考虑中国社会发展的长远需要，着眼于提高整个中华民族的素质，注重发展精神文明的基本建设所必需的精神生产。坚持精神生产的社会主义方向，不仅会使人们的文化和精神需要得到满足，而且通过消费这种精神成果，人们的素质也得到提高。而人们素质的提高，又会对精神生产提出新的、更高的要求，促使精神生产不断提高，精神文明不断发展。

要发展社会主义精神生产，还需要处理好物质生产和精神生产的比例关系，从政策上、资金上为精神生产提供保证。同

① 马克思和恩格斯：《德意志意识形态》，《马克思恩格斯全集》第3卷，人民出版社1960年版，第29页。

时，要加强对精神生产规律性的研究，按精神生产的规律计划和指导精神生产，使精神生产日益科学化。最后，精神产品的生产和传播作为一种精神劳作，主要是由知识分子承担的，因而要发展精神生产，就必须提高知识分子的地位，使知识分子能够被如实地视为民族的理性精英而处在社会的正常地位上，充分发挥知识分子的作用。同时，知识分子也应不断提高自身的思想道德素质和知识素质，为人民奉献出更多更好的精神食粮。

第二，加强社会主义民主法制建设，增强人民的民主法制观念。社会主义民主和法制作为社会的政治法律制度，是社会主义精神文明在国家和社会生活中的重要体现，社会主义民主法制观念，则是社会主义精神文明本身的一项重要内容。

加强社会主义民主法制建设，对精神文明的发展具有重要作用。现代社会应是民主社会、法制社会。一个社会的民主空气和法制状况，最直接地表现着这个社会的精神风貌。另外，更重要的是，人民群众是精神文明建设的主体，社会主义精神文明发展的速度和水平，与广大群众精神文明建设的积极性密切相联系。而要调动起人民群众精神文明建设的积极性，就必须努力扩大社会主义民主，健全社会主义法制，并通过民主、法制教育，增强人民群众当家做主的主人翁观念和社会主体意识，使每个社会公民把精神文明建设作为自己的权利和义务，以主人翁的姿态积极投身于精神文明建设之中。由于中国是一个有两千多年封建专制统治历史的国家，长期受封建专制主义的影响，30 多年以来的很长一段时间，又一再在社会主义民主和法制建设上发生失误，因此，把民主和法制建设的任务不仅从社会民主政治建设的角度而且从社会精神文明建设的角度加以突出，在目前更有重要的现实意义。

第三，坚持一切着眼于建设的方针，正确处理思想文化领域的矛盾。我们应该吸取历史教训，正确估计社会主义时期的阶级斗争，正确认识思想文化领域的矛盾，采取适合于解决思想问题的正确方法去解决思想领域的矛盾，改善思想政治教育，在学术文化领域坚持贯彻"百花齐放、百家争鸣"的方针。总之，要把立足点移过来，一切立足于建设。这样，就可以把注意力集中到团结人民、充分发挥人民的社会主义积极性和创造精神上来，集中到社会主义现代化建设上来，归根到底，集中到促进社会生产力的发展上来。坚持一切着眼于建设，是发展精神文明的要义之所在。只有立足于建设，社会的精神生产和精神生活才能健康地充分地发展。

另外，批判地吸收中外精神文明一切积极成果等也应是精神文明发展的基本条件和途径。由于前面已经论及，在此不再赘述。

社会主义精神文明建设是渗透在整个物质文明建设之中，体现在经济、政治、文化、社会生活的各个方面的。精神文明结出的累累硕果，也必将对整个社会生活产生重大的积极影响，促进整个社会主义事业蓬勃发展。

第十章 高度民主化是当代中国社会发展的重要目标和政治保证

我国的人民民主专政的政治制度属于人类历史上最高级的民主类型。但是，这一民主制度作为社会主义初级阶段上的政治法律上层建筑，仍然是不成熟的。不断推进社会的民主化进程，即把我国现行的民主政治制度由不太成熟发展到比较成熟，由不够健全建设得比较完善，不仅是当代中国社会全面改造、全面现代化的一个重要目标，而且是达到其他重要目标的政治保障。

第一节 民主化是中国社会主义现代化的客观要求

建设高度民主的政治制度是科学社会主义的题中应有之义，也是正在走向现代化的当代中国社会发展的客观要求。当代中国的民主化既要从全面现代化的整体性事业中获得发展自己的力量，又对于社会主义经济生活的发展，对于科学文化的繁荣与人才的迅速成长，乃至对于我国社会的全面改造有着不可替代的保证和支持作用。

一、民主化和社会经济的发展

从总体上说，社会经济的发展和政治生活的民主化之间具有显著的相互促进、相互制约的密切关系。在当代中国这个民主化程度和经济发展程度都还不高的特殊环境里，这一点表现得尤为明显。但是，社会经济生活的现代化与政治生活的民主化并不是天然一致的，它们之间的协调发展需要有先进的合理的制度来保证。经济现代化与政治民主化是两个有着各自特殊规定性的过程：前者要求按其固有的客观经济规律运转，后者虽然也遵循社会政治生活发展的客观规律，但却明显表现出较多地依赖于个人或社会集团对政治生活过程的主观控制和操作；前者追求以经济增长率的不断提高为主要标志的经济生活的不断变动，而后者则往往以制度和意识形态的相对稳定为目标；前者的运行主要运用计划、金融、物价、工资、税收等规范性较强的经济手段，后者的运行则除了依靠行政命令以外，还更多地要依靠道德规范和舆论宣传等自由裁量余地较大的手段。这种运行机制上的差别，表明经济现代化和政治民主化之间除了具有相互促进、同步发展的一面以外，还有彼此制约、不同步发展的一面。但是，当代中国的社会主义性质决定了它们的共同发展方向，决定了它们之间的相互促进应是基本的方面。随着我国经济发展和民主过程的推进，那种曾经存在过的劳动者作为生产资料所有者的地位与他们对生产资料的实际支配权之间，人民群众的主人翁地位与他们管理国家、管理社会事务的权力之间的某种程度上的背离状态，一定可以逐步得到消除。

当代中国社会经济的发展，是推进民主化进程的强大物质力量。当代中国的民主化事业，从归根结底的意义上讲，取决于社会生产力和商品经济关系长期、稳定的发展这一决定性的条件。因为，只有随着劳动生产率的提高，人们为生产必需的生活资料所花费的时间大大减少，才可能有足够的自由时间去学习参与管理所必须具备的科学文化知识，才谈得上去直接参与对国家和社会的管理。没有这一客观基础，全体公民的直接参与难免带有空想的性质。

社会主义民主的发展也必然促进社会经济的进步。这种促进作用突出体现在两个方面。一是，发展社会主义民主有利于充分调动人民群众在各条经济战线上建设社会主义的创造性和积极主动性。要实现劳动者在生产活动中的自觉纪律，要使他们由衷地关心其劳动组织的集体成果和发展前途，就要让劳动者通过掌握对劳动组织的决策权力和对该组织负责人员的选择权力，使他们感到自己真正成为主人，因此，关键是实现经济民主，切实做到按劳分配，多劳多得。二是，民主政治的建设可以促使经济体制改革向纵深发展。经济体制改革的重要内容就是发展商品经济和鼓励平等竞争，扩大经济单位的自主权，向着所有权与经营权、政府与企业相分离的方向发展。这些巨大转变的实现，都要求劳动者特别是各级负责人员具备相应的民主意识、平等观念，都要求政治生活的民主化，包括干部人事制度的民主化、地方和基层单位管理的民主化来开辟道路。现代民主理论认为，地方和企业自己能管的事情都应由地方和企业来管；地方和企业管不了的事，国家来管。这种被越来越多的人理解的观念对那种长期形成的条块分割的经济管理体制将形成有力的冲击。总之，正在深入发展着的经济体制改革和迅速提高的生产力水平既为当代中国的民主化进程创造着物质条件，又要以民主化的实现来作为自身进一步发展的思想、政治条件。

二、民主化与科学文化的发展

民主政治的建设历来是推动科学文化事业发展的重要力量。近代意义上的民主与科学是在资产阶级革命的过程中一同产生的，并同时成为新兴资产阶级反对封建政治专制和文化专制的主要武器。在近现代的中国，"德先生"和"赛先生"也是相互伴随，共同作为中华民族走向新世界的推动性力量迈入中国社会的。在当代中国，民主与科学的联盟将更加巩固、更加自觉，特别是正在推进的民主化进程，无疑会以前所未有的力量，把我国科学文化现代化事业迅速地推向前进。

从中外历史上看，政治民主化的进程、速度，总是和科学文化发展的进程、速度密切相关的。在近代西方国家，与文艺复兴和启蒙运动一同产生的资产阶级政治民主化运动，通过对封建专制制度和封建神学统治的否定，大大地促进了西方科学文化的发展，提高了整个民族的思想、文化和科学素质，诞生了一大批在思想能力、热情和性格方面，在多才多艺和学识渊博方面都十分杰出的文化巨匠。在我国五四运动以后，特别是在中华人民共和国成立以后，随着封建、半封建政治统治的倒台和五四民主精神的传播，我国的科学、技术、文化、教育事业也获得了重大的发展，造就了一大批在近现代中国发挥了栋梁作用的人才。但是，在十年浩劫期间，政治生活的冲击和科学文化领域的新专制主义的干扰，破坏了我国科学文化的发展，耽误了人才的培养，贻误了追赶世界先进水平的时机。历史经验和教训告诉我们，民主与科学的关系，是一荣俱荣，一损俱损的关系。没有政治民主的充分发展，就没有科学文化的迅速、全面提高。

社会民主化对科学文化的促进作用是多方面的。首先，社会的民主化可以为科学文化的发展创造适宜的社会条件。科学是为人类造福的事业，但同时又是对一切专制、特权和愚昧的否定，因此，科学文化发展的道路从来是不平坦的。科学的发展，除了依赖于科学工作者本身对科学规律的认识不断提高以外，还在很大程度上取决于科学工作者能否克服来自科学领域之外的压力和挑战，取决于他们所处的社会环境。在一个民主、和谐、开放型的社会中，广开言路，广开才路，广开学路，平等竞争的环境必然会促进科学文化的繁荣。其次，社会的民主化还可以为科学文化的发展提供有力的法制保障。法制对科学文化的发展从来不是无所作为的。我国历史上的封建统治者把科学技术视为"奇技淫巧"，明确规定除为皇室、显贵服务的部分以外，一律不准"擅兴"。西方中世纪的封建主也曾通过宗教裁判所把许多科学精英送上断头台。相反，由于近现代国家普遍重视运用法制手段，如专利制度、版权制度、义务教育法规等支持和保护科学文化事业，使得人类所拥有的知识总量得以迅速地增长。

当代中国在运用政治民主的力量促进科学文化发展方面存在的主要问题是，虽然已经赋予了科学文化事业很高的政治含义，但却缺乏切实的民主和法制保证。比如，我国对科学文化事业的鼓励长期采取奖励发明的办法，却忽视了专利制度、版权制度等法制性措施，这很不利于新技术、新学说、新发明的推广、运用，也不利于保护脑力劳动者的权益；对科学文化事业的支持和保护则长期局限于政策上的肯定，而没有给予科学文化工作以足够的法律地位。奖励标准中的主观性和政策执行中难以避免的不稳定性，使得仅仅依靠这些措施是很不够的。根据科学文化发展的客观规律，根据科学文化发展与社会生产力发展的内在联系，今后我们应当逐步由领导机关对科学文事业的政策引导和评奖鼓励转变为用科技民主、科技立法的方式来评判一定的科学文化成果的意义。这种比较客观、稳定的办法必将大大促进我国智力财富的开发、科学文化事业的繁荣和国民经济的振兴。

三、民主化与人才的迅速成长

社会的民主化是科学文化发展的重要推动力量，同样，也对千千万万人才的迅速成长有着重要的作用。

人才不仅是指单个个体在知识、技能等方面的一定状态，而且是一个社会概念。人才在社会中产生，为社会服务。因此，人才的迅速成长离不开社会为他们提供的条件。在人才成长所需的各种社会条件中，民主的而不是专制的，开放的而不是封闭的，和谐的而不是充满冲突的社会政治体系、政治气氛具有关键性的意义。一个人才辈出、群星灿烂的社会往往是该社会政治文明状态的反映，相反，在一个专制、封闭、动乱的社会中，不仅人才在数量上无法和前者相比拟，而且那些顽强生长起来的人才也往往由于恶劣环境的压力而发展畸形化。因此，一个民族、一个国家应当从社会长期发展的战略高度来努力创造适合人才成长的社会政治条件。

需要指出的是，人才，特别是杰出人才的最显著特征就是他们的创造能力和个性特点。认可人才，就不能不认可他们的这些特点。只认可人才，却不想容忍他们的独创性和差异性的发展是自相矛盾的。人才的成长没有模式，不可能"集体培养"；人才不像某种物质产品，可以在一个封闭的场所里按照预先设定的规格去塑造，而是在充满竞争的环境中，经过锤炼、筛选而产生的。因此，宽松、和谐的政治、舆论环境和言论自由的切实保障，是杰出人才和伟大成果出现的必不可少的社会条件。

当代中国的社会主义制度为人才的迅速成长开辟了良好的前景。尤其是近十年来，党和政府在培育人才方面做了大量工作。但由于经济文化事业的落后和长期"左"的影响的存在，我们在人才问题上还存在着许多亟待解决的问题。与社会民主化有关的问题，主要表现为四个"严重"，即人才的严重不足，人才的严重比例失调，人才角色的严重扭曲，人才的严重浪费。

人才的严重不足，是指人才同十亿人口和全面现代化事业的需求相比极为缺乏。人才的比例失调，是指与新技术革命、商品经济和体制改革密切相关的软科学、边缘科学、应用科学的人才不足，而少数传统学科则人才呈相对过剩的趋势。事实已经证明，单靠对人才教育部门的高度集中管理的方法，不但不能解决问题，而且只会加剧上述不适应现代化建设的现象。正确的出路，是实现教育管理和干部人事管理的民主化，下放管理权限，让培养单位、用人单位和科技人员充分发挥主动性，以便按照发展商品经济的办法来自发调节人才的结构和人才的数量。

人才角色的严重扭曲，是指不适当地把专业人才全角色化。现代社会的人才往往带有一定的"片面性"。从现代社会分工的角度看，这种片面性是现实的。过分强调他们的"全面性"，往往使得他们不得不去从事许多与专业毫无关系的事情，也往往造成由政治机关来对科技人员的专业工作做最终的然而又是非专业性的评价。这种传统习惯，不仅分散了人才的精力，而且容易使他们受到领导机关和领导人的束缚和压制。我们要减少对人才成长的行政干预，要用民主的方法，按照人才成长的规律来引导人才健康成长。

人才的严重浪费，是指现存的人才部门所有制、单位所有制使得有限的人才不能充分发挥效能。这个问题更直接地依赖着作为政治体制改革重要组成部分的干部人事制度向科学化、民主化、法制化的转变。为了充分发挥人才的作用，必须本着机会均等、注重能力的原则，让人才在适合他们志趣、特色的岗位上愉快地从事创造性劳功，并允许他们做有规则的流动。

四、民主化和当代中国社会的全面改造

中国正在进行着的经济体制改革，已经给社会生活的各个领域带来了巨大的变化，但其本身也面临着许多困难的严峻考验。经济体制改革所遇到的困难并不仅仅来自经济生活本身，而且也来自旧的政治体制和旧的观念，即来自充斥着各种非民主因素的社会氛围。可见，推进社会的民主化进程不仅决定着政治体制改革的前途，也在很大程度上决定着经济体制改革的命运，决定着当代中国社会全面改造的前景。

各个领域的全方位改革，就是全面、深刻地改造中国社会，实现全面现代化。但是，各个领域的改革工作在当代中国社会全面改造的过程中所起的具体作用是不同的。教育、科技等方面的改革所涉及的问题比较单一，它们在当代中国社会全面改造的过程中担负着某一方面的任务。经济体制改革直接解决生产方式方面的问题，是当代中国社会全面改造的基础，起着重要的作用，但是，在一个社会的经济体制和政治体制发生摩擦，经济发展得不到民主政治发展的有力支持的情况下，社会的民主化进程就往往成为推动社会取得突破性进展的关键因素。社会进步总是不平衡的。一个社会的面貌，一个社会在总体上的进步状态并不总是一般地取决于经济的发展和财富的增长。比如，经济现代化并未伴之以相应的政治现代化是德国、日本发动世界大战并招致彻底失败的一个重要原因。又如，有的社会主义国家经过长期建设，国力已比较雄厚，但整个社会依然比

较死板，人民的物质、文化生活也不够丰富，这无疑与它们长期忽视民主建设，坚持高度集权的政治、经济管理体制有着直接的关系。因此，仅仅依靠经济进步是不能全面改变社会面貌的；不改变政治生活和政治结构的不合理状态，社会就不会有整体性的进步和全面的改造。

我国现行的政治体制先于经济体制和一系列社会管理手段的建立。这种关系使得经济体制和整个社会的运行机制的任何变化都要受到现行政治体制的制约。因此，有针对性地在发展商品经济这一强大力量的配合下，用高度民主、完备法制、具有现代政治特征的新型政治体制去改造过度集权的旧体制，对于当代中国社会的全面改造就更具有根本性的意义。

社会民主化对于当代中国社会全面改造的重大意义主要体现在以下几个方面。

第一，大力推进民主化进程将完善当代中国社会发展进步的动力系统。发展生产力，包括调动生产力中人的因素的积极性是社会前进的基本动力。调整生产关系，实行按劳分配，乃至实行责任制、承包制、股份制都可能成为发展生产力、调动群众积极性的重要手段，但却不是唯一的手段。创造条件使广大人民群众了解和参与政策法律的制定，爱护他们的民主愿望，也是达到上述目的的重要手段。有人曾设想，待我国的温饱问题解决之后，群众的劳动热情和社会的持久安定将不成问题。但最近有些调查表明，在人民群众的物质生活普遍有所改善的近几年，职工的劳动积极性程度并不理想。国外也出现了落后国家进入中等发达水平后，社会政治生活反而动荡较大的现象。因此，社会的物质生活水平越高，政府和执政党就应越加开明、民主，越加能容纳新观念、新事物。我国的政治民主化应将直接解决这个问题作为重要出发点。

第二，大力推进民主化进程将促使中国社会的结构趋向于多样化。到 20 世纪 70 年代末，我国的社会结构已经呈现出明显的单一化格局，社会成员之间的利益冲突被"团结一致"的口号所掩盖。推进民主，就意味着向人民群众提供的社会信息大幅度增加。这样，由于人们有了更多的了解权和参与权，也由于社会经济成分的多样化，不同阶级和阶层、不同职业和地区、不同团体和组织之间乃至于各个个体之间的利益矛盾就将得以凸显，并公开地表现出来。这并不是坏事。社会的进步与改造需要有必要的社会分化。这种在新的社会分化中产生的社会结构和社会矛盾，要求用民主的方式不断地加以调整和解决，而这正是推动当代中国社会向前发展的重要力量。

第三，大力推进民主化进程将改变中国社会和外部社会的联系方式。一个社会形态的改造，不仅是纵向的变化，而且也体现于横向联系之中。民主的意识和开放的意识是密切联系的。民主观念的增强，政治生活民主化的推进，一定会显著地促进对外开放。党的十一届三中全会以来，我国有了经济特区、开放城市，吸收了外国的产品、技术、设备、资金，乃至政治体制中一些可以为我所用的东西如公务员制度等。我国开始同社会制度、意识形态、文化传统不同的国家与地区建立了广泛的联系。随着民主观念的转变，我国一定会不断强化自己作为国际社会一员的意识，从而在国际关系的角度上给当代中国社会的全面改造注入活力。

第四，最重要的是，大力推进民主化进程正在深刻地改善着当代中国社会的整体系统。人们的实际生活过程分为社会经济生活、政治生活和精神生活三个方面。从系统论的观点看，这三个方面也就是社会这个大系统的三个子系统。当代中国社会的全面改造，最终要归结为这三个子系统的有机、协调发展。

在现代社会，民主观念已大大超出了政治生活领域，经济民主、学术民主、社会民主等概念都早已为人们所普遍接受。所以，政治民主的建设不仅是一个相对独立的子系统，而且具有协调三个子系统的关系、总揽全局的作用。总之，当代中国民主化进程，会全面改变我国社会的精神面貌、社会气氛，促进物质文明、精神文明和人的素质的全面发展，把中国社会推向一个新的历史阶段。

第二节　当代中国民主化的实质

一、当代中国民主化的历史前提

社会的民主化，是当今世界各种历史类型国家的共同发展趋势。但是，民主总是具体的。不仅社会主义民主和资本主义民主有着本质的区别，而且同一历史类型之内的不同国家之间，民主建设也会由于其国情的不同，而在实现的程度、方式等方面产生显著的区别。我国的政治民主建设，作为有中国特色的社会主义现代化事业的重要组成部分，也无疑有着鲜明的民族、历史特点，也不能不从当代中国的特定历史前提出发。

当代中国的特殊经济生活状况是社会民主化的基本历史前提。我国是一个农民占人口大多数，几亿人搞饭吃的农业国家。20世纪中叶以前，我国长期处于自然经济、半自然经济的状况，生产力水平低下，缺乏必要的社会分化，有着浓厚的封建政治、经济传统。在这种经济条件下，人们对民主问题的反应必然十分冷淡。中国新民主主义革命胜利以后，人们长期生活在以单一公有制为基础的、自然经济并未完全瓦解的经济环境中。在这种经济条件下，人们对民主问题的反应也往往不那么敏锐。党的十一届三中全会以后，我国的经济生活发生了一系列有助于民主因素增长的变化。农村从自然经济、半自然经济向商品经济的迅速转变，有了生产和生活的自主权并纳入了广泛的社会生活轨道的中国农民开始具备了争取自己社会、政治权益的经济后盾。这个巨大的历史转变，对当代中国的民主化进程是一个带根本性的推动。在城市，商品经济的发展，横向联合的增加，竞争范围的扩展，劳动者和企业独立利益的增强，都产生了强烈的要求加强政治民主建设的呼声。

我们不能割断历史来考察问题。我国历史上的经济生活状况对民主进程的不利影响和我国目前经济生活对民主进程的推动，都对我国的政治发展起着制约作用。这就使得人们对政治生活的要求中出现了某些暂时的不协调现象：一部分思想比较敏锐、知识水平较高的社会成员对民主建设持十分积极的态度，也有一部分人由于各种原因对民主问题不感兴趣；在那些对民主建设抱有很高热情的人中间，又有一些人本身并不了解民主建设的固有规律和特点，甚至力图用不民主的办法来达到"民主"的结果。这种不协调的现象显然与我国民主化进程的特定历史前提直接相关。

我国社会阶级关系和社会结构的新变化，是当代中国民主化进程的另一个基本历史前提。本书已经指出，当代中国社会阶级关系和社会结构的基本特点是，剥削阶级作为一个整体已经被消灭，阶级矛盾不再是社会的主要矛盾，而各种不属于阶级关系范畴的不同利益群体之间的矛盾则开始上升到突出的地位，也就是说，我国既不是一般的阶级社会，也不是无阶级社会，而是有阶级差别，但这种差别正在逐步为非阶级关系的社会差别所代替的社会。这一变化就从国家的阶级性质上规定了当代中国民主化进程的必然发展方向：一是，由于阶级敌人力量的不断缩小，国家实行民主的领域在不断扩大；二是，由于国家的镇压、专政职能的正常削弱，国家生活的各个领域的活动将越来越广泛地运用民主手段来维持和管理。

当代中国的民主化进程和与其同属于社会上层建筑的思想意识形态也是相互制约的，即民主政治在中国的发展也必然有其在历史上逐步形成的思想、文化方面的前提。由于本书的有关章节已经具体阐述了这方面的问题，本章无须赘述。

二、当代中国民主化的根本内容是全面确立人民群众的主人翁地位

当代中国的社会主义民主必然是人民民主。民主，从其本意上讲，就是指由人民掌握政权。列宁也曾经指出，民主就"意味着形式上承认公民一律平等，承认大家都有决定国家制度和管理国家的平等权利"。[①]在社会主义社会，人民群众对社会进行民主管理的权力将逐步真正为他们所有。这是社会主义民主的根本内容之所在。

确立人民群众在当代中国社会生活中的主人翁地位，就是要明确地规定人民群众是社会主义民主包括经济民主、政治民主和社会民主的唯一主体，就是要切实地拓宽、疏通他们参与和了解的渠道。人民群众的主人翁地位是实际的，还是"口头"上的，评判的标准就是他们是否能够真正地参与和了解。人民群众被抽象地赋予了最高类型的民主权利，但管理国家和管理社会的权力却过分集中于领导者个人，是国际共产主义运动中长期存在的一个严重缺陷。固然，社会需要一部分人专门从事

---

① 列宁：《共产主义运动中的"左派"幼稚病》，《列宁选集》第 4 卷，人民出版社 1972 年版，第 257 页。

公共事务的管理，人民群众也不可能对一切具体政治、经济、社会事务都有详尽、成熟的意见，但是，人民群众对于国家特别是本地区、本单位的重大问题的决定、主要负责人员的任免享有的民主权利的实现，不仅是可能的，而且是必需的。要克服权力过分集中等违反社会主义民主原则的现象，就必须避免形式主义的民主，同时也不能把民主权利的行使仅仅局限于对领导者工作的赞成或批评这种简单的方式，而应当鼓励和支持人民群众充分利用表决权、选举权、监督权，全面参与国家特别是本地区、本单位的决策与管理。

确立人民群众的主人翁地位，必须对群众与领导、不同意见与统一意志的关系有一个正确的认识。毫无疑问，人民群众是国家的主人，干部是人民群众的公仆。民主不但不是正确领导的对立物，而且是正确领导的基础和条件。在人民群众中，总比领导者个人拥有更多的信息，他们对于社会变化的自我调节能力也总比领导者要强。由于"人民群众"是一个由多元利益、各行各业的公民所组成的群体，因而，他们的负责任的意见、要求也往往是多样的。各种不同意见包括正确意见和错误意见的冲突，都不是对民主的否定和破坏，也不是对人民群众统一意志的干扰和分化，而是实行民主所带来的必然的、正常的结果，有利于形成真正的人民群众的统一意志。只要坚持少数服从多数，坚持平等协商、调查研究的方法，就一定能够在民主的基础上使各种各样来自人民群众的意见和要求转化成科学、全面的政策和策略。

总之，确立人民群众的主人翁地位，是当代中国的社会主义性质所决定的。保证人民群众行使他们所不可剥夺的民主权利，是检验当代中国民主化进程的进步状况的根本标准。在政治体制改革中，加强社会主义民主和健全社会主义法制的全部工作，都要围绕着确立人民群众在政治生活、经济生活和社会生活的一切方面的主人翁地位这一根本点来进行。

三、社会主义民主和资产阶级民主的区别

当代中国的民主化进程有着鲜明的阶级特点和民族特色。它和与之共存的资产阶级民主既有彼此借鉴的一面，又更有相互排斥的一面。对于社会主义民主和资产阶级民主做一比较研究，明确它们之间的原则区别，在理论上和实践上都是很有意义的。

资产阶级民主是在雇佣劳动的基础上，通过资产阶级掌握的国家政权，把公民所享有的各种民主权利纳入为资本主义国家和资产阶级利益服务的轨道。社会主义民主则是在公有制的基础上，通过无产阶级掌握的国家政权，使人民群众真正享有广泛的经济民主，政治民主和社会民主的权利。资产阶级民主是作为封建专制主义的对立物出现的，在历史上起过非常进步的作用。社会主义民主和资产阶级民主目前在时间、空间上仍是并存的，但从民主自身发展的逻辑上说，社会主义民主是处于更高的历史形态，它的历史使命是创造出人类历史上更高级的民主制度和民主的社会生活环境。社会主义民主和资产阶级民主的这种本质区别，是通过以下几个方面体现出来的。

第一，社会主义民主和资产阶级民主赖以存在的经济基础是根本不同的。

政治民主，"归根到底是由该社会中的生产关系决定的"[①]。社会主义民主的经济基础是生产资料公有制，这就决定了它必然以维护公有制和全体人民的共同利益为根本任务。相反，资

[①] 列宁：《再论工会、目前局势及托洛茨基和布哈林的错误》，《列宁全集》第32卷，人民出版社1958年版，第69页。

产阶级民主的经济基础是生产资料的资本家私有制，这也就决定了这一民主必然以维护私有财产和少数人的特殊利益为根本目的。这是社会主义民主先进于、优越于资产阶级民主的根本之处。就法律条文和国家形式而言，资本主义国家的所有公民似乎和社会主义公民一样享有广泛的民主权利。但是，资本主义国家的大多数公民和少数公民即资本家阶级在经济上处于很不平等的地位，这就使得资本主义国家的劳动人民在行使民主权利的过程中受到种种根本性的限制。建立在不平等的经济关系之上的"平等的"政治权利无疑是不牢靠的。相反，社会主义制度则从根本上排除了经济地位和政治地位、经济权利和政治权利相互背离的趋势。正是在这一点上展示了社会主义民主的广阔前景。

第二，社会主义民主和资产阶级民主实现的广泛程度和真实程度是不同的。

资本主义的政治制度是对资本主义社会现存社会关系的反映，但它是以资产阶级的意志、愿望等主观形式表现出来的。资产阶级不仅要以对自己有利的方式建立资本主义的法制，而且这些法制在实施过程中随时都会受其代表人物主观倾向的制约。这样，就在很大程度上使多数人的民主权利成为空洞的东西。在社会主义国家，由于政治民主是建立在平等的经济关系这一牢固基础之上的，因而法律规定的公民民主权利才有可能成为现实。据统计，在我国享受完全民主权利的人占全体公民的99.9%以上。总之，从发展上看，社会主义民主的显著特点是法理和实际、形式和内容的统一。

第三，社会主义国家和资本主义国家在实现其社会、政治民主的方式上也有着原则的区别。

资产阶级民主的实现有其特殊方式，如分权与制衡、多党制等。诸如此类的民主形式有两个共同的特点。一是相互制约的消极性。西方国家许多政治形式的奥妙在于力图以彼此削弱、制约、防御的办法来达到制止擅权、专断现象的目的。这种做法对于限制专制虽有一定结果，但也导致了一系列官场病的出现。二是崇尚个人主义、自由主义和多中心主义。在不危及整个制度的前提下，社会成员可以任意地采用各种方式追求自己的独立性。这种做法使西方国家经常处于局部危机的状态，其结果是劳动人民所享有的民主权利被扭曲，而"金钱民主"成为资产阶级民主的写照。

社会主义国家也有其实现民主的特定方式。以我国为例，有民主集中制、民族区域自治、多党合作制等。这些制度都体现着高度民主与适当集中的有机结合，以保证共和国的一切权力属于人民。近年来，我国又出现了社会协商对话制度等一系列保证人民群众有秩序地充分表达自己的民主意志，参加社会管理的新形式。

应当肯定，资产阶级民主对于限制专制，保证公民的起码民主权利是有一定作用的，它的一些具体做法还可以为社会主义国家所借鉴。但它同社会主义民主的原则区别不可抹杀。随着历史的前进，特别是随着社会主义国家改革的发展，社会主义民主制度的潜力、前途，它优越于资产阶级民主的显著特点一定会愈发显现出来。在经过长期的发展之后，社会主义民主一定会最终取代资产阶级民主，创造出更加完善的政治民主制度。

第三节　当代中国民主化的进程

一、民主化是一个历史过程

民主化是世界性的潮流，势不可挡。在西方国家，随着新科技革命的不断深入和经济政治形势的发展，资产阶级民主仍在持续发展着。在各社会主义国家，推进民主化也都是社会改革的重要内容。在我国，伴随着全面现代化建设事业的发展，人民群众的政治热情和民主要求比以往任何时候都更加强烈。高度民主化无疑是中国社会发展必定要实现的伟大历史目标。但是，民主化不是一种孤立的社会历史现象，它要受着整个社会状况的制约。近现代的民主政治是社会化大生产的产物，只有在生产的社会化和整个社会生活的社会化得到高度发展的基础上，才有可能实现高度的民主化。同时，民主化的推进还依赖于民主政治实践主体——人民群众的科学文化素质和民主意识的普遍提高，即依赖于整个社会科学文化教育事业的普遍繁荣。中国是一个商品经济尚未获得充分发展，生产社会化和整个社会生活社会化的程度仍然很低的国家，科学文化教育事业也相当落后，历史上又缺乏民主传统。这些现实的和历史的因素不能不制约当代中国民主化的进程。人们只能在既定的条件下创造历史。中国人民也只能在既定的条件下建设自己的民主政治。因此，不论人们的主观愿望如何，中国的民主化在客观上不可能不是一个需要经过长期艰苦的努力去推进的历史过程。

中国的民主化之所以是一个长期的历史过程，这从民主发展自身的内在规律性也可以得到说明。民主本身是一定的质和一定的量的统一。所谓"最高类型的民主""高级的民主"，是关于民主的质的规定性的概念，指我国民主制度的社会主义性质；所谓"高度的民主""初步的民主"等，则是关于民主量的规定性的概念，指的是民主的程度和范围。至于在一个时期内广泛流传于我国政治生活领域的"大民主"概念，那就既不是对民主的质的规定，也不是对民主量的规定，而是一个思想极端混乱、含义十分不清的非科学概念。民主有高低之分，没有大小之别。把握了这个质和量的区分，就可以明白，当代中国的民主既是高级的民主，又处在民主建设的初级阶段。因此，我们的任务是坚持社会主义民主的性质，同时不断扩大社会主义民主的范围，提高社会主义民主的程度。把握这个质和量的区分，也就可以明白，当代中国的民主化进程必然表现为显著的渐进性。社会主义民主化进程是民主的量的发展，是社会主义政治制度的自我完善，而不是质的飞跃。因此，它的发展一般表现为逐渐的进步和提高，而不是表现为以外部政治冲突的方式实现的突变。把当代中国的民主建设搞成为一种外部的政治冲突，不符合社会主义民主发展的规律，也不符合绝大多数人的利益和愿望，不利于现代化建设，归根到底也不利于民主程度的真正提高。与这种渐进性的特征相联系，当代中国的民主化进程还表现为显著的阶段性。我国民主化的渐进过程是分阶段实现的。它在现阶段的任务就是进行政治体制改革，通过改革领导体制、党政关系、干部制度，克服严重的官僚主义和权力过分集中的现象。这一阶段民主建设的一个突出特点就是讲究实效，力求把民主搞得更实在一些。在这个基础上，我国民主进程下一个阶段的任务是建设高度民主、法制完备、富有效率、充满活力的社会主义政治制度。强调民主的渐进性和阶段性是为了突出民主发展中的循序渐进的特征，而循序渐进的关键是"进"。这样，就同样可以保证民主化进程的彻底性。我们有步骤、分阶段地推进我国的民主化进程，最终是为了彻底清除封建专制主义的残余影响，创造出比西方国家更为完善的现代民主政治制度。这个民主化的历史过程表现于两个基本的方面：一是人民群众民主意识的提高；二是社会民主制度的健全。

二、人民群众民主意识的培养

当代中国的民主化进程是一个较长期的历史过程，这在很大程度上是由于人民群众民主意识的培养也是长期的。推进民主化进程的重要任务之一，就是普遍地提高公民的现代民主意识，因为高度的民主要求成熟的公民，而一个成熟的公民是以具有民主意识为重要标志的。所谓民主意识，就是指公民的民主自觉性，即公民对民主政治发展规律性的自觉意识。现代民主意识表现为公民个体对自己依法所享有的民主权利的自我意识，包括对这种民主权利的正确理解和正确运用；表现人民群众的整体对政治民主建设的客观规律性和现代民主理论的正确认识和把握。

与现代民主意识相对立的，是小农的政治观念。由于我国的经济文化发展长期比较落后，由于我国长期处于自然经济和半自然经济及思想文化的封闭状态，障碍现代民主意识、民主观念、民主习惯形成的旧政治观念仍然存在，使得人民群众的民主意识状况在总体上还处在初步的阶段上，它表现为以下三种情况。一是，对自己所应当享有的民主权利缺乏充分的自我意识，对自己可以依法运用的民主手段还不能有效地、自觉地运用，缺乏民主的要求、民主的习惯或是在行使民主权利的时候表现为某种程度上的漫不经心。二是，虽然对自己所应当享有的民主权利有了一定的自我意识，但对自己可以依法运用的民主手段缺乏正确的认识，往往走向急躁、过激的一面。三是，少数人只要自己的"民主"，不要别人的"民主"，把民主解释为"为民做主"，甚至以"家长"自居，以"集中"为理由，强化封建的宗法观念、特权观念、等级观念，践踏人民的民主权利。这种种落后的政治观念、政治社会心理的存在，严重地阻碍着新的政治行为方式、新的政治组织方式的形成。因此，群众民主意识的改造已经成为当代中国社会全面改造，特别是政治体制改革中一个亟待解决的问题。如果不能迅速地培养起现代民主意识，不能造就一代具有现代民主观念和现代民主政治行为方式的新人，当代中国的政治民主建设只能是一句空话，一切政治体制改革的措施、方案最终都将流于形式。

　　培养现代民主意识绝不等于用种种新鲜的政治名词去"武装"群众，也不等于采用简单生硬的政治说教方式去"提倡"新的政治观念。现代民主理论、民主思想的宣传教育固然是必要的，但主要的应通过逐步健全和扩大的民主政治实践去培养，而归根到底要通过正常的商品生产和商品交换的实践去培养。现代民主意识的培养，旨在用科学的政治思想去塑造一代新型的社会主义的成熟公民。具有现代民主意识的人，即一个成熟的公民，应具备以下素质。第一，在政治思想、政治行为上保持充分的独立性。成熟的公民不会走极端，他既不向任何等级、特权、专制低头，也不附和无政府主义和极端民主主义，他服从称职的领导和必要的集中。第二，有强烈的参与愿望。有现代民主意识的人，总是志愿牺牲自己的一定的时间和精力，去为他人和社会的利益提供必要的服务。第三，具有合作的习惯。在现代民主制度中，既肯定个人的价值，又注意把个人融会到

群体之中。第四，具有现实主义的政治态度。现代人应当认识
到全知、全能、不犯任何错误的政党和领袖是不存在的，只有
利而没有弊的政治方案也是不存在的，人民行使民主权利在很
大程度上就是权衡利弊，并经过群体共同认可的程序，选择为
大多数人所接受的建议作为群体的共同决定。第五，具有宽容
的精神。民主制度就意味着允许不同意见的存在，意味着允许
犯错误，意味着允许人们在复杂纷繁的意见、建议中进行抉择，
没有这种允许不同的意见、建议合理且合法地存在、竞争的精
神，民主制度的存续是不可能的。

现代民主就是在扬弃传统的政治制度、政治文化的过程中
发展起来的。在当代中国的特殊条件下，民主化的进程就是人
民群众的民主意识不断增强的过程。但是，这一过程最终还是
要以民主制度的不断健全为标志，这一过程的政治成果还是要
以民主制度的不断健全来巩固。

三、社会主义民主制度的健全

列宁曾经指出，"民主是一种国家形式"①。现代政治既要
求民主化，又要求法制化，要求民主化和法制化的有机结合。
民主制度属于国家形式的范畴，它由国家的阶级内容所决定，
又表现国家的阶级内容。当代中国民主化实质的体现，民主意
识的培养，政治体制改革的成败，最终都要以法制的健全程度
为标志。

以保障人民群众享有切实的民主权利为目的的法制建设，
是我国社会主义建设中一个突出的薄弱环节，所谓社会主义初
级阶段上层建筑的不成熟，主要就是指法律和制度不健全。我

---

① 列宁：《共产主义运动中的"左派"幼稚病》，《列宁选集》第4卷，人民出版
社1972年版，第241页。

们曾经长期轻视国家形式建设的意义，似乎形式无关紧要。其实，恰恰由于政体是形式，它也就更加复杂，更需要加强建设。离开一定的政权组织形式去抽象地强调国家的阶级实质，往往会使国体由于缺乏合理的有效的具体形式而丧失意义。因此，我们不能不既重视民主化又重视法制化。

健全民主制度，是全面确立人民群众主人翁地位的可靠保证。任何民主制度，都不能简单地、抽象地依靠对其正义性、合理性、进步性的逻辑论证来确立，它在理论上的规定必须通过适当的外在形式——制度表现出来，巩固下来。在当代中国，我们不仅要充分肯定人民群众的主人翁地位，而且要不断完善各种保证这一地位的法律和制度。当前，不断完善民主制度，对于政治体制改革成果的巩固也有重要意义。改革的成果不仅要以新观点、新方案、新政策的形式体现出来，而且要以新法律的形式"固定"下来。没有这后一点，改革就无法深化，改革的成果就不能得到巩固。总之，民主制度的完善作为民主观念更新和发展的产物，应当成为当代中国民主化进程中的一个又一个里程碑。

民主制度的健全，要通过多种途径、多种办法来实现。第一，要巩固和完善我国现行政治体制的优势和特点。我们一方面要坚决改革现行体制中那些不适应发展社会主义商品经济和推进民主化进程的因素，另一方面又不要丢掉人民代表大会制度、民主集中制、多党合作制度等被实践证明是符合国情和体现民主精神的东西。对于这些制度和原则，我们要在坚持的前提下，通过总结经验使其不断完善化。第二，要积极探索劳动人民参与管理的新形式。我国政治生活、经济生活中的新情况、新问题，需要新的形式来适应，在政治体制改革中出现的社会协商对话、党政分开设想、分解干部队伍等，都在不同的方面起到了健全社会主义民主制度的作用。第三，要积极借鉴外国包括社会主义国家和资本主义国家政治形式中那些能够为我所用的因素。西方主要国家的现行政治体制已经较为稳定地运行了二、三百年，它们在适应商品经济和社会化大生产方面，在应用新技术、新方法系统管理国家方面积累了一定的经验。一些社会主义国家在政治体制改革方面也有许多有价值的经验和教训。例如，在建立健全政治运行机制、理顺党政关系、政企关系，完善选举制度和扩大民意测验范围等方面就可以有选择地学习外国的经验和长处。

当代中国政治民主化的过程，也就是政治制度化的过程，就是民主化与制度化相互促进的过程。民主化表现为"参与"，制度化表现为体制的合理配置和政治生活的基本稳定即秩序。这二者的统一就是在党的领导下人民群众有秩序的政治参与。二者缺一不可。因为，没有秩序的参与是"大民主"，是无政府状态；而没有参与的秩序则是专制主义。因此，当代中国政治的发展，必须把通过健全民主制度，为广泛的参与提供合法、有效、多样的途径作为一件极其重要的工作，以便为中国民主政治在下一个历史阶段获得更大的发展奠立坚实的基础。

第十一章　体制改革是当代中国社会发展链条的关键环节

当代中国社会的大变动是社会生活的全面变动。它犹如一个由无数环节构成的发展链条，环环相扣，而启动这个链条的关键环节就是体制的改革。生产力的发展，精神文明的建设，法制的健全和政治生活的民主化，都要靠体制改革去推动。

社会制度是根本制度和具体制度的统一。根本制度体现该社会的根本性质，而体制则是具体制度，它是社会根本制度的具体体现。一种社会制度在它存在期间都保持着质的稳定性，这就是社会根本制度的稳定性，但作为社会根本性质具体体现的体制则必然具有变动性。因为任何一个社会在其根本性质不变的范围内，生产力的发展、社会关系以及思想观念等的变化，都是不会停止的，这就要求改变具体的体制与这种变化相适应。社会根本制度的变化是经过革命实现的，而社会具体体制的变化则是该社会自身的改革。从社会发展的一般规律说，社会主义社会在其自身的发展中也会在一定阶段上产生改革体制的要求。恩格斯就曾告诫人们，不要把社会主义看作一种一成不变的东西，而应当和任何其他社会制度一样，把它看成经常变化和改革的社会。就当代中国社会发展的实际情形来看，体制改革已经成为非常现实的问题。我国原有体制经过 30 多年的运行，其弊病已经越来越充分显露。不革除这些弊病，中国社会已无法继续前进，社会主义根本制度的优越性已无法充分发挥。

改革旧体制，创建新体制，已成为保证中国社会主义社会自我发展、自我完善的迫切需要，已成为当代中国必须实现的一项伟大历史任务。

第一节　体制改革是当代中国社会发展的必由之路

当代中国社会需要不需要进行体制改革？中国的社会主义建设是不是需要靠体制改革去推进？中国已经进行的体制改革是应当继续推进还是应当停下来？这恐怕是当代中国人面临的最重要、最严峻的问题。为了在这个重大问题上减少盲目性，提高自觉性，我们有必要从历史上改革的经验和教训中，寻求一些借鉴。

一、历史经验的借鉴

在我国两千多年的封建社会历史中，变法改革甚多。从战国时期的齐威王改革、商鞅变法，到清朝末年的变法改革，纷繁复杂，情形各异。有的成功，有的失败，其间有许多经验教训值得总结。

我国封建社会历史中的变法改革，多是发生在两个时期。有的是在一个朝代建立新体制的初期，它要清除旧体制影响，完善新体制自身，如齐桓公的改革和秦的商鞅变法；但更多的却是发生在一个朝代的中晚期，原有体制经过多年运行，渐趋僵化或腐朽，弊病显露，不加以革除，封建统治将难以为继，如宋的王安石变法和明的张居正改革。但它们的共同原因，则是由于经济的不景气，政治上的动乱以及外部强敌的存在，不变法改革就没有出路。秦在商鞅变法以前，经济、政治和文化都比较落后，旧贵族势力很大，国势贫弱，政局动荡，被摒于诸侯集会之外。为使秦国富强起来，秦孝公才任用商鞅，实行变法。宋朝也因为"积贫、积弱"，才有王安石变法。明朝中期，政治混乱，财政恐慌，张居正才推行以"一条鞭法"为主要内容的改革。所以，变法改革是社会体制发展到一定阶段的必然现象。

纵观我国封建社会历史中的变法改革，只在某单一方面进行而能取得成效者甚少。变法改革要成功，都是在重点实行某一方面改革的同时，在政治、经济等主要方面都有相应的配合。秦商鞅变法，就是既在经济体制上改革，如开阡陌封疆，把土地授予农民，土地可以买卖，又在政治体制上改革，如建立君主集权的行政制度，还在文化制度上改革，如焚诗书等。商鞅变法的成功，使秦国成为"兵革强大，诸侯畏惧"的强国。明中叶张居正的改革虽以改革财政制度为主，但也十分重视农田水利建设，提出"厚农而资商，厚商而利农"的扶助工商业政策，同时还提出"考成法"，以整顿吏治，改革腐朽政治，等等。这样，才使张居正的改革收效较大。

在我国封建社会里实行改革变法，没有统治阶级的最高权力作为依托，是根本不可能实现的。又由于我国封建社会的最高权力，集中于皇帝一身，因此实际上皇帝的支持是至关重要的，变法改革的进展与成效，往往与皇帝的进退相联系。春秋战国时期，吴起在楚变法，依赖于楚悼王，其亡，吴起被射杀，变法被扼杀。宋神宗任用王安石实行变法，神宗死，新法除。同时，变法改革还往往引起社会震动，受到既得利益集团等的阻碍，因而必然会付出一些"代价"。宋人称王安石变法"与战无异"，就很说明问题。许多变法改革者也往往遭到厄运，商鞅被车裂，王安石被贬谪，康梁被迫逃亡。虽然如此，但变法改革的成果却长存于历史。商鞅死后，"秦法未败也"。张居正的"一条鞭法"一直影响到清代，清末的康梁维新，也对当时和后来中国的进步产生了积极的影响。

我国社会主义制度建立以后，人们也曾在一定程度上认识到这种从苏联照搬过来的高度集中统一的模式存在着许多弊病，但多年来未能从整个体制的改革去认识，只做了一些修修补补的工作，仅在权力的"条条块块""分分合合""上上下下"的问题上绕圈子。只是到它积弊甚多，社会各项事业都已步履维艰的时候，人们对于这种体制模式的弊病，才认识得愈来愈清楚了。

当前，社会主义国家的改革已经不是哪一个国家的现象，而成了一种世界性的潮流，南斯拉夫、匈牙利、波兰以及苏联等，都先后把体制改革提到了主要的议程。它们的改革各有特点，我国的具体国情也与它们有别，但它们改革的成功经验我们可以参考，其失败教训也可以为我们吸取，甚至它们的改革所依据的理论和所提出的问题，都值得我们思考。因为所有这些国家改革的背景和任务都和我们是基本相同或相似的。苏联实行的高度集中统一的计划产品经济体制和与之相应的政治体制和文化体制，曾被视为社会主义的普遍模式或唯一模式，而被其他社会主义国家（包括我国）普遍搬用，并且多年不变。就世界范围来看，当前的时代仍然是一个商品经济继续发展的时代，世界经济一体化的趋势日益增强，新科技革命的蓬勃发展，促进着社会生产力的迅速发展和整个社会生活的急剧变化，这都要求更加灵活的体制与之适应。而在社会主义国家运行多年的这种以计划产品经济为基础的体制不仅同这些国家目前生产力发展的状况不相适应，也与世界经济政治格局的新变化不相适应。这种僵化的体制同社会主义根本制度的矛盾日益尖锐起来，严重地妨碍了社会主义制度优越性的发挥。体制改革已成为所有社会主义国家继续前进的根本出路和紧迫任务。因此，尽管这些国家的改革经历了大大小小的曲折，目前仍面临着各种各样的困难，但这股改革的潮流不可阻挡，不可逆转。改革已成为当代社会主义实践的主潮流。

从古代中国和当代各社会主义国家改革的经验教训中，至少可以得到如下几个方面的启示。

第一，在任何社会形态的长期发展中，企图采用一套与其一切阶段都相适应的具体体制是行不通的。社会的具体体制与社会的根本制度相比具有变动性，这使得体制改革具有可能性。但与生产力的不断发展相比，具体体制又具有相对的稳定性。这种相对稳定性，是体制得以存在和发挥积极作用的条件，也是体制可能阻碍社会发展和生产力发展的原因。一个具体体制在一定历史条件下的出现和存在，必有其合理性的一面，但随着时间和过程的推移，这种历史的合理性就会逐渐丧失。这时，如果不及时改革它，它的稳定性就僵化为凝固性，其原有的弊病以及由此而滋生的一系列弊病就会显露出来，阻碍社会的进一步发展，使社会呈现为停滞状态，甚至腐蚀健康的社会肌体，造成社会动乱。无论哪种社会，在其长的发展过程中，都需要在一定时期里进行体制的改革。

第二，体制改革属社会发展中的量变阶段，均是由上而下进行的，因此，体制改革的成功必须有强大政权的依托。同时，体制改革又是社会发展总的量变过程中的阶段性部分质变，从现实来看，也就是人们之间关系和利益的大调整。体制改革必然会受到来自旧传统观念的阻碍，必然会受到来自旧体制下既得利益集团的阻碍，因此，它也就必然会造成一定的社会震荡，从而必然会为此而付出一定的"代价"。要进行成功的体制改革，必须对此有自觉的意识。幻想没有一定震荡、不付出一点代价，改革就能成功，那是不现实的。问题是对震荡的范围、幅度、后果及其对策要有客观的正确的认识，对付出代价的性质、程度、方式等要有自觉的控制。所以，体制改革的成功，需要一系列的条件。改革时机的选择、改革步子的快慢、对大多数人利益的照顾等，都是十分重要的问题。在这方面，不论在历史上还是在我国和其他社会主义国家改革的现实实践中，都有丰富的经验教训应当记取。

第三，改革体制必须选准"突破口"即抓住原有体制中的关键环节，也就是说，体制改革的中心议题应牢牢把握。但任何体制都是一个系统，它的各个方面都是互相联系和互相制约的，因此，仅局限于体制某一部分的改革是绝不会成功的。用现在的语言来说，就是体制改革必须"配套"。同时，要卓有成效地顺利地进行改革，控制好改革的速度也是很重要的。太慢了会贻误时机，太快了也将欲速不达。改革是社会主义社会自我完善过程中的量变，因此它具有渐进性的一面。但改革既然是社会主义社会的"第二次革命"，它又必然具有跳跃性即突破性的一面。没有突破就无法改革旧体制，建立起新体制。把握住渐进性与突破性的具体的统一的原则，确定适宜的改革速度，也可以使整个社会和多数社会成员对改革具有相应的承受能力。

二、中国原有体制的主要弊端

我国原有体制，无论政治体制还是经济体制，主要是在新民主主义革命胜利以后才逐步形成的，其基本的模式是照搬苏联当时的那一套。这种情况的造成是与当时的世界形势分不开的。在那时，苏联是第一个成功地进行着社会主义建设的国家，苏联的体制是社会主义国家唯一可以借鉴的模式。在我国原有体制中，还有一部分与解放区根据地的体制有着血缘上的关系，是后者的扩展或延伸。如同在搬用苏联模式时忽视了我国的具体国情一样，在沿用解放区根据地的某些体制时又忽视了我国不同历史时期的重大区别。解放区根据地的高度集中统一的体制是在以革命战争为中心任务的艰苦环境中形成的，把它们照搬到以建设为中心任务的和平时期里来，就难免带来一系列的弊病，以至造成某些很严重的后果。此外，旧中国官僚体制、封建主义僵化的"大一统"观念以及保守、落后的小农自然经济思想的影响，也是造成我国原有体制很多弊病的重要原因。体制上的弊端是造成我们过去各种严重错误的一个重要根源。从1957年开始，我们在政治生活中和经济生活中犯了许多重大错误，如"反右"扩大化、"大跃进""文化大革命""洋冒进"，等等。这些错误的发生，固然与某些领导人的思想、作风有关，但是组织制度、工作制度方面的问题更重要。从研究我们过去发生的错误中去发现原有体制的弊端，会看得更加清楚。在经济体制上，主要是过分的集中统一，企业等经济单位没有自主权和活力，一切都被统在无所不包的计划当中。但在实际上，"无所不包"是做不到的，其结果，一方面是"全国一盘棋"的计划，一方面却是经济单位和生产经营者个人由于缺乏经济动力而滋长的惰性。在政治体制上，主要是党政不分，以党代政，缺乏保证人民监督的制度，官僚主义蔓延。由于权力的过分集中，又使不负责的推诿之风盛行。其结果，一方面是高度的集权，一方面却是高度的分散。邓小平曾把党和国家的领导制度、干部制度方面的主要弊端概括为以下几种现象："官僚主义现象，权力过分集中的现象，家长制现象，干部领导职务终身制现象和形形色色的特权现象。"①这些现象在实质上都主要是封建主义残余思想在政治体制中的体现。

这种体制的内部是僵化的线性机制。它在复杂的社会生活中表现出巨大的保守性和封闭性,使得整个社会缺乏自我更新、自我发展的内在活力,不利于生产力的迅速发展和人民群众创造力的充分发挥,阻碍着政治生活的民主化进程,使得思想文化战线不可能真正形成"百花齐放,百家争鸣"的生动活泼的局面。权力过分集中,也就使"长官意志"在社会生活的各方面起着决定的作用。这种体制不改革,社会主义现代化是不可能顺利实现的,社会主义制度的优越性是不可能充分发挥的。

三、中国社会必须在改革中前进

当代中国社会前进的目标是使自己成为富强、民主、文明的社会主义现代化国家。实现这个目标是一个宏伟的建设工程,要依靠全国人民同心同德进行物质文明的建设、精神文明的建设、民主政治的建设。毫无疑义,现代化建设是当代中国社会的中心任务。但是,这种建设能不能在原来的体制下顺利进行呢?或者说,不改革旧的体制而只埋头于建设能不能实现当代中国社会前进的既定目标呢?这就是建设和改革的关系问题。这是当代中国社会发展中在宏观上需要协调处理的最为重要的问题。

在当代中国社会发展中,建设和改革有如一部车子的左右两轮,不可缺一。建设需要改革,改革为了建设。这两方面协调处理得好,是可以互相促进的,它们在根本上是统一的。但在改革加速和深化的时期,改革和建设也会出现不协调的情况。

---

① 邓小平:《党和国家领导制度的改革》,《邓小平文选》第二卷,人民出版社 1994年版, 第 327 页。

建设的发展需要有稳定的秩序，需要有稳定的领导体制、管理体制的保证，而改革却正是破除旧体制、创建新体制，正是破坏旧秩序、建立新秩序，因而在新旧体制转轨的过程中，势必发生某些或大或小的、至少是短期的动荡，使建设受到一些干扰。同样地，建设受到某种干扰和挫折，也会反过来拖住改革的步伐，当建设工作中出现某种严重的失控、失衡的情况时，甚至不得不使改革暂时停步,不得不先去清理和整顿建设工作，为改革创造进一步前进的环境。因此，随时都要求协调建设和改革的关系，在推进改革时要考虑到建设工作的顺利进行，使建设能随着每一项改革措施的出台都获得或大或小的促进力量；而在部署建设工作时又要以改革统揽全局，把改革作为建设的内在因素、作为促进建设的关键环节而纳入整个建设事业之中。总之，建设是当代中国社会的中心任务，而改革则是这个中心任务得以实现的保证。正是在这个意义上，也只是在这个意义上，我们说中国社会必须在改革中前进。

从理论上说，现代化建设和体制改革的关系，也是社会文明各个方面互相制约、协调发展的关系。社会文明可以分解为三个基本的方面，除了物质文明和精神文明以外，还包括既不宜归属于物质文明也不宜完全归属于精神文明的制度文明。物质文明是人类改造自然界的成果，精神文明是人们改造自己主观世界的成果，而制度文明则是人们改造社会关系的成果的结晶，是制度化的社会文明。它既是物质文明和精神文明相互联结的纽带，也是物质文明和精神文明得以在其中存在和发展的结构。因此，制度文明制约着物质文明和精神文明的发展状况，是社会文明发展程度的集中体现。当制度文明的状况与物质文明、精神文明发展相适应时，就会促进它们的发展并巩固其成果；反之就会阻碍它们的发展甚至破坏其成果。在前一种情况下，社会发展的重心可以放在大力推进物质文明和精神文明的建设上，而在后一种情况下，则应首先抓住变革旧制度、提高制度文明程度这个关键环节，为包括物质文明和精神文明在内的整个社会文明的发展开辟道路。从我国的现实状况来看，制度文明与物质文明、精神文明的关系表现为复杂的情况。制度文明与物质文明、精神文明之间，既有相适应的一面，又有不相适应的一面。我国是社会主义社会，其根本制度文明程度是很高的，与当前生产力的发展和物质文明与精神文明的建设是相适应的。所以，我们应当也可以把现代化建设作为中心任务。但是，我国的具体体制的文明程度，则如上面所论述的，与物质文明和精神文明建设的发展不相适应了，所以，我们又必须把体制改革作为我国社会在当前发展中的关键环节。中心任务的确定，使我们可以自觉地抓住关键环节；而抓住关键环节，唯一的目的就是要完成这个中心任务。

我国处于社会主义社会的初级阶段，这是一个社会主义制度尚不成熟、不完善的阶段。这种不成熟、不完善就是表现在其根本制度文明程度高而具体体制文明程度较低。所谓不断完善社会主义制度，主要就是指使具体体制完善起来。体制是社会主义根本制度的具体体现，只有通过体制改革，建立起完善而合理的体制，才能使社会主义根本制度的性质得到充分的体现，才能显示和发挥社会主义根本制度的优越性，才能保证中国社会沿着社会主义的道路前进。

第二节　体制改革的内容和实质

体制是社会整体的具体结构，其内部诸子结构的相互联系，决定了体制改革绝不能单独在某一领域中进行，而必须是全面的。由于体制改革涉及各主要社会生活领域，是人与人关系的大调整，它不仅会触及人们的利益，而且会触及人们的心灵，在政治生活、经济生活和思想观念中引起冲击和震动；特别是在我们这个有着古老文化传统的国度里，多年来原有旧体制运行的惯性与改革它的努力之间，又夹杂着现代文化观念与传统文化观念的冲突，就更显现了改革的深刻性。体制改革的全面性和深刻性，使得探索和把握体制改革的内容和实质，成了当代中国社会哲学必须给予正确回答的重大课题。

一、体制改革是涉及各主要社会生活领域的全面改革

对于体制改革的全面性，人们是随着改革实际进程的展开而逐步认识到的。十年动乱结束后，党中央制定了正确的指导方针，首先领导八亿农民在农村成功地进行经济体制的改革，创造了以家庭联产承包责任制为主的多种形式的责任制，使农业生产以及工副业生产在短短几年的时间里就极迅速地恢复和发展起来。经济体制改革在广大农村取得的十分喜人的初步成效，使人们的认识统一了：要使城市的工业和商业迅速发展起来，搞活企业，提高经济效益，也必须像农村那样，打破由原有经济体制所形成的那种僵化的经济格局，走改革之路。但是，城市的工商业和企业毕竟与农村的家庭农业有着重大区别，把在农村成功的经验原封不动地搬到城市中来是行不通的。人们又开始探索城市企业特别是大中型企业改革的路子。这时，党中央又及时做出了关于经济体制改革的决定，提出了城市经济体制改革的指导方针。当城市经济体制改革取得了初步而又显著的成效之后，它的进一步发展又遇到了障碍，使得城市经济体制改革一度徘徊不前。与此同时，农村经济体制改革的深入

开展也受到影响。整个经济体制的改革都由于受原有政治体制弊端的牵制而难以深入。为什么农村改革开始时这个问题并不尖锐，而当城市改革时就尖锐起来了呢？这是因为，农村改革主要是推广家庭承包责任制，生产单位小而且其社会化程度不高。虽然从整体看也是经济生活中一件带全局性的大事，但从一个生产单位来看，它与社会上其他经济单位并没有广泛的联系。城市改革就不同了，城市经济不仅在国民经济中占有很大的比例，而且它的每一个生产经营单位都有着广泛的社会联系，一环扣一环，社会化程度很高，因而城市改革不能不受着政治体制的直接制约。特别是多年来党政不分、政企不分，使得经济活动政治化了，经济体制改革的每一个重大步骤都直接同政治体制的改革相关联。这样，城市改革的实践就必然把政治体制改革问题提到重要议事日程。从经济体制的改革到政治体制以及其他体制的改革，不仅是改革向更广阔的社会生活领域推进，而且是向更深层次的推进，改革的阻力和困难也增大了。于是，人们不得不多方面检讨改革的阻力，从而又看到旧的传统观念对人们思想和创造力的束缚。特别是政治体制的改革，不破除旧传统观念，简直无法进行下去。这就是一场旨在更新观念、实现观念现代化的"文化热"兴起的基本原因。这又涉及原有的思想文化管理体制的问题，人们也把它纳入政治体制改革的范围加以考虑。可见，对于改革的全面性，人们是在改革的实践中才逐步认识到的。

所谓改革的全面性，也就是改革内容的丰富性，这是由体制问题的整体性所决定的。体制是社会整体的具体结构，其内部又包含着经济体制、政治体制、文化体制等子结构。这些子结构并不是互相独立的，而是紧密联系在一起的。它们之间联系的密切，不仅表现为互相制约，而且表现为互相渗透，以至部分地重叠或交叉。例如，干部管理制度是政治体制中的重要组成部分，但对于企业来说，它也是经济体制中的重要内容。当然，诸子结构的密切联系并不否认它们的相对独立性，反而是以此为前提的。而诸子结构的相互制约也并不否认它们在社会体制整体中地位的不同，反而是承认这种区别的。其中，政治体制是整个社会体制的核心，政治体制的改革也就是整个社会体制改革最根本、最核心的问题。近十年来的改革实践已经充分地证明了这一点。而经济体制的改革则是整个社会体制改革的基础和归宿，即使是政治体制改革也是由于经济体制改革深入发展的需要才被提到议事日程上来的，而且它的基本任务就是为经济体制改革创造一个良好的政治思想环境。政治体制以及文化体制、教育体制、科技体制等的改革，都必须同经济体制的改革相适应。所谓改革的全面性，不仅体现在它必然涉及社会体制的诸子结构上，而且体现在诸子结构体制各自的改革也必须是全面的。例如，政治体制的改革就包括党和国家领导体制的改革、干部管理体制的改革、权力结构的改革等内容。经济体制的改革则包括用工制度的改革、价格体制的改革、流通体制的改革、外贸体制的改革、金融体制的改革以及政企分家等诸方面内容，而任何一方面的改革都会涉及其他的方面。就拿价格体制来说，旧的不合理的价格体制不改革，企业的经济效益就不能客观地表现出来，企业之间的竞争就不能在平等的基础上进行，企业和劳动者个人的生产经营积极性就会受到挫伤。有人说，价格体制不改革就不会有现代化。这倒并不是危言耸听。其实，从各项改革相互制约的意义上说，每一方面的改革都是带有全局性的。

　　概括地说，整个社会体制的每一子结构的改革都必然涉及其他子结构，而任何一个子结构中某一方面的改革也都涉及其他方面。这就是体制改革必然具有全面性，因此，体制改革不只是推动社会生活某一个或某几个方面的发展和进步，而是推动整个社会生活的变化。体制是人们社会生活的具体结构，体制的全面改革也就是社会生活的全面改造。

二、体制改革是当代中国社会的深刻变革

改革是第二次革命。这就从最高意义上概括了体制改革的深刻性。而这种深刻性，一方面表现在改革的全面性上，一方面则表现在改革的彻底性上。第一个方面，我们在上面已经说过了。这里，着重谈谈第二个方面。

从经济体制的改革来看，它涉及整个社会经济活动的转轨，使我国的经济活动转变到社会主义有计划的商品经济的轨道上来。这是几千年来我国传统的自然经济和半自然经济的一次彻底的变化。旧中国几千年来一直是以自然经济和半自然经济为主，新中国在建立以后的 30 多年时间里自然经济和半自然经济的影响依然存在，商品经济一直没有得到充分发展。这种陈旧、落后的经济传统积淀于我们原有的经济体制中，就成了其中危害最大的惰性因素。我们进行经济体制改革的基本任务，就是要彻底从经济体制中排除这种惰性因素，增强其活力，使之与社会主义商品经济的发展相适应。经济体制的改革不仅必然改变原来的国家与企业、企业与企业、企业与个人之间的关系，使得在商品经济基础上的竞争充分开展起来，而且也必然改变原来的利益关系，直接涉及企业和个人利益的得失，从而使得几乎人人都关心和注视着经济体制改革的进程。这也是经济体制改革彻底性和深刻性的一个表征。

从政治体制的改革来看，它涉及权力结构的调整、权力模式的转换以及权力的再分配和干部制度的变化。我国原有的政

治体制，一方面受苏联政治体制模式的影响颇深，另一方面又包括许多与战争年代相适应的政治体制的内容，再一方面还存在着某些专制主义的痕迹。而我们进行政治体制的改革，就是要建立适合中国国情、具有中国特色的社会主义政治体制模式，建立与社会主义现代化建设相适应的政治体制，建立消除专制主义痕迹、高度民主化的政治体制。这个任务是十分艰巨的。在原有旧政治体制下，家长制、"一言堂"、领导职务终身制以及特权现象等的存在具有必然性。这些现象是十分顽固而又广泛地存在着的，尽管从解放初期我们就反官僚主义，告诫领导干部"不要沾染官僚主义灰尘"，但是官僚主义却长盛不衰。互相推诿、公文旅行、文牍主义、渎职行为、文山会海等，几乎成了社会的公害。这些不改革掉，绝不会有什么现代化。但是，政治体制的改革也不会是一帆风顺的，它甚至会比经济体制的改革遇到更多、更大的阻力。而这也正是政治体制改革彻底性和深刻性的证明。

体制改革的彻底性和深刻性，使得它必然造成对社会各方面及其深部的冲击，从而引起波澜，震荡着人们心灵的深处，改变着人们的观念。观念的变革，是改革深刻性的最显著的体现。那种封闭的、保守的观念在改革中受到批判，人们的观念和心理都在体制改革的过程中得到改造。体制改革促进观念现代化和人的现代化，从而促进整个社会的现代化。

概括地说，体制改革就是要通过对于人们社会生活的具体结构方式的改造，消除传统社会积淀在人们社会生活结构上的消极因素，其中主要是自然经济的影响、封建专制主义的政治影响和传统文化的消极影响，建立起同现代化潮流相适应的社会生活具体结构方式，从而使整个社会生活得到改造。因此，体制改革是推动着当代中国彻底完成由传统社会向现代社会的转变，是当代中国社会的深刻变革。

三、体制改革是中国社会主义制度的自我完善

体制改革不是社会主义社会根本制度的质变，而属于这种根本制度在自身发展过程中的量的进展。但它又不同于单纯的量变，而是对原有旧体制的全面、深刻的变革，这种变革立足于社会主义根本制度的基础之上，是通过调整具体体制来巩固和发展社会主义事业，因而是量变过程中的部分质变。社会主义社会在自身的进展中，由于诸种条件的变化，需要在发展阶段的转换时期调整和改变它的具体体制，我们所进行的改革就是自觉地适应这种要求。所以，体制改革是社会主义制度的自我完善过程。它不是否定社会主义道路，改变社会主义社会根本制度，而是真正地坚持社会主义道路，从而使社会主义社会根本制度的优越性得以充分发挥。体制改革作为社会主义制度的自我完善，这本身就体现了社会主义制度的自我更新、自我发展的活力和极大的优越性。

如果有人看到在"改革、开放、搞活"的过程中出现了外资企业、合资企业以及私人企业等，就以为改革是在我国发展资本主义，或曰"补资本主义的课"，那就是从根本上对改革实质的误解。诚然，我们进行经济体制改革中，执行开放政策，努力引进外资及国外先进的管理方法等，在我国境内开办外资独资企业、合资或合作企业，并允许私人企业在一定范围内的存在。所有这些，都不是什么"补资本主义的课"，而是补商品经济的课的具体步骤和方法，是充分利用国内外一切有利条件去大力发展社会主义商品经济。我们的经济体制的改革，是在坚持社会主义公有制为主和社会主义按劳分配原则为主的基础上进行的。经济体制改革中的一切具体的步骤、方法和内容，

都不仅不是有损于而恰恰是有利于社会主义社会根本经济制度的完善和发展的。我们重视吸取世界上各种经济体制中的积极因素，包括吸取西方发达资本主义国家现行经济体制中一切有益于我们的东西，这正是为了加快改革的步伐。资本主义经济体制的内容是具有二重性的：一方面它包含着与剥削制度相联系的内容，另一方面也包含着与商品经济和社会化大生产相联系的内容。前一方面的内容我们决不能吸取，而后一方面的内容却必须有选择地吸取。我国社会主义经济和西方资本主义经济都是立足于商品经济和社会化大生产基础之上的，但我们的商品经济和生产社会化的发展程度尚不如西方资本主义经济，因此，西方资本主义经济体制中与这方面相联系的内容，就是我们改革经济体制时应当借鉴和吸取的。不仅经济体制的改革如此，政治体制的改革要想顺利地成功地进行，也必须参考发达国家的政治体制，并从中吸取适合于我国国情的积极因素，这显然也不是要改变我国社会主义的根本政治制度。

体制改革是我国社会主义制度的自我完善，这就是我们进行的体制改革的实质。我国处在社会主义的初级阶段，社会主义制度尚不完善、不成熟，体制改革就是为了使其完善和成熟。肯定社会主义初级阶段的必然性同肯定体制改革的必然性是一回事。认识体制改革的这个实质，是我们坚持改革方向的基础。

第三节　体制改革的方向和途径

改革的问题从根本上说是一个实践的问题。当代中国的改革没有既定的模式，它不可能是按照某种订单去进行的，而只能在改革的实践中探索。但是，从理论上首先弄清改革的基本方向和基本途径是绝对必要的，这样可以使我们在改革的实践过程中保持高度的自觉性和冷静的头脑，少走弯路，避免一些可以避免的挫折。

一、体制改革的核心问题是增强当代中国社会自我更新的活力

增强当代中国社会自我更新的活力是体制改革的核心问题，也就是体制改革的基本目标或基本方向。体制改革的每一个步骤、每一项措施，每一种方法，都应当是为实现这一基本目标而采取的。旧体制的根本弊端，就是僵化和缺乏活力，因而与社会主义商品经济的发展、与社会主义民主化的推进、与在此基础上人们观念的更新不相适应，改革就是要克服这些弊端，建立起与经济、政治和思想的现代化要求相适应的充满活力的新体制。

社会具体体制的整体结构形式有两种基本的类型。一种是封闭的平衡态，其内部以线性关系为主，呈"金字塔"状。这种类型的体制稳定性很高，它的自我调节是以其稳定性为基础和归宿的。当生产的社会化程度很低、各阶层人们社会活动的范围狭窄且相对固定的情况下，也就是自然经济占统治地位或自然经济的影响很深的情况下，这种体制是适应的。一旦生产的社会化程度提高，人们社会活动范围扩大且表现出较大的变动性，也就是在商品经济发展的情况下，由于这种体制的稳定性"硬化"为凝固性和保守性，失去了活力，它也就失去了存在的合理性。再一种类型是开放的非平衡态，其内部以非线性关系为主，呈"网络"状。这种类型的体制灵活性大，比较容易适应社会生活和人们观念的变化而进行自我更新。这种体制不是"死"的框架，而是"活"的结构。在自然经济为基础的

社会状态下，它不可能出现。而在商品经济充分发展基础上的社会里，它的存在就具有必然性。因为商品经济与自然经济相比是具有强大生命力的经济形式，它是在科技的广泛应用、竞争的激烈开展等条件下迅速发展的，它使社会的政治生活、精神生活发生着日新月异的变化，扩大并变动着人们社会活动的范围。它与封闭的、僵化的、"死的"体制框架格格不入，而要求建立起开放的、自我更新的、"活的"新体制。我国原有的体制基本上属于前一种类型。正是在发展社会主义商品经济的洪流冲击下，它的僵化、保守、缺乏活力的弊端日益充分地显露了出来，以至在原有体制内部进行些微的调整已经无济于事了，而必须根本改革，用后一种类型的体制去取代它。我们当前所进行的改革的基本目标，就是要建立起这后一种与社会主义商品经济发展相适应的新体制。这种新体制应具有以下三个特点。

一是开放性。所谓"开放"，一方面是要使体制能够反映并满足物质文明建设和精神文明建设不断发展的需要，并将成功的经验制度化，纳入自身的范围；另一方面，是还要能够吸取和容纳外国诸体制中的积极因素，以丰富和改造自身。这双重的开放，是体制具有活力的表现，也是体制保持活力的条件。

二是非线性。所谓非线性，就是说体制中的权力不能是过分集中的，也不能是没有同级其他权力制约的。它不应当是那种超稳定的"金字塔"形，而应当是"网络状"的。在线性机制的体制中，下一级权力只对上一级权力负责，并受其制约。这在实际上是使决策权过分集中并远离实际的社会生活，因而不能与活跃的社会主义商品经济的发展相适应。而在非线性机制的体制中，不仅决策权是相对分散的，而且诸子结构和诸环节之间是既相互适应又相互制约的。这才是"活"的体制结构。

三是周期变动性。新体制再不能是僵化不变的。即使我们建立起合理的新体制，也有其存在的期限。这就是说新体制的活力不仅表现于它对物质文明建设和精神文明建设的促进作用上，也应表现于体制在周期变动中的自我更新上。这样，才能不使"活"的体制结构僵化为"死"的框架。

二、体制改革的根本目的是促进社会生产力的发展

发展生产力是我国社会主义社会初级阶段的根本任务，也就是我们在这个阶段从事一切活动的最根本目的。体制改革的根本目的当然也在于此。

原有的体制之所以必须改革，就是因为它束缚了生产力的内在活力，从而直接或间接地阻碍了社会生产力的发展。在我们的改革过程中，人们首先认识到并付诸实践的是对经济体制进行改革，然后才着手进行政治体制和其他领域的体制改革。这正是因为经济体制与社会生产力发展的关系最为直接，生产力的发展首先与旧经济体制发生冲突，从而把改革它的任务首先提到议事日程。从表面层次上看，政治体制的改革是直接由经济体制改革的深入所引起的。但若从根本上看，它也立足于社会生产力发展要求这个基础之上的，正是中国社会发展社会化大生产及与其相联系的商品经济的客观要求同带有深厚的自然经济影响的旧体制之间的矛盾尖锐起来，才使体制改革成为紧迫的现实任务。从改革推进的过程来看，是经济体制改革推动了政治体制的改革，而政治体制的改革也正促进着经济体制改革的深化，同时，人们观念的变革是在经济体制和政治体制的改革中进行的，它又成后者的一个动力。因此，体制改革的动力，似可从多方面去发现。但是，改革的最根本的动力却是社会生产力不断发展的客观要求。

社会生产力发展的客观要求作为体制改革的根本动力，是

从两方面体现出来的：当生产力的发展受到社会体制的阻碍时，它的不懈的发展活力就要突破体制的束缚，要求创造出适于自己发展的新体制来。在这种情况下，人们往往认识不到在体制改革背后是生产力发展的要求在起着决定性的作用。其实，这时的体制改革不过是把生产力自身发展的"能量"转化为突破束缚自身的"力量"而已。这正像滚滚的江水，在宽敞的河道里它的"能量"是使自己急速奔流，而在崇山峻岭中它的"力量"则主要是用来冲出一条河道来。当生产力的发展得到社会体制的促进时，它就会迅速地发展，发展到一定程度又要求着社会体制发生某种变动。这两方面所体现出来的基本内容是一样的，都说明生产力发展的客观要求是体制改革的根本动力。离开了这一根本动力，体制改革的出现是不可能的，体制改革的深入更是不可想象的。

既然社会生产力发展的客观要求是体制改革的根本功力，那么社会生产力水平提高的程度也就是衡量体制改革成功与否的根本标志。体制改革的成功与否，固然有它自身的标志，这就是新体制的完善性，即体制的整体结构中诸子结构的完善、诸子结构之间关系的完善等。但是体制的完善性又有自己的标志，那就是在新体制下较之在旧体制下社会生产力水平的提高程度。这是体制改革成功与否的根本标志，也是它的客观标志。这一点最为清楚地说明，体制改革的根本目的是促进社会生产力的发展。

从体制改革的根本原因、根本动力和根本标志等方面，我们都可以认识到社会生产力的发展与体制改革之间的紧密联系。体制改革的根本目的、落脚点和归宿，就是促进社会生产力的发展，而不是其他。认识到这点，就能提高改革体制的自觉性，也能端正体制改革的具体方向。

三、体制改革必然在冲破重重阻力中实现

体制改革是涉及社会生活各个领域以及人们思想观念的大变动，改革的成败关系到社会主义现代化的目标能否实现，关系到我们国家和民族的存亡兴衰。体制改革的这种全面性和深刻性，决定了它的进展不可能有平坦笔直的大道可走，而必然会遇到多方面的、来自社会深层以及人们心灵深处的重重阻力。再加上推进社会主义社会的这种巨大变革是一项前无古人的崭新的伟大事业，没有现成的模式，没有现成的道路，一切都需要在实践中进行探索。这一切都使体制改革的实践成为异常艰难的征程，它只有在冲破重重的阻力中才能向前伸展。

我国原有的体制已经运行了30多年，除了它固有的弊端本身必然成为改革的阻力之外，它的巨大惯性以及多年积淀下来的惰性也严重地阻碍着改革的顺利进行。所谓体制运行的惯性，主要表现在由于多年的经验人们已经形成了一套与旧体制相适应的处理工作和生活问题的方法，已经习惯于旧体制运行的"轨道"，这些都很难在短时间内改变。而改革就是要实现旧体制向新体制的"转轨"，它要求人们建立一套与新体制相适应的新方法。这就必须克服旧体制运行的惯性。这种惯性阻力，在新体制建立以后表现得最为显著。在有的企业里，经济管理体制改变了，但原体制下的某些弊端如官僚主义和家长制现象等依然存在。往往有这种情况，一个企业的改革取得很大成效，与其相似的另一个企业对此却熟视无睹。这些情形都表现出惰性阻力的作用。因此，要使我们经过改革建立的新体制不至流于形式，就必须正视惯性阻力的存在，并在落实和完善新体制中克服它。

体制的实质内容是利益关系，因此，体制改革必然是人们

之间利益关系的大调整。在原有旧体制下的既得利益者，必然会在这大调整中受到某种程度的冲击，从而引起某些个人或社会集团的不满、怀疑以至阻碍。这是改革中的人的阻力。应当说明，这里所说的既得利益的个人或社会集团都是属于人民这个范畴的，而所谓阻力，也主要是由于没有认识到改革是符合包括自己在内的全体人民的根本利益这一点所造成的。无论是来源于社会上哪些个人和社会集团，改革中人的阻力的存在，往往与人们的陈旧思想观念、传统习惯心理有着密切的联系。要克服或减少这种阻力，批判旧观念旧心理是必要的，正确地宣传改革也是很必要的，但同时，更要特别注意全面考虑社会上各层次人们的实际利益，考虑人们对改革步骤的心理承受能力和实际承受能力，把人们的长远利益和眼前利益统一起来。

那么，改革者会不会造成改革的阻力呢？这里应该说明，从原则上说，全中国人民都是改革者，因为改革是全国人民的共同事业。上面所说的旧体制下的既得利益者，这个"既得利益"也只是指某种局部的、暂时的利益，而不能从根本上说这些人是什么"非改革者"甚至改革的反对派。因此，这里所提出的改革者会不会造成改革的阻力的问题，更确切的提法应当是改革实践的主体会不会造成改革的阻力的问题。这个答案是肯定的。改革发展的进程是曲折的，改革成功的条件是复杂的，而改革者的认识能力和实践能力又都是有局限性的，这就使改革者的失误、错误的存在成为不可避免的。这些失误、错误不仅直接阻碍了改革的发展，而且它们还有可能强化上面提到的各种阻力。我们当然不能因此而不允许改革者犯错误、有失误，不允许改革者改正错误、纠正失误以继续前进。允许失误从实质上说就是允许并鼓励改革者的探索和创造。泰戈尔说过："如果你把所有的错误都关在门外时，真理也要被关在外面了。"[1]
不允许改革者发生错误或失误，无异于不允许改革。我们只是
要求能避免或减少重大的、全局性的失误。这里需特别重视的
是领导层在决策中可能出现的失误，因为这对改革进程的影响
是全局性的。大的失误会带来改革的大反复，从而也将使前面
讲到的种种阻力成倍地增大。从这个意义上说，决策失误可称
为改革进程的最大阻力。要避免它，就必须建立起完善的科学
的决策机制。改革决策单凭长官意志或经验主义当然不行，就
是单凭良好愿望也往往会失误的。正确的决策必须有正确的理
论指导。正确的理论指导能够使人们看得远些，完善的科学的
决策机制又能够集思广益，这两方面的结合就能使决策失误减
少到最小程度。

当然，改革的阻力并不只是这些，但是，这些已经说明，
改革的阻力重重，改革的道路曲折，不是一朝一夕即可完成的。
这是一项具有一定风险的伟大事业，但又是当代中国社会发展
的必由之路。在这条道路上，风险与机遇共存，困难与希望同
在。改革是"顺乎世界之潮流，合乎人群之需要"的事业，其
前途是光明的。任何阻力都可以在改革的发展过程中转变为改
革前进的动力。中国改革的成功是不容置疑的。

---

① 泰戈尔：《飞鸟集》，上海译文出版社 1981 年版，第 20 页。

第四篇 当代中国社会整体运动的规律性

第十二章　当代中国社会发展中的阶段性和连续性

　　任何社会形态作为长的历史过程，都是通过一系列不同的阶段而表现出自身的连续性发展的。研究阶段性、连续性及其相互关系，是考察社会整体性运动的一个重要方面。当代中国社会是社会主义社会，属于共产主义社会形态的第一阶段，它的发展前途必然是进入第二阶段即共产主义社会。研究共产主义社会形态两大阶段的区别及其连续性，无疑是必要的。但是，对于把握当代中国社会现实发展具有首要意义的，乃是正确认识中国社会主义社会现在所处阶段的规定性。

　　包括中国在内的各社会主义国家，多年来都是按照马克思设想的理论模式去建设社会主义，但社会主义的实践同这种理论模式的矛盾日益凸显和尖锐，这迫使人们不得不依据新的历史条件和实践经验，去重新认识社会主义社会的发展规律，去重新认识自己国家所处社会发展阶段的规定性，修正和发展马克思设想的理论模式。

第一节　社会主义社会发展的阶段论

　　社会主义社会有没有它区别于共产主义社会的独立的发展过程？社会主义社会自身是不是分阶段发展的？当代中国处在

社会主义社会发展的什么阶段上？这对于研究当代中国社会整体运动的规律性来说是重大无比的问题。要弄清这些问题，必须研究马克思主义关于共产主义社会分阶段发展的理论及其演变，必须研究世界各社会主义国家特别是中国的社会主义实践，并把这两个方面结合起来。

一、马克思主义关于共产主义社会分阶段发展的理论

马克思主义关于共产主义社会分阶段发展的理论，有一个酝酿、产生和发展的过程。

马克思和恩格斯在 19 世纪 40 年代提出共产主义的理论，是作为批判资本主义的理论成果，这时尚未着重考察未来共产主义社会的发展问题，也就没有明确地提出共产主义社会分阶段发展的理论。他们只是依据于一般发展理论和当时的历史情况，提出过实现共产主义必须经过一个过渡阶段的思想。明确地提出共产主义社会分阶段发展的理论，是在 1875 年的《哥达纲领批判》中。马克思在这个文献中指出，由资本主义到共产主义有一个革命转变时期即过渡时期，而共产主义社会的发展又区分为两个阶段，即共产主义社会的"第一阶段"和"高级阶段"。但是，在这里，"第一阶段"和"高级阶段"只是作为共产主义社会形态的两个成熟程度不同的发展阶段，共产主义第一阶段的发展直接地就是向共产主义高级阶段的发展；而且，由于他估计社会主义革命将首先在发达的资本主义国家取得胜利，因而估计过渡时期和"第一阶段"都比较短。这样，就不可能提出和论述"第一阶段"和"高级阶段"各自还需经历哪些发展阶段的问题。恩格斯在他的晚年，已经感到随着垄断资本主义的出现，情况发生了重大变化，他和马克思原来的一些想法应有所改变，已经感到向共产主义社会的过渡阶段问题是

"目前存在的所有问题中最难解决的一个"[①]，不宜匆忙做出回答。

列宁继承了马克思和恩格斯的基本思想，但他是在一个资本主义不发达、商品经济和社会化生产发展水平比较落后的国家成功地把社会主义理论变为实践，因而又依据当时俄国的情况发展了马克思和恩格斯的思想。这里，最重要的有两点。第一，他认为"过渡时期"比马克思和恩格斯设想的要长些，要几十年的时间。第二，他明确地把共产主义社会第一阶段称为"社会主义"，这就为研究社会主义社会本身的分阶段发展提供了前提。事实上，列宁已经提出了社会主义社会分阶段发展的思想，指出在俄国结束从资本主义到社会主义的"过渡时期"之后，只能进入"初级形式的社会主义社会"，然后才能进入"发达的社会主义社会"。但由于实践的局限，这些重要思想未能充分展开和加以系统的论证。

列宁逝世以后，斯大林并没有结合苏联社会主义建设的实践，沿着列宁已经开辟的思想发展道路前进。他大大缩短了"过渡时期"，急于建成社会主义，急于向共产主义高级阶段过渡。1936年，斯大林宣布苏联社会"已经基本上实现了共产主义第一阶段，即社会主义"。三年之后，在1939年他又提出，苏联经过10—15年的时间就可能"从共产主义的第一阶段过渡到共产主义的第二阶段"。这种快步过渡的基本途径就是提高生产资料的公有化程度，清除"资本主义因素"，限制直至消灭商品经济。

斯大林的这种社会主义发展模式在苏联持续了几十年，并且影响了其他社会主义国家。中国也是基本上接受了这种模式，

[①] 参见恩格斯：《致康拉德·施米特（1891年7月1日）》，《马克思恩格斯全集》第38卷，人民出版社1972年版，第123页。

甚至发展了它的某些消极方面。中国只是经历了一个很短的"过渡时期"，而且在"过渡时期"结束不久，即在生产资料私有制的社会主义改造完成后不久，就曾认为共产主义在我国实现已不是什么遥远的事情了，提出了所谓"跑步进入共产主义"的口号，煽起了全面"大跃进"的狂热。在实践中碰壁之后，承认了社会主义是一个很长的历史阶段，但却把这个历史阶段的长期性归结为两个阶级、两条道路斗争的长期性，修改和扩大了马克思的"过渡时期"的概念，提出从资本主义到共产主义的整个历史时期都是过渡时期。这样，不仅扩大了社会主义时期的阶级斗争，而且否认了社会主义社会的独立的发展过程，只有不停顿地清除"资本主义因素"，不停顿地进行"穷过渡"，而不可能去思考和探讨社会主义社会自身发展的阶段性、稳定性的问题。只是当这种发展模式以及作为这种发展模式的极端表现的"文化大革命"将中国的社会主义事业几乎推向了绝路的时候，中国的共产主义者才把重新认识社会主义的理论任务提到了自己的面前。所谓重新认识社会主义，主要的就是重新认识我们曾经选定的这种社会主义发展模式。

二、对于共产主义和社会主义发展阶段性问题的新认识

世界各社会主义国家都在思考和探讨当代社会主义发展问题包括社会主义发展阶段性的问题。中国理论界也结合本国社会主义建设和改革的实践，推进了关于共产主义和社会主义发展阶段性问题的研究，并在以下几个争论已久的重大问题上取得了新的认识。

第一，关于"大过渡"和"小过渡"的问题。

"大过渡"和"小过渡"是关于"过渡时期"的两个不同的

概念，它直接地同对于社会主义社会发展阶段性问题的理解相关联。简单地说，所谓"大过渡"的观点，就是认为过渡时期指从资本主义一直到共产主义社会高级阶段实现的历史时期；而所谓"小过渡"的观点，则是认为过渡时期指从资本主义到共产主义社会第一阶段即社会主义社会的建立这一历史时期。

如前所述，我国从 20 世纪 50 年代末、60 年代初到"文化大革命"结束，一直是"大过渡"的观点占据支配的地位。1962年，中共八届十中全会公报写道："在由资本主义过渡到共产主义的整个历史时期……存在着无产阶级和资产阶级之间的阶级斗争，存在着社会主义和资本主义两条道路的斗争。"1963 年，在《关于国际共产主义运动总路线的建议》中更明确地提出："在进入共产主义社会的高级阶段以前，都是属于从资本主义到共产主义的过渡时期，都是无产阶级专政时期。"这样，把社会主义社会纳入"过渡时期"的范畴，就否认了社会主义社会是一个具有质的稳定性的社会历史阶段。而且，由于把社会主义社会归入"过渡时期"，把它看成衰亡着的资本主义因素和生长着的共产主义因素彼此斗争的时期，也就必然对社会主义社会的主要矛盾、主要任务做出错误的判断。我们在一个长时期里坚持"以阶级斗争为纲"，以至造成"文化大革命"这样的历史性悲剧，都是源于"大过渡"的错误观念。

毫无疑问，"大过渡"的观点不符合马克思主义，也不符合社会主义发展的实际情况，而马克思所阐明的、在我国新民主主义革命胜利初期曾被我们接受了的"小过渡"的观点则是正确的。肯定"小过渡"的观点，也就是肯定我国社会早已结束了"过渡时期"，进入了社会主义社会。这也就是肯定我国社会既不是处处存在资本主义复辟的危险性，也不是向共产主义社会过渡，而是处在社会主义社会的稳定的独立的发展时期，因此，应当按照社会主义社会自身发展的实际情况去规定社会发展的阶段及各阶段的主要任务。可见，澄清"过渡时期"的概念，抛弃"大过渡"的观点，坚持"小过渡"的观点，是一个十分重要的理论成果，它为我们研究社会主义社会发展的阶段性问题提供了最重要的前提。

第二，关于社会主义社会和共产主义社会的关系问题。

这个问题和前一问题直接关联，它的关键就在于是否把社会主义社会看成一个独立的发展阶段，是否承认要经历社会主义社会的独立的发展过程。按照马克思当时的设想，共产主义社会的"第一阶段"和"高级阶段"只是同一社会的两个发展阶段，"第一阶段"的发展就是向"高级阶段"的直接过渡。列宁明确地把共产主义社会的第一阶段称为"社会主义"，在一定程度上肯定了社会主义将是一个独立的发展过程，这无疑是理论上的重大进步。但是由于实践的局限，列宁尚未将区分这两个历史阶段的思想贯彻到底，基本上仍是局限于由"第一阶段"向"高级阶段"直接过渡的思想框框。斯大林未能将列宁的思想推向前进，而我国在一个长时期里奉行的"大过渡"理论则更是一种理论上的倒退。

由于社会主义革命是在一些资本主义未获得充分发展、商品经济和社会化生产水平相对落后的国家取得胜利，社会主义社会发展中的种种困难和复杂的情形是马克思和恩格斯所未能料及的，也是列宁未能充分认识清楚的。社会主义的现实不仅与马克思和恩格斯的设想相去甚远，而且同在实践中实行了几十年的斯大林的发展模式也越来越不相容。事实表明，社会主义必须经历一个相当长期的曲折复杂的发展过程才能趋于成熟，它不仅要解决一些对于各个国家具有共同性的问题，而且更要结合各个国家的具体国情探索自己的特殊发展道路。因此，不仅"大过渡"的理论已经被实践证明是错误的了，而且"直接过渡"的理论也已明显地暴露了它的弊病。把社会主义的发展看成向共产主义的直接过渡，这正是包括中国在内的一些社会主义国家多年来普遍发生的"急性病"的一个重要理论根源。依据于当代社会主义发展的现实去重新审查社会主义的理论，马克思关于共产主义社会两个阶段的理论模式显然不适宜了，而应做出必要的修正和补充，即不宜再把社会主义社会的发展看成向共产主义社会的直接过渡，而应当把社会主义社会和共产主义社会看成两个各自具有不同的质的规定性的独立的社会发展阶段。无疑，就实现了生产资料的公有制这一点来说，社会主义社会和共产主义社会属于同一社会形态，而且社会主义社会发展的前途只能是走向共产主义社会，但它们在社会生活的各个方面却都存在着重大的原则区别，而且，即使在公有制方面也不只是水平上的差别，也还在其存在形式、实现形式上都有重大的差别。

把社会主义社会看成区别于共产主义社会的独立的社会发展阶段，不仅从某些个别方面而是从社会总体特征上把二者区别开来，从而把社会主义作为不同于共产主义的独立发展过程去研究，这就有可能去深入地探讨社会主义社会自身发展的阶段性问题。

第三，关于社会主义社会发展的阶段性问题。

抛弃了"大过渡"的观点，抛弃了"直接过渡"的理论，把社会主义社会看成不同于共产主义社会的独立的社会阶段，就合乎逻辑地应当肯定，社会主义社会的发展也是分阶段的。社会主义社会作为一个相当长时期的独立的发展过程，必然要区分为成熟程度不同的若干发展阶段。但是，这个问题的提出，却并不是单纯的逻辑推演的结果，而从根本上说是社会主义发展的现实实践的要求。对于研究当代中国社会的发展规律来说，具有首要意义的也并不是从理论上推断中国社会主义的发展将经过哪些阶段，而是明确它必须经过一个社会主义的初级阶段。

　　社会主义初级阶段理论的创立，是中国马克思主义者对于共产主义和社会主义发展阶段论的新认识，它无疑包含了对于以往的社会主义社会发展阶段论的理论批判的积极成果，但从根本上说，它是从分析中国国情、总结中国社会主义建设历史经验中得出的理论结论。它无疑是对马克思主义的社会主义发展阶段论的重大补充和发展，但却不能仅仅从一般社会主义发展过程理论的角度去理解它的意义，而应从当代中国社会主义发展的特殊规律上去理解它的意义。中国社会主义初级阶段的概念，不是泛指任何国家进入社会主义都会经历的起始阶段，而是特指中国在生产力落后、商品经济不发达的条件下建设社会主义必然要经历的特定阶段。"社会主义初级阶段"的概念表明，中国社会已不再处于"过渡时期"，而是进入了社会主义社会，但社会主义又处在不完善、不成熟的阶段。所谓"不完善"，主要是指还存在着非社会主义的因素，而且这些因素的存在是必然的和必要的。所谓"不成熟"，主要是指社会主义因素本身还处于成长之中。这种不完善性和不成熟性表现于经济、政治、文化各个方面，成为社会主义社会发展在现阶段上的总体特征。社会主义初级阶段概念的形成，既是认识社会主义和中国国情的最重要的理论成果，又是研究当代中国社会运动全部立论的基础。

第二节　中国社会主义发展的阶段性

研究当代中国社会运动中的阶段性和连续性，最重要的是把握中国社会主义初级阶段的规定性。这不仅是研究当代中国社会发展的阶段性和连续性问题的基础，而且是研究当代中国社会整体性运动的全部问题的基础。

一、中国社会主义初级阶段的长期性

当西方资本主义完成了工业革命，开始用机器进行工业化大生产的时候，我国还处在日益衰颓的封建社会的末期，占统治地位的是自给自足的自然经济，人们还在用近乎原始的工具耕种着零星小块土地。当资本主义列强用炮舰载着廉价商品打开了我国关闭的大门以后，我国社会又一步步沦为半封建半殖民地社会，成了资本主义列强争夺的一块肥肉。在这种极端落后的基础之上，我们建立了社会主义社会。这就使我国的社会主义社会与马克思所设想的、在资本主义大工业高度发达基础上产生的共产主义社会第一阶段相比，有了很大的不同。落后的生产力、不发达的商品经济以及在政治、文化、思想等方面存在着的沉重的封建传统的包袱，都使得我国社会主义社会必须先经历其初级阶段，也使得这个初级阶段必然是长期的。

社会主义社会的巩固和发展，社会主义制度优越性的充分体现，从根本上说，就是要创造出比资本主义更高的劳动生产率，也就是要有比资本主义更发达的生产力为基础。马克思和列宁都反复地阐述过这一观点，这是非常正确的。但是，由于我国没有经历过资本主义社会这个阶段，没有实现过工业革命，旧中国遗留给我们的只是"一穷二白"的破烂摊子，因此，在我国社会主义初级阶段里，发展生产力的任务就十分艰巨，而且必然是长期的。之所以是长期的，主要是因为我国不是在社会化机器大生产的基础上来发展生产力的，而要花费很大的精力和很多的时间来补"工业化"的课。生产力的发展也是一个自然历史过程，在这个过程中，"工业化"是其发展不可逾越的阶段。西方主要资本主义国家完成工业化，大约经历了一二百年。我们虽然用不了那么多的时间，但也绝不是在短时期内可以完成的。在我国，农业人口至今占绝大多数，农业生产的集约化、机械化以及大批农业人口向工业人口的转移将是我们长时期中需要解决的问题。在我国的工业生产中，效率不高，产品质量低而材料、能源消耗大，经济效益不好等问题的存在，表现出我们的工业化的水平仍是很低的，与西方发达资本主义国家的生产力水平之间仍存在着很大的差距。我国社会主义社会的初级阶段在生产力的发展上，不仅要补好"工业化"的课，还要赶上并超过发达的资本主义国家，才能算得上建立起社会主义社会自身的物质技术基础，也才能使我国社会主义社会在自身的基础上发展。发展生产力是我国社会主义初级阶段的中心任务，也是长期的任务。这就从根本上决定了我国社会主义初级阶段的长期性。

商品经济是社会化大生产即工业化生产发展所必需的经济形式，因而也是社会经济发展过程中不可逾越的阶段。我国有着悠久的自然经济传统，使得商品经济因素一直在萎缩状态下存在，就是在进入社会主义建设时期以后相当长的时间里商品经济的发展也受到种种限制。党的十一届三中全会以后，我们认识到社会主义经济是公有制基础上的有计划的商品经济，商品经济得到了长足的发展，但由于旧体制、旧思想等惰性阻力的广泛存在，其发展水平还是很低的。标志之一，就是至今在我国还没有形成统一的国内市场。当然，造成这种情况的原因是多方面的，不合理的价格体系和某些经济特权的存在妨碍了商品生产经营者在平等基础上的自由竞争，过多的行政干预干扰和扭曲了价值规律的作用，在计划经济名义下地方主义的贸易壁垒使商品流通迟滞并保护了落后的生产力等，都是发展商品经济的障碍。我国社会主义经济并不是建立在资本主义商品经济高度发展的基础上，而是直接在占主要地位的自然经济的基础上建立起来的。商品经济发展的落后状态和发展商品经济的重重阻力的存在，都使得我国社会主义初级阶段在经济上的首要任务是补"商品经济"的课。在此基础上才能迅速发展社会主义经济，赶上并超过世界上发达国家的经济水平。发展商品经济的长期性，也规定了我国社会主义初级阶段必然是长期的。

发展生产力，这是我国社会主义初级阶段的中心任务，但不是唯一的任务。我国社会主义初级阶段的基本任务或曰总任务，应当是全面地建立和巩固社会主义自身的发展基础，以在将来过渡到社会主义的高级阶段并进一步实现共产主义社会。在我们这样一个落后的东方大国完成这个任务显然需要付出极其艰巨的和长期的努力。我们的落后，不单是生产力发展水平不高，同时还表现在政治民主化、观念现代化等方面跟不上时代的步伐。因此，在我国社会主义初级阶段需要改革经济体制，也需要改革政治体制和思想文化管理体制，还需要在经济、政治和文化发展的基础上实现人的现代化。从现实中就可以看出，要完成这一宏伟大业，会遇到多少困难、挫折和阻力！

认识我国社会主义初级阶段的长期性，是医治年深日久的"左"倾急躁病的一剂良药，也是我们制定建设社会主义的正确方针政策的思想基础。

二、建设有中国特色的社会主义的现实起点

我国现实的基本情况就是我们建设有中国特色的社会主义的现实起点。我国的基本国情是复杂的，正确地确定建设社会主义的现实起点不是十分容易的。如果错误地估计了复杂的现实状况，只看到困难的一面、落后的一面，就会降低奋斗的目标，只看到顺利的一面、光明的一面，就会把不切实际的幻想作为奋斗目标，这两种情况都只能损害我们的社会主义建设事业。

1956 年，在我国基本实现生产资料私有制的社会主义改造时，对现状的估计还比较谨慎，认为当时还只是初步进入社会主义社会。后来，人们的头脑逐渐发热了，"左"倾急躁情绪开始弥漫，用社会主义社会"应当如此"代替对我国社会主义社会初级阶段"现实如此"的认识，以为在我们这样一个人口众多的落后的东方大国建成完全的社会主义社会以至实现共产主义用不了多少时间。于是，一种"穷过渡"和"冒进"交替出现的恶性循环就开始了。1958 年，一场旨在提高公有化程度的"人民公社化"运动如野火般在我国乡村和城镇燃烧起来，与此同时，号称"大跃进"的"土冒进"也开始了。那时，"全民大炼钢铁""一天等于二十年""人民公社是桥梁，共产主义是天堂"等表现"左"倾急躁情绪的标语口号在城乡随处可见。不久，这种由于对我国社会主义社会现实状况的错误认识所导致的灾难性后果就表现出来了。当经济形势刚有好转的时候，"穷过渡"又冒头，到"文化大革命"中更是愈演愈烈，作为这种"左"倾急躁情绪的延续，"文革"刚结束就又出现了"洋冒进"给我国经济建设也带来很大损失。

回顾过去是为了理解现在和把握未来。从这段历史的曲折

中应当吸取深刻的经验教训。

最重要的经验教训，就是要正确认识我国的现实状况，把马克思和恩格斯所设想的共产主义社会第一阶段应当怎样和我国社会主义社会现状实际怎样区别开，不能用对前者的理论把握代替对后者的具体认识。不是从原则出发，而应是从实际出发，从我国的特殊性出发，在认识我国现实状况时，决不能忽视历史上存在两千多年封建社会和一百多年半封建半殖民社会这个最重要的事实，因为我国的社会主义社会就是从这样的历史中走出来的，是背着这个沉重的历史包袱开始自己的旅程的。历史留给我们的，是落后的社会生产力以及与此相应的根深蒂固的自然经济的影响。我们的社会主义社会就是在这种基础上起步的，而这种基础与社会主义社会自身的发展却恰恰是不相容的。这种情况决定了我国社会主义社会在建立以后的相当长时期内都需要把清理旧基础、建立新基础作为自己的基本任务之一。在过去一个时期里，人们幻想不经过商品经济发展而在变态的自然经济基础上迅速发展生产力，建成社会主义社会并向共产主义社会过渡，幻想只是通过不断提高生产资料所有制的公有化程度来完成这一任务，结果屡遭失败。历史还留给我们沉重的旧传统包袱，这种旧传统影响在现实中表现得十分广泛和顽固。所谓广泛，就是说这些旧东西不仅表现在社会的经济生活和政治生活中，也沉淀于人民的思想意识中。所谓顽固，就是说我们社会主义社会要在各个方面彻底摆脱这些历史残迹的影响，绝不是一朝一夕可以实现的。而在过去相当长的时期内，我们对这些旧东西往往轻视了，以为在短时间里就可以彻底消除，于是产生了一系列导致灾难性结果的错误行动。

总之，所谓正确认识我国的现实状况，就是要认识到我国社会主义仍处于初级阶段。在这方面，过去长时间里存在着两种相互关联的错误认识：一是认识不到我国社会主义社会的发展也是分阶段的，而把我国社会主义社会当作完全意义上的社会主义社会；二是片面强调了我国社会主义社会是从旧社会向共产主义社会的过渡，在实践中总是忽视我国现实的根本任务是发展生产力，而片面强调所谓"积累共产主义因素"。几十年来发生的"土冒进""洋冒进""穷过渡"乃至"文化大革命"都同这些错误认识相联系。只有清醒地认识到我国仍处于社会主义社会的初级阶段，从这个基点出发，才能正确地认识改革和确定改革的目标，才能科学地理解我国社会中出现的一系列新的现象和新的事物。这样，我们才能脚踏实地、一步一个脚印地摸索出一条适合我国国情的，具有中国特色的社会主义发展道路。

三、建设有中国特色的社会主义的奋斗目标

正确认识中国社会主义初级阶段的现实状况，既是为了正确地认识建设有中国特色的社会主义的现实起点，也是为了正确地确定建设有中国特色的社会主义的奋斗目标。所谓奋斗目标，有理想意义上的，也有行动意义上的，前者是长远的理想目标，后者则是当前的行动目标。行动目标要受理想目标的制约和规定，理想目标则是通过各阶段行动目标的实现而最终实现的。行动目标和理想目标的统一，也就体现着社会主义社会发展过程中阶段性和连续性的统一。认清我国社会主义初级阶段的规定性，其主要意义在于确定我国社会主义发展在现阶段的行动目标。

所谓社会主义初级阶段，就是一个由于社会生产力水平落后因而社会主义不完善、不成熟的阶段。中国的社会主义之所以必然经历一个初级阶段，就是因为中国未经资本主义充分发

展的阶段，未能准备好社会主义所必需的物质基础，而需要依靠社会主义制度自身的力量，去实现其他许多国家在资本主义条件下实现的历史过程，这首先的和主要的就是工业化和生产的商品化、社会化、现代化，而其核心则是生产的商品化。因此，发展商品经济，发展社会化生产力，创造社会主义所必需的物质技术基础，就是社会主义初级阶段的首要目标和主要目标。

　　发展商品经济和社会化的生产力是社会主义初级阶段的首要目标和主要目标，但并不是奋斗目标的全部内容。它作为社会主义社会中一个历史阶段的奋斗目标，是同社会主义的整体发展相联系的，离开了同社会主义整体发展的联系，它就失去了其本来的意义。发展商品经济和社会化生产力是为社会主义创造物质基础，这也就是说，应在这个逐步发展的物质基础上去发展社会主义的经济关系、政治关系、社会思想关系，逐步完善社会主义的经济政治制度，推进政治的民主化，推进以提高人的现代化素质为实质内容的精神文明建设，并不是为发展生产力而发展生产力。而且，商品经济和生产力的发展，也必须有经济体制的改革以及政治体制的改革、人的观念的变革等予以配合和保证。因此，社会主义初级阶段的奋斗目标是一个具有总体性、综合性的整体目标，这就是要建成一个富强、民主、文明的社会主义现代化国家，为中国社会走向社会主义的更高发展阶段准备条件。

　　由于社会主义初级阶段的奋斗目标是一个由各个分目标合成的整体目标，而各个分目标的实现又是相互依赖、相互制约的，因此，这个整体目标的实现也是分阶段的。但这只是具体行动目标实现过程的阶段性问题，不可同体现社会历史过程的质的稳定性的阶段性问题一样看待。

认清社会主义初级阶段的质的规定性，确定这一历史阶段的奋斗目标，这可以防止超越历史阶段的思想和行动。这个奋斗目标固然是现阶段的行动目标，但也有理想目标的意义，它还需要在自己的实现过程中逐步具体化。因此，它只是人们思想和行动的基本规范，而不可将一定历史时期的认识和实践方案凝固化、绝对化。

第三节　当代中国社会发展中阶段性和连续性的统一

社会主义的初级阶段向社会主义的更高阶段的连续性发展，构成了社会主义的整个历史时期。而社会主义社会又是共产主义社会形态的第一阶段。因此，认识当代中国社会发展的阶段性和连续性的统一，深刻地把握当代中国社会的基本状况、发展趋势及其规律性，就需要弄清我国社会主义社会初级阶段与其更高发展阶段之间的关系，也需要弄清我国社会主义社会与未来共产主义社会的关系。

一、社会主义社会与共产主义社会

社会主义社会的充分发展，其必然的前途就是共产主义社会，它们统一构成了共产主义社会形态。社会主义社会作为共产主义社会形态的第一阶段，与作为这个社会形态第二阶段的未来共产主义社会之间存在着连续性的发展关系。这种连续性主要表现在：这两大阶段都要受共产主义社会形态的基本性质和基本规律性的制约，未来的共产主义社会不是虚无缥缈的"乌托邦"，而是根植于现实社会土壤之中的，是现实社会主义社会充分发展的必然趋势。社会主义社会与未来共产主义社会的关系，乃是社会主义社会的现实与其发展的未来前途之间的关系问题。但是，这两大阶段又是作为两个不同的阶段而发展的。正因为它们之间在社会的经济生活、政治生活和精神生活等各个方面（甚至在生产资料公有制这个方面）都有着重大的区别，不能把它们混同，因此，社会主义社会和未来的共产主义社会都有各自的独立性。从现实实践的角度说，最重要的是认识社会主义社会的独立性，也就是说，要认识到社会主义社会就是社会主义社会，不能模糊与共产主义社会之间的阶段性界限；要认识到社会主义社会存在的合理性和长期性，不能单独地把社会主义社会仅仅看作一个短暂的、向共产主义社会的"过渡"。社会主义社会要坚持发展商品经济，人与人的关系还不能摆脱物的外壳，还要受物的支配；还只能实行"按劳分配"，也就还必然存在人们事实上的不平等；人的发展也还必然有其历史的局限性和片面性，还不能做到"每个人的自由发展是一切人的自由发展的条件"；由于社会主义社会还在各方面存在着旧社会的"痕迹"及其自身的不完善性，也就还要坚持无产阶级专政，以作为消灭一切阶级和实现共产主义社会的政治保证；在社会的精神生活方面也与未来共产主义社会有着重大区别，精神文明的水平还较低，这在人们的道德意识、社会责任意识等方面都有表现，社会所能遵循的只能是集体利益与个人利益相结合的社会主义原则，而不能是共产主义原则；如此等等。这种种区别都说明了社会主义社会是有着一定的独立性的。诚然，这种独立性只是相对的，只是共产主义社会形态在其一定发展阶段上所具有的独立性。上述种种特征都是处于变化之中的，不是凝固不变的，它们将随着整个社会生活的改造而逐步地弱化以至消失，最终为共产主义的特征所代替。由此看来，社会主义社会与未来共产主义社会之间既有阶段性的区别，又有连续性的联系。看到阶段性的区别，就不至于把理想当成现实，从而避免超越阶段的行动；看到连续性的联系，就可以看到社会前进发展的方向，不至于把在现阶段上的认识和实践凝固化。我们也只有在这种阶段性和连续性的统一中，才能正确地认识社会主义社会，也才能对未来的共产主义社会有些真切的理解。

应当注意的是，在认识社会主义社会和共产主义社会以及二者的相互关系时，正确的方法应是从现实的社会主义社会去规定和理解未来的共产主义社会，而不能从关于未来共产主义社会的某些设想去要求和规定现实的社会主义社会。马克思在开始创立科学共产主义理论之时就认为，认识未来共产主义社会应从现实出发。他说："新思潮的优点就恰恰在于我们不想教条式地预料未来，而只是希望在批判旧世界中发现新世界。"①马克思一直沿着这条道路前进，是在对资本主义社会的现实状况进行无情的批判中，建立起科学共产主义的理论体系。马克思的一些对于未来社会的设想是随着当时社会状况的发展而不断丰富和变化的。1852 年《致约·魏德迈》与 1848 年《共产党宣言》不同，1867 年《资本论》和 1875 年《哥达纲领批判》较之以前又发展了。马克思从来不是在教条式地预料未来，而只是对现实进行理论的批判，他的思想也总是在这种不懈的理论批判中不断深化和发展的。但是，我们过去在一个长时期里是把马克思的设想当作教条，用这些设想去要求和规定现实的社会主义社会，从而造成了多方面的危害。因为离开了社会主义社会的现实，对未来共产主义社会的设想也只能陷入空想。

总之，对于社会主义社会和共产主义社会的区别和联系即

---

① 马克思：《致卢格（1843 年 9 月）》，《马克思恩格斯全集》第 1 卷，人民出版社 1956 年版，第 416 页。

共产主义社会形态发展中的阶段性和连续性的认识，都应以对于现实社会主义社会的批判性认识为基础，这就是要理论地把握社会主义社会的现实状况及其发展趋势，而不能离开这个基础去对未来社会做出乌托邦式的构想，然后再用这种构想来规定现在应当做什么、不应当做什么。

二、社会主义社会的初级阶段和高级阶段

社会主义社会走出它的初级阶段之后将经历哪些发展阶段，是一个留待人们将来去探讨的问题，因此，这里所谓"高级阶段"只是指相对于初级阶段而言的更高发展阶段，而不是一个已经有着明确而具体的规定性的概念。对于社会主义社会的初级阶段和高级阶段之间的阶段性和连续性的认识，同样应以对于初级阶段的批判性认识为基础，而不能预先设想出"高级阶段"的特征，然后再来谈论它同初级阶段之间的关系。

所谓初级阶段和高级阶段，是我国社会主义社会自身发展过程中的两个阶段。从初级阶段发展到高级阶段，是社会主义社会的自我完善，它们之间的连续性表现在它们都属于统一的社会主义社会的发展过程，高级阶段是对初级阶段缺陷、不足即社会主义社会自身不成熟性的否定。因此，这两个阶段之间的区别只是社会主义社会发展过程中的阶段性区别，而不是社会主义社会与共产主义社会的区别。这种阶段性的区别是在社会生活的各个基本方面全面地表现出来的，也是一种整体性的区别。

在社会的经济生活中，初级阶段的生产力还不发达，商品经济不够发展，还没有建立起社会主义社会自身的物质技术基础，也就是说，初级阶段还不是在自身基础上发展了的社会主义社会，而高级阶段将是在自身基础上发展了的社会主义社会。

在社会的政治生活中，初级阶段的民主制度和法律制度尚不健全，官僚主义等政治"灰尘"还不同程度地存在等。而高级阶段的政治生活则将具有完全意义上的社会主义性质。

在社会的精神生活中，在道德观念、民主观念、法制观念等方面，初级阶段还不可避免地存在着封建主义和资本主义的东西。而到高级阶段，社会主义思想观念将完全替代这些腐朽、落后的观念，人民的精神面貌将焕然一新。

把握社会主义社会的高级阶段，也就是把握初级阶段的必然发展趋势，这只有从对我国初级阶段的现实状况的研究中才能达到，这是毫无疑义的。但是，这里有两个难点。其一是，我国即使进入社会主义初级阶段的时间也还不长，而认识到自己处于初级阶段这一点则只是近几年的事情。我国社会主义社会初级阶段还要经过长期的发展。因此，即使是对于社会主义初级阶段的认识也必须随着我国社会主义社会的发展而发展。其二是，对我国现实状况及其发展趋势的认识，既是认识社会主义高级阶段的唯一基础，也是认识未来共产主义社会的唯一基础。因此，必须把对于未来的社会主义社会高级阶段的认识与对未来的共产主义社会的认识区别开来。社会主义社会的高级阶段只是相对于其初级阶段而言的，还属于社会主义社会这个大的阶段，但是，社会主义社会高级阶段又与共产主义社会紧密相连，它的发展为社会过渡到共产主义社会准备着一切必要的条件。这就是说，要把握我国社会主义社会的高级阶段，一方面首先要从现实的初级阶段出发去认识它，并划清二者的界限；另一方面也要从共产主义社会与社会主义社会高级阶段之间的区别去理解它，这就是要对我国社会主义社会的初级阶段进行双重的规定，才能准确地把握它。

社会主义在实践中，因此，我国社会主义社会的初级阶段将随着这种实践的发展而进入高级阶段。而高级阶段的充分发展将把社会主义社会制度的优越性展现于世人面前，并呼唤着共产主义社会的来临。在这个过程中，我们对我国社会主义社会初级阶段和高级阶段及其关系的认识也将不断发展，并终将把握住我国社会主义社会发展的具体规律性，最终完善具有中国特色的社会主义道路，创造出适合我国国情的社会主义社会的模式。

三、共产主义理想和社会主义实践的具体的历史的统一

当代中国社会发展的阶段性和连续性的统一，体现在人们的历史活动中就是理想和实践的统一。理想是现实实践的超越。理想和实践的统一在任何时候都只是具体的历史的统一。

有些人以为确认我国社会尚处于社会主义的初级阶段，就会使共产主义更加渺茫了，甚至失去了共产主义的信念。这种误解在理论认识上的根源，就是不理解共产主义理想同现实实践的具体的历史的统一。众所周知，科学共产主义有三层含义：一是作为理论，它是"无产阶级立场……的理论表现，是无产阶级解放的条件的理论概括"①；一是作为社会制度，它是代替资本主义社会的崭新的社会；一是作为运动，它是在共产主义理论指导下为实现共产主义社会制度而奋斗的过程。作为理论，它在实践中形成和发展；作为运动，它在实践中前进；作为社会制度，它在实践中逐步实现。科学共产主义不只是用某种方式解释世界，其全部的问题都在于改变世界，使世界革命化。无产阶级和革命人民改变世界的革命实践，是科学共产主

---

① 恩格斯：《共产主义者和卡尔·海因岑》，《马克思恩格斯全集》第 4 卷，人民出版社 1958 年版，第 312 页。

义的真实的基础，是它永葆青春的源泉。所谓共产主义理想，就是把实现共产主义社会制度作为奋斗的最终目标。这种理想不是乌托邦，因为它是与共产主义的实践活动相统一的，是在这种实践过程中必将逐步实现的。共产主义理想就是对共产主义实践活动必然结果的自觉意识。把这崇高的理想转变为现实，需要很长的实践过程。所谓共产主义理想和革命实践的具体的历史的统一，就是说，在确定的时期内，共产主义理想的体现和革命实践的基本任务都是具体的、确定的。在共产主义理想实现过程的每一阶段上，都有着自己所要完成的确定任务，亦即将理想具体化为现实实践的具体奋斗目标。

我国是社会主义社会，共产主义理想和社会主义实践在当前阶段的统一，集中体现在建设现代化的社会主义强国的过程中。社会主义社会是从资本主义社会到共产主义社会之间的一个必经的历史阶段。建设好社会主义社会，也就是为共产主义理想的实现准备条件。社会主义实践当然要受共产主义理想的指引，但如果以为这种指引就是在社会主义社会里直接把共产主义理想作为实践的"蓝图"，那就是把理想和实践的统一看成直接的同一，而不是看成具体的历史的统一，就必然要犯超越历史阶段的"左"倾急躁病的错误。

目前，我国还处在社会主义社会的初级阶段。只有建设好这个阶段才能过渡到社会主义社会的高级阶段，并进一步把共产主义理想变为现实。这个阶段是实现理想过程中的重要阶段，也是不可逾越的阶段。毫无疑问，共产主义理想在社会主义初级阶段中也起着根本的指导作用。但它只有与社会主义初级阶段的实践统一起来，具体化为建设有中国特色的社会主义现代化强国的宏伟目标，才能实现这种指导作用。

在社会主义初级阶段只能实行社会主义原则，遵守社会主义道德和践行社会主义思想。社会主义的原则、道德、思想等是共产主义的原则、道德、思想等在社会主义阶段存在的唯一现实合理的形式。不可脱离社会主义的实践而把共产主义理想抽象化，超越必经的历史阶段，去直接实行什么共产主义。这绝不是否认共产主义理想在社会主义初级阶段的地位和作用，而正是坚持了共产主义理想和社会主义实践的统一。共产主义理想是鼓舞千百万革命者抛头颅、洒热血为之实现而献身的崇高理想，也是激励千百万现代化建设者为实现它而奋斗的精神动力。实现共产主义社会，是我们的远大目标。这个远大目标只有通过一个个具体的阶段性目标的实现才能转化为现实。在社会主义初级阶段，实现这个远大目标的具体实践，就是沿着有中国特色的社会主义道路前进，把我国建设成为富强、民主、文明的社会主义现代化强国。这不是使共产主义渺茫了，而是使共产主义目标的实现过程更现实更具体了。

第十三章　当代中国社会发展中的统一性和多样性

统一性和多样性也是体现社会整体性运动的一个重要方面，它作为社会历史的内在特性，存在于任何社会形态以及每一形态发展的各个阶段中。中国进入社会主义历史阶段以后，特别是随着社会主义商品经济的发展，在社会生活和社会运动的统一性和多样性方面，又有着与以往历史时期显著不同的性质和特点。

第一节　当代中国社会发展的统一性

所谓统一性，即指存在于多样性事物中的不可分离性和共同性。它反映着事物及其过程的内在的、稳定的方面。在社会领域中，统一性则表现为社会各要素之间和发展过程各阶段之间的相互联系和相互制约以及社会因素的不同层次、不同程度的共同本质。统一性是社会得以存在的必要条件，无论社会或组成社会的各个要素，都是作为统一整体而存在和发展的。

一、社会运动是社会有机体的整体运动

人类社会绝非无差别的抽象物,亦非无数要素的偶然堆积。社会在自身进展的过程中，不断地分化出新的要素，同时孕育

着这些要素之间的新的统一。因此，人类社会是一个完整的、发展着的有机体，也就是说，人类社会是一个其内部要素相互联系、相互制约并且由于这些要素的相互作用而不断发展的有机体。

从横向来看，构成社会的诸要素各有特点，从而展现出社会生活的丰富性。但是，这些要素不是漠不相关、外在对立的，而是处于普遍的相互联系之中。任何要素的存在和发展，离不开其他要素提供的物质、能量和信息，单个要素总是以其他要素的存在和发展作为自己存在和发展的前提。此外，既然人类社会的要素丰富多样，那么，它们之间的联系也就必然纷繁复杂，这不仅表现为社会的某些要素与同层次或相邻层次要素的直接关联，而且，也表现为某些要素与空间间隔较远层次上的要素的间接联系。应当指出，这些社会联系的地位并非等同，它们之间存在一种最根本的联系，即人们在生产活动中形成的生产关系。生产关系构成其他社会关系的基础，以至于马克思认为："生产的承担者对自然的关系以及他们相互之间的关系，他们借以进行生产的各种关系的总和，就是从社会经济结构来看的社会。"[①]人类社会就是建立在生产关系之上的各个要素相互制约、相互联系的有机整体。

从纵向来看，社会有机体内的各个要素、各个方面都有自己的运动规律和发展趋势。但是，由于这些要素的相互作用，它们又必然地表现为一种"共振"运动。也就是说，社会要素的发展也不是彼此孤立、相互隔离的，它们只能在相互制约之网中得以相互促进，共同发展。尽管社会诸要素在实际发展过程中往往表现出某种不平衡，但是，任何要素的发展在一定历史时期内都不能脱离该时期社会运动"共振"的范围，从而受

---

① 马克思：《资本论》第3卷，人民出版社1975年版，第925页。

到它的制约。因此社会有机体就其构成要素来说，是一种异质的发散式运动，而就其社会整体来说，却是一种统一的收敛式运动。

社会的有机性体现为社会内部各种要素存在和发展的相互制约，它根源于社会自身的特性。人类自从挣断自然母体的脐带，就从许多个体汇集为群体，每个个体的活动都存在于与其他个体活动的相互制约之中。如果说原始社会中人们的天然联系较为简单，那么，随着社会分工的普遍化而产生的人们之间的社会联系就比较复杂了，它大大地提高了社会有机性的水平。社会分工的结果，使得原来兼容并蓄在某一组织内部的许多功能分化开来。专业化分工愈细，各部门之间的相关度也就愈大，它们的整体性也就愈强。这是一个既分析又综合的过程。因此，社会的整体性或有机性和专业化分工具有伴生的特点。

在高度专业化的社会条件下，众多差异的要素形成一个相互制约、密不可分的整体。从各要素的内部来看，高度的专业化分工使得它的每一部分只负责特定的职能，因而每一个部分都离不开其他部分而存在。一定的政治法律制度依赖于特定的经济基础，并且由经济基础决定它的性质和特点；而经济基础的建立、巩固和发展又有赖于一定的政治法律制度的保证，这种制度决定每个经济要素的去留，确定各种经济要素发展的方向，把它们的活动"收敛"于不危及其经济基础的范围之内。一定的价值标准和行为规范的性质和特点取决于特定的经济基础，而这种经济基础的存在和发展又依赖于与它相适应的价值标准和行为规范，尤其是在价值观念相互冲突的社会中，经由正式权力、舆论的指导和教育的灌输而建立起来的统一价值观，对于保护该社会的经济基础是非常重要的。可见，在任何社会中，各要素之间、各要素内部各部分之间都是相互依赖、相互制约的。这种相互制约性，便构成了社会的有机性。

总之，社会的有机性或称统一性，作为社会运动的基本性质，存在于社会历史的始终。只要人类社会存在，社会有机体的运动就必然表现为整体运动。

二、集中统一是社会主义社会发展的内在要求

人类社会作为一个活的有机体是以整体的形式存在和发展的，也就是说，任何不同的社会形态都有它特定的把其内部多种要素联系起来的统一性，只不过这种统一性在不同的社会形态里得以实现的程度和方式不同罢了。归根到底说来，社会机体统一性的程度取决于生产力的发展水平，而其方式则又随着社会的发展经历了一个从自发到自觉的过程。

在生产力水平相当低下的远古社会，生产主要是以原始的集体活动为主要特征，同时却又以相互隔离作为补充。一方面，部落内部的各个成员为了在残酷的自然环境中求得生存，必须"以群的联合力量和集体行动来弥补个体自卫能力的不足"①，因而自发地结成各种组织；另一方面，部落与部落之间的相互联系却没有普遍地形成。直到原始社会后期，随着商品生产和商品交换的出现，各部落之间的交往才日益频繁起来。在生产力有了一定发展的封建社会里，则是一家一户为单位的生产形式，这种"生产方式不是使他们互相交往，而是使他们互相隔离"②。它没有通过经济活动实现有机的统一，而只能通过行政权力和宗法伦理实现机械的、形式的统一。在资本主义社会中，生产力发生了质的飞跃，由封建社会的个体小生产转变为

---

① 恩格斯：《家庭、私有制和国家的起源》，《马克思恩格斯选集》第4卷，人民出版社1972年版，第293页。
② 马克思：《路易·波拿巴的雾月十八日》，《马克思恩格斯选集》第1卷，人民出版社1972年版，第693页。

资本主义的社会化大生产，"成千上万的人进行协作的工厂代替了小作坊"，"生产本身也从一系列的个人行动变成了一系列的社会行动"。①这种社会化的大生产必然要求与生产资料的社会占有相适应。但在资本主义制度下，生产资料和产品以及整个生产过程，却仍是私人占有和支配。这就必然导致生产的社会化和私人占有、个别企业生产的有组织性和整个社会生产无政府性之间的矛盾。资本主义的国家政府难于从全社会的角度对生产活动进行统一规划和协调，经济活动的平衡和协调是通过价值规律自发地调节并且通过周期性的经济危机强制性地实现的。

在社会主义社会中，生产活动不仅区别于封建主义社会的个体小生产，也与资本主义社会的社会化大生产不同。按其本性来说，它应是建立在公有制基础上的社会化大生产，因而必然要求在集中统一的指导下协调平衡整个社会生产。社会主义社会化大生产突破了封闭的、自给自足的个体小生产的狭隘界限，使整个社会生产活动形成一个统一的有机整体。具体地说，在社会化大生产的条件下，各部门、各单位经由专业化分工而区别开来，分别作为整个社会生产的一部分。同时，每个部分作为社会生产的一个环节，又与其他环节相互联系、相互依赖和相互制约。而且，随着社会生产领域的专业化分工越来越细，即生产的社会化程度越来越高，这种相互联系和相互制约的特点就越来越明显。因此，建立在公有制基础上的社会主义社会，必然要求自觉地集中统一指导全社会的生产及整个社会活动。

集中统一固然是社会主义社会的内在要求，但这种统一性不是一成不变的，它本身是一个历史的发展过程。在社会主义

---

① 恩格斯：《反杜林论》，《马克思恩格斯选集》第3卷，人民出版社1972年版，第309页。

条件下，集中统一发生作用的范围和程度在特定的历史阶段是有一定限度的。这个限度的依据就是社会化生产和生产资料公有制的发展程度。在社会主义初级阶段，社会生产力的水平低、层次多、跨度大，既有拥有现代技术设备的大生产，又有使用传统手工工具的小生产，生产的社会化程度低下，商品经济不够发达、自然经济占有相当比重、市场体系还未完全形成。从所有制上看，除了占主导地位的公有制经济成分之外，还存在着占相当比重的非公有制经济成分，而且公有化的水平也不可能很高。所以，集中统一发生作用的范围和程度还必然受着一定的限制，国家对经济发展也就只能在宏观上采取不同的计划形式，并将市场机制引入计划经济之中，形成以市场机制为基础，以计划经济为指导的集中统一形式。与我国现阶段存在着多种所有制形式相适应，在社会意识领域，必然存在着不同的思想观念如价值观念和道德观念等。因此，一方面应加强马克思主义的指导作用，另一方面，也应承认其他思想观念的客观存在。只有到了社会主义发展的更高阶段即其成熟阶段，才有可能实现生产资料的全社会所有，才有可能将国民经济的各部门都纳入统一的社会发展计划之中，社会主义精神文明才有可能真正支配各个精神领域，社会的思想统一才有可能达到更高的水平。

三、当代中国社会发展的统一性得以保持的根本条件

社会主义社会内在地要求社会运动的统一性，但这种统一的保持和实现是需要特定的条件的。其中，首要的条件便是社会主义的公有制。社会主义公有制是适应社会化大生产的内在要求而建立的，它是保证社会主义社会集中统一的根本基础。尽管在社会主义初级阶段仍是多种经济形式并存，但公有制经

济毕竟占据了主体地位，非社会主义经济成分只能是公有制经济的补充。因此，在社会主义初级阶段，生产资料的占有形式与社会化大生产发展的要求是基本上相适应的，这使整个社会有可能按照生产发展的客观要求，制定统一的经济发展计划，协调各地区、各部门生产的关系和比例。社会主义公有制占据主导地位，为社会主义社会的统一性提供了根本基础。但这种统一并非能够自然而然地实现，还需要代表人民利益和意志的政府自觉地规划、安排和指导，才能促使这种统一的实现。对于正在进行改革开放的当代中国社会来说，这一点具有更为重要的意义。

中国改革的重要内容，就是要破除以往那种高度集权的僵化模式。而高度集权的坚冰一旦打破，昔日被束缚的各种社会因素和力量便会奔涌而出，从铁板一块的僵化状态转入迅速变动和分化的状态，这会使其内部潜伏着的各种力量的冲突得以显现并可能加剧。在新的秩序尚未在改革中建立和巩固起来之前，就不可避免地会发生社会生产领域的混乱，生产过程的失调，还会发生认同危机，价值归属的错乱，从而导致整个社会的动荡和失控。我们已经看到，在我国新旧体制转换的过程中，两种体制的碰撞带来了各种各样的矛盾和冲突。例如，势头迅猛的通货膨胀，市场运行机制的混乱，市场秩序的混乱，价格体系的混乱，社会分配的混乱，以及由此而产生的人们的恐惧心理、思想混乱和对政府的不信任感，等等。这种状况对我国社会的安定与统一构成了威胁。这也证明了政府在加强我国社会集中统一方面的重要作用。这也说明，改革国家对企业的生产和经营实行直接控制即以行政手段管理经济的模式，绝不意味着可以取消政府管理经济的职能。在新旧体制转轨的过程中，在社会主义商品经济的新秩序尚未建立和巩固之前，政府管理经济的某些方面的职能仍需保持，在一定时候、一定条件下仍应有所增强。我们在一个时期里经济发展失控的一个重要原因，就是微观搞活超前，宏观调控滞后。因此，为了减轻和缩短改革带来的"阵痛"反应，必须强化宏观上的协调和控制。要合理地制定社会经济发展的战略和政策，从宏观上协调各经济区、各生产部门和各企业的关系，消除地方割据，减少内耗。要调整总供给和总需求之间的关系；要合理地调节国家、集体和个人的利益关系。为了建立和维持正常的经济秩序，规范经济主体的行为，还必须制定完备的经济法规，等等。只有这样，才能逐步建立起正常的经济环境和经济秩序，协调统一地发展社会主义商品经济。而所有这些，都是国家政府管理经济的职能。

此外，为了保证社会发展的统一性，还必须不断地增强社会的凝聚力。凝聚力是社会对于社会成员的吸引力和社会成员之间的相互吸引力，这是一个社会保持统一性的必不可缺的精神条件。在当代中国，社会的急剧变动，引起了人们思想观念的激烈冲突，从而不可避免地会出现人们思想的混乱、信仰和认同的危机，涣散社会的凝聚力。近几年，大批文体人才"周游列国"，留洋学子乐不思蜀，大学生中"托派""麻派"（即考托福和搓麻将）的兴起，政治冷淡主义、极端个人主义、拜金主义的泛滥，都是社会凝聚力急剧下降的表现。恢复和增强中国社会的凝聚力，需要创造使社会成员产生内聚意识的条件。这里，最重要的是合理地规定共同的奋斗目标，并使全体社会成员理解这个奋斗目标，自觉自愿地为实现共同的奋斗目标而付出实际的努力。显然，这个共同的奋斗目标只是停留于"实现社会主义现代化"一类的空洞口号是没有意义的，而必须集中社会成员的智慧，制定出实现这一目标的规划和步骤。这种规划和步骤要有科学的严密的论证，要让人们能够从中看得到自己的利益，看得见成功的希望。为了保证全社会在共同的奋斗目标下凝聚在一起，还必须采取正确的政策和措施，合理地适时地调节人们的利益关系；必须推进政治的民主化，保障人民参政、议政和对公共事务的决策、实施过程实行监督的权利；必须创造公平竞争的环境，使社会成员具有自我实现和自我完善的均等机会，等等。总之，只有当社会有了合理的共同奋斗目标，又采取了一切必要的措施保障社会成员能以主人翁的姿态为自己的共同目标而努力的时候，才有人们基于对公共事务的强烈责任感的内聚意识，社会才有强大的凝聚力，社会运动的必要的统一性才能得以实现。

第二节　中国社会发展的多样性

统一性只是社会运动的一个方面，社会运动还具有与统一性相联系的多样性。如果说统一性反映的是对象及其过程的内在的、稳定的方面，那么，多样性则反映着对象及其过程的外在的、变动不居的方面。

一、社会运动中的多样性根源于社会有机体及其活动条件的复杂性

所谓多样性，是指存在于统一体中的可分离性和差异性。它反映着事物及其过程的外在的、变幻不居的方面。在社会系统中，多样性则表现为丰富多样的组成要素以及它们复杂易变的发展趋势。它是由社会的内部运动和外部条件以及二者相互作用的复杂性决定的。

第一，社会内部要素的运动经历着从简单到复杂、从低级

到高级的发展过程。

首先，从社会原始要素的衍生或其在空间上的拓展来看，它们在其生命史初期所具有的简单的特点逐渐消失，而不断地走向高度的复杂化和差异化。生产力的发展造成了社会功能的专业化，使得以往的同一个要素分化出许多要素，它们分别担任某种固定的功能。这种趋向发展的结果，必然导致社会结构的逐渐分化，一方面是形成了政治、经济、文化、教育、宗教、军事等分工精细的各种要素，另一方面又形成了各种利益团体和阶层。这些团体和阶层都有各自的价值观念和行为规范，它们在各个历史发展时期占主导地位的意识形态的制约下，形成了社会文化的多样性。

其次，从社会内部各个要素自身的发展来看，也是一个从简单到复杂的过程。社会历史的发展具有继承性，新事物取代落后事物总是一个扬弃的过程。因此，构成社会有机体的诸要素能在自身的发展中吸取以往各阶段的合理因素，这种合理因素的积累就会使得各个要素的内部规定日益丰富起来。例如，在社会经济方面，各种社会形态的经济要素都不是单一的，而是既有其特殊的、占统治地位的经济成分，又有先前经济要素的某些形式作为它的补充，从而使该社会的存在和发展呈现出复杂性、多样性。在现实的社会主义社会中，由于它们并非在最发达的资本主义基础上建成，而是在生产力比较低下，资本主义不发达的社会基础上得以实现的，因而必然要求建立以全民、集体经济成分作为主导、以其他经济成分作为补充的多层次的经济结构。可见，社会的任何内在要素都不是单纯的、干涸的，而是包含先前社会形态有价值的东西于自身之内的。历史愈发展，社会形态愈高级，其内部要素的规定也就愈丰富，愈多样。

第二，由于环境的变化和差异，使得社会呈现出复杂性和多样性。

这里说的环境，就社会要素来说，是指它赖以存在的整个社会环境；就一个国家社会来说，是指它的国际社会环境和自然环境。首先，任何社会要素都与其赖以存在的整个社会环境相互关联和相互作用。环境的力量对于要素具有直接的影响。当社会环境趋于相对稳定的时候，要素就能够维持既定的内在结构，与外部环境保持基本平衡。而当社会环境发生了变化，有关要素为了适应环境和有效地处理内部活动，必然改变原有的内部结构，分化出新的部门，使其执行新的功能，从而保持它与环境的新的平衡。例如，为了缓解人口剧增对社会的压力，政府颁布计划生育政策，并成立有关的管理机构。鉴于环境学家和社会团体日益增长的保护环境的呼声，国外许多公司建立了环境和生态部门，以应付这些特殊的团体。一般来说，社会环境愈具有差异性，愈具有动态性，社会要素的内部结构就愈加复杂。人类初期由于实践能力低下，因而对于环境的改变和利用较为简单和片面，随着人们实践活动的逐步深入和广泛，对于环境的改变也就会越来越复杂和全面。为了适应迅速发展的改变和利用环境的实践活动，必然带来日益增加的社会组织的数量和类型。社会环境的复杂化也就直接地促成社会要素结构的复杂化。

其次，从某一个社会整体来看，由于它所处的外部环境不同，它也就具有同其他社会不同的形式和内容。即使是同一种社会形态，由于环境的差异，也会以不同的形式表现出来。其中，地理、气候等自然环境在形成各民族、国家的特点上是一个经常起作用的因素。例如，大河文化、高原文化和沿海文化就有十分不同的内容。从社会环境来看，任何一个民族或国家，都处在与其他民族和国家的相互交往和相互影响中，因此每个民族或国家中的各种因素就不能不带有它的社会环境的烙印，而与其他国际环境影响下的国家和民族具有不同的特征。例如，同是社会主义制度的中国和南斯拉夫，由于国际环境不同，因而在政治体制、经济结构和文化传统等方面具有或多或少的差别。

总之，无论从内部要素或外部条件以及二者的相互作用来看，社会运动都是复杂的、多样的。

二、当代中国社会发展的活力体现在它的日益丰富的多样性

人类社会从低级到高级的发展过程，也就是一个从简单到复杂的发展过程。一方面是它的统一性不断增强，另一方面则是它的多样性的日益丰富。社会主义社会是迄今人类历史上最先进的社会形态，在社会主义社会中，不仅具有高度的社会运动的统一性，同时也应具有丰富的社会运动的多样性。但是，我们以往却片面地认为，社会主义的优越性仅在于它的高于以往各个社会形态的统一性，经济上实行单一的计划体制，追求纯而又纯的公有制形式，政治上高度的集权，思想观念和思维方式上要求绝对的一致，人们的行动要求整齐划一。结果是，整个社会成了一个没有生气和活力的、僵硬的"一维"社会。在现代条件下，这显然不是社会发展的正常状态。这种以牺牲多样性为代价而实现的统一性，并不是现代社会的特征，而在本质上恰恰是以自然经济为基础的传统社会的特征，它不但不是体现着社会主义的优越性，而恰恰是社会主义社会获得自身发展的严重阻碍。真实的健全的统一性是以多样性的充分发展为前提的。多样性事物的存在，是对象自身运动的结果；反过

来又影响、作用于对象运动的过程。世界以及它的各个组成部分均是以系统的形式存在的，而作为系统的基本条件之一就是其内部多种要素的存在。系统论认为，信息是系统有序程度的度量，某个系统信息量越大，它的有序程度也就越高，而信息就产生于多样性因素的存在，产生于多样性因素的相互作用。单个因素，无差别的同质元素，无所谓信息，也就不可能产生有序状态，只能导致熵增而趋于混乱的无差别状态。有差异才能有统一。系统内部的要素越是多样和丰富，它就会在这些因素的矛盾运动中充满着活力而趋于更高程度的统一。过去那种要求社会生活绝对一致、整齐划一的所谓"高度统一"，由于它拒斥了多样性因素的存在，排除了这些因素相互作用和相互影响的有机联系，因而只是形式的和僵死的统一。社会生活的多样化，好像打破了统一，但打破的只是那种僵死的统一，而为实现真正的、充满活力的统一准备了基础。党的十一届三中全会以来，冲破了过去长期坚持的社会主义发展模式，确认社会主义经济是有计划的商品经济，确认社会主义社会仍是商品社会。商品经济充分发展的现代社会同以自然经济为基础的传统社会相比较，它之所以处在社会发展的更高阶段上，不仅表现于它的经济发展水平更高，而且表现于它的经济关系和整个社会关系更发展、更复杂。中国社会之所以必须经过一个充分发展商品经济的社会主义初级阶段，不仅仅是要通过发展商品经济而造成社会生产力的巨大发展，而且是要在发展商品经济的过程中发展社会主义的经济关系和整个社会关系。社会生活的多样性在实质上就是社会关系的丰富性，这是社会发展水平的重要标志。中国正在进行的改革，都是适应社会主义商品经济发展的要求的，因而也都是直接促进社会生活的多样性的发展的。

当前进行的经济体制改革的一个重要目标就是增强企业的活力，使各个企业在经营管理方式的选择上，在产供销的安排上，在自留资金的拥有和支配上，在工作人员的任免以及工资奖励方式和产品价格的确定上，具有更大的自主权。这样，各个企业就能够在服从国家总的计划指导的前提下，依据本企业的特点选择自己的生产活动的方法和途径。由于各个企业成为相对独立的经济实体，它们之间存在着利益上的差别，因而为了实现各自的利益，必然展开生产和经营方面的竞争。竞争可以打破阻碍生产发展的封锁和垄断。各个企业以平等的身份参与市场竞争，他们的产品在市场上直接受到消费者的评判，优胜劣汰。竞争使企业受到强大的市场压力，进而把压力变为激发职工的积极性和进取心的动力，去不断克服自身的弱点，学习、借鉴其他企业的长处，改进生产结构、技术结构和经营管理。各个企业办出了自己的特色，充分发扬和发展了自己的长处，这自然是经济生活中的多样性的发展，而这也就更使整个经济领域增强了活力。

在社会文化方面，我们进行科学、教育、文化体制的改革，提倡自由讨论，坚持"百花齐放，百家争鸣"的方针，也是为了促进社会精神生活的多样性的发展。科学的发展有其自身的规律性，发现真理和坚持真理不能诉诸行政手段。在探索真理的过程中，由于每个人的文化背景、思维方式、知识结构和观察角度等因素的不同，难免出现结论上的差异。不同学派、不同观点之间的争论，不是阻碍真理的发现，而会加速发现真理的进程。因为虽然真理只有一个，但发现真理可以有多种途径。采取多条途径和多种方法，就能够对事物进行多方位，多层次的观察和思考，并且通过讨论，修正各自的错误，吸收他人的观点以弥补自己的缺陷，从而相互促进，共同发展。殊途可以同归，殊途更易于接近和发现真理。学术理论界开展不同观点之间科学的批评和反批评，改变以往学术理论领域中沉闷和紧张的局面，必然给科学文化事业的发展注入新的活力。

总之，在社会主义条件下，随着社会主义商品经济和科学文化事业的发展，随着体制改革的深化，随着社会主体认识能力的提高和实践领域的扩大，必将使社会生活日益丰富、多样化，这是中国社会内部活力日益增强的表现，是中国社会实现由传统社会向现代社会转变的必然趋势。

三、当代中国社会发展的多样性得以丰富的根本条件

当代中国社会生活的多样性的发展是一种必然的趋势，但这种趋势的正常发展和实现仍需必要的条件。中国的社会主义社会是在贫穷落后的半殖民地、半封建社会的废墟上建立起来的，社会生活获得多样性的发展需要有更为特殊的条件。

那么，当代中国社会发展中的多样性得以丰富的条件是什么呢？

（一）大力发展商品经济是当代中国社会发展的多样性得以丰富的基本条件

与单一的和封闭的自然经济相反，商品经济的特点是复杂性和开放性。社会分工奠定了商品生产的一般基础，而商品生产的深入和拓广，又加速了社会分工的进程。这种社会分工和商品生产的交互作用，必将造成经济实体和经营方式的多样性。在商品经济的汪洋大海中，经济组织的产生、重建、解体更带有随机和偶然的性质。这些具有不同特点的经济实体或组织也不是相互隔绝的，它们通过市场机制打破了自然经济条件下的地区封锁、条块分割的封闭状况，建立起复杂的联系和沟通渠道，形成了纵横交错的经济组织网络。在自然经济条件下，人

们之间的社会联系基本上是一种上下隶属的线性联系，而在商品经济的条件下，人们之间的横向交往越来越密切，这会使人们的社会关系越来越丰富。商品经济的发展将会给人们的社会生活带来全面而深刻的影响。它能够提供自然经济所不能比拟的多样性产品，丰富人民的物质和文化生活。它能够改变自然经济条件下"日出而作，日入而息"的封闭和单调的生产、生活方式，使人们依据社会的需要和信息的引导，超越以往狭小的空间，去从事多种多样的生产、经营活动和社会交往。由于社会交换范围的扩大，自然经济条件下的生活共同体中根深蒂固的伦理信条将被逐渐突破和遗弃。人也不是那种在旧的伦理信条制约下形成的模式化的人，而是可以在多种机遇中进行多种选择，通过多种途径获得自身发展的个性化的人。因此，商品经济的发展一改传统社会的单调灰暗的色彩，它将在社会主义条件下描绘出社会生活色彩斑斓的画面。

（二）造成民主、活跃的政治环境是当代中国社会发展多样化得以丰富的重要保证

在自然经济条件下，是行政权力支配社会。为了对众多分散而孤立的个体进行统治，只能建立和强化高度集权的大一统的政治统治。在商品经济获得发展的条件下，过分集权的政治控制便失去了它存在的依据，而必须改变国家政府以往过度集权的模式。社会的集中统一的领导和管理仍然是必要的，但这种集中统一只宜是侧重于宏观的和富有弹性的。这就有必要在分权与集权、民主与集中的矛盾中找到一个合理的结合点，既不至影响宏观上的集中统一，又不至于窒息微观领域的活力。政治权力只是引导而不是限制社会生活的多样性的发展。

同民主的政治环境紧密联系的，是思想文化上的自由探讨的空气。社会主义建设是前无古人的事业，应该允许和鼓励人

们去进行多次试验和反复探索，应该允许人们沿着不同的途径和运用不同的手段去达到一致的目的。出现分歧和矛盾是正常的，整齐划一倒是不可思议的。所以，不应滥用政治标准对某些理论探讨和实践活动轻率地扣帽子、打棍子，只要不违背四项基本原则，不触犯宪法和法律，就应允许它们的存在和发展。总之，只有形成这种宽松的政治环境，才能极大地焕发各行各业人们的积极创造的热情，从而加速社会主义社会多样化发展的历史进程。

（三）当代中国社会发展中的多样性还依赖于社会主体的内在丰富性

社会主义建设是亿万人民的共同事业，不仅需要少数杰出人物的积极倡导，而且需要全体成员的共同努力。但是，社会的进步不仅取决于作为自觉的历史活动家的人民群众在数量上的增加，而且更取决于作为社会主体的人的质量的提高。民族若要兴旺，国家若要发达，重要的任务就是要为每个个体的认识和实践能力的发挥和发展提供必要的条件和广阔的场所。这不仅仅在于给予个体以物质利益的保证，更重要的是为个体的自由发展创造良好的环境和条件，使社会成员的个性获得充分而健康的发展。只有由富有个性和多种创造才能的无数个体所创造的社会才是千姿百态、气象万千的。而那种由具有单向的思维方式、相同的知识结构以及同一的情感方式的人们所创造的世界必定是色彩单调、缺乏活力的。因此，在当代中国，如果在个性获得充分发展的基础上使我们整个民族的素质日益提高，那么，十亿人口就不会再是社会进化的累赘，而是使社会生活日益丰富多样的取之不尽的力量和智慧之源。

第三节　当代中国社会发展中统一性
和多样性的统一

人类社会是由多种要素构成的有机整体。统一性和多样性作为体现这些要素之间相互排斥又相互制约的属性，并非绝对地外在对立，而是处于内在的统一之中的。多样性离不开统一性。多样性要素不是各自独立，相互隔绝的，而是由于统一性的作用使其纳入一个完整的系统之中的。统一性也离不开多样性。统一性不是绝对的自身等同，也不是同质要素的机械相加，而是纷繁复杂的多样性要素的有机统一，是在对象各个要素、各个方面的相互联系、相互制约中体现着对象的统一性。因此，统一性就存在于多样性之中。

人们对于中国社会发展中的统一性和多样性的关系往往不能辩证地看待，只强调社会的统一性而不重视社会的多样性，这种片面性的产生，除了形而上学思维方式的影响以外，还有其社会历史的原因。中国在一个很长时期里是封建大一统的社会，"大一统"的影响根深蒂固，以致人们一谈到多样性就认为是动摇和排斥统一性的。又由于中国以及其他国家的社会主义是在资本主义和商品经济不很发达的基础上建立的，又长期实行高度集中统一的社会主义发展模式，社会生活的多样性未曾获得必要的发展，而资本主义国家却在发展商品经济的基础上发展了社会生活的多样性，因而使人们容易把社会生活的多样化同资本主义的自由化混淆起来。因此，在研究当代中国社会发展中的统一性和多样性的问题时，必须对封建大一统和资本主义自由化进行批判性的考察。

一、社会主义的统一性和封建主义大一统的根本区别

统一性作为社会运动的内在属性，存在于各种社会形态之中，但在不同的社会形态中有着不同的性质和特点。就社会主义社会与封建社会来说，二者的根本区别在于，前者的统一性是包含着多样性的统一性，后者的统一性则是排斥多样性的统一性。

封建社会赖以建立的经济基础是私有制的个体自然经济。这种自然经济是以自给自足为特征的。每个个体既是产品的生产者，又是自己所得产品的直接消费者，因而每户农民都是自我封闭的生产单位。如马克思所说的："小农人数众多，他们的生活条件相同，但是彼此间并没有发生多种多样的联系。"[①]这种被马克思称为由一些同名数相加形成的小农自然经济，不会造成社会的多样性的发展。中国社会古老机体的 DNA 只能忠实地进行个体复制。一旦复制过程受阻，就会发生社会动乱，而在社会的剧烈动荡之后，也只是创造了个体复制的新的条件，使这个过程又按旧的方式继续进行下去。这种在自然经济基础上存在的封建社会不可能通过经济手段实现有机统一，而只能通过政治权力之经和宗法伦理之纬把分散的个体网罗或串在一起。这种政治伦理之网在中国封建社会表现为大一统的统治模式。同这种社会状况相适应，中国封建社会的传统观念也明显地表现重一轻多的倾向。在老子的《道德经》里，曾表现出贵一贱多的倾向，庄子也认为"圣人故贵一"（《知北游》）。其后的荀子强调"天下不一，诸侯俗反"（《荀子·王制》），《吕氏春秋》也讲"执一而万物治"。魏晋时期的王弼在论证他的唯心主

① 马克思：《路易·波拿巴的雾月十八日》，《马克思恩格斯选集》第 1 卷，人民出版社 1972 年版，第 693 页。

义本体论时表达了同样的思想，他强调以一统众，以一治多，"夫众不能治众，治众者至寡者也"（《周易略例·明录》）。这些理论的共同特征，都是片面强调统一性，而轻视多样性。这种观点在中国思想史上有着深远的影响，它是中国封建社会大一统的政治结构的理论基石。"普天之下，莫非王土，率土之滨，莫非王臣。"在这种金字塔式的权力结构上，天子作为一切共同体之主，拥有至高无上的统治权，他通过金字塔中间的层层管理机构维系庞大的封建社会机体。权力的顶端对下层有授予和监督的权力，下层对顶端则只有服从和负责的义务。在中国封建社会漫长的发展史中，虽然不乏诸侯称雄、分裂割据的局面，但从历史总体来看，封建大一统占据了主导地位。

封建大一统的政治制度，必然要求统一的专制文化。秦时的"以法为教，以吏为师"开了专制文化的先河，"焚书坑儒"埋下了知识分子对统治者诚惶诚恐的祸根。汉武帝时，随着董仲舒倡导的"罢黜百家，独尊儒术"文化专制政策的形成，儒家经典被奉为正宗，视若神明。儒学成了衡量一切理论合法与否的准绳，它在以后的封建社会中根深蒂固，一切新文化和外来文化如果不和儒学合流就不能在古代中国立足。儒学成了儒教，变成了僵死的教条，成为束缚人们思想的桎梏。鲁迅说："政府对于读书的人们，使读一定的书，即四书和五经；使遵守一定的注释；使写一定的文章，即所谓'八股文'；并且使发一定的议论。然而这些千篇一律的儒者们，倘是四方的大地，那是很知道的，但一到圆形的地球，却什么也不知道。"[1]这就是"大一统"社会的文化特征，也是这种社会在精神生活方面的一般特征。

① 鲁迅：《在现代中国的孔夫子》，《鲁迅全集》第 6 卷，人民文学出版社 1981 年版，第 314 页。

在社会主义社会中，其统一性与封建社会的大一统在以上几个方面都有着本质的区别。就经济要素来说，社会主义要求在公有制的基础上继续发展商品经济。这就必然突破自然经济狭隘的范围，建立起多种类、多层次的经济实体，使社会分工得到进一步的发展，使生产者、经营者之间发生多种多样的横向联系。当代中国社会在发展社会主义商品经济条件下，会逐步打破生产部门和单位自我封闭的状态，社会机体也不再是进行简单的个体复制，而是通过社会机体内部要素的分化和进化而不断地创造出新的要素和新的关系。日益增多的社会要素也不是单靠行政权力把它们串联在一起，而是在社会要素获得多样性发展的基础上，按照社会自身运行的内在机制形成它们之间的有机联系，从而体现社会运动的统一性。

社会主义民主政治的本质是人民当家做主，一切权力属于人民，虽然社会主义的政治生活中也要实行集中统一领导，但它是国家政府代表人民组织和管理国家事务的必要手段。而且，集中统一在社会主义社会有一定的限度，它对于社会活动主要起着规划、指导、协调的作用。在广泛的社会生活领域里，企业、事业和社会单位都具有一定的自行处理各自事务的权力。诚然，我国在以往的社会主义实践中，就分权与集权、民主与集中来说，曾片面地强调了后者。但这并不是社会主义社会的内在要求，而正是与之相背离的。我国政治体制的改革就正是要改掉这种片面性。此外，即使就集中统一领导这一方面来说，至高无上的权力也不应是属于某一个或某几个掌权者，而应属于人民大众。各种权力和行政机关不仅最终向人民负责，而且受着包括人民团体在内的各个层次的监督机关的制约。这种集中统一体现着全社会的共同利益、根本利益，它是以尊重社会成员、社会单位的利益和要求为前提的，即以尊重他们的独立性为前提的，因而不是排斥多样性的集中统一，它同封建大一统有着本质的区别。

社会主义文化是以马克思主义为指导的，但它并没有脱离人类文明发展的大道。它是封建社会、资本主义社会全部知识合乎规律的发展。它扬弃了其糟粕、保留了其有价值的成分。强调马克思主义的指导作用，却不是要取消和代替其他科学的存在。社会需要有统一的指导思想，却并不否认人们对于各种思想观念的选择。社会需要也应当引导人们的选择，却不能代替人们的选择。显然，与封建社会干涸、僵死的大一统文化完全不同，社会主义文化是可以容纳一切有价值的文化成果因而具有丰富内在规定和充满生机的崭新文化。

总之，社会主义社会的统一性与封建社会大一统的根本区别在于，后者是抽象的、形式的统一，而前者则是具体的、真实的统一。

二、发展社会主义的多样性和资本主义自由发展的根本区别

资本主义社会是在商品经济和社会化大生产基础上发展起来的。同封建社会相比，它是使社会生活的多样性获得了发展的社会。但是，资本主义社会与社会主义社会是建立在不同所有制基础上的，它们具有根本不同的社会经济政治制度和意识形态，因而在社会的多样性发展方面也有着不同的情况和特点。

资本主义商品生产是以自由竞争作为它的开端的。在自由竞争阶段，资本主义经济生活可以自由发展，每个企业作为独立的经济实体，可以自由地与其他企业竞争。自由竞争的结果一方面固然使各企业内部的组织性增强了，但另一方面却使得各个利益对立的经济实体之间失去协调，造成社会生产的无政

府状态，因而无法保证资本主义经济发展的统一性。正如恩格斯所指出的：“资产阶级社会的症结正是在于，对生产自始就不存在有意识的社会调节。”①如今，资本主义国家尽管可以通过预算、税收、信贷、补贴、国有化、军事订货等经济政策对生产活动进行干预，从而使其得到某种程度的调节。但是，这种调节只是局部的、暂时的，因为国家垄断资本主义并没有改变资本主义性质，生产资料仍然是私人占有的，所以，它们仍然只能完全依赖价值规律的自发作用并最终通过经济危机来调节。而在社会主义经济领域内，则不仅各个企业内部具有高度的组织性，而且整个社会的生产也有可能消除无政府状态，有可能把国民经济的发展纳入统一的轨道。尽管社会主义社会内部的各个企业不仅具有自身发展的独立性，而且它们之间也存在着竞争，但是，这种独立性是相对的，每个企业的发展要受到统一计划的制约。社会主义社会的竞争也不同于资本主义社会中的相互倾轧，它只是基于生产者、经营者之间的局部利益差别而进行的，必须以不损害全社会的共同利益、根本利益为限度。正是社会共同利益神圣不可侵犯的社会原则，使得社会主义社会在充分地发展其多样性的同时，能够保持社会发展的统一性。

生产资料的私有制使资本主义社会分裂为无数利益对立的社会主体，这种利益矛盾冲突的结果必然使得个人主义、利己主义成为该社会道德意识的核心。每个资本家的目的在于最大限度地攫取剩余价值，因此，个人利益不是服从社会利益，而是把个人利益作为衡量一切的标准。资本主义社会是个多极对立的世界，存在着过分多元化的价值观念，难以形成全社会统

①　马克思：《致路·库格曼（1868 年 7 月 11 日）》，《马克思恩格斯选集》第 4 卷，人民出版社 1972 年版，第 369 页。

一的价值取向或统一的政治思想和道德规范，各种思想、观点处于无休止的冲突之中。而在社会主义社会中，生产资料的公有制取代了私有制，人们的利益矛盾是在根本利益一致基础上的矛盾，从根本上说，个人利益的满足离不开社会利益的实现。因此，社会主义的道德原则必定是社会利益高于个人利益的集体主义原则，在此原则基础上，就能够形成相对统一的价值观念。全体人民就能够在国家政府的集中统一指导下，同心同德，去为实现全社会共同的目标而奋斗。

总之，资本主义的自由发展固然造成了社会生活的多样性，但这种多样性的发展是排斥社会的统一性的；而发展社会主义的多样性则是以保持社会的统一性为前提的，它本身也就是社会的统一性得以实现的基础。这就是它们之间的根本区别。

三、当代中国社会在"一"和"多"的辩证统一中发展

社会主义的统一性中包含着多样性，而多样性中又存在着统一性。当代中国社会将在统一性和多样性的辩证统一中发展。这作为一个客观规律，在我国社会主义现代化建设中起着根本性的指导作用。

首先，社会的集中统一必须以充分发展社会生活的多样性为条件，统一并不是排斥多样的统一，而是包含多样的统一。虽然多样性受到统一性的制约，但是它们并不会由于统一性而融解彼此的差别，它们在统一性的制约中由于相互排斥而保持着各自的质，并以其各自的运动变化对统一体产生作用和影响。失去了多样性，就不会有由于多样性要素相互作用而引起的运动，那样，统一性也就失去了它的实在内容，而只能是一种空洞的抽象。社会系统就是由这些相对独立的多种要素构成的有

机整体，如果人为地和不合理地限制多样性的发展，将会导致社会有机体的停滞或者崩溃。我们过去的主要失误就是片面地强调了统一性。在经济方面，实行高度集中统一的体制，追求单一的经济成分，单一的计划经济，单一的管理方式，单一的价格政策，单一的消费品分配形式。在政治方面，权力过分集中在党委和党的领导人身上，造成党政不分，一言堂，党委书记说了算。在思维方式上，推崇求同性思维，要求思想上的绝对一致。在实际生活中，习惯于单打一、一刀切、一哄而起、一拥而上、一呼万应，只能见"一"，不能见"多"。中国社会里形而上学的猖獗，其最重要最突出的表现之一，就是这种重一轻多的倾向，它曾经给中国的社会主义事业造成过怎样的祸害，已是有目共睹的了。我们现在进行的体制改革，就是要清除这方面的祸害，促进中国社会的多样性的发展。经济体制的改革以及政治体制、文化体制等的改革，都是要同社会主义商品经济的发展相适应，而社会主义商品经济的发展就正是使中国社会的多样性获得充分发展的根本基础和条件。诚然，如前所述，社会主义的多样性的发展是不排斥集中统一的，但是，实行集中统一要有一定的合理的限度。如果限度过高，就会阻碍甚至窒息多样性的存在和发展，从而也阻碍和窒息了统一本身的存在和发展。当然，如果统一的限度过低，那就会使多样性的发展放任自流，造成总体发展的盲目性。因此，必须确定统一性的适当限度，使这种统一性有利于促进多样性的发展。

同时，多样性的发展又必须以统一性为基础。作为一种"内聚力"的统一性，它把各个独立的要素连结为一个整体，并规定这些要素运动发展的方向和范围。任何事物的存在离不开统一性，失去了统一性，原来的有机体发生了分解，其中的多样性要素就会变成一盘散沙，从而失去它本来的意义。因此，多样性是离不开统一性的。在社会历史领域，任何要素都不能绝对独立地存在和绝对自由地发展，因为每一时代都有其特定的生产力水平，从而决定该时代的政治、经济和文化结构，决定它们之间的相互关系。人们所从事的一切活动都不能脱离这种既定的社会关系的制约。即使是非常活跃的思想领域，虽然它可以跨越时空的界限而缅怀过去，憧憬未来，但它们无不留下其所处时代的深刻的痕迹。因此，统一性好比经纬交错的线或纽带，将具有不同质的规定性的各个部分密切联系在一起，从而奠定了各种社会活动的基础。没有统一性，人类就会丧失其特有的社会性，也就会失去人的本质规定。社会主义社会发展的内在活力固然体现在它的日益丰富的多样性，但它的真正的力量却在于它能够把全部社会要素凝结为一个具有高度有机性的统一整体。发展社会的多样性并不是社会主义独具的特征，资本主义社会在充分发展商品经济的基础上也曾使社会生活的多样性得到了高度的发展。而能够在发展多样性的基础上保证社会运动的统一性，则是社会主义高于和优于资本主义的地方。

总之，统一性和多样性是社会运动中不可分离的两个方面。当我们强调社会运动的统一性时，不能忽视它的多样性；而当我们强调社会运动的多样性时，同样不能忽视它的统一性。值得注意的是，在我国，随着绝对主义统一论的破产，近年来又潜藏着另一种倾向，即相对主义的"多元论"的倾向。它片面地强调所谓"多元化"，否认任何统一性。这种倾向作为绝对主义统一论的一种反动，它的出现不是偶然的。当长期痛苦地处于一统框框束缚下的人们遇到解脱的机缘，而又缺乏正确的思想方法的指导，就易于从一个极端转向另一个极端。因此，相对主义"多元论"的出现从反面证明了原来的形而上学统一论的片面性，证明了蔑视辩证法必然要受到惩罚。绝对主义的统一论和相对主义的"多元论"虽然处于尖锐对立的两极，但从认识根源来说，二者却又是相同的，它们都是在互不相容的两极对立中思维。一方无视社会运动的多样性，另一方无视社会运动的统一性；一方通过把统一性绝对化从而在思想特征上表现为绝对主义，另一方通过把多样性绝对化从而在思想特征上表现为相对主义。用相对主义"多元论"反对绝对主义统一论，只是用一种形而上学去反对另一种形而上学，二者都不能科学地认识和把握社会运动的完整特征。

　　总之，社会主义社会的统一性不应是抽象的、僵死的统一性，而是具体的、充满活力的统一性；社会主义的多样性也不是相互隔离的互相排斥的多样性，而是相互联系、相互促进的多样性。当代中国社会必然是在这种"一"和"多"，的辩证统一中向前发展。

第十四章　当代中国社会发展中的
宏观和微观

　　社会生活的宏观控制并不是某种社会所特有的要求。随着社会分工的出现和发展，客观上就要求对社会生活进行宏观控制，以协调整个社会生活。但是，在以自然经济为基础的传统社会，由于人们的活动范围狭小，社会联系有限，社会结构简单，因而这一问题还不十分突出。而在商品经济获得充分发展的现代社会，随着生产规模的日益扩大，人们社会联系的日益加强，社会结构的日益复杂，这一问题的重要性就充分地显示了出来。当代中国社会正处在由传统社会向现代社会转变的历史过程中，宏观和微观的关系问题，已成为关涉整个社会运动进程的突出问题。

第一节　当代中国社会的结构方式及其变化

　　宏观和微观的联结方式是由社会的结构方式决定的。因此，考察当代中国社会发展中的宏观和微观，必须从考察当代中国社会的结构方式及其变化入手。

一、中国旧的社会结构方式

　　社会结构方式，指的是社会系统内部各要素之间、各子系统之间的联结方式，组合方式。这里是从社会控制角度考察社会结构方式的，因此，所谓社会结构方式，主要是指的一定的社会模式。

从历史上看，中国的社会结构一直是一种依靠行政权力建构和支撑的金字塔式的结构。国家最高权力机关居于塔的顶端，统管一切，下面又按行政区划分为若干行政层次，逐级管理，形成一系列大大小小的金字塔。中国进入社会主义社会以后，社会制度发生了根本的变化，但在体制改革以前，社会的结构方式却没有大的变化，仍然基本上是由各社会要素、各社会子系统按照纵向的行政隶属关系排列组合的金字塔结构。

从社会的经济生活看，我国基本上还是一个农业国，农业人口占总人口的 80%，自然经济、半自然经济还占相当比重，自然经济条件下的各生产单位基本上是相互隔离的，都只能发生上下之间的行政上的隶属关系。社会主义的工业本应是建立在商品经济基础上的社会化大生产，各部门、各地区、各企业之间本应通过商品市场建立起广泛的分工协作关系，但过去多年来却没有按照商品经济的发展规律，按照社会化大生产的发展要求组织社会生产，而是按纵向行政隶属关系去管理经济。企业之间、部门之间、地区之间相互隔离、相互封闭，缺乏横向的经济联系。企业受到纵向行政隶属关系的束缚，依附于行政部门或地区，没有独立自主的权利，因而严重影响了企业活力的发挥。由于各部门、各地区自成系统，互不沟通，因而搞大而全，小而全，重复生产，重复建设。在这种纵向管理方式下，涉及不同部门、不同地区之间的问题，有关部门和地区不是协同解决，而是等到问题积压成堆，才由上级行政机关出面解决。

从社会的政治生活上看，过去实行的是过度集权的政治体制，过分强调集中，在民主建设上，没有做到使民主制度化、法律化，没有开辟社会协商对话的多条渠道，行政领导机关难以及时、顺畅、准确地接收到群众的建议、意见和要求，人民当家做主、管理国家和企事业的权利也就难以得到保障。只有下级对上级负责，而不能保证政府机关向人民群众负责，因而在许多情况下是长官意志决定一切。由于行政权力在整个社会生活中处于支配一切的地位且又过分集中，因而使"官本位制"广泛地存在于社会的各个领域。

在思想文化领域过去也是习惯于用单纯的行政手段管理，以行政权力裁定科学文化、学术理论的是非，因而造成思想观念的僵化、保守，文化生活的单调，学术气氛的沉闷。

当今时代是向信息化社会迈进的时代，信息在社会生活中的作用日益突出，旧的社会结构方式的弊端也越来越集中地表现在纵向的信息系统上。在旧的社会结构方式下，信息的收集、处理、储存、传输主要是按纵向的行政系统进行的。这种少渠道（单一的纵向行政渠道）、多环节（通过各个行政层次）的信息系统必然会影响信息的运行速度和可靠性程度。在这里，两个平级组织之间不能直接传递信息，发生横向信息联系，而要按照纵向的行政层次由下而上再由上而下逐级传递，方能建立起双方之间的信息联系。这既延误了时间又会造成信息的失真。[1]

这种旧的社会结构方式是以我国自然经济、半自然经济的状况为基础，在自然经济观念影响下形成的。它反过来又成为维护自然经济、半自然经济状况，阻碍商品经济发展的框框。

---

[1] "按级别层次逐级传达同一条消息会降低情报的准确性。口头传达时，每传达一次大概要损失信息的30%……即使是用附有解释的书面传达，也往往不能表达其全部意义"（哈罗德·孔茨，西里尔·奥唐奈：《管理学》中译本，贵州人民出版社1982年版，第721页）

旧的线性结构方式是整个社会关系社会化程度不高的表现。在商品经济洪流的冲击下，它必然趋于瓦解，而为新的结构方式所代替。

二、当代中国社会结构方式变化的趋势

在当代中国社会，随着商品经济的持续发展，生产社会化程度和整个社会生活的社会化程度的不断提高，社会结构日益呈现出网状化的发展趋势。

商品经济的发展，使横向经济联系逐步扩大，逐步形成统一的社会主义商品市场，形成经济联系之网。各个具有相对独立性的商品生产者和经营者都是这个网上的一个纽结，它们通过商品市场彼此之间发生着广泛的相互竞争、相互协作的关系。与此相适应，旧的以纵向为主的管理体制正在逐步向以横向联系为主、纵横交错的网络式的新体制过渡。这种新体制根据商品经济和社会化大生产发展的要求，主要按横向经济关系组织社会生产，走专业化、协作化、联合化的道路，形成不同形式、不同层次、不同规模的开放式的经济联合区域和经济群体。商品经济的发展不仅会打破各部门、各地区、各企业相互闭锁的状态，实现社会内部各部门、各地区的彼此开放，而且会加强和扩大与国外的经济技术交流、合作与竞争，充分打开对外开放的大门，使我国经济走向世界，成为整个世界经济一体化体系中的一个有机组成部分，成为开放式、网络化的社会化大生产。

商品经济的发展，生产社会化程度的提高，不仅会使社会的经济关系日益扩大和密切，而且会使整个社会关系日益复杂多样，日益社会化，逐步形成错综复杂的社会联系之网。人们将从封闭或半封闭式的生活方式中摆脱出来，越来越多地参加

各种社会交往活动，逐步形成普遍性的社会交往。日益复杂、日益社会化的社会关系必然要求改变过度集权的旧政治体制，而建立有利于扩大社会主义民主的新政治体制，以保证人民群众充分行使民主权利，保证领导机关的决策、政策符合实际，符合人民利益。人们在普遍的社会交往中，在日益扩大的民主政治实践中，也会加速观念的更新和思维方式、知识结构的变化，从而带来科学文化事业的繁荣兴旺，精神文化生活的丰富多彩。

这种网状化的社会结构方式不仅表现为经济、政治、思想文化等各领域的网状化，而且这些领域之间的横向联系也会加强，相互联结的方式也会具有新的特点。它们不再主要通过纵向渠道相互联系，而会形成一个以横向联系为主、纵横交错的相互联系之网。

与之相适应，社会信息系统也会由原来的以纵向为主变为以横向为主，形成纵横交错、四通八达的信息网络。这种信息网络的特点是多渠道、少环节。它把触角伸向四面八方，通过纵横交错的多条渠道及时、广泛收集信息，迅速处理和传递信息，并通过纵横交错的多条渠道把信息反馈给信息中心。现代化通信技术的发展，为这种信息网络的建立提供着物质手段。这种多渠道、少环节的信息网络，保证了信息的充分、及时、可靠。它作为联结人们的纽带，又会更加加强和扩大人们在各方面的社会联系。

可见，社会结构方式的网状化的实际内容就是社会生活的日益现代化，社会关系的日益社会化。这是当代中国社会结构变化的必然趋势。

三、当代中国社会的结构方式决定着宏观和微观联结的特殊方式

宏观和微观是相互联结、相互作用的。宏观和微观的联结方式取决于社会的结构方式。社会的结构方式发生变化，宏观和微观的联结方式也应随之变化。

在以小生产的自然经济为基础的社会，社会结构方式是极其简单的。小农彼此独立，相互隔绝，各自在一小块土地上使用类似的工具，进行类似的耕作，生产类似的产品，以供自己消费。"一小块土地，一个农民和一个家庭；旁边是另一小块土地，另一个农民和另一个家庭。一批这样的单位就形成一个村子；一批这样的村子就形成一个省"①；一批这样的省就形成一个国家。整个社会几乎就是个体的线性叠加，宏观几乎就是微观的简单放大。这种简单的社会结构方式就决定了宏观和微观的联结方式也是简单的。

首先，微观对宏观的影响是简单的和微弱的。作为微观个体的小农，他们的生活条件大体相同，因而有相同的利益。但是，由于他们的生产方式不是使他们互相交往，而是使他们互相隔离，彼此之间缺乏共同的、普遍的联系，因而尽管他们有相同的利益，却不能形成共同的利益，更不能联合起来，形成政治组织以自己的名义来保护自己的利益，而是希求由高居于他们之上的、集中统一的政府权力来代表自己、主宰自己，希望这种政府权力从上面赐给他们雨水和阳光。所以，马克思说："归根到底，小农的政治影响表现为行政权力支配社会。"②恩

① 马克思：《路易·波拿巴的雾月十八日》，《马克思恩格斯选集》第1卷，人民出版社1972年版，第693页。
② 马克思：《路易·波拿巴的雾月十八日》，《马克思恩格斯选集》第1卷，人民出版社1972年版，第693页。

格斯在描绘俄国公社的状况时也说过:"各个公社相互间的这种完全隔绝的状态,在全国造成虽然相同但绝非共同的利益,这就是东方专制制度的自然基础。"①在这种由行政权力支配的社会,政府权力是至高无上的,它以社会宏观整体代表的面目出现,对于微观个体来说是强大无比的。而微观个体却如同一些同名数,这些同名数增加一些或减少一些都不会对社会宏观整体的性质和结构发生任何影响。

　　在这种由行政权力支配的社会宏观对微观的制约虽然是强大的,但其方式却也是简单的。在封建社会,"国王是整个封建等级制的最上级,是附庸不能撇开不要的最高首脑"②,位于金字塔的顶端。以下按等级逐级分配权力,形成一种等级森严的权力金字塔,用行政手段对社会生活进行直接控制,使微观个体隶属于行政权力。如同对一大堆马铃薯进行控制的最简便的方法是把它们装进麻袋中,集结在一起一样,对社会微观个体进行控制的最简便的方法就是用行政手段把它们统治起来,使其隶属于高度集中的行政权力。这种宏观与微观的关系是外在的,是由政府权力外加于社会的。

　　行政权力支配社会的结构方式,在生产规模狭小、社会结构简单、整体活动和个体活动没有多少差别的自然经济条件下,有其产生和存在的历史必然性。在商品经济获得充分发展,生产社会化程度很高的现代社会,社会各要素间的相互联系日益广泛、密切,社会结构日益复杂,微观个体获得了独立的发展,微观个体之间的差别非常明显,各个微观个体和宏观整体都具有了各不相同的结构和功能,行政权力已不可能直接控制微观

---

① 恩格斯:《流亡者文献。——五　论俄国的社会问题》,《马克思恩格斯全集》第 18 卷,人民出版社 1964 年版,第 618 页。

② 恩格斯:《论封建制度的瓦解和民族国家的产生》,《马克思恩格斯全集》第 21 卷,人民出版社 1965 年版,第 452—453 页。

个体，也就不可能完全支配和控制社会。社会的结构方式由纵向隶属的线性结构转变为纵横交错而以横向联系为主的网状结构，社会宏观和微观的联结方式也就随之发生了根本的变化。当代中国社会正处在由传统社会向现代社会的转变过程中，这种转变也将突出地表现在社会结构方式即宏观与微观联结方式的变化上。

在当代中国社会，随着社会主义商品经济的发展，生产社会化程度日益提高，社会的分工协作关系日益增强，微观个体具有越来越大的独立性，微观个体之间的差别越来越大，因而使微观个体间的联系日益复杂多样。这都使社会宏观整体越来越丰富，宏观与微观的关系越来越复杂，也就要求宏观控制在内容和形式上都发生相应的交化。宏观控制不应再以直接控制微观的各种具体活动为内容，而应以协调微观与微观及微观与宏观的关系、实现综合平衡为主要内容。宏观控制的形式也要由过去采用行政手段进行直接控制为主转为采用多种手段进行间接控制为主。以经济生活的宏观调控来说，这些手段主要包括：第一，计划手段，即通过国家计划引导微观活动的总体方向；第二，经济手段，即运用价格、税收、信贷、汇率等经济杠杆，引导微观按照宏观控制的意图活动；第三，法律手段，即通过立法和司法保证微观行为遵循正常的经济秩序；第四，信息手段，即通过向微观提供及时、准确、适用的信息和咨询服务，引导微观沿着正确的轨道运行；第五，行政手段。间接控制为主的宏观调控系统虽然减少了行政手段的直接控制，但并不完全排除必要的行政干预和直接控制。行政手段对于调节社会经济生活起着其他手段所不可取代的作用，只是行政手段本身要加以改善、加以科学化。

无论经济生活还是社会生活的其他领域，实现宏观调控都不能只靠单一的手段。实现整个社会的宏观控制，更是需要采用多样化的手段。社会宏观调控手段的多样性是由社会机体运行过程本身的复杂性决定的。由于社会运行的各个方面是相互制约的，因而各种宏观调控手段的运用也不是彼此孤立的，而应是相互结合、共同起作用的。只有综合、协调地运用各种手段，使其相互补充，共同发挥作用，从各个不同的角度、侧面去制约和调节社会生活，形成各种调控手段相互交错的宏观调控网络，才能实现宏观控制，使整个社会机体健康地发展。

第二节　当代中国社会发展的宏观整体性

社会是一个复杂的系统，是一个由相互联系的诸多要素、诸多微观个体按一定结构组合成的有机整体。各社会要素、各微观个体都是这个整体的不可分割的组成部分，如果离开了整体，就会丧失各自的特性和功能。整体也不是各个独立的构成要素的简单加合，而是"相互作用的诸要素的结合体"①，具有整体水平的特殊功能和属性。因此，对当代中国社会的发展也必须注意从宏观整体性上加以考察。

一、当代中国社会宏观整体性的基础

"宏观整体性"的观念在原则上是一种现代观念，它是一种辩证的整体观，是一种系统思想。传统社会固然也是一个社会整体，但它的整体性不是社会内在发生的，而是由行政权力外加于社会的，因而不是一种真实的整体性。社会的宏观整体性

---

① L. V. 贝塔朗菲:《生命的问题——对现代生物思潮的评价》，纽约，1952年版，第119页。

作为一种现代观念，是与商品经济的高度发展、生产的社会化紧密相联系的。正是商品经济的高度发展，生产社会化的实现，才能冲破自然经济的藩篱，改变社会各要素相互隔绝、整体几乎就是个体简单加合的格局，形成全社会的整体联系。

当代中国社会正处在由传统社会向现代社会的历史转变中，社会宏观整体性的基础还比较薄弱。但是，随着改革的深化，随着社会主义商品经济和整个现代化事业的发展，必然为社会的宏观整体性提供越来越坚实的基础。

中国社会主义初级阶段的根本任务是发展社会生产力，这首先就是要实现工业化，用大工业的机器体系逐步代替手工工具。大工业的机器体系是包括一系列职能不同而又相互联系的工具机的系统，只有通过许多人的共同使用，才能使其发生作用。机器体系的这种性质就决定了人们的劳动必须由分散的、独立的个人劳动变为集中的、社会化的共同劳动。这样，劳动过程就成为许多人的分工协作过程，劳动产品成为许多人共同劳动的成果。这种社会化大生产无疑会大大地扩大和加强人们在生产过程中的联系。即使是在机器生产的发达形式——自动的机器体系中，也不会改变生产的社会化性质。自动的机器体系虽然实现了生产过程的自动化，使人能脱离直接生产过程而去从事监督和控制生产过程的工作，但是这种监督和控制同样需要人们的合作，它使人们之间的信息联系更加紧密了。

与手工劳动的保守的技术基础不同，现代工业的技术基础是革命的，它用先进的科学技术不断地改进着劳动资料，从而不断地变动着工人的职能，改变劳动过程的社会结合，改变社会内部的分工，把生产资料和劳动者从一个生产部门投到另一个生产部门。现代工业的本性所决定的这种劳动的变换、职能的更动和工人的全面的流动性，会随着我国工业化程度的提高而日益明显地表现出来。它不仅使人们的生产关系以及全部社会关系处在不断的变动中，而且使其具有了丰富性和全面性。

随着科学技术的进步，劳动资料的改进，劳动分工也越来越细，从而日益强烈地提出了生产专业化、联合化的客观要求。正如列宁所指出的："这种社会化必然要求生产过程中的各种职能的专业化。"①生产的专业化、联合化不仅会使企业内部形成细密的分工协作关系，而且会使各企业、各部门之间也具有广泛的分工协作关系，从而使整个社会生产联成一体。

生产过程的这种社会化联系是通过商品市场而建立的，由于各个经济实体具有不同的经济利益，因此，只有在自愿互利、等价交换的基础上，才能建立起它们之间的分工协作关系。商品市场的扩大是提高生产社会化程度不可缺少的条件，而生产社会化程度的提高又会促使商品市场进一步扩大。

商品生产与小生产不同，它不是以供生产者自己消费为目的的生产，而是以供社会和他人消费为目的即以交换为目的的生产。商品生产越发展，它所依赖的消费者的范围就越广，市场就越大。随着我国商品经济的发展、经济体制改革的深化，会逐步发育和完善国内市场体系，使人们的经济联系更加广泛和密切。在社会经济关系发展的基础上，整个社会关系也会获得发展。社会关系的丰富是社会宏观整体性的根本基础。

当代中国社会的宏观整体性还以协调的利益关系体系为重要基础。社会主义公有制的建立，形成了全社会共同的根本利益一致的利益关系，这无疑是当代中国社会宏观整体性的重要保证。但是，社会主义社会仍是商品经济社会，商品经济以承认生产者、经营者的劳动差别和利益差别为前提，它要求尊重

---

① 列宁：《论所谓市场问题》，《列宁全集》第 1 卷，人民出版社 1955 年版，第 84 页。

生产者、经营者的独立的经济利益以及维护和争得自身利益的自主权利。我国在改革中将逐步建立起合理地调节各种利益关系的机制，保证和促进社会宏观整体的协调发展。

总之，当代中国社会商品经济和社会化生产的发展，各种利益关系协调机制的建立和完善，将提供社会宏观整体性的越来越坚实的基础，使中国社会发展的整体性的特点越来越充分地显示出来。

二、宏观整体性是确定社会发展战略的重要依据

战略是在通观全局的基础上所做出的重大筹划和计谋。它的着眼点是全局、整体。因此它和全局、整体等范畴具有密切的联系。所谓战略眼光，也就是一种宏观整体性的观念。制定社会发展战略是规定较长时期内整个社会发展的目标以及达到这一目标的重大措施和步骤，它必须坚持宏观整体性原则，以对于社会宏观整体性的认识为依据。

当代中国社会是一个异常复杂且处于急剧变动中的社会有机体，社会微观个体及其相互关系的发展极不平衡，社会运动的宏观整体性质本身也尚未充分显露，因此，求得对于当代中国社会的宏观整体性的正确认识不仅是一项艰难的任务，而且将是一个需要不断矫正和深化的过程。

对于当代中国社会宏观整体性的认识，首先是对当代中国现实国情的系统把握。中国的现实国情既包括自然资源、人口状况、生态环境等自然条件，更包括经济、政治、科学文化等各种社会条件以及中国人的主体素质状况，等等。中国现实的国情是历史地形成的，因此，把握现实国情需要研究种种历史因素的影响。中国现实的国情不是凝固不变的，因此，把握现实国情也应包括对其发展趋势的研究。可见，对于当代中国社

会宏观整体性的认识，首先是对中国社会状况的方方面面、前前后后的把握。

需要强调的是，整体性的认识是一种关于联系的认识。仅仅了解了中国社会的方方面面、前前后后仍不足以成为整体性的认识，而只有把握到了这方方面面、前前后后的内在联系才算达到了对于当代中国社会的宏观整体性的认识。这就是要把当代中国社会作为一个由各种相互联系的要素以一定结构方式组成的系统去认识。社会内部各要素的联系是错综复杂的，它们不仅有相互促进的一面，而且有相互矛盾的一面。因此，必须全面研究它们之间的相互制约关系，以确定它们之间的发展比例及发展规模和速度等。社会运动是人的活动，推动人的活动的决定因素是利益。社会运动必然表现为利益关系的变动。因此，社会宏观整体性的认识也应包括对于社会利益关系体系的整体认识。只有从上述各个方面把握到了社会的总体联系，取得了社会宏观整体性的认识，才能制定出体现宏观整体效益目标的社会发展战略。

社会发展战略是一个战略体系，它不仅包括整个社会发展的总战略，而且包括社会生活多方面的发展战略。社会各方面的发展战略的确定，也是要以宏观整体性的认识为依据的。这不仅是因为社会各方面作为整个社会系统的一个要素、一个子系统，与整个社会系统存在着密切的联系，而且它本身又是由诸多要素构成的有机整体。如产业结构、生产力布局、科技发展、劳动就业、信贷平衡、资源开发、生态平衡等方面的发展战略，它们各自都带有整体的性质，各自都包含着对其内部各要素进行统一部署、综合平衡、整体协调的问题。只有从宏观整体性出发，考虑到其内部多方面的关系和联系，才能制定出它们各自的发展战略。

确定社会发展战略不仅要考虑到社会系统内部各要素的相互联系，而且要考虑它与外部环境的联系。当代中国社会是一个开放型的宏观整体，在确定社会发展战略时，必须考虑到国际环境对中国的影响，充分利用国际交换，更好地发挥社会系统的整体功能。

辩证的宏观整体观本身包含着整体的发展观。系统内部各组成要素以及系统与外部环境的关系不是固定不变的，而是处在变动之中的。这就要求在确定社会发展战略时，考虑到关系全局的各种要素的变化，以及这些变化所带来的社会结构和功能的某些变化，制定出相应的政策和措施，以确保战略目标的实现。社会发展战略是在长时期内起作用的，因此在确定社会发展战略时，要高瞻远瞩，纵观全局，不仅要考虑它的直接影响，而且要考虑它的间接影响，不仅要考虑当前的近期影响，而且要考虑它的长远影响，考虑到它所引起的连锁性的反应即系列性的社会后果。

作为社会发展战略依据的社会宏观整体性认识，是对整个社会发展的一种规律性的认识。"规律的概念是人对于世界过程的统一和联系、相互依赖和整体性的认识的一个阶段。"[①]而对社会发展发生作用的不是单个的规律，而是一个由诸多规律相互联系、相互制约构成的规律体系。对当代中国社会的宏观整体性的认识也就是对于当代中国社会发展规律体系的认识。这种认识只能是一个不断深化的过程，因此，对于当代中国社会发展战略的确定和实施也不能持凝固化、绝对化的观点。

---

① 列宁：《黑格尔〈逻辑学〉一书摘要》，《列宁全集》第 38 卷，人民出版社 1959 年版，第 158 页。

三、当代中国社会实现宏观控制的可能和条件

在当代中国社会，社会主义的经济政治制度将在改革中逐步完善。以公有制为主体的经济结构使各企业、各部门、各环节不再被私有制所分割，这就有可能按照社会化大生产的客观要求组织社会生产，按照社会需求及其变化协调各企业、各部门、各环节的比例关系，实现整个社会供需的基本平衡。社会主义经济虽然仍是商品经济，各商品生产者和经营者都有不同的经济利益，他们为了自身的经济利益参加商品市场的竞争，因而不免会出现商品经济所带有的盲目性，但由于社会主义商品经济是在公有制基础上的商品经济，能够形成全社会的整体利益，因而作为社会整体利益代表的国家有可能采取各种有效手段，协调各方面的经济关系，各个商品生产者和经营者也有可能接受这种宏观调节。这就是当代中国社会实现宏观控制的客观基础。

控制论意义上的控制概念，是指对于各要素之间有内在联系的系统的控制。系统自身各要素之间内在联系的丰富和密切，是实现系统控制的客观前提。当代中国社会随着社会主义商品经济的发展，生产的社会化程度以及整个社会生活的社会化程度将不断提高，社会各要素的有机联系将不断增强，因而实现社会宏观控制的可能也将不断增大。以社会经济生活的宏观调控来说，随着商品经济的发展，市场的发育，就为计划经济和市场调节有机结合的有效的宏观调控系统的形成提供了可能。在这种调控系统中，代表宏观整体利益的国家对作为微观个体的企业活动的调控是以市场为中介的，而市场的充分发育就正是商品经济关系充分发展的结果和表现，从而也是整个社会关系获得发展的结果和表现。

社会控制是一种社会主体行为，社会宏观控制由可能变为现实依赖于主体控制能力和控制手段的发展。社会宏观控制就是社会主体对社会整体性运动规律的认识和运用。当代中国是以马克思主义为指导思想的。马克思主义是正确反映社会发展一般规律的科学理论体系，它本身也在随着现代社会的发展而发展，在不断地吸取现代科学的理论和方法来丰富自己。在马克思主义指导下，社会主体对社会发展规律和运行机制的认识能够不断地深化和科学化。社会主体的这种认识的深化和科学化，集中地体现在党和国家制定的社会发展战略、方针、政策和计划等将越来越切合中国国情、民情和当代世情，越来越减少盲目性，增强预见性。同社会主体控制能力的发展相适应，控制手段也将越来越现代化和多样化，适用于传统社会的采用单一的行政手段的社会控制方式，将逐步改变为综合运用经济手段、法律手段、舆论手段、信息手段等各种手段的现代化的社会控制方式。

总之，所谓实现社会的宏观控制，从实质上说，就是驾驭人们自己活动的社会关系，自觉地认识和运用社会规律和社会运行机制去调节社会生活，使整个社会协调发展，良性运行。当代中国社会是具备这种可能及其实现所必需的主客观条件的。

第三节　当代中国社会发展中宏观和微观的统一

宏观和微观是辩证的统一。要实现对当代中国社会有效的宏观控制，必须正确处理宏观和微观的辩证统一关系。

一、宏观和微观的内在统一性

宏观和微观是人们从不同角度、不同层次观察、研究事物所使用的一对概念。人们观察、研究的角度、层次不同，宏观和微观的区分也就不同。也就是说，宏观和微观的区分具有相对性。但我们在这里是从整个社会这一确定的角度上考察宏观整体与微观个体的关系的。

宏观和微观作为一对辩证概念，是具有内在的统一性的，它们互相规定，互为存在条件。一方面，宏观寓于微观之中。宏观不存在于微观之外，就存在于微观之中，并通过微观而得以体现。如果离开了一个个微观个体，也就无所谓宏观整体。宏观整体的性质不仅取决于各个微观个体的性质和状况，而且更取决于各个微观个体之间相互作用、相互联系的方式。各个微观个体之间相互作用、相互联系的方式发生了变化，具有了不同的组合结构和功能，宏观整体的性质也就要相应地发生变化。另一方面，微观又是宏观的有机组成部分，与宏观存在着不可分割的联系。它只有同宏观整体的机能协调一致，才能具有生存活力。

由于宏观是寓于微观之中的，因此，我们要提高宏观效益，就必须提高微观效益。只有微观个体的效益普遍得到了提高，才能实现宏观效益的提高。当然，这并不是说宏观效益是微观效益的简单相加。由于各个微观个体是相互作用、相互制约的，因此，宏观效益是各个微观个体在相互作用中所取得的效益的综合。如果微观个体间相互作用的方式是彼此协调、相互促进的，就会大大提高宏观效益；反之，就会损害宏观效益。微观效益的提高必须与宏观效益的提高相一致。只有这样，才能促进宏观效益的提高。如果不顾宏观效益而片面追求微观效益，就会对宏观效益产生不良的影响，最终也不利于微观效益的提高。由此也说明了协调微观与宏观的关系、实行宏观控制的重要意义。

在对宏观和微观关系的理解上，存在着两种片面观点。一种是绝对整体主义的观点，一种是绝对个体主义的观点。绝对整体主义离开微观讲宏观，把宏观凌驾于微观之上，把微观个体消融于宏观整体之中，抹杀微观个体的地位和作用。这是一种非结构的、非系统的观点。这种观点不是把宏观整体看作由各个不同要素按一定方式组合而成的有其内在结构的系统，而是把它理解为没有内在差别、内在结构的混沌整体。这种观点不懂得宏观整体的功能和作用是离不开其内在结构的，是由其结构所决定的，离开结构的整体功能是不存在的。他们也不懂得，宏观整体功能和作用的增强，离不开微观个体功能和作用的增强。抹杀微观个体的作用，阻碍微观活力的发挥，不仅使微观个体缺乏生机和活力，而且也会影响着宏观整体作用的发挥。

绝对个体主义则离开宏观讲微观，片面强调微观个体的作用，抹杀宏观整体的作用。把宏观归之于微观，消融于微观之中，这种观点不懂得，虽然宏观只能寓于微观之中，但与微观又属于两个不同的层次，具有与微观不同的性质和调节功能。它只看到宏观寓于微观之中的一面，而没看到微观也不能脱离宏观的一面。微观个体只能是宏观整体的不可分割的组成部分，不能脱离宏观整体而绝对独立地存在和发展。微观个体的独立性只能是相对的，其活力的发挥不仅取决于自身，而且有赖于宏观对它的制约方式，控制方式。绝对个体主义与绝对整体主义一样，也是一种非结构的、非系统的观点。只有克服上述两种观点的片面性，把握宏观和微观的内在统一性，才有可能做到宏观控制，微观搞活，充分发挥宏观和微观各自应有的功能和作用。

二、微观对宏观的影响

微观是宏观的基础，它对宏观具有不可忽视的影响。这主要表现在以下几个方面：

首先，微观活力的发挥对宏观活力具有影响。

一提社会生活中的"生机活力"，人们就会自然地把它同微观联系起来，认为是搞活微观的问题。实际上，宏观上也存在着是否具有活力的问题，只是宏观整体的活力依赖于微观活力的发挥。

当代中国社会如同一个庞大的有机体，它是由无数形态各异的细胞——微观个体组成的。作为社会机体细胞的微观个体是整个社会机体的基础。在宏观和微观两个方面的关系中，主要的方面应是微观搞活。只有充分发挥微观个体的自主性，使微观个体都充满活力，才能使宏观整体成为充满生机和活力的整体。

微观个体的活力只有通过同外界不断的物质、能量和信息的交换才能产生并表现出来。我国在旧的体制下，由于宏观控制方式不当，微观个体被条条框框所束缚，处于封闭的状态，因而缺乏生机活力，由此也影响到宏观整体，使整个社会生活也死气沉沉，陷于封闭、僵化。进行体制改革以来，随着商品经济的发展，竞争机制被广泛地引进社会生活各个领域，微观个体的自主权逐步扩大，人才、技术、物资等开始有了合理的流动和重组，限制微观个体同外界交换的各种壁垒被逐步冲破，微观个体才有了生机和活力，从而也就开始有了整个社会的经济活跃，政治开放，思想活跃，文化繁荣。社会由封闭、僵化走向开放、活跃，是由传统社会转向现代社会过程中的必备特征，而这又都首先取决于社会微观个体的开放和活跃。

有人认为，搞活微观仅仅是一个改变宏观控制方式的问题，只要宏观控制方式合理，能为微观个体提供一个发挥活力的良好外部环境，微观活力就会自然而然地发挥出来，似乎微观搞活仅仅是个宏观放活的问题。这种看法是不全面的。微观活力的发挥固然有赖于宏观控制方式的改变，但也与微观个体自身的发展状况密切地相联系。从我国现实情况看，宏观控制条件是大体相同的，但各微观个体表现出的应变能力、发展能力却很不相同，自身活力的发挥程度相差甚大。因此，既要重视改革宏观控制方式，又要积极进行微观个体的自身改革，提高自身素质，这样才能既不断增强微观个体的活力，又不断为社会宏观整体注入新的活力，使微观和宏观两个方面在积极的相互作用、相互影响下都获得发展。

还需指出的是，微观活力虽然对宏观活力的形成具有重要影响，但是，宏观活力却并不是微观活力的简单加合。微观活力只是形成宏观活力的基础，而要把微观活力转化为宏观活力，还必须使微观个体的相互作用具有协同性，能向着大体一致的方向发挥自身的活力。只有这样，宏观整体才会有条不紊地灵活运行，才能生生不息，充满活力。显然，要使微观个体的活动趋于协调，处于协同状态，离开宏观调控是不可能的。因此，我们这里所说的微观活力，是在宏观调控下的活力，而不是脱离宏观调控的盲目的活力，那种盲目的活力，就像生物体内发生病变的细胞一样，它不但不会使宏观整体具有活力，而且这种随机的涨落如果恶性发展，还会使宏观整体的活力衰退，甚至导致整个宏观整体的崩溃。这种情况也表现了微观对宏观的影响，只不过是一种从反面表现的消极的影响。由于微观个体的这种随机涨落对宏观整体具有很大威胁，因而对微观的这种消极影响是切不可忽视的。

第二，是否有利于微观活力的发挥，是衡量宏观控制好坏的一个尺度。

加强宏观控制的要求在实质上也就是增强微观活力的宏观要求。在当代中国社会，随着社会结构的日益复杂化，微观各个体之间联系的加强和扩大，在客观上就要求加强宏观控制，以协调各个微观个体的活动，防止微观个体间的相互掣肘，相互冲突，相互削弱。既然加强宏观控制正是为了适应发挥微观活力的宏观要求，那么这就要求宏观控制必须有利于微观活力的发挥。衡量宏观控制好坏的一个重要尺度就是看它是否有利于发挥微观的活力。我们过去的宏观控制系统之所以不合理，之所以要改革，其原因就在于它束缚微观，窒息微观的活力。也正因如此，现阶段管理体制改革的中心环节就是增强微观的活力。我国随着体制改革的深化，微观个体已明显地增强了活力，这说明我国的体制改革是有成效的。

为了保障微观活力的发挥，宏观控制要坚持适度原则，不能控制得过紧，要允许在宏观可控的条件下微观个体间存在某种适度的无序状态，使其能够在彼此间自由地展开竞争，充分发挥出微观的活力。按照耗散结构理论，通过微观的这种随机涨落，可以在诸多微观个体间形成一种协同作用，由原来的无序状态转化为有序状态。我国体制改革以来，竞争机制逐步引入社会生活各个领域，给整个社会注入了活力。借助于竞争杠杆的调节功能，社会生活将日趋协同有序。

第三，只有在一定微观机制的基础上，宏观机制才能发挥作用。

宏观和微观虽然具有不同的运行机制，但是，微观机制对宏观机制也具有一定的影响。微观机制是宏观机制赖以发生作用的基础，离开一定的微观机制，宏观机制就不能发生作用。微观对宏观的这种影响在新旧社会体制转换过程中表现得尤为突出。新旧社会体制的转换是一个复杂的过程，必须逐步进行，其重要原因之一就在于宏观机制和微观机制的相互制约，即在体制转换的每一步上，都应力求使宏观机制的改善和微观机制的改善协调同步，而不能彼此脱节。显然，如果只改善宏观机制而不相应地改善微观机制，微观机制就不可能对宏观机制的调控做出灵敏的反应，不能根据宏观机制的调节要求自动调节微观活动。在这种状况下，宏观机制就不能真正发挥它的调控功能，就容易导致社会调节系统的紊乱，造成不应有的损失。

三、宏观对微观的制约

宏观和微观是相互作用的。不仅微观影响着宏观，而且宏观也制约着微观。只有在宏观的合理控制下，微观才能发挥出应有的活力。

如前所述，微观本身也是一个由诸多要素构成的系统，也存在着结构和功能两个方面，只有当其内部结构合理且与外界环境协调平衡时，才能焕发出活力。因此，它不仅要对内部诸要素进行合理的排列组合，形成合理结构，而且要受宏观的制约，以协调它同外部环境的关系。只有宏观控制得好，整个社会系统的运行协调有序，微观个体活力的发挥才具备良好的环境和外部条件，才能具有广阔的场所。微观越是搞活，与外界物质、能量、信息的交流越是复杂多样，就越要协调微观同外部环境的关系，越要加强宏观控制。那种把微观活力和宏观控制绝对对立起来，认为越是加强宏观控制，微观活力的发挥就越受阻的观点是非辩证的，是对宏观控制的一种误解。控制论认为，控制与限制不能混为一谈，它是系统的自动调节机能。任何一个复杂的社会系统，都要有这一机能。否则，整个社会系统就无法正常运行。所不同的是，在不同的社会条件下，这一机能发生作用的方式不同。在资本主义私有制下，这一机能是自发地起作用的，它作为一种强制性的力量，通过对社会生产和生活的巨大破坏和浪费而自发地调节社会生产和生活。在以公有制为主体的社会主义社会，这种调节机制则有可能被社会主体自觉地认识和利用，以避免自发调节所造成的灾难性后果，保持整个社会系统的协调平衡、良性运行。当然，只靠公有制这一条是不够的，还需要有其他的各种必要条件。我国在旧的社会管理体制下，不仅没有杜绝宏观失控的现象，而且还极其严重地窒息了微观的活力。这表明，要在当代中国这样一个日益复杂的社会实现宏观控制，绝非轻而易举之事。我国目前所进行的体制改革，就是要革除旧体制的弊端，逐步建立起以间接调控为主、各种有效调控手段共同发挥作用的新体制，以保证社会系统的良性运行。改革的实践证明，这种新体制不但不会抑制微观的活力，而且是充分发挥微观活力所需要的必要条件。

当然，这种宏观控制对微观也有某种程度的限制，它要求微观必须按照宏观控制的意图、向着预定的方向发挥活力，通过微观活力的发挥，使宏观整体的自组织能力和有序化程度不断提高，而不能不顾宏观控制任意变异，盲目活动。如前所述，这种任意的变异如果不加限制，任其发展，在一定条件下就会破坏宏观整体的有序结构，导致社会系统的紊乱，微观活力的窒息。因此，对于妨碍宏观整体正常运行的那种微观变异，必须加强限制和干预，而不能置之不理。这说明，不仅宏观控制要适度，微观活力的发挥也要有一个限度，这就是要以不破坏宏观整体的有序结构为限。只是在这个限度内，微观可以充分地发挥自己的活力。所以，为了保障微观的自身活力，微观的活动必须顾及宏观整体的协调平衡，必须自觉地接受宏观的调控。

从以上分析可以看出，一定的微观机制只有在相应的宏观条件下才能发挥作用。因此，微观机制的改善也离不开宏观机制的改善。在新旧体制的转换过程中，如果在微观放开的同时不采取相应的宏观控制措施，不同时改善宏观控制机制，就会造成某些宏观失控现象的发生。在这种条件下，微观机制也不能发挥应有的作用，微观个体也难以真正具有活力。因此，微观机制的改善必须要和宏观机制的改善相互配合，同步进行。在宏观尚不具备一定的控制措施和能力之前，不可急忙把微观放开。

总之，宏观和微观是相互联系、互相制约的，只有正确地认识和处理宏观和微观的辩证统一关系，才能加速当代中国社会的发展进程。

第十五章　当代中国社会发展中的协调和竞争

协调和竞争是维系社会系统良性运行的两种既相互对立、又相互统一的内在机制，它同统一性和多样性、宏观和微观这两对范畴有着密切的关系。只有正确运用这两种机制，使其相互配合，相互促进，才能使社会系统既充满生机活力，获得多样性的发展，又能保持社会的稳定和谐和统一。完善社会的协调和竞争机制，是当代中国社会改革的重要任务之一。

第一节　当代中国社会发展中的协调

协调是社会系统存在和发展的一个必要条件。任何社会的存在和发展，在客观上都要求协调，趋向于协调。协调发展是社会发展的普遍规律。

一、协调发展是社会主义社会发展的客观规律

协调和平衡、和谐、一致、适应等是同一序列的概念，它主要是指系统之间、系统内部各要素之间、各子系统之间比例适当，结构合理，协调有序，和谐一致，从而推进系统发展的关系。这是一种本质的、必然的关系，它不以人的主观意志为转移。只要承认系统之间、系统内部各要素之间、各子系统之

间存在着相互联系，存在着竞争关系，就应该承认它们之间在客观上必然要求调节竞争造成的不平衡、不协调，实现相互协调、相互适应。

在当代中国社会这一复杂的社会系统中，社会各要素之间、各子系统之间的联系日益广泛、密切，竞争日益加剧，协调规律的作用也愈益增强。

协调规律作为客观规律是具有强制性的。新民主主义革命胜利以来我国社会发展的曲折历程表明，什么时候我们尊重协调发展规律，社会主义事业就蓬勃兴旺；什么时候无视这一规律，就会造成社会生活中重大比例关系的严重失调，宏观失控、社会生活的紊乱，使社会主义事业蒙受重大损失。比例关系失调、宏观失控、社会生活紊乱虽然是对社会生活协调关系的人为破坏，但这绝不是说协调发展不是社会主义社会发展的客观规律。相反，社会生活协调关系的人为破坏所招致的严重社会后果恰恰是人们违背这一规律所受到的惩罚。它从反面证实了这一规律的客观性、不可违抗性。在协调规律的强制下，社会主义社会必然会从这种不协调状态中摆脱出来，重新纳入协调发展的轨道。

协调是相对于不协调而言的。一切平衡都只是相对的和暂时的，不平衡则是绝对的和经常的。正因为不协调、不平衡是经常的，才在客观上要求经常不断地克服不协调、不平衡，使社会生活趋向于协调、平衡，形成协调、平衡发展的经常趋势。这表明协调、平衡地发展是社会发展的客观规律。在社会主义社会，也是始终存在着协调和不协调的矛盾的，协调发展规律就是不断消除不协调、趋向于协调的发展趋势，它体现于不断解决协调和不协调的矛盾强制性地贯彻协调发展倾向的运动过程。因此，所谓协调发展规律也就是协调和不协调矛盾运动的规律，体现于协调与不协调既对立、又统一的辩证发展过程。在这里，虽然协调和不协调同时存在，但是，社会主义社会发展的客观要求和基本趋势却是协调而不是不协调。

由此可见，在社会领域，协调发展规律不是以纯粹的形式出现的，而是表现为一种基本的发展倾向和趋势，马克思在讲到资本主义社会的协调、平衡时指出：在资本主义社会，存在着各种各样的不平衡，因为这些"不平衡具有互相对立的性质，并且因为这些不平衡会彼此接连不断地发生，所以它们会由它们的相反的方向，由它们互相之间的矛盾而互相平衡"①。这就是说，由于各种各样的不平衡具有互相对立的性质和相反的方向，并且会接连不断地发生，因而经过它们彼此间的相互作用，在客观上就会形成一种平衡发展的基本趋势。在资本主义社会，这种协调、平衡是各种盲目的力量相互作用、相互碰撞的结果，它以巨大的破坏和浪费为代价，表现为破坏性波动中的平均数。而在社会主义制度下，人们则有可能根据协调发展规律的客观要求，自觉地搞好协调、平衡，保证社会生活持续、稳定、协调地发展。但在社会主义社会，协调发展规律依然是一种发展倾向或趋势。在当代中国社会，由于仍处于社会主义初级阶段，仍要发展商品经济和竞争；由于多种经济成分并存；由于各社会主体都具有一定的独立性和自主性，有对各自不同利益的追求；由于对社会主义社会的发展规律和各种协调关系的具体认识是一个不断探索的过程，社会生活中还不可避免地存在着自发的因素和不可预见的后果等，由于这一切原因，社会主义社会的发展中还不可避免地会出现失调和失控的现象，如果以为讲社会主义社会的协调规律就意味着它只有协调而没有不协调，那是不正确的，是一种误解。恩格斯在讲到经济规

---

① 马克思：《资本论》第3卷，人民出版社1975年版，第212页。

律的本性时指出："它们没有任何其他的现实性，而只是一种近似值，一种倾向，一种平均数，但不是直接的现实。"①当然，在社会主义社会，一般来讲，这一规律不再表现为破坏性波动的平均数，而有可能通过自觉地、及时地消除不协调来求得协调发展，以经常性的自觉的调整来保持社会生活持续、稳定地协调发展。它大大提高了社会协调发展的程度，把不协调限制在不断减小的限度之内。

二、协调发展规律的作用及其表现

协调发展规律具有自动调节社会系统，使社会系统之间、社会系统内各要素、各子系统之间相互协调、相互适应的功能。没有这一规律的调节，社会系统就将陷于恶性循环的状态而无法恢复协调，就会走向崩溃。协调发展规律的作用如同生物体的神经系统，它伸向社会系统的各个角落，把各个社会主体按一定方式联结起来，组合起来，使之相互协调。因而这一规律在社会生活的各个方面都起作用，都有所表现。

社会活动首先是人与自然之间的交往活动。要使这种活动正常地进行，就必须保持自然环境的协调平衡。自然环境是人类生存和发展的物质前提。自然环境的优劣，对经济的发展和整个社会的发展，具有直接的制约作用。目前，生态环境问题已成为全球性的社会问题。努力改善自然环境，维护生态平衡，使人类与自然环境处于和谐发展的关系中，是摆在全人类面前的一项艰巨任务。

社会生产不仅包括物质生活资料的生产，而且包括人口的生产。这两种生产之间在客观上也要求相互适应、协调发展。

---

① 恩格斯：《致康·施米特（1895 年 3 月 12 日）》，《马克思恩格斯选集》第 4 卷，人民出版社 1972 年版，第 516 页。

我国目前的人口状况与经济和社会发展的矛盾已十分突出，过多的人口已经成为社会发展的一种巨大压力和沉重负担。只有按照两种生产协调发展规律的客观要求，继续采取有力措施，有计划地控制人口数量，提高人口质量，才有利于社会的发展。

在社会经济领域，要实现产业结构的合理化，企业结构的合理化，实现生产要素的合理配制，要保持社会总供给和总需求之间、积累和消费之间等重大比例关系的大体协调平衡，使社会再生产过程顺利进行，使社会主义生产目的得以贯彻。这是社会经济生活的协调。我国目前经济体制改革的一项根本任务，就是要健全和完善经济运行机制，使其能够灵敏反映协调发展规律的客观要求，按这一规律的要求自动调控社会经济活动。

在社会政治领域，国家的统一、全国各族人民的团结、社会政治生活的安定、社会主义民主的扩大等，是协调发展规律在我国政治生活中的重要表现。为了维护和发展这种政治局面，必须加强社会主义民主、法制建设，发展人与人之间在社会主义原则上的自由、和谐、平等的新型社会关系。这些既是社会主义事业取得成功的政治保证，又是推动社会主义社会发展的强大动力。

在思想文化领域，人们思想上、认识上的统一，道义上的一致，能够使人们形成共同的理想和信念，共同的道德标准，基本一致的价值观念，从而能够形成巨大的精神凝聚力，并把凝聚起来的巨大的精神力量变为巨大的物质力量，促进社会主义事业的发展。科学研究和学术创作活动中民主和谐气氛的形成，是繁荣社会主义科学文化事业的必要条件。人们在科学研究和学术创造活动中的相互合作、相互配合会产生出一种新的创造力，即集体智慧的力量。在教育科学文化建设中，处理好普及和提高的关系，使其相互协调，也有利于社会主义科学文化事业的发展，人民群众科学文化水平的提高。

协调发展规律不仅表现在社会的经济、政治、思想文化各领域，而且更表现于这些领域之间的相互协调。其中，社会主义经济是基础，它要求社会主义的政治和思想文化与之相适应，而社会主义政治和思想文化又给予社会主义经济以巨大的促进作用，从而使社会主义的经济、政治、思想文化各领域之间相互促进，共同发展，形成社会系统的总体协调，全面推进社会主义事业。

要保证社会生活的协调发展，还必须协调各种利益关系。社会的运动表现为人们利益关系体系的变动。在社会主义社会，尽管人们的根本利益是一致的，但又存在着各种各样的利益差别和矛盾。自觉地调节各种利益关系，解决各种利益矛盾，使其相互协调，各得其所，以调动起不同社会主体的社会主义积极性和创造性，促进不同社会主体在互利基础上的合作，形成推动社会主义社会发展的巨大动力。这也是协调规律的作用。在我国现阶段，由于不同的社会主体有不同的利益，有不同的活动目的，有对各自不同利益的追求，因此，社会生活中存在着多种多样的分力。协调实际上就是要调节各种利益之间的关系，把诸多分散的、方向不同的力在根本利益一致基础上组织起来，协调起来，使其向着大体一致的方向用力，尽量减少力与力之间的摩擦和内耗，凝结成一股巨大的合力，从而把社会主义事业推向前进。

社会的协调发展还应包括人的发展同社会发展的协调。就人本身的发展来说，主要是人的能力的协调发展。社会主义社会要把培养全面发展的一代新人作为战略目标。所谓人的全面发展，也就包含着人的诸种能力的协调发展。这是历史对人的片面发展的扬弃。尽管在现阶段的历史条件下还达不到每个人的全面发展，但是，却已开始显示出人的协调发展的历史趋势。目前，随着我国全面体制改革的推进，招生、招工制度的改革，干部人事制度的改革，聘任制的实行等，人们已开始有选择专业和职业的一定自由，人员有了合理流动和交流。人们终生固定在某一职业上的状况已开始有所改变。所有这些都为人的能力的多样化的和谐发展提供着可能和条件，它预示着人的协调发展的历史必然性。

此外，还要积极发展国际的经济技术合作和人才、思想文化的交流，增进同世界各国人民的友谊。要反对霸权主义，维护世界和平，为我国的现代化建设争得和平的国际环境，以保证现代化建设在和平的国际环境下顺利进行。这当然也是一种协调，既是社会主义社会协调发展规律的要求，也是这一规律发生作用的重要条件。

三、协调发展规律在当代中国社会借以发挥作用的基本条件

协调发展规律虽然是社会发展的普遍规律，但是，在不同的社会条件下，这一规律借以发挥作用的基本条件却不尽相同。在以往的剥削阶级社会，这一规律借以发挥作用的基本条件是私有制基础上的人们根本利益的对立。由于人们根本利益的对立，不可能形成统一的意志和行动，不可能在全社会范围内认识和运用协调发展规律，它只能作为一种外在的强制力量自发地起作用。这在社会生活已高度社会化的资本主义社会，表现得尤其突出。在资本主义社会，资本主义私有制造成的人们彼此利益的对立，使对整个社会生活的统一计划和自觉调节成为不可能，"有计划的分工"仅限于单个企业内部，而从整个社会范围来看，则处于自发的、盲目的状态之中。社会生活的协调、

平衡只有通过危机，通过巨大的破坏和震荡才能建立起来。在现代资本主义社会，尽管资产阶级国家干预社会生活的职能显著地增加了，它们采用间接计划调节的方式来调节社会生活。但是，资本主义国家的计划不过是一种预测，它对各个社会主体并没有权威性和约束力。只是当这些计划能够给某些社会主体带来较大利益时，才有可能得到部分的和暂时的兑现。事实上，在资本主义社会，各个社会主体"不承认任何别的权威，只承认竞争的权威，只承认他们互相利益的压力加在他们身上的强制"①。因此，资本主义国家对社会生活的调节，至多只能是局部的和一定程度上的调节。资本主义私有制的本性决定了它不可能实行对整个社会生活的自觉调节。

而在社会主义社会，由于建立了生产资料的公有制，使整个社会形成了统一的社会利益，因此可以形成一个代表整个社会利益的社会控制中心，从社会整体利益出发，自觉认识和运用协调发展等社会规律，对社会生活中的各种重大比例关系，做出预定的计划和安排，引导各个社会主体朝着一致的方向发挥效力，保证整个社会生活持续、稳定、协调地发展。

社会主义社会虽然有可能实现对社会生活的自觉计划和调节，但是，这种计划只能是粗线条的，有弹性的，以指导性为主的，否则，就不利于微观个体活力的发挥。要充分发挥微观个体的活力，就必须允许自发性因素的存在。自发性和盲目性是有所区别的。在自觉性占主导地位前提下自发性的存在，并不是坏事，它是各个社会主体独立自主活动的条件。而且，这种自发性在一定条件下是可以导致有序的。协调发展规律在资本主义社会和社会主义社会表现形式的不同，不在于是否具有自发性，而在于自发性是否占据主导地位。无论在资本主义社

---

① 马克思:《资本论》第 1 卷，人民出版社 1975 年版，第 394 页。

会还是在社会主义社会，都既存在着自发性又存在着自觉性。所不同的是，在资本主义社会，自发性占据主导地位，而自觉性则只具有局部的和暂时的性质。正如恩格斯曾经指出的：在资本主义社会"不能预见的作用占了优势，不能控制的力量比有计划发动的力量强得多"。[①]而在社会主义社会，自觉性占据优势，成为社会主义社会的特征，自发性则成为次要的了。

在资本主义社会，由于自发性占据主导地位，社会生活主要表现为不协调、不平衡，表现为巨大的波动，因此，协调发展规律只能作为一种强制的破坏性的力量自发地起作用。它只能表现为破坏性波动中的平均数，表现为经过危机而恢复的平衡。而在社会主义社会，由于人们能够自觉地掌握协调发展规律，自觉地消除不协调，因此，社会生活主要表现为协调。

社会主义公有制基础上的人们根本利益的一致是协调发展规律发生作用的先决条件，但不是唯一的条件。要实现社会的协调发展，还必须有健全而灵活的社会协调机制，包括有效地保障根本利益一致、协调利益关系的体制和措施，以及政治上、思想上的保证，等等。而这一切，又都取决于社会主体特别是党和政府对社会协调规律的正确认识和运用。

第二节　当代中国社会发展中的竞争

竞争是和协调相对应的一个范畴，是一种分高低、决胜负的不协调的行为方式。在社会主义社会，不可能只有协调，没有不协调，没有竞争。竞争和协调一样也是社会主义社会发展

[①] 恩格斯：《自然辩证法》，《马克思恩格斯选集》第 3 卷，人民出版社 1972 年版，第 457 页。

不可缺少的内在机制。竞争是社会发展的强大推动力，积极开展社会主义竞争，必将加速当代中国社会的发展进程。

一、当代中国社会中竞争存在的客观根据

社会系统中的竞争是社会主体自觉能动性的表现，是不同社会主体之间为达到一定目的而相互比试、相互较量、相互争斗以争高下、分胜负的关系。它广泛地存在于社会的经济、政治、军事、思想、文教、科技、卫生、体育等各领域，优胜劣汰是竞争遵循的基本法则。

竞争作为一种社会行为不是无缘无故地发生的，而是有其存在的客观根据。只有具备了一定的条件，才能形成竞争的态势和格局。在当代中国社会，社会主义竞争的广泛存在须具备以下三个前提条件。第一，社会各要素、各子系统必须有一定的独立性，自主性，有一定的自由支配自己活动的权利。第二，社会系统必须是开放的、远离平衡态的系统。如果社会各要素、各子系统相互封闭，相互隔绝，彼此就无法相互比较，相互较量，形成竞争关系；如果社会系统处于平衡态或接近平衡态，各社会主体在利益关系、荣誉地位等方面没有明显的差别，就不会激起人们的竞争动机。第三，同种社会活动要由众多社会主体参加，使他们在机会均等的条件下共同争夺同一目标。只有这样，才能打破独家生产、独家经营或独家包办的垄断现象，形成为争夺同一目标而彼此相互竞争的局面。

竞争赖以存在的上述前提条件的形成，从根本上说都是由于社会主义商品经济的发展。商品经济是具有劳动差别和利益差别的生产者、经营者为获取各自的经济利益而进行的商品生产和商品交换活动。各个商品生产者和经营者都有相对的独立性，都有对人、财、物和产、供、销的一定自主权利，这为竞争的开展提供了首要的前提。商品经济不同于封闭的自然经济，它是一种具有广泛的分工协作关系的开放性的经济形式，以日益广泛而密切的横向经济联系为其特征。有横向联系就会有横向比较，即社会对同类劳动产品的比较和选择。这种比较和选择就会触发竞争。这就是说，商品生产是为交换而生产，即为满足社会的需要而生产，因此，其产品都要通过市场而接受社会的评判，取得社会的认可。市场就是这种评判所，是激烈的竞争场所。价值规律是商品经济的基本规律，也是这种社会评判的基本尺度。在价值规律面前，商品生产者都处于平等的竞争地位。那些个别劳动低于社会必要劳动量的生产者就获利，处于优势地位；反之，就会受到利益上的损失，处于劣势地位，甚至于被淘汰。这种选优汰劣的竞争是商品经济运行的内在机制。当代中国社会竞争存在的必然性，正是根源于社会主义商品经济存在的必然性。

社会主义商品经济是当代中国社会生活的物质基础。随着商品经济的发展，经济生活领域竞争的展开，竞争的机制必将广泛地引入社会生活的其他各个领域，使社会主义竞争成为推进当代中国社会全面改造的强大力量。

竞争还是人们争强好胜心的表现。马克思曾经说过："在大多数生产劳动中，单是社会接触就会引起竞争心和特有的精力振奋，从而提高每个人的个人工作效率。"[①]这里讲的"竞争心和特有的精力振奋"，就是人的争强好胜精神。人是有自觉能动性的生命有机体，自觉能动性就包含着争强好胜、进取向上的精神。在社会主义商品经济条件下，只要引导得当，就能够振奋起广大人民群众的这种精神，使其在社会主义建设中释放出巨大的能量。人们所表现出来的这种争强好胜精神往往是和人

---

① 马克思：《资本论》第 1 卷，人民出版社 1975 年版，第 362—363 页。

们的责任心、荣誉感相联系的。这里所说的荣誉不仅是指个人的荣誉，而且包括集体的荣誉，国家的荣誉。

尽管社会主义商品经济是当代中国社会竞争存在的基础性原因，但并不是说，当商品经济消失以后，竞争就将不复存在。在商品经济消失以后的未来理想社会也还会有竞争。到那时，仍然会存在社会的选择，存在人们的争强好胜精神。未来理想社会是人的能力自由发挥和发展的社会。人的能力的自由发挥和发展就将是在各展其能的竞争中得以实现的。竞争的存在是不以社会形式为转移的，在不同社会形式中所能改变的只是它的表现形式。

长期以来，人们往往把竞争作为资本主义社会特有的一种丑恶现象，作为资本主义社会的一个弊端而加以拒斥。其实，只要存在着社会主体的劳动差别和利益差别，存在着名誉地位的差别，存在着社会的选择，就必然会有竞争，就必然要有竞争机制发生作用。在我国现阶段，竞争绝非丑恶现象，我们不仅不应该拒斥竞争，反而应该大力提倡和积极开展竞争，充分发挥竞争对当代中国社会发展的推动作用。

二、竞争对于推动当代中国社会发展的作用

竞争是推动社会进化、发展的一个动力机制，对于社会的发展具有重要的推动作用。只有把竞争机制引入社会生活的各个领域，才能全方位地把社会主义社会推向前进。

竞争具有优选的功能，是一个择优汰劣的过程，这充分显示着竞争对社会发展的推动作用。人类社会演进、发展的历史，就是择优汰劣的历史。人类社会就是通过不断的筛选、通过优胜劣汰的竞争而不断得到优化，不断由低级向高级发展的。在竞争中，符合社会发展基本条件的、新生的、先进的东西保存

和发展了起来，不符合社会发展基本条件的、落后的、陈腐的东西就被历史所淘汰。可见，所谓竞争，所谓择优汰劣，实际上就是社会的新陈代谢，这是社会发展的不可抗拒的规律。如果说，在自然经济条件下，整个社会不可能产生强有力的竞争机制和开辟广阔的竞争场所，选优汰劣的竞争只能自发地缓慢地进行，它对社会发展的推动作用还不显著，那么，在商品经济条件下，竞争就成了推动社会发展的强有力的杠杆。

社会主义社会作为历史长河中的一个发展阶段，仍然是商品经济存在和发展的历史阶段，它同样离不开竞争的推动。社会主义社会要经历一个从不成熟、不完善到逐步成熟、完善的发展过程。我国目前还处于很不成熟、很不完善的社会主义初级阶段。在经济、政治、思想文化各方面都既存在着旧社会的痕迹，又蕴含着向社会主义的更高阶段发展的可能和趋势。只有通过竞争，通过优胜劣汰的选择，才能够不断消除旧社会的痕迹，甩掉历史的陈旧包袱。在竞争规律的作用下，有些原来符合社会需要的东西在进一步的发展中又将日渐陈旧，而为层出不穷的更新的东西所代替，从而使社会主义事业生生不息，永葆旺盛的活力。

社会主义竞争是由广大人民群众参加的。社会主义竞争也同人们的切身利益相联系，关系到各个社会主体的命运。为了在竞争中求得生存和发展，各个社会主体必然会在竞争的激流中奋力搏击，千方百计地改进和完善自己，努力提高竞争实力。竞争往往是智慧的争斗，它要求竞争者思维敏捷，灵活机动，应变力强，敢想敢干，勇于创新，否则就可能在竞争中失利。这就促使人们改变知识结构和思维方式，提高自身素质。总之，竞争会使先进更先进，后进赶先进，使社会主体普遍得到优化。

竞争为社会主体发挥和施展自己的才能提供了共同的场所

和舞台。它能够激发起社会主体极大的积极进取、奋发向上、自强不息的精神，发挥出不在竞争场合就发挥不出的巨大冲击力，创造力。

竞争是不同社会主体为争夺共同目标而进行的较量。这一目标往往是具有一定高度的，是经过努力和拼搏才有可能实现的。为了夺标，各个社会主体必然会奋力向上，竞相争高，充分发挥出各自的能动性。每一个新的竞争目标往往都要高于以往的竞争目标，这种不断攀登高目标的竞争，只要加强正确引导，必然有利于社会共同目标的实现。

竞争的胜负往往取决于信息是否灵敏、可靠，取决于利用信息的能力。随着社会主义竞争的广泛开展，人们对信息的需求日益增强，吸取和利用信息的积极性、主动性日益提高。从而促进了整个社会信息流量的增加，流速的加快，准确性的提高，带来了社会生活方方面面的活跃、进步和发展。

竞争还改变着自然经济条件下那种四平八稳、知足常乐、不讲效率、日出而作、日落而息的生活方式，使生活方式向现代化的方向变化。

竞争不是单个社会主体的孤立行为，而是人与人之间的一种社会关系。列宁在谈到经济领域的竞争时就曾指出：竞争就是"为共同市场而劳作的独立生产者之间的关系"①。目前，竞争机制正在逐步引入我国社会生活的各个方面。随着社会主义竞争的发展，会有越来越多的社会主体卷入竞争的洪流之中，从而促使整个社会关系日益社会化、现代化。

诚然，随着竞争在我国的广泛展开，也会产生某种盲目性，带来某些消极影响。但是，只要加强引导和管理，是能把这些消极现象减少到比较低的限度的。竞争对当代中国社会的主要

① 列宁：《论市场问题》，《列宁全集》第 1 卷，人民出版社 1955 年版，第 81 页。

作用还是积极的推动作用。

三、社会主义竞争和资本主义竞争的区别

竞争不是资本主义所特有的现象，社会主义社会也存在着竞争。但是应当明确，社会主义竞争和资本主义竞争是根本不同的。

资本主义竞争具有对抗的性质，是一种类似于动物界的竞争。达尔文的生物进化论揭示出，物竞天择、生存斗争是动物界的自然状态，优胜劣汰、弱肉强食是一切动物物种生存和繁衍的基本条件。人类社会与动物界不同，它是人们通过劳动而自觉创造的。正是劳动才在物种关系方面把人从其余动物中提升了出来，开始了人类发展的历史。但是，在以往的社会，人类只是在物种关系方面从其余动物中提升了出来，而在社会关系方面却并没有从其余动物中提升出来，仍然受着异己的生存条件的支配和控制，仍然存在着动物式的生存斗争。特别是在资本主义社会，这种生存斗争从自然界加倍疯狂地搬到了社会之中，使动物的自然状态在社会生活中达到了登峰造极的程度。恩格斯在描绘资本主义社会经济领域的竞争时说："在资本家和资本家之间，在产业和产业之间以及国家和国家之间，生存问题都决定于天然的或人为的生产条件的优劣。失败者被无情地清除掉。这是从自然界加倍疯狂地搬到社会中的达尔文的生存斗争，动物的自然状态竟表现为人类发展的顶点。"[①]资本主义进入垄断阶段以后，不仅没有消除这种动物式的生存斗争，而且使它更为加剧。这种你死我活、弱肉强食的竞争，充分暴露出了资本主义竞争的对抗性质。资本主义的竞争以人们的根本

---

① 恩格斯：《反杜林论》，《马克思恩格斯选集》第 3 卷，人民出版社 1972 年版，第 313 页。

利害冲突为基础，一方的成功以损害另一方的利益为条件。那些在竞争中败下阵来的社会主体，往往是身败名裂，家破人亡。为了争名夺利，争权夺势，竞争各方会不择手段。尔虞我诈、相互诋毁、相互陷害、暴力打垮等都是常用的竞争手段。竞争的范围也无所不包，它充斥于社会生活的各个角落。可见，资本主义竞争固然具有推动资本主义社会发展的作用，但同时也充分暴露了资本主义的阴暗和丑恶。

社会主义制度的建立，是人类发展史上的一次大飞跃，它结束了这种疯狂的生存斗争，消除了竞争的对抗性质。在竞争的基础、目的、手段、范围及后果等方面都与资本主义竞争有了根本的不同。社会主义竞争是在公有制为主体的基础上的，是在人们根本利益一致前提下的局部利益上的相互排斥，是根本利益一致性和局部利益排斥性的统一。因此，竞争各方不再是弱肉强食、互相吞并的对抗性关系，而是既相互较量、相互争斗又相互协作、相互支援的关系。在正常情况下，能够使竞争各方达到共同提高和发展。竞争所具有的排他性也不再是陷害对方、削弱对方，而是激励对方，鞭策对方，促进对方迎头赶上。社会主义竞争虽然也具有互不相让的残酷性，也要遵循优胜劣汰的法则，但是，那些被淘汰的社会主体仍有余地可以重新组织起来，投入到新的竞争场中去。社会主义竞争由于不再具有对抗的性质，因而不允许采取任何损人利己的不正当手段，而是必须接受国家计划和法令的引导和管理。社会主义竞争以推进社会主义事业的发展为目的，凡是不利于社会主义事业发展、损害人民群众利益的竞争，都要受到严格的限制。这样，社会主义竞争的范围也不再是无所不包的了。

由上可见，社会主义竞争与资本主义竞争具有根本的区别。如果说资本主义竞争是一种动物式的对抗性的竞争，那么，社会主义竞争则是与人类本性相一致的非对抗性的竞争。

第三节　当代中国社会中协调和竞争的 辩证关系

在社会系统中，协调和竞争不是各自孤立地起作用的，而是相互配合、共同起作用的。只有自觉地把它们结合起来，统一起来，才能充分发挥出它们对当代中国社会发展的促进作用。

一、社会主义条件下协调和竞争的不可分割性

协调和竞争是矛盾统一体中的两个不同侧面。它们相互依赖、相互渗透、相互促进、相互制约，密不可分。

首先，协调和竞争是相互依赖的。一方面，协调以不协调为存在的前提。如果没有竞争引起的不协调、不平衡，也就无所谓求得协调和平衡了。正如马克思所说的："平衡总是以有什么东西要平衡为前提"的。①正因为竞争会造成社会各要素，各子系统之间的不协调、不平衡，才又要求消除不协调、不平衡，建立协调和平衡。由于这种协调是在竞争中建立的，因此，它不但没有脱离竞争，取消竞争，反而是以竞争的存在为基础的。也正因如此，它又终究会被竞争的进一步发展所打破。另一方面，竞争也依赖于协调。如果没有协调把社会各要素、各子系统连接起来，它们之间就不会相互攀比，找出彼此之间在利益、地位、实力等方面的差别，从而引起人们的竞争心理，驱动人们相互较量，相互争胜。社会主义竞争虽然会打破协调，

① 马克思：《剩余价值理论》，《马克思恩格斯全集》第 26 卷第二册，人民出版社 1972 年版，第 604 页。

造成不协调，但是，由于它具有择优汰劣的功能，因而这同时又是在为协调提供新的、更高的基础和条件，把协调提升到新的高度。

其次，协调和竞争是相互渗透、相互包含的。一方面，协调中包含着不协调因素，包含着竞争。相互协调的各要素之间，各子系统之间不会是势均力敌的，而总要有实力上的差别，有优劣势的区分。社会各领域的协作之所以都有主、配角之分，原因就在于此。那种社会不同要素之间、不同子系统之间没有实力差别的完全同一状态，是不存在的。一个系统内部的协调、合作是为了增强对外的竞争力。而要增强对外的竞争力，相互协调、相互协作的各要素之间、各子系统之间也要开展内部竞争，增强各自的竞争力，以增强整体的对外竞争力。因此，协调中也包含着竞争。另一方面，竞争中也包含着相互协调、相互一致的因素。竞争各方在竞争中虽然是相互对立、相互排斥的，是不协调的，但又都有共同的追求目标。就这一点来说，它们之间又具有某种一致性。正是为了追求共同的目标和对象，才把不同的社会主体吸引到了同一竞争舞台上来，相互较量，相互争斗。如果它们没有共同的追求目标和追求对象，风马牛不相及，彼此之间就不会发生竞争关系了。竞争本身也具有协调社会生活的功能。比如，在资本主义社会，国民经济的协调、平衡就是靠价值规律的作用、靠竞争的自发调节实现的。在社会主义社会，也可以利用竞争的这一功能，引导社会主体的活动，形成某种有序状态。

再次，协调和竞争是相互促进的。一方面，协调可以为竞争创造平等的外部环境，使社会各要素、各子系统在平等的外部条件下展开竞争，从而促进竞争的发展。比如，调整不合理的价格体系，保证社会总供给和总需求的基本平衡等，就为经济领域的竞争铺平了道路。招生、招工制度的改革、干部人事制度的改革，就为人们提供了均等的被挑选的机会。在我国目前的情况下，协调的这种作用更具有突出的意义。只有加强协调工作，改革各种不合理的竞争条件，才能使竞争真正成为实力的较量，智慧的较量，能力的较量，凭真本事取胜，使竞争成为名副其实的竞争，从而才能极大地调动起社会各要素、各子系统参加社会主义竞争的积极性，发展社会主义竞争。另一方面，竞争也会促进协调。单独的社会个体势孤力单，孤军作战往往难以在激烈的竞争中取胜。即使是取胜，其优势地位也会受到很大威胁。这就促使社会个体之间相互协作、相互联合，以联合起来的合力取胜。当然，这种协作不可能是社会各要素、各子系统的简单拼凑，随意捏合，更不可能是让先进迁就后进，而是要遵循择优结合的原则。在社会主义竞争中，各社会主体竞争能力的强弱会充分暴露出来，这样，就使各社会主体能够知己知彼，在竞争中找到合适的协作者，在自愿互利基础上，实现择优结合，协调发展。

最后，协调和竞争是相互制约的。协调虽然会减少社会生活的盲目性，但是，如果离开竞争的制约，又会滋长社会各要素之间、各子系统之间的相互依赖感，使其安于现状，不求进取，缺乏生机和活力，使社会系统成为一潭死水。同样，竞争虽然会赋予社会生活以生机和活力，但是，如果没有协调的制约，又会增大社会生活的盲目性，甚至使竞争偏离社会主义的方向。只有协调和竞争相互制约，才能各展所长，互补其短，充分发挥出它们对社会主义社会的强大推动作用。

一般说来，竞争往往是不同社会主体为争得各自局部的利益、为追求眼前的利益而进行的斗争，而协调则更多地着眼于保证社会的全局利益和长远利益。因此，竞争和协调的相互制约，也体现着局部利益和全局利益、眼前利益和长远利益的相互制约。正确处理这种利益关系，无疑也是社会的正常发展所必需的。

既然协调和竞争是不可分割地联系在一起的，在社会主义社会，不可以没有协调，也不可以没有竞争，那么，要推进当代中国社会的发展，就应该把协调和竞争有机地结合起来，在协调中发展竞争，在竞争中求得协调。

社会主义竞争是社会主义国家为了增强社会生活的活力，提高社会效益，推进社会主义社会的发展而对竞争机制的自觉运用，它只能作为推进社会主义社会发展的强大杠杆而发生作用。竞争的社会主义性质决定了它不能像资本主义竞争那样，通过对社会生活的巨大破坏和振荡去为自己开辟道路，而必须是在协调中发展的竞争。在协调中发展竞争，也就是要自觉地运用协调发展规律对竞争进行正确的组织、指导和管理，使竞争在协调的社会环境中顺利发展，充分发挥出它对社会主义社会的推动作用，通过经常的自觉的小调整，以避免竞争的盲目性给社会生活造成的巨大破坏。

要做到在协调中发展竞争，首先要确定正确的社会发展目标，并采取有效的措施，引导社会各要素、各子系统在确定竞争的具体目标时，与社会发展目标在总体方向上保持一致，从而使竞争成为向社会发展目标逼近的推动力。同时，要搞好综合平衡，减少竞争的盲目性，避免竞争的盲目性给社会生活造成的巨大损失和浪费，充分发挥出竞争的正系统效益。此外，还要加强法制和管理，保证社会主义竞争的健康发展。

在协调中发展竞争是竞争的内在需要。在竞争尚未充分展开时，这种需要表现得尚不明显。竞争越是发展，对协调的要求就会越强烈，协调的重要性就会越突出。而协调搞得越好，为竞争提供的社会环境越优良，就越符合竞争的要求，越有利于竞争的发展。

在协调中发展竞争不是要消极地维持在原来达到的协调和平衡。竞争的发展必然会突破原来的协调、平衡，这是不以人的意志为转移的。这正是社会前进发展的必然要求。因此，真正的协调是在社会各要素之间、各子系统之间的激烈竞争中不断求得的动态的协调，是经过竞争的筛选使各社会要素、各子系统按合理方式不断重新组合以形成相对稳定的有序结构的过程。在社会主义社会，由于人们能够自觉地运用协调发展规律，因而是完全可能也必须及时调节竞争造成的不协调，保证社会生活持续、稳定、和谐地向前发展的。

在竞争中求得的协调，才是真正的协调，才能使社会系统形成有序结构。协调和有序是具有因果关系的一对范畴。协调导致有序，有序又会增进协调。社会系统只有不断从外界吸取负熵流即信息，才能防止熵增，导致有序。而要增强社会系统吸取信息的能力，必须积极开展竞争。只有在竞争中，才能充分调动起社会各要素、各子系统从外界吸取信息的主动性，积极性，才能提高社会系统的有序化程度。

就竞争和协调的关系而言，竞争只是手段，求得社会的协调发展才是目的。竞争破坏旧的协调，是为了建立新的、更高的协调。以竞争为手段，在竞争中求得协调，也就是在竞争的基础上进行自觉的协调。这不仅会使社会各要素、各子系统的能动性得到充分的发挥，富有生机活力，而且能够把这些活力转化为系统的活力，最大限度地提高宏观整体效应。

二、当代中国社会在协调和竞争的辩证统一中发展

协调和竞争作为社会运行的两种调节机制，双方有着相互

依存的矛盾关系。一方面，协调离不开竞争，旧的协调靠竞争去打破，新的协调也靠竞争去建立；另一方面，竞争也离不开协调，要靠协调提供竞争的正常环境和条件。

在当代中国社会，由于协调是在竞争中求得的，因而它同时也就是社会各要素、各子系统之间在协调中的竞争。由于社会各要素、各子系统的发展条件不同，竞争能力不同，所以，经过一段时间的竞争，它们在发展水平上就会高低不一，参差不齐，有的甚至被淘汰掉。这样，它们之间原来的协调关系在发展过程中就被竞争所打破，由基本协调转化为不协调。但这绝非对社会主义社会发展的一种破坏，而恰恰是表明社会主义社会在向前发展。如果没有竞争对原有协调的突破，社会主义社会就会停滞不前。因此，没有协调固然谈不上社会的存在和发展，但是，如果没有竞争不断地突破原有的协调，也不会有社会的发展。过去，我们曾片面追求协调、平衡，以为越是维持原来的协调，就越有利于社会主义社会的发展，极力限制竞争，结果是使整个社会死气沉沉，发展缓慢。

竞争突破原来的协调，造成不协调，固然表明了社会主义事业的发展，但是，我们又决不能因此而忽视对社会各要素、各子系统的协调，决不能认为越不协调越好，而是应及时地调节竞争造成的不协调，力求经常保持动态协调。否则，社会主义事业的发展就将以巨大的损失和浪费为代价。

竞争需要协调提供正常的环境和条件，竞争需要协调作为保障。在我国当前的情况下，协调对竞争的保障作用显得尤为重要。在现实生活中存在许多不正常的现象，例如竞争机会不均等，常常是超经济的因素参与经济上的竞争、超学术的因素参与学术上的竞争等等；竞争的成败不是遵循优胜劣败的内在规律由社会做出评判，而是由某种行政权力去裁定，获胜者往往在竞争开始之前就已经"内定"，这实际上不叫作竞争。这种现象的存在，同未能建立和健全社会主义商品经济的新秩序以及与之相应的整个社会生活的新秩序，因而社会对于竞争缺乏正确的规范和管理有直接关系。而这种新秩序的建立和健全，就需要充分运用社会协调机制。

　　总之，在当代中国社会，竞争和协调是不可缺一的两种运行机制。只有竞争而没有协调，或只有协调而没有竞争，都不会有社会的正常发展。当代中国社会在竞争和协调两种机制相互作用下实现的发展过程，是一个遵循"协调—不协调—协调"的发展路线螺旋式上升的运动过程，是协调和竞争相互推动共同提高的过程。社会主义竞争会把低劣的陈旧的社会因素淘汰掉，把保存下来的社会因素加以锻造，使其都得到不同程度的提高和优化。当竞争的这种发展在一定条件下打破原来的协调时，又是在为新的协调提供新的、更高的基础，使协调进到高一级的程度。而在更高基础上建立起来的协调，不仅为竞争提供新的、更加良好的社会环境，促进竞争更加广泛深入地进行，而且协调所造成的社会因素间的相互协作关系，又会使社会各要素之间的竞争水平达到更高的程度。如此循环往复，每一次都使协调和竞争达到更高的程度，从而推动社会主义社会不断向前发展。

　　协调在竞争中不断被打破，又在竞争提供的新的、更高的基础上不断自觉建立，就是社会主义社会发展的辩证法。努力掌握这一辩证法，自觉实现协调和竞争的辩证统一，必将使当代中国社会迈出更快的发展步伐。

第五篇　当代中国社会的发展和人的发展

在前几篇中，我们从各个方面分别探讨了当代中国社会的运动状况，但社会运动的主体是人，社会为人所创造，社会结构的各个方面说到底不过是人的活动的规定或方式而已，因此认识社会也就是对人本身的间接认识。哲学的最终目的是对人的认识。关于当代中国社会的哲学考察，也归根到底是对于当代中国人的认识。在本篇中，我们将从现代性、个性、价值、自由等方面直接考察当代中国人的发展问题。

第十六章　社会的现代化和
人的现代化

社会的现代化和人的现代化是同一个问题的两个方面。它表现于外，是社会的现代化；表现于内，则是人的现代化。这两个方面内外一体，互为条件，是不可分割的。

第一节　中国现代化的过程中
必然突出人的问题

现代社会是相对于传统社会而言的。尽管一切社会都不过是人的创造物，但由于传统社会的静止性、僵化性，人们很难认识到这一点，而往往把社会的本质归结为一种超自然、超人的力量。在西方，这种力量被称为上帝，在中国传统思想中，则大多称之为"天理""天道"之类。无论上帝还是"天理"，都是人的对立物，人的异化物。在从传统社会走向现代社会的过程中，传统社会的静止与僵化被打破，人的创造性、主体性明白地表现了出来，人们从对神或准神的膜拜转向了对人自身的尊重，从对神的冥想转到了对人自身的探究，人的问题空前突出了。这是世界上发达国家从传统社会走向现代社会的一般表现，中国的现代化进程也不例外。

一、现代化的基本目的是人民的共同富裕

传统社会是反人道的"神道"社会或反"人欲"的"天理"社会。在西方世界，中世纪的统治者们以上帝的名义实行着专制统治。在这种社会中，人生的目的不是人自身，而是上帝，人的自然欲望被视为邪恶的东西、诱人堕落的根源，人所能做的就是祈求上帝的垂怜，克制肉体欲望，以期死后登上天堂，使灵魂得救。15—16世纪的文艺复兴以来，这种神道主义渐次被抛弃，神道社会也在多次革命浪潮冲击下渐次没落，取而代之的是人道主义与人道社会。这种人道社会不再以上帝为目的，而直接以人的世俗幸福为目的，人的各种自然欲望也不再被视为邪恶的东西，而是得到了肯定，把合理地满足人的自然欲望视为正当的事情。整个西方的现代社会就是在这样的基础上发展起来的。

中国传统社会虽然不是神权政治，不是神道社会，但却是一种准神道的"天理"社会。这个社会的统治思想是儒家思想，原始儒家们还比较宽容，并未把"人欲"完全视为邪恶之物，还讲讲"食、色，性也"。但从宋代以后，中国传统社会由盛而衰，作为其统治思想的儒家传统，也就变得僵硬起来。道学家公开鼓吹"存天理，灭人欲"，甚至说什么"饿死事极小，失节事极大"。这样，"天理"就与"人欲"完全对立了起来，要么天理，要么人欲。整个封建社会的后半期，就是在这种思想统治下走过来的。直到19世纪，才有了变化的迹象。但这变化主要不是由内部危机引起的，而主要是由民族危机引起的，是在亡国灭种的威胁下，人们才开始了变法图存的运动。由于西方列强的吞并威胁存在了一个多世纪，中国由传统社会走向现代社会的过程，也就以救亡为中心持续了一个多世纪，直到1949

年我国新民主主义革命胜利，这一过程才告结束。正是这种民族危机压倒一切的特殊历史情况，使得这一过程在实际上结束之后，人们的思想并未随之彻底转变。虽然反帝反封建一直是作为民主革命两大任务并提的，但实际上反封建却一直是服从于反帝的需要的。这种情况在当时是不可避免的，也是必要的，但是在客观上却遗留下一些反封建的任务，需要在民主革命胜利之后继续进行。几十年来，我们对于这一点恰恰认识不足，这不能不说是一种失误。由于这种失误，"天理"主义一类的残余思想得以保存。传统社会的"天理"主义思想影响曾经以"共产风"的形式，以"穷过渡"的形式表现过，更以"宁要社会主义的草，不要资本主义的苗"的形式而达到了登峰造极的地步。直到 20 世纪 80 年代，有许多人仍然束缚在这种"天理"主义之中，而对社会的反"天理"主义的变化痛心疾首。但不管怎么说，80 年代的中国，毕竟开始能够正视人们自身的欲望和利益了，人们敢于言利并敢于实际地追求自身的利益了。

在由传统社会走向现代社会的进程中，对其天理主义的摒弃，自觉追求人自身的幸福，是它的一个基本方面，但仅此还是不够的。如果只有追求幸福的愿望，而无追求幸福的物质手段，那么，所谓追求就仍只是一种空想。现代社会与传统社会的不同之处，除了在精神特征上天理主义与人道主义的对立之外，还在于现代社会提供了人们追求富裕的物质手段。传统社会的经济主干是农业。农业社会的最大特点是严重地受制于自然，生产力很难提高。我国农业的劳动生产率按农业劳动力平均计算，从汉代到现代，几无变化。这就说明，要在农业经济的基础上实现全体社会成员的共同富裕，是根本不可能的。这种生产方式所提供的物质条件，只能是绝大多数人贫穷，而只允许极少数人有较富裕的物质生活。现代社会则是以工业为主干经济的社会。工业与农业相比的最大特点是它较少受制于自然，生产力可以极大地提高。自从西方世界步入工业社会以来，它创造的生产力比之农业社会，增长何止千百倍。在工业社会中，农业生产也得到了根本的改造，为工业技术所武装，根本有别于传统农业了。这样，工业社会就能为人们提供远远高于农业社会的物质产品，在这一基础上，就有可能使多数人获得较充裕的物质生活条件。当然，现在各发达资本主义国家已进入工业社会，其物质财富已有巨大的增长，但由于资本主义剥削的存在，仍不能不是贫富悬殊的社会，各阶级、各阶层人们生活水准的差距仍是极大的，仍不可能有人民的共同富裕。而在中国由于建立了社会主义制度，消灭了剥削，因而在工业化和整个社会现代化的进程中所创造的物质财富，都是为全体人民的共同富裕提供所必需的物质手段。这样，中国人民在走向现代化的进程中对富裕的物质生活的追求，就有了坚实的物质保证和社会保证。

二、现代化的最终指向是人的全面发展

重视人自身世俗幸福的追求，而不是对上帝的献身，这是现代人的观念。以满足人的需要的物质生活资料的生产方式来解释人类历史的发展，而不是归诸神意，这也是历史唯物主义的基本观点。但与人们的普遍误解不同，历史唯物主义并未把经济活动视为唯一实在的东西，而把其余一切活动皆视为其投射或虚幻之物。它只是认为经济活动是全部人的生活中首要的活动，是这一活动制约着其他活动。人们只有首先满足了物质生活资料的需要，才能进而去从事其他更高级形式的活动，如政治、宗教、艺术等，这个思想也与现代人格心理学的需求等级学说相合。这一学说认为，人在较低等的需求满足之后，便

会进而追求更高级的需求。可见，现代社会所提供的充裕的物质生活条件必能大大促进人的更高级的需求的发展。就人本身发展的可能性而言，其内涵是无限丰富的。但这无限的可能性在一定的历史时期却只能有限地实现。制约着这一有限走向无限过程的，主要就是物质生活资料的生产活动的发展程度。走向现代化的中国社会是能逐步为全体人民提供较为充裕的物质生活条件的社会。在这一条件下，一方面人自身不断提出更为高级的需求，人的本性中潜在的能力得以在更高水平上展现，另一方面，社会也不断地为实现这些需求提供条件。在这样的前提下，人的全面发展便在一个传统社会无可比拟的水平上实现着。人的全面发展，人的本性的全面展现，历来就是人生的理想目标。但在传统社会里，由于狭隘的社会关系的限制和物质条件的匮乏，只有极少数人可望获得较为全面的发展，而绝大多数人则只能局限在极为有限的活动范围内。并且由于传统社会对人性的压抑和对神道、天理的推崇，因而其人性的发展也往往以扭曲的形式出现，而非直接以人性的本来面目呈现。只有在现代化过程中所造成的种种社会历史条件，才能使大多数的人获得较为全面发展的机会。

人性的全面发展就是在人的活动的各个领域中将人的本性展开。现代化的社会的充裕的物质生活条件，虽然从人自身的需求及其实现的物质条件方面为人的发展提供了前提，但仅此还是不够的，还必须有其他各个领域提供的条件。与物质生活领域的现代条件一样，社会的现代化亦能在政治、艺术、宗教、科学等方面为人的多样性发展提供条件。现代社会的政治与文化领域也应是现代化的。传统社会一般地说是静止的、僵化的社会，它在政治与文化领域亦以僵化为特征。为了社会结构的稳定性，它便千方百计地扼杀人们在政治、文化、艺术等领域的创造精神，使人们只能按某种固定的模式行事。现代化的社会则与之相反，它推崇的是首创性、多样性、丰富性与独立性。这就为人们在各个领域发挥自身的创造力提供了传统社会无可比拟的广阔境域，从而使得人民的创造精神得以尽情地表现。传统社会的人生怕与众不同，推崇的是划一，这种社会的人生哲学是"莫为人先"。民谚中有所谓"出头的椽子先烂""枪打出头鸟"者，都是传统社会人生哲学的精炼而形象的表达。而现代社会的人则生怕与人相同，失去独特性，推崇的是独特性。在传统社会，人们一旦稍微不慎，以至与众不同，就会招致非议，而在现代社会，一个人要想与众不同，就必须有点独出心裁的本事。在这样的条件下，人人争为人先，唯恐平庸，人性的丰富性就有可能淋漓尽致地发挥出来。

当然，人性中所包含的可能性是无限的，现代中国社会所能提供给人性发展的条件与之相比仍是有限的。但无论如何，现代中国社会为之提供了传统社会无以比拟的充裕条件，却是不容置疑的。

三、现代化是广大人民群众的事业

中国由传统社会进入现代社会，是一个伟大的历史转变。这一转变无论从其对社会变革的深度，还是从其涉及社会成员的广度来说，都是空前的，因而必须有广大人民群众以积极的态度参与方能使之成功。以往历史上的一切伟大事业，从参与者积极与否来看，都可以说只是少数人的事业，而广大群众在这种事业中总是被动的。在整个封建社会中，人民群众主动地参与的唯一事业就是大大小小的农民起义。但农民起义只能推翻旧的封建王朝，却根本不能建立起农民自己的政权，因而其结果就只成了封建社会改朝换代的工具，这种起义或则归于失败，或则农民起义的领导集团自身变为封建地主统治集团。无论是哪一种结局，对于农民群众自身来说，都使其行动失去了积极主动的意义。限制着广大人民群众积极主动地参与历史事件的基础性的因素，仍在于传统社会极为有限的物质生产能力只能供少数人有较充裕的物质生活条件和较为全面的发展可能，而广大群众则不可能得到这些条件。在传统社会的这种物质条件下，群众对于历史事件便只能是或则消极参与，或则主动参与而得不到积极的结果。现代中国社会则不同，它能够为大多数社会成员提供较为充裕的物质生活条件，这就为最广大的人民群众积极参与历史事件提供了最基本的条件。由于这一条件，就不仅使广大群众有了积极参与历史事件的可能，而且更重要的是还使广大参与者能得到积极的结果。就此而论，现代化事业与以往历史上的一切伟大事业有根本的不同，它是真正的广大人民群众自己的事业。

另一方面，现代社会所具有的高度发达的物质生产力以及此种生产力水平所提供给广大群众积极参与历史事业的条件本身，也是由群众自己创造的。因此，具有决定意义的乃是广大人民群众参与现代化进程的现实热情。广大群众有无高涨的建设热情，对于现代化事业关系极大。这种热情有如军队的士气，往往是士气的高低决定了战争的成败。士气高者，以一当十；士气低者，百不及一。士气、民气，使用得当，便是极其巨大的建设性力量，而若运用失当，则即成巨大的破坏力量。20世纪50年代以来，中国人民有过数次热情高涨的时期，但令人无限痛惜的是，多次被引向了错误的方向。这种激情本来是倾向于建设现代化的，但却被人为地引向了反现代化的方向，极大地延误了中国社会现代化的进程。社会物质财富方面的毁坏自不必说，更为惨痛的是人民群众的热情一次又一次地被戏弄，建设热情被扭曲成了破坏的恶意。正是这种一再的"升虚火""发高烧"，眼睁睁地浪费了无数正当热情。今天如何激发、保护人民群众的热情，并使之正当地运用于现代化的建设，无疑是我国现代化建设的关键。

总之，一方面，现代化的目的是中国人民的共同富裕和全面发展，另一方面，现代化的实现又必须有广大人民群众的积极参与。这样，在走向现代社会的进程中，人的现代化问题就明白地突出了出来，把人民群众当作非目的性的"羊"去"牧"的现象，应永远成为历史的陈迹，不能允许它再改头换面地在前进中泛起。

第二节　社会的现代化和人的现代化的一致

社会是人的创造物，而这个创造物又反过来制约着人的创造活动，社会与人是一起共生的活的有机体。因此，社会的现代化必然要求人的现代化，而人的现代化也只能在社会现代化的进程中实现。

一、人与社会的一般关系

社会是人的作品而既非神创、亦非自然之直接延续，这是历史唯物主义的基本观点。人的活动创造了社会，人类社会经由人的活动而从自然界中涌现出来。人类社会之前和之外的自然可以称之为原始自然，原始自然是没有人的活动改变的自然。正是人的整合活动，改变了原始自然，使之以一种对人来说是现实的面貌呈现出来，即经过人的活动，原来对人来说是可能性的原始自然变成了现实性的自然，这改变后的自然便是所谓的人化的自然。人类社会，就是建筑在这样的自然基础之上的，就是用这样的自然材料结构成的。这是一方面。另一方面，人通过自己改造自然创造社会的过程，也使自身从原始自然界中超拔出来。作为自然界的一个物种，人对于作为社会中的人来说亦只是一种可能性，只是通过自身的创造活动，他才从潜在的可能性变成了现实性。作为人的内在的潜能，人的天赋的内涵是无穷多样的。但他只能在有限的历史活动中把这些潜能逐渐发挥出来、表现出来，对象化在自身的创造物中。这就是所谓的人的本质对象化。这样，人本身便与作为其创造物的社会构成了一个互相映照的总体，人与社会各为一极，一为内，一为外，内实现于外，外表现着内。这就是说人的本质总是要在历史中表现于外部社会，而社会总是反映着人的本质。社会是什么样的，创造这个社会的人也就是什么样的；反过来说，有什么样的人，就会创造出什么样的社会。社会与人内外一体，不可割裂。

　　人创造了社会，但社会并非只是消极被动地存在于人的创造之外；作为人的创造物的社会反过来又制约着人的创造活动，正如人为了满足某种需要而创造了某种产品，但此产品反过来又会影响、制约人的需要一样。决定人的活动方式的是人的活动的结果自身，而既非赤裸裸的自然，亦非从外部强加于人的神意。这是历史唯物主义的另一个基本观点。人的活动的结果对于人的活动方式的制约，主要地表现于以下三个方面。首先，人的创造物制约着人的现实需要，由此进而制约着人的活动的方向与目的。人的需要在起初尚非十分确定，只是随着社会的发展，才逐渐地指向于较为稳定的方向。例如；人类起初是巢居或穴居的，那时便没有房屋及室内现代设备的需要。你若送给原始人一台电冰箱，于他们也无什么用场。又如，由于火的使用，人类的祖先由生食变为熟食后，连人的胃的生理需要也改变了，一个现代人的胃是难以消化一块带血的生肉的。在尔后的发展中，既成的价值观念也会在很大程度上影响目标的选择，规定哪些事是可以做的，哪些事则是万不能做的。其次，这种制约作用，特别地表现为对人的活动方式的制约。人的活动的特点是借助于一定的工具系统，但任何工具系统都是以往活动所创造、所积累起来的。后人的活动既要借助于这些工具，便必然要顺应这些工具运行的规律性，因而其活动就为这些工具体系所制约。即使后人要改造，革新这些工具体系，也不能不借助于既有的工具体系。再次，以往活动的规模、水平，制约着当下人的活动的规模、水平。这是说人的活动的规模、水平都有一个历史积累问题，而不是任意的。无视社会的制约作用，企图只靠人的热情去超越现实，去搞什么"大跃进"之类的东西，其结果只能是以负向超越现实，即破坏了社会的正常发展。

因此，人的发展与社会的发展是相互关联在一起的。社会有赖于人的活动去改变，去使之发展，而人的发展又须借助既成的社会力量。人的发展与社会发展的关系是一种共进、并进，且相互推动前进的关系。一般地说，人与社会的共同发展交替呈现为两种方式，一是日常的渐进，一是急剧的变革。在一种社会形态形成的初期以及其后大部分时期，人与社会的发展采取一种渐进态。在这种时期，社会的内部与外部一般不存在足以导致社会形态改变的矛盾，即使不时地出现社会危机，也大多不足以影响人的活动方式。而当一种社会形态处于其发展晚期之时，其内部矛盾便会达于激烈的程度。外部矛盾也往往乘其虚而生，内外矛盾交攻，内部危机与外部危机夹击，这就给该社会形态中的成员造成一种极其严峻的挑战局势。在一种情况下，该社会的成员以极大的毅力迎接挑战，动员起了异常巨大的潜力，并在适当的社会条件配合下，往往能够取得应战的成功，从而使人的活动方式发生质的改变，社会形态亦随之跃迁到新的一级。但亦有应战不力或社会条件不利的情况，在这样的情况下，往往既不能跃迁到新的社会形态，亦不能保持旧有形态的正常运转，那就是要造成灾难性的后果。而在一个社会渐进的情况下，该社会的成员不会遇到性命攸关的挑战，遇到的往往只是一些日常生活中的挑战，大多不需多大力气便可应付。

二、社会的现代化要求人的现代化

如前所述，社会与人是一有机整体，社会的发展与人的发展亦相互关联而共进。因此，欲使一个社会成为现代社会，必须同时使该社会的人成为现代人，反之，欲一社会的人成为现代人，亦必须同时使该社会成为现代社会。不言而喻，要使中国社会成为现代社会，必须同时使中国人成为现代人，反之亦然。这个道理似乎不复杂，然而，人们往往在这些似乎简单的地方犯糊涂。许多发展中国家看到西方发达国家先进的社会生产力与科学技术文化或管理制度等，便只盯着这些东西，而全然未想到人的现代化问题。这些国家的统治者大多仍把人视为一种消极被动的存在物，以为只要引入了先进的技术或先进的制度，便会万事大吉，自然而然地走向现代社会，但到头来却事与愿违，不得不痛心地承认如此引进现代化是完全失败的。经过许许多多的教训之后，很多人终于认清了这样一个简单的真理：要想在不改变传统人的基础上去实现社会的现代化，是根本不可能的。社会的主体是人，而社会制度等只是人的内在状态的外部体现；社会制度有如一个机体的躯壳，全靠社会成员赋予其以生命力。如果作为社会成员的人的文化心理结构不改变，则作为其外部对应物的社会结构也就不会有真正的改变。如若强行从外部加以改变，也往往只能以悲剧而告终。因为从发达国家引进来的先进的科学技术与工业以及社会管理方法，所适应的是现代化了的人，而传统社会的人则适应的是传统社会的那一套东西。未现代化的人缺乏效率观念，他们所看重的是传统，而且越是悠久的传统越受尊重，他们凡事皆以古人、权威与传统来评价。这样，新的外部结构便在传统人的心态下，形同虚设，不具有任何意义。

在发展中国家，人们总是对于经济发展，尤其是科学技术的发展赋予了特别的注意，这是完全必要的。而且从历史上看，人们这样做也是有其理由的。发展中国家的现代化，一般说来并非是一个内部的自然过程，而是一种由于外部环境的严峻挑战，才多少被迫走上向现代化发展的道路的。而在外部挑战中，最终予人深刻形象的就是作为挑战者的发达国家的先进科学技术，雄厚的经济力量和高效率的行政管理制度。因此，落后国家的人们从这些方面开始其现代化征程也就容易理解了。但是，外部的东西是容易改变的，至少从外观上说是如此。而人的内在心态就不是那么容易改变了。机械唯物主义把人视为外部世界的镜子，以为只要外物一变，镜像就自然会变。然而人的心态却非镜子，个人的心态亦非纯属个人，而是有着其长久的文化作为背景。千百年形成的心态结构、思维方式、情感取向，绝非一朝可除旧布新，彻底改变。因此，对于现代化来说，极为重要的是认识到人的发展对社会现代化的巨大制约作用，把它当作一个头等重要的问题去研究，而不是有意无意地忽略这个问题，有意无意地为不适应现代化要求的传统心态辩护，甚至造成某种条件，使这些传统心态能以改头换面的激进面目表现出来，去为保持传统社会服务。

三、在社会的现代化过程中实现人的现代化

与现代社会的要求相适应，是与传统人相对立的现代人。那么，一般地说，现代人有什么特征呢？参照国内外一些学者的研究成果，我们认为现代人应具备如下几方面的品格：第一，现代人是对新的生活方式、新的观念、新的事物开放的人，现代人愿意接受一切新的东西，而不似传统人抱残守缺，一味只向后看，对任何变化都感到不自在；第二，现代人不仅自己对于新事物保持开放态度，而且在涉及他人的生活方式和各种社会关系的改变时，亦能以开放的心情对待之，即不反对他人改变生活方式，而传统人则不仅自己抵制变革，亦反对他人的变革；第三，现代人具有较强的个人独立感或自我感，他不希望依赖别人，亦教育子女自立。他注重的是个人的成功，而不是像传统人那样依赖于家族、缺乏自主意识；第四，现代人有较广泛的兴趣，他不像传统人那样，只对于那些与自己直接利益有关的事情才感兴趣，对于国家事务甚至国际事务也都有极强的兴趣；第五，现代人充分相信人的能力，相信个人努力的有效性，而不似传统人那样把一切推诿于命运；第六，现代人办事讲求效率，珍惜时间，把时间视为最宝贵的财富，而传统人则恰相反，他最不珍惜的东西就是时间；第七，现代人尊重科学、尊重知识，不迷信，不固执；第八，现代人讲究相互宽容、谅解，相互尊重、平等待人，而不似传统人强求一律，无视人格尊严。

以上是一个现代人所大体上应该具备的品格。但如何才能从一个传统人变为现代人呢？同社会的现代化离不开人的现代化一样，人的现代化也不可能离开社会的现代化。人只有在社

会的现代化的同时，才能使自身现代化。这就是马克思所说的
"环境的改变和人的活动的一致"①，亦即人们日常烂熟于嘴的
"在改造客观世界的同时改造自己的主观世界"的命题。环境即
社会的变化制约着人自身的变化，一个人不可能超越社会的发
展而达到一种未来状态。他须与社会的发展并进或共进。这种
共进可从多方面去看，而最基本的方面是生产方式。不同的生
产方式对进行这种方式生产的人有不同的要求，亦对人的发展
可能性有不同的限制。人的发展是与生产方式的发展变化相联
系的。传统社会中的基本生产方式是小生产型的农业经济，在
大多数情况下，从事这种方式生产的人们独家独户地各自进行
生产，很少合作，分工亦极简单。这种生产方式下的人便不可
能是现代的。而现代生产方式基本上是工业经济，其中分工发
达，行业之间联系密切，对自然的依赖远少于农业经济。在这
种生产方式中活动的人，自然便具有了成为现代人的条件。发
达社会的现代人不是天生就有的，正是在改造旧的生产方式、
创造新的生产方式的过程中成为现代人的。其次，社会的政治
制度状况也与人的发展状况相联系。传统的政治制度大多建立
在小农经济基础之上，基本上是一种封建专制主义。与现代生
产方式相适应的现代政治制度则一般要求采取民主主义形式。
在专制制度下，广大民众对国内外政治事务毫无发言权，人民
的创造性被压抑，现代人所具有的那些品格无由发展，而民主
制度则有利于培养这些品格。再次，文化作为一种积淀起来的
社会力量，对于人的发展也具有极大的制约作用。文化的影响
无处不在，由于人们往往习焉不察，便更难有意识地改变。要
从传统人转变为现代人，便须在批判旧文化和建设新文化中转

---

① 马克思：《关于费尔巴哈的提纲》，《马克思恩格斯选集》第1卷，人民出版社
1972年版，第17页。

变自身的心态。

　　社会的现代化要以人的现代化为条件，而人的现代化又须以社会的现代化为条件。这互为前提的发展情形，似乎是一种二难境况。的确，这是一个矛盾。这矛盾只有在社会运动中才能不断地克服（当然也不断地产生）。在日常情况下，社会面临的挑战是常规型的，因而对上述矛盾的克服也是常规的，渐进的。但一个社会在面临巨大挑战的时期，若应战得当，是有可能以非常的方式克服上述矛盾，实现社会与人的发展的巨大跃迁的。在社会跃迁的客观条件具备的情况下，应战得当的关键是社会成员的危机意识。中国在走向现代化的进程中的多灾多难，裹足不前，极为重要的一个原因是广大民众缺乏危机意识。当外敌入侵时，人们的危机意识会加强一点，但一旦这种极明显的危机过去之后，便又多回复常态。从现实情况看，危机本来是存在的，但中国作为一个曾有过辉煌历史的大国这一点容易掩盖危机，多年的自我封闭更加深了这种遮蔽，人们往往陶醉于民族的历史业绩和眼前取得的某些成就，而无视世界的飞速发展。若比较一下，可以看得更清楚：中国与日本几乎同时接触现代文明，但日本人成功地实现了现代化，我们却仍在徘徊。此中固然有种种原因，但极为重要的一点则是日本人作为岛国之民，极易感受到外界的挑战，有着极强的危机意识，这点正与中国人相反。因此，我们认为，在今日要加快实现中国社会与人的现代化进程，极为重要的一环便是加强广大民众的危机意识，应战意识，而加强危机意识的关键则是充分的对外开放。只有在开放中，广大民众才能有比较，才能在事实的对比中生发出危机意识，从而激发出良好的应战情态。

第三节　人的现代化和人的社会化

现代人的诸多特征中，最基本的一个特征是高度的社会化；现代人所应具备的诸多品格，都是建立在高度社会化的基础之上的。高度的社会化是人的现代化的首要条件，社会化程度的高低亦是人的现代化程度的基本标志。

一、人的社会化是一个历史的概念

对于人，历代贤哲们下过不少定义，有的说人是会思想的动物，有的说人是政治动物，有的则说人是会制造和使用工具、从事生产劳动的动物，如此等等，不一而足。这各式各样的定义都隐含了一个前提，那就是人的社会性。思想的工具是语言，而语言只是在社会交际中才发生发展起来的，所以，人的思想性以人的社会性为条件。政治是管理国家的事务，还是以人的社会性为前提。工具性的劳动无疑也离不开人的社会合作。人在本质上就是社会性的，离开了社会的人将不成其为人。在上古时代，把一个人驱逐出群体，是一种最严厉的惩罚。在近现代，驱逐仍常作为一种对犯罪的惩罚，流放亦类乎此。在文明社会中，社会的道德规范等，基本上是依靠社会是否接纳某一成员的方式来维护的，监禁在一种意义上即是隔绝某人与社会的关系。

但人的社会性不是先天生就的。对于人类来说，它是在进化中逐渐形成的；对于个体来说，则是在其发育成长中逐渐获得的。个体要成为真正意义上的人，他必须经历一个社会化的过程。人类的个体在初生下来时，在社会性方面几与普通动物无异，他只是在与周围的人的交往中才逐渐成为社会性的人。婴儿在出生到世界来以后，开始时对社会一无所知，是一个自然人。在成长中，他须学习社会或群体的规范，知道社会或群体对他的期待，使自己逐步具备作为这一社会的成员所应具备的知识、技能、态度、情感和行为，以成为被该社会或群体所需要、所容纳的人，而每一社会或群体又都具有自己的社会行为模式，并千方百计地对它的成员施加影响，帮助它的成员了解什么对，什么不对，什么可以做，什么不可以做，从而使个体逐步形成符合它需要的价值观念和行为。这个过程，即一个人从小到大，学习社会或群体的行为模式或行为规范，并在某种程度上被诱导着去适应他所在的社会或群体的规范的过程，即是社会化的过程。这种社会化过程，从一般的意义上来说，是每一个群体或社会的成员在任何时代都要经历的过程，可称为社会化一般。

　　但社会化的过程不仅是一般的，而且是特殊的。在不同的社会或群体中，社会化的方式不同；同一群体或社会在不同的时代，社会化的方式亦极不相同。当然，对于走向现代化而言，最重要的是时代的差异，不同民族群体之间的差异固然不可忽视，但毕竟是在走向现代化这个大趋势之下进行的。时代的差异所引起的社会化方式的差异，提出了不同时代社会化方式之间的过渡问题。在这个意义上可以说，人的现代化就是从传统社会的社会化方式向现代社会的社会化方式的转变。传统社会的社会化方式，一般说来都是小规模与简单化的。因为传统社会的经济基础是农业生产，而农业经济的生产场所都是分散的，且在手工劳动工具条件下，亦不适应大规模集中生产；小规模农业生产又由于所需生产资料简单，而对于其他行业依赖极少。因此，这种生产条件下的社会基本群体单位一般规模较小，且各单位之间因无互相依赖关系而交往较少，联系松散。这样的基本单位可以是家族，也可以是村社或者其他小单位。于是，传统社会中的社会化也就大多只限于家族等小范围内的社会化。家族等内部纽带，除去经济关系外，自然的血缘关系占了极重要的地位。这种小群体内部大体上只有基于性别和年龄的简单分工，因而个体需要适应的东西、学习的东西比较简单。又因为这种社会的一个基本特征是不变性，静止性，个体的社会化过程便有着一次性完成的特点。这种社会的各个基本单位之间，由于不存在相互依赖性的交往关系，因而由这些单位组成的更大的群体即国家，其内部便往往是一种无机的机械关系，即各个基本单位之间没有有机联系，只是机械地组合在一起。马克思曾把这种状态形象地比作一麻袋土豆，全靠麻袋的外在束缚作用才把互不相干的一个个土豆拢在了一起，涂尔干则称这种社会为机械团结的社会。这种社会的统一，全靠专制国家从上而下地把各个基本单位聚合在一起。一般地说，这种社会中的绝大多数成员既无必要亦无可能在全社会范围内社会化自身，而只有极少数作为中央统治工具的官僚分子才在某种程度上有此种必要和可能，如中国封建社会的"士"阶层。与这种社会相对立的是现代社会的大范围社会化，现代社会有着极为发达的分工，其分工范围几乎遍及一切领域，不仅突破了家庭内部的自然分工，达到了整个地区乃至全社会范围内的分工，而且达到了国与国之间的某种分工；分工的方式亦愈来愈细，行业亦随之越来越多。这样，整个社会内的成员就由分工而造成的相互依赖紧密地联系在一起了。这种相互依赖的分工造成了社会成员之间的一种耦合的机制，把整个社会造成了一个牵一发而动全身的有机整体。这种社会就是涂尔干所说的有机团结的社会。这种社会中个体的社会化便极为不同于传统社会中的社会化过程。首先是其范围的空前广阔。一个人现在要适应的不仅是自己生活的小家庭、家族、村社等，而是必须要适应于整个社会，乃至适应于国与国之间的活动规范。其次是人际交往的频度，由于社会分工的大范围化与细致化，比之传统社会极大地增加了。传统社会个人扮演的社会角色几乎总是局限于家庭与村社中那么有限的几个，而现代社会中，个人活动的领域大为广阔，一个人除了自己的工作之外，还将参加到各种各样的组织团体中去，他要扮演的社会角色远远超出了传统的范围。这样，一个人的多方面的潜能在这一社会交往过程中得以发展，同时要求他适应的各种领域中的社会活动规范也比之以往更复杂了。再次，现代社会由于其与传统社会相比而显现的显著的变动性以及社会多变性引起个人生活的多变性，还明显地改变了个人社会化的形式。在传统社会和现代社会中，个人在生命的早期学习语言和其他技能，把社会的规范和价值标准内化的基本社会化，这在一般意义上是共有的。但现代社会由于不断变化，个人在生活中不断出现的新情况、新内容对他提出了新的期待和要求，赋予他新的责任、义务和角色，给人们提出了发展社会化的任务。通过这一社会化形式，使个人能跟上时代的进步、情况的变化。此外，由于现代社会进步迅速，除了父母师长对子女、学生的顺向影响的社会化过程外，还出现了反向社会化的过程。在社会发生急速变化中，老一辈的知识有许多会变得过时陈腐，而年轻人却往往对新的知识有更多的了解，他们可能将这些知识传给老辈。现代社会由于多变而引起老、新两代之间的情感方式、行为方式、价值标准的差异，即平常所谓的"代沟"，亦要求通过双向的社会化来调整，仅仅单向是不够的，等等。总之，在不同的历史时期内，社会化的内容是极不相同的。在走向现代化的过程中，我们要求的是现代的社会化，而不是传统的社会化。

二、人的现代化以人的高度社会化为条件

现代社会的社会化，比之传统社会的社会化，是一种高度的社会化。人的现代化正是在这种高度的社会化的基础上得到实现的。

如前所述，现代人品格中最重要的因素是他准备和乐于接受他未经历过的新的生活经验、新的思想观念、新的行为方式，准备接受来自他人和社会的变革。现代人之具有这一品格的原因，除了现代社会的多变性以外，更为基本的原因，则在于现代社会由于实行高度分工、高度联系这种高度社会化而导引出的高度竞争性。在高度竞争中，只有追求新的生活方式，采取新的观念，态度等，才可能获得更大的成功机会，而墨守陈规则导致惨败，甚至毁灭。现代社会中社会成员之间的关系多为非自然纽带的社会关系，在这种关系中，竞争得以高度发展，而传统社会的成员间多为血缘纽带的自然关系，这种关系极大地抑制了竞争。现代人所具有的思路开阔、头脑开放、尊重并愿意考虑各方面的不同意见、看法的品格，亦基于现代人的高度社会化。现代社会由于人际交往极为广泛，在此广泛交往的基础上，社会成员有可能接触各方面的知识，接触各种社会观念，从而排除偏颇性，能比较全面地看问题，这样便易做到头脑开放、思路广阔。由于广泛接触，人们也容易在比较中看到各人的长处与短处，便能够宽容待人，注重互相了解、沟通，尊重他人并自重，现代社会中广大民众的自主性、自立性也是建立在高度社会化基础上的。传统社会中只有极少数作为统治者的人达到了全社会内的广泛社会联系，如中国的"士"阶层等，而广大民众则大多局限于狭小的领域，因而便无法过问国

家大事。现代社会由于广大民众在全社会乃至国际范围内的社会联系，具有极高的社会化水平，因而便为其参与国家大事提供了条件。总之，现代人所具有的那些品格，或者直接就建立在人的高度社会化的基础之上，或者间接地也以人们的高度社会化为条件。因此，欲使个人达到现代人的水准，高度的社会化过程便是必不可少之因素。

但是，人们往往在人的现代化与人的社会化问题上陷入空想或虚妄之中。对于现代化，人们大都很是赞成，但却往往企图在不改变传统社会的社会化方式的基础上去实现之。在过去的一个长时期里，我们花费了巨大的精力去推进现代化进程，但对于实行高度社会化的问题上，却走了一条不相适应甚至相反的道路。我们限制了商品经济，从而限制了商品交换过程中人与人之间的交往，限制了由商品交换所导致的社会分工以及由分工而加强的交往。我们限制了个人的择业自由，由此抑制了人口的流动，抑制了劳动力在不同行业间的流动，从而限制了这种流动中人与人之间的交往。对于其他国家，我们采取了一种基本上自我封闭的政策，长期以来在经济、文化等方面缺乏与别国的交流，这便极大地限制了中国人社会化的范围，等等。如前述，人的高度社会化是人的现代化的必要条件，而人的现代化又是社会现代化的必要条件，因而，舍弃人的高度社会化而去追求社会的现代化，无异于缘木求鱼。应该看到，在这一问题上，我们的教训是严重的。在走向现代化的进程中，必须给予社会化问题以足够的重视。

三、人的社会化程度是人的现代化与社会现代化程度的基本标志

前面我们比较了传统社会中人的社会化与现代社会中人的

社会化的不同。现代社会的社会化程度无论在外延和内涵方面比之传统社会都可以说是高度的。不仅如此。事实上，我们还可以进而把社会化的程度当作衡量社会发展程度的标志。初民社会，人异于动物者几稀。那时人的活动范围极为有限，个人所接触的亦不过是极为狭小的原始人集团，个人的交往受到了极大的限制。在古代农业文明社会，虽然大多数民众的社会交往仍局限于有限的地域范围，但这种社会产生了全社会范围内的一个官僚统治集团及其后备队伍，如中国的儒生，日本古代的武士、欧洲古代的骑士以及教士，等等。与普通民众不同，这个阶层的人有着较为开阔的交际范围，且由于他们受过正规教育，因而能够通过书本间接地扩大交往，以至与古人、外国人对话。这样，古代社会中便至少有一小部分人的社会交往水平即社会化程度远远地高过了原始社会，整个社会的交往水平当然也大大提高了。现代社会，如我们前面所描述的那样，当然又无可比拟地高于古代社会。因此，我们可以得出结论，从原始社会到现代社会的发展，从一种意义上讲，就是人的社会化程度由低向高的发展。

现代社会的社会化程度也有高低之别，也有从低向高的发展，因而也可以把人的社会化程度视为现代化——人的现代化和社会的现代化——程度的基本标志。到目前为止，现代社会大体上仍是建立在工业社会的基础之上的，工业社会的特征是高度的分工与生产高度集中的大公司。高度的社会分工破坏了社会旧有的自然联系，引起了社会交换的高度发展，在此基础上，人际交往大为频繁，联系大为紧密，社会化程度空前提高，这是近世工业革命的巨大成果。但在 20 世纪又兴起的信息革命，使一些发达国家开始进入信息社会，或后工业社会。这一革命所产生的结果在某些方面似乎与工业革命所产生的结果相反，它不是导致工业生产的集中和高度分工，而是产生了一大批中小型的服务业公司。《第三次浪潮》的作者托夫勒预言，以后典型的生产单位将是家庭工场。托夫勒甚至进而断言，发展中国家可以跨过第二次浪潮的工业文明而直接从以家庭为生产单位的农业文明进入后工业文明。国内的许多人似乎亦为托夫勒的预言所激动，《第三次浪潮》一热数年，大有又搞"洋跃进"之势。但托夫勒等关于跨越工业文明的看法明显是虚妄的，他们忽略了一个重大前提，即后工业社会是在其成员高度社会化的工业社会基础上形成的，在此基础上，信息革命所产生的结果便有可能改变人与人之间的交往形式，使往日非集中进行不可的生产活动，有可能分散地进行。这一点并未改变在工业文明基础上形成的人的高度社会化的特点，而且还在很大程度上为人们提供了更为有效的交往手段。人的社会化程度在后工业社会不是降低，甚至退到农业社会的水平上去，而是极大地提高了。有了信息革命所提供的高度现代化交往手段，人与人之间的交往更为方便，更为有效，从而有了更大的可能去加深社会交往。总之，从原始社会，中经农业社会、工业社会，直到后工业社会，人的社会化程度是沿着一条不断提高的道路而发展的。那种以为发展中国家可以跳过工业文明而直入后工业社会的想法，只看到了事情的皮相，而根本未及其本质。若按此种想法去设计社会发展，虽然能使人们获得后来者总会居上的心理满足感，但却会使人丧失紧迫感、危机感，沉迷于信息革命的救世信仰而极大地延缓现代化的进程。在走向现代化的进程中，人的高度社会化问题是不可避免之事，不管这多么与传统情感格格不入，而任何侥幸心理都会妨害这一进程，延长转变过程中的痛苦。

第十七章　当代中国社会中
个人的地位

　　所谓人和社会的关系问题，实际上即是个人和社会的关系问题。如果把"人"作为一个类概念，那么，人就是社会，或者说社会就是人，在这个意义上提出人和社会的关系问题便是抽象的、空洞的。因此，探讨当代中国社会发展中的人的问题，应着眼于个人的地位，即着眼于人的个性的发展及其意义。

　　人的个性即是支配个人活动方式的独特的内在结构。个性的结构与社会的结构是互相映照的，因为社会是由一些个人组成的，是这些个人所创造的，而已创造出来的社会结构又会制约着其成员的个性发展。一般说来，随着历史的发展，人的个性是指向越来越具有独特性的方向的。这一方向与社会生产方式的发展密切相关。中国社会目前已发展到了一个十分重要的阶段，在这个时候，中国人民个性的解放与发展，对社会的发展有着尤为重要的意义。

第一节　当代中国社会对个性的尊重

　　发展个性、尊重个性，在当今中国社会已成为一种不可抗拒的趋势。在走向现代化的进程中，传统个人的心态结构基本上不能适应现代社会的要求，而当代中国社会的发展现状，也从各个方面为个性的发展提供了一个前所未有的现实基础。

一、普通个人的历史作用问题

有一个问题大多数人往往习焉不察，那就是为什么人类社会以及动物群体，都是一些有差异的个体组合而成的，而不是相反。从进化的角度看，这种状态应该说是物种长期适应、进化的结果。无机界的单位事物谈不上有什么差异的个体存在，我们似乎不可能指出同一种物质的各个分子之间有什么个体差异。但在生物界，个体的差异便立即显示出来了。莱布尼茨说过，世界上没有两片相同的树叶。植物界尚且如此，动物界的差异就更为显著了。在动物界，每一物种内的个体之间，不仅有着形体上的差异，且在行为方式上亦有不同。但物种内个体的行为方式的差异，在不同物种那里是极为不同的。在最低等的动物那里，对外物刺激的反应模式基本上是由先天的遗传结构决定的，后天的经历对反应模式的影响甚微，因而，不能指望在那里看到多少个体间的差异。而在较高等的动物那里，除了先天遗传的某些最基本的反应模式外，主要的行为结构靠后天的学习活动而获得。许多高等动物的幼子要由其父母带领很长时间，在这段时间里，它们须学习最基本的生活本领，这恰与低等动物的幼仔无带领期的情形形成对比。在一些较高等的动物群体中，甚至有了等级组织的初级形式，这就使这些物种的个体更在一种外部的力量或规范的制约下以某种特定的方式活动。至于人类社会，众所周知，其幼儿的童年期是所有物种里面最长的，而人类社会的复杂的分工系统、组织系统又大大地加强了所处环境的复杂性，使每一个体必须学习的东西更多，必须在自己的生活中采取独特的适应模式的事情更多。这样，人类的个体之间的差异就不可避免地空前增大了。人类个体间的差异尤其体现于规定个体行为方式的心态差异上。个体的行为方式具有最为显著的差异这一事实，显然是和人类作为生物界的最高进化结果这一事实相关联的，是生物界在进化过程中创造性地适应的结果。我们由此可以得出结论，自然界的发展，尤其是生物界的发展，是以个体越来越显著的独特性、个体之间越来越大的差异为指向的。

不仅从整个自然界一般地看，个体在朝着更大的独特性方向进化，而且就人类本身的发展历史而言，情况亦复如此。在人类社会的初期，距动物界尚近，由于极低下的生产力水平使个体必须密切地依赖群体才能生存，任何离开群体或背离群体行为规范的行为都意味着灾难，因而个体极少有独立性。其次，由于语言符号系统的不发达，原始群体的行为方式只能通过集体性的巫术仪式等方式而保存与传播，个人对这些行为方式并无明晰的概念性意识，更谈不上对其意义的批判性理解，因而个体便无以与这些群体行为方式保持一个距离，个体是直接地溶化在群体的行为方式之中的。人类个体在这个时期所具有的独特性，比之高等动物并不具有特大的优越性。马克思说："我们越是往前追溯历史，个体，从而也是进行生产的个体，就越表现为不独立、从属于一个较大的集体。"①他所说的正是这种情形。只是随着生产力水平的提高，自然界对人类社会的压力有所缓和之后，个体的独立性才有了发展的可能。这种可能性首先为社会分工所实现。社会分工的发展，增加了群体内活动方式的多样性、差别性，从而使不同个体的活动方式有了显著的差异。分工一直在发展着，因而，活动方式的多样性也就一直在被强化着。其次，人际交往的发展，群体之间的交往与融

---

① 马克思：《〈政治经济学批判〉（1857—1858 年草稿）》，《马克思恩格斯全集》第 46 卷上册，人民出版社 1979 年版，第 21 页。

合，生活地点的变化，也都强化和增加了个体的差异性。最后，语言符号体系的发展，一方面为人际交往提供了强有力的手段，另方面，对于个性发展更为重要的是为个体提供了反思群体与自身活动的手段。没有个体内心的反思作用，行为方式的差异便不能形成统一的内在个性。事实上，个体关于独特的统一自我的意识，也是历史地发展起来的，这甚至可以从文学形式的发展中见到。例如，从神话、英雄史诗到抒情诗的发展顺序，就体现了人们对个性的意识。神话的中心不是个别人物生活中的事件，而是集体的命运。英雄史诗则着重突出集体中的英雄，但这种对于个人突出的个体化还只限于活动的事件方面。而个体的自我感在专长描述个体的情绪体验的抒情诗中则得到了更为有力的表现。总之，个体化即心理和行为的个体变异性的增长，是一种自然的种系发生学趋势，更是人类社会历史发展的趋势。

个体化的发展即个体变异度的增长，作为一种历史趋势，对于人类社会历史发展具有极大的影响。一个群体内个体的个体化程度越高，即个体变异度越高，这个群体的复杂性程度就越高，而作为主体的群体的复杂性程度的提高，正是其解决问题的能力提高的体现。我们知道，任何一个活动主体，当其面临一个问题时，其内部构造须复杂于要解决的问题，方有可能解决问题。人类社会解决问题的能力，从根本上来说就是从事生产的能力，即生产力。因此，个体化的程度即是生产力水平的一个标志，个体化水平的发展，亦必推动生产力的发展。其次，高度的个体化水平，是建立现代生产关系的基本条件。不仅资本主义经济关系是以人的高度个体化为条件的，而且作为资本主义之否定的社会主义，也应是在高度个体化的条件下建立起来。试想，在个体缺乏自主性、独立性的前提下，所谓劳动人民当家做主人的口号何从实现？在这种情况下的公有制实际上往往流为前资本主义所有制。再次，人民群众个体化程度的增长，也是现代民主政治得以成立的基本条件。现代政治与传统政治的最大区别，在于有无作为现代政治基础的民主与法制。民主，顾名思义，即是人民主权。但人民做主是有先决条件的，其中最基本的条件就是人民大众自身须有做主之可能，即他们中的每一个体须有独立的人格方能做到这一点。实行法制的条件也是如此。最后，个体变异度的增长还是指向人的全面发展的必由之路。人的全面发展即是要把个体所具有的潜能全部发展起来。孤立的个体无以实现这点，诸多单调同一的个体也无由实现这点。人类只有首先通过由分工而发展起来的个体变异度的发展来实现群体的全面发展，并在群体发展的同时，不断将群体的发展成就向个体内化来逐步达到所有个体的全面发展。这个发展过程是个否定之否定过程，即由起初无差别的抽象同一性，经过个体变异的特殊性，最后达到个体全面发展的个体性。在个人得到全面发展的社会，有如莱布尼茨的单子世界：每一个单子都反映所有其他单子而又各具独特性，并由此而形成一个和谐的体系。从抽象同一的原子式社会向单子式社会的发展，当是人类历史的指向。

二、尊重个性是当代中国社会发展的一种历史要求

就人类社会发展的一般历史趋势而言，个体从作为群体有机体中的一个不自觉的分子到具有高度自我感的过程，应是各个民族所遵循的道路。但具体地看，则每一个民族中成员个体化进程都有其独特性。中国传统社会中个性的发展，走了一条极为特殊的道路。中国社会自有文明以来，便是以农业为立国之本的，农民是社会的基本力量。一般地说来，农民与自然的

关系是有一种双重的性质的。一方面，他须靠自己的活动在一定程度上改变自然条件以获取生活资料，另一方面，生产力水平的低下又使他在很大程度上顺应自然的力量。这就构成了农民的一般的二重心理结构：有为与无为。但这种二重结构随具体条件的不同而又呈不同的结合方式，在一般的二重结构上有不同的侧重。中华民族的主体，像大多古老的农业文明一样形成于大河流域。由于对河流的治理，逐渐形成了大范围统一的社会政治格局，起初还是以诸侯盟会的形式存在，后来就发展为集权的统一国家了。在这种农业生产方式的条件下，一方面由于与大自然的奋斗，导致了人们对自身力量的信任，倾向于对生活采取一种刚健有为的态度，但同时由于必须极大地依赖有组织的群体力量才能战胜自然，又导致人们对群体的依赖。刚健有为、依赖群体，可以说是中国古代北方文化心理的基本倾向。在这种文化心理的基础上，形成了儒家思想传统，并在中国古代社会占据支配地位。而在中国的南方，农业生产的自然条件却大不同于北方。这里没有治理大河的压力，温和的气候、充足的水量都极有利于农业生产，对自然条件改变的必要性大大低于北方。在此等生产方式的基础上，人们的心态结构自然地偏向于一种顺应无为的形式。同时，既不需要以巨大的群体联合的力量抗拒自然的压力，也就没有大规模社会组织的必要，因而古代南方在社会组织的发展水平上也大大低于北方，人们对大群体的依赖性也就比较低。在这种文化心理基础上，发展起来的是道家的思想即崇尚自然、顺应无为。如老庄的阴柔无为、小国寡民、无兵去战、薄礼非法等思想，无不是古代南方社会状况与人们心态的反映。但自春秋战国时代以降，随着南方的开发与发展，南北文化大规模交融，儒道两家的思想也开始相互渗透。本来就都是基于农业生产方式的思想体系，其中自然不无相通之处。特别是魏晋南北朝时期的人口大流动，南方的进一步开发，更是极大地加强了这一趋势。这一时期的新道家思想尤其带有儒道交互渗透的特色。但是，由于道家思想不适合于封建大一统的需要，因而，无论如何融和，总是以儒家思想为主导的。且作为一般群众心态的"北儒南道"这一基本特色并未被消灭，而只是削弱了而已，甚至今日人们仍然可以感受得到南北方人的性格的这种基本倾向。作为个人的心态结构，儒家思想往往用于治国从政，而道家思想则用于自我修身养性。或者，进则儒家，退则道家，亦即所谓"达则兼济天下，穷则独善其身""阴阳互补""刚柔相济"。这些大体上就是传统中国人的心态的基本结构。在士人那里，这种结构可以上升到"儒道互补"的水平，而广大民众则多停留在迷信巫术与重功力行的二重状态之中。

中国人的这种"儒道互补"或"阴阳互补"的心态结构，在一个方面，它有着儒家思想的刚健有为、看重事功、看重群体、崇尚和谐的特征，可称之为"群体有为主义"；另一方面，它又有着道家的阴柔无为、看重内心自由、反对外部约束、崇尚自然的特征，可称之为"个体无为主义"。这种心态结构，从总体上来看，是很适合于中国的传统社会的。儒以经邦济世，道以修身养性，各得其所。中国古代高度发达的政治结构与辉煌的文学艺术成就，正是此种心态结构的外化所致。此外，就个人而言，儒家的"群体有为主义"给个人心理所带来的压力、焦虑等，又可很好地为道家的"个体无为主义"所中和，从而就极为有效地保持了个人心理的平衡。中国人很少出现精神焦虑等常见于西方与日本的病状，当与这种二重心态结构有关。

然而，中国人的这种二重心态结构毕竟只是传统社会的产物，亦只适合于传统社会，而从根本上来说不适应于现代社会对个人心态的要求。就这种心态的"阳"面而言，儒家尚"和"，以"仁"为纲，着重的是所谓的纵向"主轴"即父子关系，一切以这一主轴为中心而达成统一和谐状态。这种关系的实质即子对父的绝对服从。不言而喻，这种关系必然要求遵守祖宗成法，从而必然导致社会的停滞。这种关系还很有效地消除了横向"主轴"即夫妻关系为中心所带来的"代沟"问题，但为此付出的代价却是沉重的。"代沟"自然带来一些社会问题，但它之为"代"、为"沟"，却正是社会进步的一种标志。倘无代无沟，社会何以进步？而就这一二重心态结构的"阴"面而言，道家精神亦与现代社会所要求的进取心态背道而驰。现代社会是空前"有为"的社会，空前崇尚人类自身力量的时代，阴柔无为、崇尚自然、去兵非战，何能自立于世界民族之林？毋庸多言，这种儒道互补的二重心态结构的两个方面均不适应于现代化的要求，这是很明白的事情。

那么，中国人的心态结构应该朝何种方向改变呢？就个性的类型而言，可以说有个体主义与群体主义两种基本类型。前者大体上是现代社会中人的基本特征，后者则大体上是传统社会中人的基本特征。但有一个例外，那就是在高度现代化了的日本社会中，其成员的个性亦呈一种群体主义特征，其理论上的表现亦为儒家思想。这就使得一些人对中国从"五四"以来思想界倾向于个性解放的方向发生了怀疑，认为中国亦可倚仗传统的儒家思想取得社会的现代化。但我们认为，这在日本则可，在中国则不可。日本人以群体主义精神实现了现代化，这说明走向现代化的道路并非只有西方模式一条，也说明人类个性发展的道路是曲折多变而非笔直的。日本社会在诸多特殊条件下走上了群体主义的道路，除了岛屿国家对外界压力感受深切，等级社会中各个阶层皆有杰出人物，知识分子（武士）有极高的社会地位并掌握着国家现代化的大权等条件外，更为重要的是，日本人的心态结构中，群体主义是绝对主导的因素，并无可与之相抗衡的另一面（至于日本人如何平衡这一面，这是另一个问题，此处不予讨论）。这样，日本人在外界的压力下，选择了把传统的群体主义加以改造的方式，而不是由群体主义转换为个体主义的方式，先成就了其现代化社会，而将社会成员高度个体化的日程移向了往后。但中国的情况则比这复杂得多。中国人的心态结构中除去"阳"面的儒家群体主义外，又有不可忽视的"阴面"——道家的个体主义。尽管道家的个体主义一般只追求内心的不羁，并不似西方的个体主义那样表现于外，但它总归是一种个体主义倾向，这就使得决然的群体主义社会很难与中国人的心态结构相适应，而在日本，这两方面至少在相当大的程度上是相适应的。道家的个体主义有如儒家群体主义块体上的一些孔洞，使之疏松不实，从而难以贯彻到底。我们在前面曾指出，个体化程度的增加，是人类发展的一般历史趋势，尽管在特定的条件下，在某一时期内，某一社会可以缓行个体化的发展，但历史的总趋势却必是如上所述。因而，欲使当今中国人的二重心态结构单纯化为群体主义一端，一般说来，由于与历史取向相反，恐怕不可能实现。19 世纪以来，由于外国帝国主义的压力逐渐增加，民族危机加深，民族主义开始在中国兴起。大体上说来，民族主义与群体主义较为一致。因而，在民族危亡之际，群体主义便较为兴盛。但危机一过，便往往复归常态了。近世以来的许多人士都企图倚群体主义之势而振兴中华，如孙中山先生就曾感慨过中国人自由太多、散沙一盘之弊，但这条路终归未能走通。原因是中国人的心态结构忍受不了绝对的群体主义。"文化大革命"的现代造神运动最后一次宣布了这条道路的不可取（群体主义须有一个超越普通个体的神圣的象征人物）。因此，倒不是中国该不该走群体主义的路子，即该不该坚持儒家传统的问题，而是在事实上，中国根本不可能回到决然的儒家群体主义的传统。根据中国人的心态结构，中国必须走加深个体化的道路。至于道家的只追求内心自由的个体主义，也无疑必须有一个基本上的改造，而不能照旧套用。这一点在后面还要论及。①

三、当代中国社会中个性获得尊重的现实基础

在当代中国，尊重个性、解放个性、发展个体化倾向，不仅为社会的现代化所必需，而且也具有了社会发展状况方面的现实基础。

首先是社会主义商品经济的发展。商品经济的前提是摆脱人身依附的独立个人。商品经济的发展有着这方面的迫切要求，并且促进着个人独立性的发展。中国经济结构由刚性的指令性计划经济向着注重市场调节的转变，使得原先为各种条条框框所抑制的个人才能得到了某种程度的发挥，而个人才能的展示必然会带来自我的肯定感。尤为重要的是，占中国人口百分之八十以上的农民群众，在新的经济政策下，摆脱了多年来人为的束缚，有了可能走发展发挥自身才能、发家致富的道路，这一点必然会对中国的政治走向产生不可估量的影响。农民，本来由于其生产方式的落后与交通闭塞，长久以来就是绝对群体主义得以推行的社会基础。而今八亿农民正在开始变更传统的生产方式，走商品经济的道路，这就不能不从根本上影响中国人的心态基础。

---

① 务请注意，这里说的个体主义和群体主义，不可同通常说的个人主义和集体主义混为一谈。个人主义和集体主义是两种互相对立的意识形态，而这里说的个体主义和群体主义，则是从探讨中国人的个性发展的类型的角度，对中国人的传统心态的表述。

其次，是社会管理方式从人治型向法治型的转化。人治社会的最大特点是伦理与法理不分，统一于礼法，对人的评价主要地取决于群体的接纳与否。因而，人治的结果必然是一方面个人力求符合群体的规范，事事不出格，信奉"出头的橼子先烂"的哲学；另方面，由于群体内他人评价的重要性，导致个人极为"爱面子"，而并不看重内心的平衡，不看重良心。而在法治的条件下，由于法律约束的范围远比道德约束为窄，这便给个人的自我评价留下了较大的余地，在合乎法律的范围内，个人的内心平衡问题须由个人自己解决，因而良心问题突出了。从各个民族的现实历史来看，也颇能证明这一点。良心问题的突出，自我评价的必要，这必然会促使个体独立人格的发展。同时，法治的实现，在很大程度以法律评判取代了道德评价，社会不再主要地依靠群体的评价来维持规范运行，从而使得对他人个性的尊重成为可能。

又次，政治、经济等方面的转化，从总体上来看，可以说是由封闭型社会向开放型社会的转变。开放社会，一方面是向外部开放，与世界各国进行各个方面的交往、交流；另方面是向内部开放，在较高的水平上给广大社会成员提供自由发展的可能。社会约束的宽松化，发展可能性的增大，自然会引发个人自我实现的较强要求。说到底，前述各种条件只是提供了个性发展的可能，而要变这可能为现实，最重要的条件便是个人对自我实现的强烈要求。在现今中国社会，人们已亦开始用一种新的眼光看待这种要求。这一点，不言而喻是尊重个性，发展个性的重要的现实基础。

第二节 当代中国社会中个性的发展

当代中国社会中，个性的发展获得了一定的现实基础。但个性的发展并不是一种自然而然的事情。由于传统的惯性作用，人们的观念还在很大程度上不适应变化了的实际情况，更不适应现代化社会对人的要求。因此，尚需要人们对当代中国人个性发展的情况做一批判性反思。人的个性包含诸多方面的内容，但其基本方面，就中国社会的情况而言，应当是自主性、能动性以及丰富性这几个方面。

一、个体自主性的发展

自主性或自立性，这是个性之为个性的最为基本的规定。无自主性个性即不成其为个性。在当今中国由传统社会走向现代社会之时，中国人也正在由传统的非个体自主性走向个体自主性。中国的传统社会结构是以家族为基础，而不是以个体为基础的。许多学者认为，在传统中国社会结构中，最突出的两个范畴是家族和天下。"天下"是个模糊不清的东西，因而最重要的还是家族。这与西方社会中最重要的两个范畴——个人与国家——形成对比。传统中国人心目中缺乏现代意义上的民族国家观念，小则有家族，大则有天下，恰好没有不大不小的国家观念。只是在近世蒙受外国帝国主义的侵略之下，现代意义上的国家观才逐渐萌生。但由于这一观念只是外部压迫的结果，因而其精神并未真正深入到人心之中。至于家族观念，由于其历史之悠久，基础之坚实，一直具有极强的生命力。在家族之中，个人只是其中小小一分子，其命运与家族密切相关，因而，其命运亦须受家族支配；个人的努力、行为等，须以家族的利益为准。这样，在家族的巨大身影笼罩下，个人基本上是不具有自主性或自立性的。在这种家族主义基础上，人们形成的国家观念，也就极不同于以个体主义为基础而形成的国家观念。后者视国家为一工具，它须服从民众的意志（至少在理论上）；而前者视国家为一大家族，最高统治者则为一长制；个人在这里并非国家之一主人，而仍是国家机体的小小一分子，国家是目的，个人只是手段。

传统的家族主义的影响既深且广，虽在近百年内屡受冲击，但其作用在社会生活中仍随处可见。辛亥革命推翻帝制，乃一大冲击。在新民主主义革命中，通过唤醒阶级意识、促进阶级斗争的方式，开始瓦解了家族主义的基础。新民主主义革命胜利后，又通过阶级成分的划定，对封建帮会的清除，从社会政治结构上严重地打击了传统的家族主义，使得个人在此意义上有可能摆脱旧的社会关系的约束。然而，尽管有了上述种种革命之举，但由于对这一问题从瓦解旧统治的基础方面着眼多，而从解放个性，彻底改变人们的心态结构、生活方式方面着眼少，因而家族主义仍以新的面目保留在人们的生活之中。新民主主义革命胜利以来我们建立了许多超越家族的社会组织，建立了许多在原则上与家族主义不相容的生产企业，但不幸的是，这些组织或多或少都带有家族主义的色彩。因此，一旦在当初的革命激情落潮之时，旧的家族主义便重新显灵了。在政治生活中，多年来的家长制、一言堂、唯成分论、出身决定一切，甚至登峰造极到"龙生龙，凤生凤，老鼠儿子会打洞"的血统论，还有在"文化大革命"中盛行的株连制度等，无一不是旧时代的家族主义的遗迹。家族主义、个体非自主性，当然密切相关于政治结构，但更为根本的却是相关于人们的心态结构。

在很多情况下，政治结构已发生了改变，人们已经被赋予了应有的权利，但在旧观念的束缚下，仍然畏畏缩缩不敢享受。

因此，当今发展个体的自主性，重要的方面在于清除陈旧的家族主义观念残余，真正从个人心态上确立个体的自主性，而不是一味地强调外部社会关系的变化。外部关系固然要改变，但若不在改变外部社会关系的同时也改革内部心态结构，则任何外部的改变都不可能是真正的改变，即使变了，也不可能持久。特别是在当今，在外部社会关系正处在急剧变动之时，个人的内部观念的变化就显得更为重要。而内部观念的变革，乃是一种非常艰难而苦痛的事情。我们一方面虽然对封建主义的残余深恶痛绝，但另一方面又常常希望一个单位的领导具有一个好家长的形象。尤其是很多青年人，尽管有满口激进的言辞、满怀现代化的向往，但由于未对自身的观念进行过深刻的批判性反思，因而在具体的行事中，却往往显得保守、迂腐，毫无自主性，其结果便不免与最初的向往南辕北辙了。因此，确立个体的自主性、自立性，对于个人来说，必须有高度的自觉性，要在日常生活中逐渐地破除传统的家族主义观念，有意识地建构个人自主的心态。

个体自主性的内涵首先是自决，即自己决定自身该如何行事。其次，随着自决而来的就是自我负责，即自己对自己所做的选择及其后果负责。要做到自我选择也许并不困难，但要自我承担自我选择的一切后果，却并非一件易事，只有具有坚强的人格的人才能做到这一点。这里所说的自我负责显然是和在我们的社会中常常可见到的互相埋怨、互相推诿等不良习惯相反的。再次，个体自主性还包含自制的内涵。自我选择、自我负责并不如有的人所理解的那样，是个人的任性，而是把如何严肃地进行生活的权利由外在的监护人那里拿回给个人。个人在做出每一个选择时，都应该考虑到可能的后果，考虑到对他人自主性有无妨害，从而节制自己的冲动。社会总是要在一种有秩序的状态中才能运行，这一秩序不是从外部或上面强加给社会，就是社会成员自我管理的结果。因此，要摆脱传统社会的外部强制性，就只有通过显示出社会成员有能力自我管理才可达到。

二、个体能动性的发展

个体的自主性与个体的能动性，若从西方的观点来看，似属同一内容，但若从中国的实际情况来看，却似不然。如前述，中国人的心态的基本结构是二重的，是"群体有为主义"与"个体无为主义"的结合。若不顾这一基本事实，只是把西方的概念套过来，那就难以确切地理解问题，也就更谈不上解决问题了。在中国人的这种二重心态结构的条件下，若只单纯强调积极能动，那自然地会归结为传统儒家的刚健有为的范围，而传统儒家的有为却正是一种群体主义的有为，恰与发展个体化的方向相反。若只单纯地强调个体自由，则又自然地会归结为传统道家的阴柔无为的范围，此种只求内心自由、内在超越的个体主义恰好与现代社会要求个体有为的方向是相反的。简单地提倡两方面的结合，也难免重新陷入传统的"儒道互补"的道道中去。可见，如果不走出这种二重心态，那真是左右支绌。20世纪以来，人们一直企图用儒家精神的群体主义来克服道家精神的个体主义散漫性，虽然有一定效果，但终归失利了。那么，用道家精神可以吗？以往从未有人试过。这恐怕正是因为谁也不会认为它有效。我们不能设想，个体无为主义的道家精神如何能解决国家的现代化问题，如何能解决自立于世界民族之林的问题。当然，问题不在于有没有人提倡道家的个体无为主义，而在于在人们二重心态结构未曾根本改变的前提下，只是简单地反对儒家的群体主义，则必然会滑向道家的个体无为主义。这一"互补的陷阱"是一个现实的危险，我们不能不看到。事实上，我们有过"一管就死，一放就乱"的教训，近年来也有人指出过青年人中虚无主义的危险。由"文化大革命"中的盲目的热情冲动，一变而为充满相对主义情调的虚无主义，这其中自然有一个普通的心理学上所谓逆反心理的问题，但具体到我们这个民族，却不能不说又是儒道互补的二重心态结构在起作用了。因此，企图简单地从传统文化中去寻找解决当今问题的范式，是根本行不通的。中国的现代化要求的显然既不是儒家的群体有为主义，亦不是道家的个体无为主义，更不是传统的二重组合。因此，必须重新铸造民族个体的人格，现今的中国人必须以无愧于曾经创造了灿烂的古代文明的先辈的精神，来创造现代中国人的心态结构以及与之相应的现代社会，而不应该希图依靠祖宗的余荫而在世界上为自己求得一块生存之地。

与现代社会所要求的个体能动性背道而驰的无为主义，从根本上说来，是传统的自然经济的产物。在自然经济条件下，人们分散地各自从事简单的农业生产，只拥有很少的改造自然的手段，人们之间也极少交通，在这种情况下，人们不顺从自然又能如何？不无为又待如何？从传统的无为到现代的有为的转化，既需要社会状况的一定变化作为条件，又需依赖于个人自身观念的转化。近年来，社会条件已发生了很大的变化。对外开放，对内搞活，经济与政治体制的改革方兴未艾，中国的社会结构正在由封闭型走向开放型。这些都为个体能动性的发挥提供了空前有利的条件。在这种条件下，有一大批具有现代精神的人物已经脱颖而出，在各个方面展示了巨大的创造作用。

"百花齐放，百家争鸣"之风，不仅通过政策在体现出来，而且更为重要的是正在通过广大创造者的敢于创新的精神体现出来。长江、黄河漂流队的举动，虽然受到了各种批评，但他们的冒险精神确实表明了当今青年人中不甘平庸的趋向。

当然，从总体上来说，现今中国人的个体能动性发展的程度，还远远不能适应现代化的要求，从众、无为的观念仍然根深蒂固，要将其从根本上改变仍然极其困难。从表面上看，传统中国人的性格结构中，既有个体主义又有有为主义因素，要把它们再结合起来似乎不应该有什么特大的困难。但在事实上却并不是那么一回事。这一工作根本不可能通过旧有心态结构的重新组合而达到根本改造的目的，而必须予以再造。这种再造也不可能仅仅通过某种理论上的设计而得到实现。理论上的反思固然有一定的意义，它有助于人们自觉地塑造自己的人格，但更为重要的却是每一个体在日常生活中的不懈的改造。孟夫子讲过吾养吾浩然之气，人格的修养正是如此。只有经过长久的修养锻炼，才能达到浩然、沛然之壮大境界。

三、个体丰富性的发展

个体内涵的丰富多样性，是与个体的自主性、能动性密切相关的。只有在个体内涵达到了相当丰富多样的水平时，个体的自主性、能动性才能得到实在的发展。因此，个体内涵的丰富多样性也是个性的基本内容。

个性内涵从贫乏到丰富的发展，是从传统人向现代人发展的一个方面，这与传统社会向现代社会的发展相一致。传统社会中，个体的丰富性受到极大限制。如在中国的传统社会中，作为社会成员的绝大多数的农民，从事着一种很小规模的自然经济的农业生产，生产力水平很低，社会交往极为狭隘，两千年来几无变化。其活动领域的狭隘，限制了其活动个体的内涵的多样性。传统社会中的另一类重要成员是士人阶层。士与农民不同，他们能突破农民活动领域狭小的局限，读万卷书、行万里路，社会交往的范围要比普通农民广阔得多。他们是社会中的黏结剂、连通器，最高统治者通过由他们组成的机构，把各自分散地从事自然经济活动的农民统一为一个政治实体。因此，传统社会中的士与农民是道分两途的，农民不会走进士的活动领域，士亦脱离了农民的活动领域。劳心者的士是治人者，劳力者的农民是治于人者。士与农各自活动于一定的领域，从而各自片面地生活着。这种士与普通民众各自限于特定的活动领域的现象，在每一传统社会中都存在。但士之中文士与武士的分途，似乎却是中国传统社会所独有。这又进一步限制了这些人的活动领域，使其个体的内涵更为有限和片面。在文士之中，还有"道"与"术"之分别，这对于个体的丰富而全面的发展限制更大。传统的士重封建礼教之道而轻视科学技术之术，视前者为大道，视后者为小术。这既妨碍了古代中国科学的发展，又限制了士人在这方面潜能的实现。上述种种分途现象，并非近代意义上的会带来社会交往的那种分工，而只是自然经济基础上的社会内部的职能分途。

要实现个体内涵的丰富而全面的发展，就必须突破传统社会的种种束缚。这种突破也只有依赖于社会结构的转换和人们观念上的变化以及个体的主观努力才能实现。个体丰富性的发展的最重要条件，是个体活动领域的广阔多样。因此，无论在客观条件上还是在主体努力上，打破凝固不变的生活格局都是具有极为重要的意义的。这里需要的首先是择业自由以及伴随而来的居住迁徙自由。只有具备了这种最基本的社会流动性，才可能造出机会均等的公平局面，也才可能使个体的内在潜力找到发挥的机会。传统社会把人终生限定在某一特定职业中的束缚，必须得到根本改变。现代社会中个人择业的自由，使他能大大地扩大其活动领域。现今中国的商品经济已有了一定的发展，商品经济的发展又强烈要求人事制度的改变，改革后的人事制度将有可能为个人活动留出较大的选择余地。在此基础上，个人居留迁徙的权利亦会随之而获有，从而有助于加强社会的流动性，开阔个体的视野。其次，现代通信、交通技术的发展与对外对内的一定程度的开放，也为扩大个体之间的交往提供了较好条件。个体之间的交往是扩充个体内涵的丰富性的一个极有力的手段。无论如何，单个人的活动领域总是有限的，而多数个体之总和的活动领域却大大地超越了单个个体的有限性。单一个体突破其活动有限性的最有力手段，除了扩大自身的直接活动领域外，在很大程度上是依赖于个体之间交往的扩大、交往内容的丰富多样化。这一点，可以很简单地从对比发达国家与发展中国家的人均拥有新闻及通信、交通的手段量看出来。在现代社会中，新闻、通信、交通等，不仅是社会提供给个人的享受，更为重要的是个人具有这种享受的内在需求，他们内涵的丰富性必须借助于这些外部的手段才能实现出来。

个体丰富多样性的发展，从根本上说来制约着个性在总体上的发展。原始社会的成员由于其活动领域的狭小与单调，其内涵的规定性甚少，因而不得不几乎无条件地依赖于群体，这样他也就无以获得个性的最基本的核心——自我感。原始社会可视为多元单一的社会。进入文明时代后，社会的分工有了发展，个人被划分在一定的职业领域中，从事某一特定的活动。这使得原始单一性的人群有了一定的分化，个体的自我差异感也就逐渐萌生。但此时的个体自我感还与个体所从事的职业紧密地联系在一起，个体的差异性就是他的职业的差异性，他的作为人的内在性尚未被体验到。此时，从社会的角度来看，人所具有的变异度增大了，个体间的差异也明显了，但个体的内涵还远谈不上丰富，仍是以极度贫乏为基调的。现代社会取消了强制一个人终生从事某一种活动的制度，使个体在职业及居留地的变迁中能够体验到个体的内在本性与他所从事的职业的不同，并且能从流变的多样性中体验到个性的统一性。这样，个体间不仅是互相区别的，而且社会范围内的差异性也会内化入个体内部，在多样性的基础上达到了个性的内在统一。个体在此种境况中就能够获得完整的、不属于任何外在职业的人格。我们因此看到，个性的各个方面的发展是相互联系而交互前进的。个性即是个体自主性、能动性与丰富性的有机统一。

第三节　当代中国社会中个性发展与社会发展的关系

　　作为社会成员的个体与作为个体复合物的社会之间，是相互映照、相互渗透的，个体的个性发展与社会的发展也是相互依赖的。个性的发展只有在与社会发展的相互作用中才能获得进展；社会发展的特定类型制约着个性发展的特定形式。人们只能在社会的发展中发展自己的个性，又是在个性的普遍发展中促成社会的发展。

　　一、个性发展的一般方式

　　人的个性是支配着他的活动方式的内在结构，但它不是与生俱来的先天性的东西，而是在人的先天性生理结构的基础上，经由后天的活动而内化成的。但人的活动离不开他所存身的社会，因此，个性的形成与发展都必然相关于社会的发展，并与社会发展的状况相一致。人的活动总是社会性的，这是为人的存在的有限性所规定的，即个人的有限性使得他们只有结成社会才能生存、发展。而人的个性——支配人的活动方式的内在结构——既然只能在人的活动的基础上形成，既然是人的活动方式的内化，那么，个性的形成与发展就无论如何会与社会的发展结下了不解之缘。人的个性与活动方式，可视为人的内外两个方面，活动方式是人的看得见的外部结构，个性则是看不见的内在结构。内在结构在外部结构的制约下形成，在某种意义上就是外部结构的内化；而内在结构又支配着外部结构的运行。内外两个方面互相映照、相互渗透，可以说是一种同构关系。因此，一个社会的发展状况必然反映着该社会成员的个性发展状况，反之，其成员个性的发展状况，也必然反映着该社会的发展状况。

个性的发展与社会发展的一致性，并不是说二者之间完全同一，而只是说作为内在的个性与作为外部的社会之间有着一种相互制约、相互渗透关系。一般地说来，在一个社会中，社会成员的个性发展与该社会自身的发展，虽然有很大的一致性，但各自又有相当的独立性，并且，社会的发展水平越高，这种相对独立性就越明显。这种独立性之所以是相对的，就在于它不能超出两者相互制约的范围。当其中的一方面有了某种发展时，必与另一方面发生矛盾，要求其与之适应，反之亦然。这样，一个社会的社会成员的个性与社会自身的发展便是采取一种各自变异，又在同时制约彼方变化的方式。大体说来，这有两种情形。一种是在通常情况下，社会的一方面由于其稳定性、保守性而取一种相对不变的状态，而某些个体的性格却由于种种原因而发生了较大的变化。变得与现存社会形式不相适应，于是，或者是由于个性发展的力量强大而逐渐地改造了社会，或者由于社会方面的稳定性力量太强，而压抑了这些发展了的个体。另一种情况是，在历史的某些重要时期，社会结构急剧变化，而社会成员中的许多人却由于未能积极地参与历史活动而未能转变自身的个性，从而与社会之间出现矛盾。在这种情况下，与前一情形相似，或者是这些未得到发展的个性阻碍社会的变化，或者是变化了的社会使这些个体处于受压抑状态，或者是两者兼而有之。总之，社会成员的个性发展与社会自身的发展所采取的形式既相对独立而又相互制约。这种内外两个方面既相矛盾又相一致的情形，正是人类历史发展的一种机制。

在一个社会中，个体的个性发展与社会自身发展之间的矛盾关系，是个性发展与外部的社会发展之间的不平衡性。同时，个性的发展在各个个体之间也是不平衡的。一个社会各个成员的个性发展，从根本上说不可能是齐头并进、规整划一的，而是在大体上呈现为一种等级层递式的状态。就人类个体个性发展的最终目标而言，其历史趋势是指向一种完全自由的个性，即个人所有的潜能都得到充分的发展，个人对自然、个人对社会的关系完全变为一种自由的关系，亦即每一个体与自然、与其他个体之间的关系达到无限丰富的多样，而不再局限于某几种固定的格式之中。这是人类发展的最高目标。走向这个目标的过程就是人类改造自然、改造社会以及改造自身个性结构的过程。在这一历史过程中，由于社会发展的制约，社会成员的个性不得不采取一种等级层递的形式。这是说，在一定的历史条件下，社会只允许一部分人的个性得到较为充分的发展，而使另一部分人的个性处于相对不发展状态。在原始社会里，普通个体的个性极不发展，只有部落首领等极少数权贵人物的个性才能得到一定的发展。人类进入文明社会后，社会分裂为对立的阶级集团，这使得一个社会内部的个体发展的不平衡更为加剧，统治阶级的成员在发展个性方面取得了更大的优势，而被统治阶级的成员的个性则进一步受到压抑，这种情况在等级制社会中尤为显著。直到近代，事情才有了转折，资产阶级从政治上宣布了人人生而平等，至少在形式上取消了社会成员在个性发展方面的不平等。但经济内容上的差等仍然存在，而这不是靠简单地宣布实行一种平均主义的社会制度就能够解决的，而是必须依靠生产力以及社会各个方面的巨大发展。事实上，两次世界大战以来，由于科学技术革命所实现的生产力以及生产方式的巨大变化，已为我们显出了实现人人平等，并在此基础上实现社会成员之间的全面交往，从而真正实现人的个性全面发展的前景。总之，就全社会而言，个性的发展所采取的方式，是一种先允许少数人得到较充分的发展，然后在历史的进步中逐渐推广的过程。这一过程犹如一倒金字塔，层层扩展，由少数到全体。

二、社会发展对个性发展的制约

如前述，社会与个人是同一整体的两个方面，其发展是相互制约的，即个体的发展既受制约于社会的发展又制约着社会的发展。这是双方关系的一般情形。我们在这里将进一步考察当代中国人个性发展受制约于社会发展的具体内容。考察个性发展对于社会发展的依赖关系，即是考察社会为个性发展所提供的约束条件以及这些条件的变化对个性发展的影响。

在诸多社会条件中，对人的个性发展影响最有力者，莫过于生产方式的状况。当代中国社会的生产方式，尚处于发展中状态，混合有古代和近现代的成分。这种独特的生产方式状况给予当代中国人个性的发展以深刻的影响。近现代工业的存在，促使个人摆脱传统的家族主义，走向个体独立性更大的方向；而古代农业生产方式的存在，又起着相反的作用，扭曲着个性解放的样式。那种顺从、依附、消极无为的人格，大都与这种生产方式的状况相联系。因此，发展中国人的个性，必须与中国社会生产方式的改造同时进行，以生产方式的改变促进个性的发展。近十年来农村经济政策的改变，在很大程度上促成了商品经济的发展，古老的生产方式开始有了显著的变化。这些变化有力地影响了中国农民的人格，使得昔日的逆来顺受者也敢于为了保卫自身的利益而与有权势者论理抗争了。经济改革以来，城市的生产方式也有了某种变化，这些都对当今中国人的个性发展有着明显的影响。不言而喻，随着改革的深化，国人的个性将会得到进一步的发展。

社会的生产方式对个性发展的影响具有基础性，而社会的政治结构状况对于人的个性发展的影响则更具直接性。与经济、文化等层面的运动的恒稳性不同，政治生活特别是政治运动的特点是剧烈性，因而，它对社会成员的影响，便更为直接。政治是经济的集中反映，但政治自身又有很大的相对独立性，自它从社会整体中分化出来之日，便在与经济、文化等因素的相互作用中，按自身的道路运动着。处于同一个时代、有着同样的生产方式背景的社会，其政治结构不必相同。例如，同为封建时代，同为农业生产方式，古代中国的政治结构便与西方的大不相同。中国社会的政治结构，自秦汉以来便是大一统的高度集中形式，虽然其间时有分裂局面，但集中统一毕竟占压倒优势。这恰与欧洲中世纪封建诸侯林立的政治格局形成比照。这种高度集中的政治局势，无疑极不利于发展个人的独立人格。自从近代政党组织方式介绍到中国来以后，由于这一有力工具的作用，高度的集中化更是有了发展。中国共产党领导的新民主主义革命的胜利，人民政权的建立，推翻了封建专制主义，极大地冲击了传统的家族主义。人民当家做了主人，因而人的个性的发展获得了空前良好的条件。但是，又由于过去多年来仍实行过分集中的政治体制，也就为个性的发展造成了一些不利的影响。这种过分集中的政治体制，在某种特定条件下，有可能造成个人或少数人专断，"文化大革命"中的现代造神运动就说明了这一点。"文化大革命"把这种高度集权的政治体制的弊端推向了极致，也使当代中国人的个性扭曲达到了极致。不言而喻，人神相对，人的地位是微不足道的，人的一切全部是神给予的，哪儿还会有人的独立自主性？物极必反。在中国人民从现代迷信中醒转过来的同时，高度集中的政治体制也正在经受改革。这些必定会深刻地影响并促进国人自主意识的发展。当然，就目前的情况而言，人们的民主意识以及作为政治上民主意识的基础的个人独立自主意识，还处在一个初步发展的阶段，未来的发展任务还很艰巨。

社会的文化结构或文化模式，对于社会成员的个性发展也有着极为重大的意义，而且这种影响更为内在化，更具有持久性。一个社会的文化结构或文化模式，是该社会的认知方式、价值取向、审美标准等方面的总和。文化结构从一个方面看，是为一定的人群所创造、所运用且存在于社会成员的活动之中的，但从另一方面看，对于特定的个人来说，它又是一种既定的力量，既定的标准活动方式，它对于个人的活动有一种整合作用，使个人不得背离它而生存。文化结构又具有极大的稳定性和继承性，对它的改造是最为困难的事情。与在多种文化交流与融合下形成的西方文化不同，中国文化是在相对封闭的条件下独立发展起来的，虽然中间有佛教的影响，但毕竟未改变其本来面目，因而其结构或模式具有很大的独特性。这种文化模式数千年来一直在一个层面上制约着中国人个性的生成与发展，近代以来，在民族危亡的关头，这种文化受到了严重的挑战。"五四"时期的学者们第一次对这一文化结构进行了认真的清算，这对于建设新文化自然是极为必要的步骤。但在后来，人们却偏离了"五四"的方向，把对旧文化的清算变成了对旧文化的全面否定，而且是极为简单的否定。这是一个方面。另一方面，从近代以来，对西方文化的大规模引进，在某种意义上深刻地改变了中国文化的结构，形成了中国文化结构中的中西对立格局。这一点对于新文化的建设也是必不可少的。但在后来，也遭到了严重的歪曲。我们党在马克思主义指导下，在文化建设上做出了十分艰苦的努力，并取得了巨大的成就，社会主义新文化在中国逐渐形成。但是，在文化建设上也走过不少弯路，甚至发生过严重的逆转，特别是"文化大革命"，曾使上述两个方面的粗陋化倾向都发展到了极端，从而使五四运动所开创的、我们党多年坚持的建设新文化的正确方向从两个方面受到了严重的扭曲：既割断了与传统文化的联系，又割断或歪曲了与西方现代文化的关系。但与传统的联系在实际上是割不断的，割断的只是与传统的"文化"的联系，而与传统的"非文化"的联系却更紧密了。"文化大革命"实际上是大革文化的命，它造成文化的真空。在一片文化真空的情况下，既不能正确地参照西方文化，又不能以现代眼光去分析传统文化，于是乎，传统中那些最落后、最腐朽的东西便都打着最最革命的旗号重新登场了。我们失去的只是传统文化中比较优秀的东西，而以"革命"的名义保留下来的却往往是一些残渣。这种大革文化命的结果，对中国新文化建设的破坏作用是致命的，因而对于当代中国人的个性发展的影响也是极为恶劣的。一切现代迷信、对待异种文化的虚矫态度、对文化人的迫害等，皆与这种由文化真空而造成的劣质文化有关。随着经济上政治上的改革开放，文化上的改革开放亦在进行。这种改革开放，必然有助于两种文化中精华成分的融合，有助于现代中国新文化的建设，从而有助于中国人个性的健康发展。

三、在发展个性中保证社会的发展

上面我们讨论了当代中国社会发展对国民个性发展的制约作用。这是事情的一个方面。制约总是相互的，因而事情的另一个方面必然是国民个性发展对社会发展的影响作用。如前述，在一个社会中，社会结构与国民个性结构两个方面是互相映照、互相制约的，因而，国民个性的发展状况，便不能不起着推进或阻滞社会发展的重大作用。近代以来中国社会的发展目标是在各个方面实现现代化，首先是经济发展的现代化，是要从自然的农业经济转变为商品化的工业经济。而商品生产的首要条件是生产者个人的独立性，这就必须除去一切封建的人身依附，并在内在方面充分发展个人的独立意识。其次是政治的现代化，这是要从封建的专制政治转变为现代的民主政治。与发展商品经济的条件相同，民主政治的首要条件亦是国民的个人独立自主意识的生成。没有这种独立自主意识，民主政治便无实现的可能，若是强行实行了，那也只能是一种假民主，一种为民做主之类的封建式的"民主"。再次是文化建设的现代化。狭义的文化主要包括文学艺术与各种学术。现代文化的显著特点是其多元性与多变性，而这便要求文化工作者以及全体国民的个性不仅必须具有充分的自主独立性，而且必须具有高度的丰富多样性。不如此，丰富多样的现代文学艺术、现代学术理论便无从创立，日新月异的变化便无从展现。但是，从近代以来，国民个性的改造与发展就从未得到过真正的重视，对于国民个性

对社会发展的关系也从未得到过清醒的认识。鲁迅先生在 20
世纪上半叶曾深刻而痛切地感受到了这一点，看到了只从表面
上改造社会的无效性，发出了改造国民性的呼声。但在民主革
命时期，我们不得不全神贯注于对社会的改造，改造国民性的
事则有所忽略。在经受了"文化大革命"的沉痛教训后的今天，
我们党明确地把社会主义精神文明的建设规定为中国社会主义
现代化建设的基本内容之一，把提高整个民族的素质看成了社
会主义现代化事业中具有决定意义的因素。国人也多已重新认
识到鲁迅先生当年所耿耿于怀的问题，学者、文学家、艺术家
们各自以不同的方式探讨着、思考着这个问题。这种社会的重
视，必然会促进国民个性的发展，而国民个性的健康发展也必
定给予社会的发展以有利的有力影响。

　　不仅国民个性的一般发展对社会的发展有着重大的影响作
用，而且其发展的方式也影响到社会的发展。这里所说的个性
发展方式，主要是指在社会从传统的经济、政治、文化中走向
现代社会时，与之相应的国民个性的改造与发展在全社会内所
采取的方式或步骤。如前述，从人类社会发展的一般过程来看，
人的个性指向越来越大的独立自主性与丰富性的发展，不是齐
头并进、直线式地进行的，而是采取了一种倒金字塔式的层递
发展样式。这种发展方式固然有其种种弊端，但在可能达到的
条件的前提下，它仍是最为合理的方式。它虽然抑制了一部分
人的个性的充分发展，但却保证了另一部分人的个性的较为充
分的发展，从而为全体社会成员的个性发展树立了一个模式、
一个方向。这种发展方式不仅一般地对于以往社会的成员的个
性发展有效，就是对于当今中国人个性的发展也具有重要的意
义。很明显，在此处采取平均主义的齐头并进方式，如同在其
他领域的平均主义一样，只能导致全体的平均不发展，长久的

停滞。这种个性的发展方式对于社会的发展形式无疑会有着严重的影响。例如，在政治方面，人们在过去总有一种偏见，总以为我们的社会既然从理论上来说是真正民主的社会，那么，采取最广泛民主的形式便自属当然，但不知道有效的民主形式是受制约于国民个性的发展状况的，即不知道民主形式的有效程度是取决于国民中具有独立自主意识的人的数量的。只有具有独立自主意识的人的参与，才可能形成真正有效的民主政治局面；而缺乏自主性的人的参与，则只能导致专制或不负责任。这一点是我国在实现政治民主化的过程中，不可不重视的问题。欲有效地促进民主化的进程，有效地扩大民主参与的范围，便必须有效地促进国民独立自主的个性发展，舍此别无他法。

第十八章　当代中国社会中人的价值

人既是社会发展的力量，也是社会发展的目的。当代中国社会发展的目标，是使中国成为富强、民主、文明的社会主义现代化国家。中国人民创造这样一个强大的国家，同时也就是把自己变成这样一个强大国家的主人。人的价值的提高和实现，在当代中国社会发展中具有首要的意义。

第一节　当代中国社会中人的价值的目标

人的价值不同于物的价值。人的价值是一种主体性价值，即人作为主体所具有的价值。因此，当代中国社会发展中人的价值目标，就是不断地增强和提高人的主体地位。

一、人的价值的科学含义

"'价值'这个普遍的概念是从人们对待满足他们需要的外界物的关系中产生的。"[①]凡是能够满足人的某种需要的物，即对人有用的物，就具有价值；凡是不能满足人的需要，甚至对人有害的物，就没有价值，或只有负价值。离开人这一主体，

---

① 马克思：《评阿·瓦格纳的〈政治经济学教科书〉》，《马克思恩格斯全集》第19卷，人民出版社1963年版，第406页。

离开主体的需要，任何物都无所谓价值。价值关系就其本义来说，只是作为主体的人与作为客体的物之间的需要与满足的关系。对于"人的价值"，显然不能直接地从"价值"这个普遍概念的本义上去理解。某个东西的价值即有用性是对于一定的主体而言的，而人本身就是主体，因此，所谓人的价值即是人对人自身而言所具有的价值。人自身也可以作为评价的对象，在这个意义上，也只是在这个意义上，才能谈论人的价值的问题。

人有什么价值？人对人自身有什么意义？也就是说，人对于满足人自身的需要有什么意义？探讨这个问题，应当从考察人满足自己需要的特殊方式入手。人本来也是物，它作为生物体也同其他生物一样必须同自然界进行物质交换才能生存。但人不是纯自然的生物体，它不是被动地接受外界提供的生存资料，而是主动地创造自己作为人所需要的生存资料。自在存在的自然物不是一种为人的存在，它不具有满足人作为人的需要的价值属性，只有通过人自己的活动改造自然物，使其具有对人有用的形式，才能转化为具有价值属性的为人的存在。客体物的价值是作为主体的人的实践活动即价值创造活动的结果。没有人的创造价值的活动，就没有物的价值。人对人自身的意义，就在于人能够创造物的价值以满足人自身的需要。可见，人的价值就在于它能创造价值。人的价值是一种创造价值的价值，因此，它也就是一切价值中的最高价值。

在人和物的关系上，人是主体，物是客体，它们之间是主导和从属的关系。物的价值是一种客体价值，它的意义就在于满足人的需要；人的价值则是一种主体性价值，它的意义是在于按照人的需要去创造和占有客体价值。所以，人和物、主体和客体的关系是目的和工具的关系。物只有相对于人的目的才有意义即价值，因此，物的价值是一种从属于人的目的的工具性价值。人则不再以任何别的东西为目的，人本身就是目的，因此，人的价值是一种主体性价值，而不可单从工具的意义上去理解。

物的价值是人和物的关系，在这种价值关系里，人是有需要的价值主体，物是满足人的需要的价值对象，即人是目的，物是工具，目的和工具的区分是确定的。但人的价值却是人与人的关系，在这种价值关系里，人既是价值主体又是价值对象，即人既是目的又是工具，因而目的和工具的区分是不确定的。就人类整体而言，人的活动是为了满足人的需要，从这方面说，人是目的；但人的需要也只能靠人自己的活动去满足，而不能靠自然界的恩赐或靠人之外的其他什么力量去给予，从这方面说，人又是实现人自身目的的工具。就人类个体而言，个人既有自身的需要，又要以自己创造活动的成果去满足自身、他人和社会的需要。平常人们烂熟于嘴的"人的价值在于奉献"的说法，就是就个人价值而言的，讲的就是个人价值或人生价值的工具性的一面。因此，个体也既是目的又是工具。无论就人类整体而言还是就人类个体而言，人的价值的工具性都不同于物的价值的工具性，它是同人的主体性不可分割的。所谓"人的价值在于奉献"的命题，就其肯定人的价值的工具性一面来说是个合理的命题，但绝不是说人只是单纯地作为工具而存在。人用自己创造的价值不是去奉献给物、奉献给上帝，而仍是去奉献给人；而且，只有人能够真正作为人去进行创造价值的主体性活动才谈得上奉献。更为重要的是，并不是人的任何一种奉献都是真正有价值的。只有奉献给人类的进步和解放才是真正有价值的。而所谓人类的进步和解放，归根到底来说，也就是人类主体性的提高和实现。可见，肯定个人价值的工具性的一面，并没有否定人是目的。不论就人类整体而言还是就人类个体而言，人的价值都是指一种主体性价值。这是理解人的价值的关键。

二、人的价值的目标是不断提高人的主体地位

人在创造客体价值的同时，也创造了人自身的价值。人创造物的价值，即是人的本质力量的对象化，一方面是为了满足人的类生活的需要，另一方面也是实现和提高人的主体地位。但是，这两个方面并不在任何情况下都是统一的。人创造了客体价值，并不一定能实现自己的主体地位，有时甚至是主体地位的丧失。就人的价值的主要目标来说，显然不在于创造客体价值，而在于通过创造和占有客体价值来实现和提高人自身的价值，即实现和提高人的主体地位。

人类为争取自己的主体地位，走过了曲折的道路。人类社会早期，人们还基本上处在主客未分的混沌状态。但人要生存，就必须通过自己的活动向外界索取生活资料，而当人按照自己的目的去活动时，就已经把自己摆在了"人"的地位，也就已经体现着人的主体性。随着生产力的发展，剩余产品的出现，私有制的产生，社会开始分裂为两大对抗的阶级。占有生产资料的剥削者阶级把劳动者阶级作为满足他们需要的工具，无偿地占有劳动者阶级的劳动。创造价值的劳动者处于被奴役的地位，他们创造了物的价值，却失去了自己的人的价值。因此，在社会分裂为阶级的条件下，是以牺牲一部分人的主体性来实现人类的主体价值的。历史上的被剥削被压迫的阶级为了提高自己的主体地位，实现自己作为人的价值，与剥削者压迫者阶级进行了不懈的斗争，在近代史上，尊重人的权利、维护人的尊严，成为思想运动的主潮流。在被压迫阶级的阶级斗争的推动下，人的主体意识日益觉醒。马克思主义的诞生，使人的主

体意识的觉醒达到了新的历史水平。在马克思主义指导下，一系列国家建立了社会主义制度,用公有制代替了剥削者私有制,从而为提高人的主体地位提供了现实的条件。

当代中国社会建立了社会主义制度，废除了剥削制度，结束了社会上一部分人以绝对主体自居而另一部分人沦为工具的现象。劳动者为国家、为社会劳动也就是为自己劳动。他们成了生产资料的主人，也就成了国家和社会的主人。广大人民群众主人翁地位的确立无疑是人的主体地位得到确立的显著标志，这表明当代中国社会人的价值空前地提高了。但是，中国仍处于社会主义的初级阶段,还存在着许多不合理的社会因素，严重地限制着社会的发展和人的发展，影响人的价值的实现和提高。

中国的社会主义脱胎于半封建半殖民地社会，旧中国未曾经历商品经济充分发展的阶段，未能形成像某些发达国家那样的民主传统，也未曾经受过以维护人的权利和尊严为主体内容的广泛、持久的思想运动的洗礼，封建专制主义残余的政治影响和思想影响仍然广泛地存在。中国人的主体意识的觉醒是迟缓而表浅的。在中国社会主义制度建立若干年以后，居然发生了以"文化大革命"的极端形式表现的现代造神运动，其最深刻的原因就在于此。而当中国人从这场噩梦中惊醒过来以后，首先抓住这场浩劫的实质、发出维护人的权利和尊严的呼声的，也只是一部分具有较强现代意识的人。这固然也不奇怪。但由此可见，唤醒人民的主体意识，在当代中国社会仍然是一项何等艰巨的历史任务！

我国旧的政治体制、经济体制、文化体制及其他体制的种种弊端，都集中于一点，即严重地束缚人的自主性、积极性。这同我们过去在社会主义建设的指导思想上见物不见人的错误倾向有着直接的联系。我们是在一个生产力水平和科学文化发展水平相当落后的国家搞现代化建设的，人们自然容易把眼睛盯在经济指标上，盯在一些统计数字上，却往往忘记了这些目标都是靠人去实现的，而且所有这些目标都是人的目标，都是为了人而确定的目标，十年改革的失误仍然集中在教育的问题上，即集中在人才的教育、培养、开发上，这表明我们的指导思想仍未完全端正，仍然不重视人的价值。

中国社会主义现代化建设的主体是中国人民。中国社会主义发展的内在动力是中国人的主动性、积极性、创造性，中国社会主义发展的目的是中国人的富裕、幸福和发展。中国人民要在自己的土地上努力建设一个富裕、民主、文明的现代化国家，而富裕是人民的富裕，民主是人民的民主，文明是人民自己的发展。一切财富包括物质财富和精神财富的创造都不是目的，人才是目的，离开了人这个目的，任何财富都会失去意义。因此，实现和提高人的主体地位，是当代中国人的价值的目标，也是当代中国社会发展的根本目标。

第二节　当代中国社会中人的价值的实现

人的价值是一种主体性价值，人的价值实现也就是人的主体性的实现。人的主体性表现在人作为主体的活动中，因而活动本身就是人的价值的实现过程。

一、潜在的价值和实现的价值

潜在的价值和实现的价值是人的价值的两种存在形态。所谓潜在的价值就是人的本质力量或主体能力，是人作为主体完成人所特有的一切活动的能力。人具有主体能力，具有了进行主体性活动的可能，也就潜在地具有了人的价值即主体性价值。人的活动是创造性的对象性活动，人通过自己的活动把人的能力对象化到物上，按人的需要改造自然、支配自然，以致把整个自然界当作自己无机的身体。同时，人也以自身为对象，不断地变革人与人之间的社会关系，使人以全面的方式占有自己的本质，从而使人不仅成为自然界的主人，而且成为自己活动的主人。人的活动本质上是自由自觉的活动，是人作为主体的活动，人的价值就潜在于人的活动的本性中。

人的主体能力是一个综合概念，它包含着多层次、多维度的内容；同时，它又是一个系统概念，多方面的内容构成一个有机的系统，主体能力作为人的主体价值的内在根据，大体上可以从人的生理能力、实践能力和意识能力等方面去加以考察。其中，生理能力是人作为有生命的类存在物的自然基础，是实现人的一切价值的前提。实践能力是人特有的现实地改造对象的活动能力，它是使人区别于物而成为主体的根本基础。实践是主体生理能力、意识能力产生和发展的基础，而且，生理能力和意识能力作为实践能力的内在要素就包含在实践能力之中。实践能力在主体能力系统中处于基础和核心的地位，所谓主体能力在本质上就是一种实践能力。意识能力包括对象意识能力和自我意识能力。意识能力一方面受实践的制约和规定，另一方面又可以超越实践，从而表现出主体能力的创造性和自由性。

人具有主体能力就具有潜在的主体价值。人把自己的主体能力发挥于创造价值的实践过程，就可以使这种潜在的价值成为实现的价值。实践过程就是人的价值实现的过程。潜在的价值和实现的价值处于实践过程的两端，但这个实践的过程是十分复杂的。人的价值的实现，包括主体能力、主体作用、主体地位等全部主体性内容的实现，而主体地位的实现则是人的价值实现的主要目标。显然，人在实践中运用主体能力，创造了客体价值，这只是实现人的价值的必要条件，却不是充分条件，它并不能保证人的主体地位。人的主体地位的实现不仅取决于是否创造了客体价值，而且更取决于主体以怎样的方式创造客体价值，取决于主体能否和如何占有客体价值。这一切固然都要由实践去解决，但可以看出，实现人的价值的实践过程远比实现物的价值的过程复杂得多。

人的潜在的价值和实现的价值在实践过程中的转化是相互的。不仅潜在的价值通过实践变为实现的价值，而且实现的价值又在实践中转化为潜在的价值。这就是说，在一定历史水平上实现了的人的价值，即在一定历史水平上达到了的人的主体能力、主体地位等，又孕育着新的潜在价值。潜在的价值和实现的价值的相互转化，是一个永无止境的过程。

中华民族是伟大的民族，它以自己的勤劳和智慧为人类文明的发展做出过巨大的贡献，表明中国人民蕴藏着无穷的创造能力。当代中国社会处在历史大转变的时期。社会生活的全面的深刻的革命性大变动，在客观上要求人民潜藏着的创造力量充分地发挥出来，从而使人的潜在的价值得以实现。这里，关键在于创造合理的实践条件。

二、人的价值实现的条件和途径

人的价值在人自身，而不在人之外，它不是由人之外的什么力量赋予人的，而是靠人自己去创造和实现的。当代中国人的价值是在自己从事的社会主义现代化建设的伟大实践中得以实现并不断提高的。

　　实现和提高人的价值，首先要提高人的素质，增强人的主体能力。这主要就是要提高人的创造精神和创造能力。人只有创造客体价值，才能实现、确证人的主体价值，因此，创造精神和创造能力是实现人的价值的前提条件。

　　人的创造精神直接依赖于人的主体意识。主体意识即主体自我意识，是主体自觉能动性的内在根据。人只有自觉地意识到自己作为主体的需要和力量，才能有能动的创造性活动的冲动，才能激发起蓬勃的创造精神。当代中国人的主体意识，最主要的就是社会主人翁意识，而其核心则是现代民主意识。主体意识的增强同价值观念的变革是紧密联系的。当代中国人主体意识觉醒的迟缓，就是由于旧的价值观念特别是封建的价值观念残余的束缚。中国封建社会以人身依附关系为基础，个人依附于家族，农民依附于地主，民众依附于长官，下属依附于上司，人的价值也就以社会地位如职位或爵位高低和权力大小去衡量。在这种金字塔式的社会结构里，居于塔顶的皇帝具有至高无上的权威和尊严，在他的面前，不用说广大民众，就是达官贵人也没有自己的独立人格和尊严。中国封建社会不是人道社会，而是反人道的"天理"社会，人都是为"天理"活着，而不能有人欲，不能有人自己的需要。人不能是人自身的主人，从这点上说，人是没有自己的主体意识的。因此，封建的价值观就是无视人的价值。中国进入社会主义社会以后，尽管随着社会经济、政治的变革，在意识形态上也发生了重大的变化，但在价值观念这种意识形态的深层领域却仍保留着较多的封建主义残余的影响。我国在一个长时期里，商品经济的发展和民主政治建设进展迟缓，自然经济、专制主义的根基未能彻底拔除，也就不能在事实上彻底消除人身依附关系，以至封建等级观念、特权思想及与之相应的家长制、官本位制等仍得以保留和滋生。这些，都严重地束缚和压抑了人的主体意识。一些人在社会主义建设的指导思想上，长期存在"见物不见人"的倾向，为生产而生产，或"为革命而生产"，忽视了社会主义生产的目的是满足人的需要。在思想宣传上，往往用抽象的理想原则排斥人的现实需要。显然，那种脱离人的现实需要和利益的理想原则，不论把它叫作多么动听的"主义"也好，或者就叫作"天理"也好，在实质上都是一样的，都是抛开了人的价值，都是束缚、压抑人的主体意识。近十年来，随着社会主义商品经济的发展，体制改革的进行和思想解放运动的深入，人的独立自主性增强了，人的主体意识觉醒和增强了，这是当代中国社会历史前进的主流。但同时，在社会上又滋长了"一切向钱看"的拜金主义倾向，这在价值观念上就是以金钱衡量人的价值的资产阶级观念。在当代中国，这种资产阶级价值观念为一部分人所接受的现象，是对长期束缚人的封建价值观念的一种反动，它仍是人的价值的贬损和扭曲。近年来出现的新的"读书无用论"不过是"读书无钱论"，它是对知识价值的贬损，亦即对人的价值的贬损。在封建价值观念的支配下，人甘愿屈从于权力；而在资产阶级价值观念的支配下，人甘愿屈从于金钱。这两种价值观念，都是认为人的价值在人之外而不在人自身，都不是把人看成自身的主人而是看成身外之物的奴隶，都是失去了人的主体性。当代中国社会要实现人的价值，唤醒人的主体意识，就必须首先批判封建的、资产阶级的价值观念，帮助人们确立新的价值观念。

人的创造能力是创造客体价值的能力，它包括体力也包括智力，而在现代条件下主要的是智力。因此，主体创造能力直接依赖于主体的科学文化素质。主体、客体都是历史的概念，主客体之间的价值关系也是历史的。当代中国人要创造的客体价值是中国社会的富裕、民主和文明，即一个现代化的国家，这要求中国人必须具备同客体对象相适应的主体能力。只有用现代科学文化武装整个民族，全面地提高人民的创造能力，才能创造和实现中国社会现代化这一客体价值，从而实现和确证当代中国人的主体价值。只有现代化的人才能创造现代化的社会，现代化的社会又要求造就现代化的人。可见，中国人的价值实现的过程，也就是中国社会和中国人的现代化的过程。

人具有创造能力，表明人可以创造客体价值。但人能够用自己的创造活动实现客体价值，却未必能够同时实现自己的主体价值。人的活动对于人自身来说，可能有两种完全不同的效应。一种是主体活动的结果适合于主体和整个人类生存发展的需要，能够为主体合理地占有和享受，因而对确立和提高人的主体地位具有积极的意义，这就是主体性的效应。反之，如果主体活动的结果不适合于主体和整个人类生存发展的需要，或不能为主体合理地占有和享受，因而不但不能确立和提高人的主体地位，甚至反而使人降低、丧失自己的主体地位，那就是一种反主体性的效应，是主体活动的异化。造成这两种不同的效应，固然也有认识的原因，但主要是取决于主体活动的社会条件。人是在一定的社会关系中活动的。社会关系制约着人的活动，也制约人的活动的效应。从历史上看，在私有制条件下，在异化劳动条件下，劳动者创造了物的价值却失去了自己的人的价值，而且往往是他们创造的物的价值越多，自己的人的价值却越低，因为他们只是创造了奴役自己的新的条件。异化劳动的效应，就是典型的反主体性效应。当代中国社会废除了剥削制度，劳动者成了国家和社会的主人，也成了自己活动的主人，他能够占有和支配自己的活动成果。因此，从理论上说，人的活动的社会条件是根本地改变了，人的活动的主体性效应是显著地增强了。但是，在事实上，却常常发生反主体性的效应。这里，既有由于认识上的原因而不得不出现"事与愿违"的情况，也还有社会条件方面的问题。当代中国社会还保留相当多的"旧社会的痕迹"。多年实行的经济政治体制存在着严重的弊端，旧体制的弊端集中到一点就是束缚劳动者的自主性，而这些弊端只是刚刚开始在改革中有所克服。由于体制上的缺陷及其他方面的原因，人们的利益关系还未理顺，还缺乏强有力的调节机制。所谓社会根本利益的一致，在许多情况下还不能得到保证，还未能防止和消除少数人侵吞社会公共利益的现象。社会腐败现象未能清除，有些人在金钱和权力的诱惑下失去人格，失去人的价值。这些都说明，在当代中国社会实现人的价值，还必须着力于社会关系的改造，主要是通过体制改革特别是政治体制的改革，去创造合理的、良好的社会条件。

显然，不论是人的主体素质的提高还是社会条件的改造，都只能通过社会主义现代化建设的实践。人的价值是由人自己去实现的，是通过人改造世界又改造人自身的实践活动去实现的。实践是实现人的价值的根本途径。离开社会主义现代化建设的实践，所谓中国人的价值的实现就只能是无谓的空谈。只有在社会主义现代化的实践中才能创造和实现中国人的主体价值，又只有不断提高中国人的主体价值才能有真正意义上的社会主义现代化建设。这就是社会的发展和人的发展的统一，客体价值实现和主体价值实现的统一。

第十九章　当代中国社会中人的自由

前面各章对当代中国社会发展和人的发展问题的考察，都可以说是对当代中国社会人的自由的前提、条件、实现方式和程度等问题的考察。当代中国人的自由问题，是当代中国社会哲学的归结。

第一节　关于自由问题的历史考察

自从人类跨入文明时代以来，"自由"历来是人们的热烈追求和向往，是激励人们为之奋斗的巨大精神力量。可以说，一部人类文明史，就是人类不断争取和扩大自由的历史。回顾人类自由发展的历史，展望人类自由发展的壮丽前景，对于指导当代中国社会争得自由的现实斗争，具有重要的意义。在对人类自由发展的历史进行考察之前，需要先对"自由"这一范畴做一辨析。

一、"自由"范畴的辨析

"自由"是和人们的社会实践活动密不可分的，是在人们改造自然、改造社会的实践中争得的。"自由"这一范畴包含极其丰富的内容，需要从不同的理论角度予以研究。从哲学上说，可以把"自由"区分为认识论上的自由和社会历史观上的自由这样两个基本的方面。

从认识论角度看，"自由"是与客观必然性相对应的，是指人们对客观必然性的正确认识和运用，它表现为人们的意志自由和行动自由。从社会历史观上看，"自由"是与受异己的社会力量的奴役相对应的，是指人们能够支配和驾驭自己的社会关系，因而能够自觉地创造自己的历史。认识论意义上的自由和社会历史观意义上的自由是有密切关系的。在马克思主义哲学中，认识论和历史观是不可分割地联系在一起的。"自由"作为认识论范畴，包含着深刻的历史观的道理。人们在历史活动中的意志自由和行动自由同社会历史本身的客观必然性的关系问题正是历史观中的最重要的问题之一。同样的，"自由"作为社会历史观范畴，也包含着深刻的认识论的道理。人要支配自己的社会关系，当然首先要正确地认识这种社会关系，这也就是在社会历史领域内由必然向自由的转化。但是，这两个方面之间又是有明显区别的。认识论意义上的自由是人类历来都可以获得的（社会历史领域除外），只是获得的程度不同，而社会历史领域的自由则只有当历史的脚步走完了人受异己社会力量奴役的阶段，才成为可能。而要把这种可能变为现实，单靠认识也是不够的。正如恩格斯所说的："单纯的认识，即使它比资产阶级经济学的认识更进一步和更深刻，也不足以使社会力量服从于社会统治。"①要使人不受异己的社会力量的支配而反过来支配这种社会力量，就首先必须对资本主义的生产方式以及和这种生产方式连在一起的整个社会制度实行完全的变革，这是获得社会历史领域自由的根本条件和途径。恩格斯把人类历史

---

① 恩格斯：《反杜林论》，《马克思恩格斯选集》第 3 卷，人民出版社 1972 年版，第 355—356 页。

的这样一个伟大转折称作"人类从必然王国进入自由王国的飞
跃"①，它标志着人类史前时期的结束和真正人类历史的开始。
作为人类历史的这样一个最伟大的转折，显然不是人类认识史
上的任何一种飞跃所能标志的。在通过社会革命实现这一历史
转折之后，人类就由自己社会关系的奴隶变为社会关系的主人，
就开始了自觉地创造自己历史的活动。在这种活动中，每个人
都可以根据自身的发展需要，自由发挥和发展自身的能力。这
时，人类就进入了以每个人能力的自由发展为目的的自由王国。
在这里，驾驭社会关系是保证人的能力自由而全面发展的前提
条件，人的能力的自由而全面发展则是驾驭社会关系后的必然
结果。因此，从更深刻的理论层次上讲，所谓社会历史领域的
自由，其实质内容就是人的能力的发展成为目的本身，就是马
克思所讲的"真正的自由王国"的实现。马克思在《资本论》
中说："事实上，自由王国只是在由必需和外在目的规定要做的
劳动终止的地方才开始；因而按照事物的本性来说，它存在于
真正物质生产领域的彼岸。"物质生产领域始终是一个必然王
国，"在这个必然王国的彼岸，作为目的本身的人类能力的发展，
真正的自由王国，就开始了"②。这里明确揭示了所谓社会历
史领域自由的实际内容就是人类能力的发展成为目的本身。马
克思的这一论断不是他的个别论断，而是通过对资本主义社会
物支配人的社会关系矛盾运动的揭示而得出的一个基本结论，
是在阐述科学共产主义的一个基本思想。马克思和恩格斯在很
多地方都反复阐述过这一思想。③社会主义运动的目标，就是

---

① 恩格斯：《反杜林论》，《马克思恩格斯选集》第3卷，人民出版社1972年版，
第323页。
② 马克思：《资本论》第3卷，人民出版社1975年版，第926—927页。
③ 参见马克思和恩格斯：《共产党宣言》，《马克思恩格斯选集》第1卷，人民出
版社1972年版，第273页；马克思：《资本论》第1卷，人民出版社1975年版，第
649页；马克思：《给〈祖国纪事〉杂志编辑部的信》，《马克思恩格斯全集》第19卷，
人民出版社1963年版，第130页。

为了实现这一"自由王国"，就是为了保证每个人能力的自由发挥和发展。因此，本章所要探讨的当代中国社会中人的自由问题，正是在人的能力的发挥和发展成为目的本身的含义上使用"自由"这一范畴的。

马克思认为，要实现以人类能力的发展为目的的"自由王国"需要以人类能力的全部发展为历史前提。在实现这个"自由王国"之前的历史时期，虽然谈不上人类能力的发展成为目的本身，但又确实使人类能力不断获得了发展，从而为"自由王国"的到来准备着历史条件。

二、人类自由的历史发展

人类自由的历史发展和人类社会的历史发展是相一致的。在人类社会的最初阶段，社会生产力极其低下，人类的全部劳动时间都表现为维持生存的劳动时间。社会全体成员把全部可供支配的时间都用于进行物质生活资料的生产，还不足以维持每个人的生存。在原始社会末期，社会生产力获得了一定的发展，出现了剩余劳动，人类也就进入了文明时代，开始了人类自由发展的历史。因为有了剩余劳动，社会就赢得了可供自由支配的时间。人类不必再把全部可供支配的时间都花费在物质生产劳动上，而是可以腾出一部分时间从事科学、艺术、社会管理等非物质生产活动，发挥和发展人类在这些方面的才能。这种用于科学、艺术、社会管理等方面以全面发展人类能力的时间，就是社会的自由时间。这种以剩余劳动为基础的自由时间是人类自由发展的先决条件。"整个人类的发展，就其超出对人的自然存在直接需要的发展来说，无非是对这种自由时间的运用，并且整个人类发展的前提就是把这种自由时间的运用作为必要的基础。"①

虽然自由时间的创造为人类能力的发展提供了基础和条件，但是，在以往的剥削阶级社会，由于劳动生产率不高，人类还须把大部分时间花费在保证生存的物质生活资料的生产上，腾出来的自由时间量还极其有限，还不足以保证社会全体成员的自由发展。受这种有限的生产力的制约，人类能力的发展就必然地采取了这样的形式：占人口少数的剥削阶级从物质生产劳动中解脱出来，以社会的名义把这部分有限的自由时间窃为己有，去从事科学、艺术、社会管理等活动，把持了人类能力发展的垄断权；而占人口多数的被剥削阶级则被迫承担起社会全部物质生产劳动的重负。这样，被剥削阶级的可供支配的时间就都变成了劳动时间，受奴役的时间，丧失了精神发展的机会和条件。马克思在揭露剥削阶级社会劳动时间和自由时间的这种对立时指出"同一方的自由时间相应的是另一方的被奴役的时间"②。劳动阶级创造了自由时间却不能享用自由时间获得发展，剥削阶级不创造自由时间却独霸自由时间获得发展。剥削阶级的发展以劳动阶级丧失发展为前提，一般人类能力的发展以牺牲占人口多数的劳动阶级的发展为条件，这就是剥削阶级社会人类自由发展所采取的对抗形式。

在前资本主义社会，虽然剥削者通过运用自由时间获得了一定发展，出现过具有多种才能的伟大人物，"但是，在这里，无论个人还是社会，都不能想象会有自由而充分的发展，因为这样的发展是同〔个人和社会之间的〕原始关系相矛盾的"③。

① 马克思：《〈经济学手稿〉（1861—1863 年）》，《马克思恩格斯全集》第 47 卷，人民出版社 1979 年版，第 216 页。
② 马克思：《〈经济学手稿〉（1861—1863 年）》，《马克思恩格斯全集》第 47 卷，人民出版社 1979 年版，第 215—216 页。
③ 马克思：《〈政治经济学批判〉（1857—1858 年草稿）》，《马克思恩格斯全集》第 46 卷上册，人民出版社 1979 年版，第 485 页。

到了资本主义的发展阶段，随着商品经济的发展，生产社会化程度的提高，形成了普遍、全面的社会关系。但是，这种社会关系作为独立于人们身外的物的关系而与人们相对立。因此，在资本主义社会，也还不可能达到人的真正自由、全面的发展。不仅如此，资本主义社会还日益加剧了劳动时间和自由时间的对立。在资本主义社会，劳动生产率得到了迅速提高，劳动者在单位时间内创造的产品日益增多，在较短的时间内就可以生产出能够满足整个社会实际需要的产品，因而为社会游离出大量的自由时间。但是，资本的追求剩余价值的本性决定了它必然要把自由时间变为剩余劳动时间，而不会允许工人运用自由时间获得自身的发展。一方面，资本缩短了整个社会所实际需要的劳动时间，为社会腾出了大量自由时间；另一方面，却又强制地把这些自由时间用于物质生产劳动，迫使工人超出社会需要而生产，这必然会加剧生产过剩的经济危机，导致阶级矛盾的尖锐。这表明，资本的限制正是在于它所创造的自由时间。

在剥削阶级社会，这种劳动时间和自由时间的对立，直接表现为劳动和享乐的对立。人类是在改造客观世界的实践活动中发展自己的，而物质生产劳动则是最基本的实践活动。在物质生产劳动中，人在运用臂和腿、头和手等自身的自然力改变外部自然时，也改变了自身的自然，他把沉睡在自身上的潜能唤醒起来，发挥出来，使其成为人的现实能力。这本来是人的主体能力的实现和确证，是一种精神享受，但是，在剥削阶级社会，由于存在着私有制和旧式分工，劳动者被迫承担起整个社会的全部劳动重负，劳动成了一种受剥削、受奴役的活动，因此，劳动和享乐是相分离、相对立的。"劳动者在自己的劳动中不是肯定自己，而是否定自己，不是感到幸福，而是感到不幸，不是自由地发挥自己的体力和智力，而是使自己的肉体受折磨、精神遭摧残。"[①]劳动者只是在谋生的外在目的驱使下被迫劳动，劳动被看作一种卑下的、痛苦的活动，而不劳动、安逸才是享乐，才是自由。尽管如此，劳动毕竟是一种创造性的活动。劳动者在这种异化的劳动中也逐步积累了一定的生产经验和劳动技能，因而其能力也在扭曲的形式下获得了一定程度的发展，为自由王国的到来准备着条件。

三、人类"自由王国"的实现

剥削阶级社会存在的这种劳动时间和自由时间的对立，发展到当代资本主义社会，更具有了典型性。为了缓和资本主义的社会矛盾，在新技术革命浪潮的冲击下，劳动时间和自由时间的对立出现了某些新的形式，愈益明显地显示出马克思所预见的"自由王国"实现的历史必然性。

在当代某些经济技术比较先进的资本主义国家，劳动时间和自由时间在量上和质上都发生着明显的变化。所谓量的变化，就是劳动时间和自由时间的比例的变化，即劳动时间逐步缩短，自由时间不断增加。工人在劳动之余，已拥有一些自由时间，从而为人的能力的自由发展准备了条件。所谓质的变化，就是劳动时间和自由时间之间呈现出相互贯通、相互同一的客观趋势。劳动日益向科学化的方向发展，单调的、沉重的体力劳动以及简单的、重复的脑力劳动逐步为生产自动化所代替，创造性的脑力劳动在生产过程中的地位日益突出，因而劳动也不再仅仅是受折磨的活动，而是开始具有了某种吸引人的性质。同时，生产的自动化对劳动者的素质也提出了新的要求，推动着

① 马克思：《1844年经济学哲学手稿》，《马克思恩格斯全集》第42卷，人民出版社1979年版，第93页。

劳动者在新技术革命中改造自己，使自己成为具有全面性的人。也就是说，社会所游离的自由时间的一部分不能不用于发展劳动者的能力，以适应现代化社会生产的需要，因而使自由时间也逐步具有生产劳动的性质。这是一种客观趋势，它表明人类自由发展的对抗形式已经与现代生产力的发展不相适应，扬弃劳动时间和自由时间的对立已是由新技术革命所开辟的新的时代所提出的日益迫切的客观要求。如前所述，劳动时间和自由时间的对立是由生产力有了一定发展而又发展不充分的历史条件所决定的，在这种历史条件下，社会的自由时间只能以强制地吸收劳动者的劳动时间为基础，而在当代资本主义社会，新技术革命所带来的劳动生产率的高度发展，正在从根本上动摇这个基础，为扬弃劳动时间和自由时间的对立准备着物质条件。

资本主义生产的基础是交换价值。交换价值以人的直接劳动为基石，直接劳动是创造物质财富的源泉。因此，衡量财富的尺度是凝结在财富中的人所付出的一般社会劳动量，是劳动时间。而新技术革命所造成的生产的高度自动化，则使"劳动表现为不再像以前那样被包括在生产过程中，相反地表现为人以生产过程的监督者和调节者的身份同生产过程本身发生关系"①。人的直接劳动不再是生产的基础，财富的创造主要不再取决于耗费在这种创造上的劳动时间，而主要取决于自动化机器体系的效率。机器体系所具有的巨大效率是由科学技术的进步以及科学在生产上的应用，即个人在科学技术等方面的发展所决定的。这样，人的能力的财富就成了创造物质财富的源泉。马克思说："在这个转变中，表现为生产和财富的宏大基石的，既不是人本身完成的直接劳动，也不是从事劳动的时间，

---

① 马克思：《〈政治经济学批判〉（1857—1858 年草稿）》，《马克思恩格斯全集》第 46 卷下册，人民出版社 1980 年版，第 218 页。

而是对人本身的一般生产力的占有，是人对自然界的了解和通过人作为社会体的存在来对自然界的统治，总之，是社会个人的发展。"①而"社会个人的发展"是离不开自由时间的。这样，衡量财富的尺度就不再是劳动时间而是自由时间。这就会动摇资本主义生产的价值关系基础，动摇资本主义制度的根基。在这种条件下，继续维护劳动时间和自由时间的对立的资本主义生产方式就愈益明显地成为时代的错误，扬弃劳动时间和自由时间的对立，消灭建立在这种基础上的资本主义制度，就成为一种不可阻挡的历史发展的必然趋势。

可见，新技术革命的发展正在为扬弃劳动时间和自由时间的对立准备着物质前提，推动着人类历史一步步地逼近向自由王国飞跃的门槛。当代世界范围内兴起的新技术革命的浪潮与共产主义运动的潮流在本质上是同向的。新技术革命的发展，劳动生产率的提高，必然会加剧资本主义的矛盾，最终导致资本主义制度的解体，导致"自由时间和劳动时间之间对立的扬弃"②，实现人类发展史上的伟大飞跃，使人类自由的发展进入以每个人能力的自由而全面发展为目的的"自由王国"。

在"自由王国"这种理想的社会状态下，人类将实现劳动时间和自由时间的同一。在这里，劳动的普遍化具有特别重要的意义。在理想社会，劳动要在一切有劳动能力的社会成员中进行分配，任何人都不能把自己所应承担的那部分社会劳动转嫁给他人。这样，每个人就都既参加物质生产劳动又享有自由时间，从而达到了劳动时间和自由时间的同一。这种同一不仅是指二者外在对立的消除，即每个人的可供支配时间都是劳动

① 马克思：《〈政治经济学批判〉（1857—1858 年草稿）》，《马克思恩格斯全集》第 46 卷下册，人民出版社 1980 年版，第 218 页。
② 马克思：《〈政治经济学批判〉（1857—1858 年草稿）》，《马克思恩格斯全集》第 46 卷下册，人民出版社 1980 年版，第 533 页。

时间和自由时间的统一，而且是指双方的相互渗透，相互促进。一方面，从物质生产的角度看，人们在自由时间内的发展就是劳动力在扩大规模上的再生产。当在自由时间内获得新的发展的人加入到直接生产过程中时，会把社会生产力进一步推向前进。另一方面，人们在劳动时间内的活动，也就是人自身能力的自由发挥和发展。在理想社会，劳动的性质会发生深刻的变化，它将具有直接的社会性、科学性和普遍性，从而成为自由施展人们才能的重要场所。所以，马克思认为，到那时，"个性的劳动也不再表现为劳动，而是表现为活动本身的充分发展"。①这样，劳动就不再是一种负担，一种外在的强制，而是成了以发展自身能力为目的的自由的活动，成了生活的第一需要，从而实现了劳动和享乐的同一。可见，正是劳动时间和自由时间的这种相互交替、相互统一，才使每个人能力的自由而全面的发展成为目的本身。

第二节　当代中国社会实现人的自由的途径

当代中国社会处于社会主义初级阶段。一方面，它消灭了剥削制度和剥削阶级，为人的自由发展提供了空前良好的社会条件；另一方面，它又是在生产力落后、商品经济不发达的条件下进行社会主义建设，发展人的自由，而不是像马克思所设想的是在资本主义高度发展的基础上进行社会主义建设，发展人的自由。因此必须把马克思主义关于"自由王国"的理论同当代中国的实际相结合，探寻当代中国社会实现人的自由的特

---

① 马克思：《〈政治经济学批判〉（1857—1858 年草稿）》，《马克思恩格斯全集》第 46 卷上册，人民出版社 1979 年版，第 287 页。

殊途径，处理好当代中国社会在自由问题上的各种重大关系问题。

一、个人自由和社会自由

个人自由是生活在一定社会历史条件下的社会个体解放的程度，它集中体现在社会个体能力的发展在何种程度上成为目的本身以及个体能力的发展水平。社会自由则是整个社会解放的程度，集中体现在从社会整体上看人们能力的发展在何种程度上成为目的本身以及人们能力发展的普遍水平。无论个人自由还是社会自由，都是具体的、历史的，是随着社会的进步而不断向前发展的。真正的个人自由是"建立在个人全面发展和他们共同的社会生产成为他们的社会财富这一基础上的自由个性"[①]，彻底的社会自由则是由这种自由个性构成的社会，是"自由人的联合体"。

个人自由和社会自由是辩证地联系在一起的。正确解决个人自由和社会自由的辩证关系，是当代中国社会实现人的自由的一个基本途径。

在当代中国社会，重视个人自由，重视个人能力的培养和提高具有特别重要的意义。中国历来是一个以自然经济为基础的国家。至今，自然经济、半自然经济还占有相当比重。自然经济条件下的个人，受固定的劳动对象和劳动方式的束缚，是极缺乏个性的。他们几乎就是一个个的同名数，几乎没有能力上的差别。正如马克思在描绘法国小农的状况时指出的："他们进行生产的地盘，即小块土地，不容许在耕作时进行任何分工，应用任何科学，因而也就没有任何不同的才能，没有任何丰富

[①] 马克思：《〈政治经济学批判〉（1857—1858 年草稿）》，《马克思恩格斯全集》第 46 卷上册，人民出版社 1979 年版，第 104 页。

的社会关系。"①在自然经济条件下，个人"表现为不独立，从属于一个较大的整体"②。人的社会依赖关系使个人成为一定的狭隘人群的附属物，消融于整体之中，因而没有独立的个性。在这一基础上形成的专制主义的社会制度和观念，更进一步强化了整体意识，突出了个人对整体的绝对依赖和服从，进一步贬低了普通个人在社会中的地位和价值。社会主义制度建立以后，虽然情况有了转变，个人自由得到了承认，但是，由于封建专制主义和小生产观念积习甚深，因而在过去一段时间，我们依然存在着过分强调整体、强调社会自由而限制个人自由的片面性。片面强调社会、集体对个人自由的制约，而看不到个人自由对社会自由的制约，以为只要实现了生产资料的公有，就可以不依赖个人自由而实现社会自由，就完全可以驾驭社会关系，按一定计划保证社会向预定方向发展。实际上，一个社会的自由程度是受该社会个人获得自由的程度制约的。在一个文盲充斥、个体素质普遍不高、个人自由意识普遍不强的社会，是不可能有高度的社会自由的。这已被我国社会主义实践的历史经验所证实。在过去一个时期里，我们由于忽视个人自由，片面夸大社会自由，往往在社会条件允许的范围内也不去考虑个人的兴趣、特长和发展要求，甚至要求个人的才能做出无谓的牺牲，使个人本来有可能发展起来的潜能得不到发展，使个人已有的才能得不到合理的运用，造成人才的匮乏或积压。这种无视乃至抹杀个人自由的做法，既妨碍了个人自由的发展，也不利于社会自由的发展，不利于社会主义优越性的发挥。

社会主义制度优越于以往的社会制度的一个重要方面，就

---

① 马克思：《路易·波拿巴的雾月十八日》，《马克思恩格斯选集》第 1 卷，人民出版社 1972 年版，第 693 页。

② 马克思：《导言（1857 年 8 月手稿）》，《马克思恩格斯选集》第 46 卷上册，人民出版社 1979 年版，第 21 页。

在于它能够为个人提供更好的发挥和发展自身能力的机会和条件。人们都是首先从个人的切身感受中体验社会主义的优越性的。只片面强调整体利益，强调个人牺牲，不去重视个人的正当利益和要求，不努力为发展个人自由创造条件，怎能显示社会主义的优越性和增强社会主义的吸引力？因此，注重个人能力的发展，是社会主义的题中应有之义。

重视个人自由并不意味着可以贬低社会自由。个人自由和社会自由是相互依赖、互为条件的。马克思主义经典作家一方面高度重视个人自由，把"自由个性"作为理想社会形态的标志，[①]强调"在那里，每个人的自由发展是一切人自由发展的条件"[②]；另一方面，又强调"只有在集体中才可能有个人自由"[③]。个人总是生活在一定社会关系中的，只有依靠"集体的理性"实现对人们活动的社会关系的驾驭，个人才能获得自由发展的条件和手段。从历史上看，新兴资产阶级在反对封建专制主义的斗争中曾打出过"个性自由"的旗帜，对个人自由予以了高度的重视。但是，在异己的社会关系的统治下，个人是根本不可能主宰自己命运、自由发展自身的。在资本主义激烈的生存竞争中，每个人的自我发展、自我实现都会受到其他一切人的妨碍。这种异己社会关系对个人自由的妨碍随资本主义基本矛盾的发展而与日俱增，在现代资本主义社会，许多人日益强烈地感觉到的不是自我的实现，而是自我的丧失。只有在真实的集体中，个人才能获得全面发展其才能的手段。个人的自由发展不是孤立的个体自我塑造，不是脱离一切人的发展

---

① 参见马克思：《〈政治经济学批判〉（1857—1858 年草稿）》，《马克思恩格斯全集》第 46 卷上册，人民出版社 1979 年版，第 104 页。
② 马克思和恩格斯：《共产党宣言》，《马克思恩格斯选集》第 1 卷，人民出版社 1972 年版，第 273 页。
③ 马克思和恩格斯：《费尔巴哈》，《马克思恩格斯选集》第 1 卷，人民出版社 1972 年版，第 82 页。

的个人自我完善，而是在与他人的联合中，通过对人们共同活动的社会关系的驾驭、通过人们之间能力的相互丰富而实现的。因此，重要的是协调个人自由和社会自由之间的关系。

处于社会主义初级阶段的当代中国社会，是能够实现个人自由和社会自由的协调的，但是，这种协调只能是初级的，低水平的。在这一历史阶段，个人的发展有时还会与社会的发展相冲突，社会的发展还不可避免地要求牺牲某些个人的发展。这是不可超越的必然历史过程。自觉地按这一过程的要求做出必要的个人牺牲，以推进这一过程，是对社会先进分子的道德要求，也需在全社会认真提倡。有些人不懂得这一必然历史过程，追求绝对的"个人自由"，"个人自我设计"，而不愿为社会做出任何自我牺牲。事实上，任何人、任何时候都不能脱离社会和他人的制约而求得绝对的个人自由。个人的发展只有在有利于社会自由的前提下才是自由的，才能成为社会自由发展的条件，这就是要求个人必须承担一定的社会责任。

二、自由和责任

责任和自由一样，也是一定社会关系的产物。它主要是指生活于一定社会关系中的个人对社会、对他人的义务、职责和使命，同时，也包括社会对个人的责任。责任是社会对人们的一种客观要求。由于人都是现实的人，都生活于一定的社会关系之中，都必须在社会中并通过社会获得自己生存和发展所需要的一切，因此，不管人们意识到与否，他们在客观上都必然要对社会、对他人负有一定的义务和责任。正如马克思和恩格斯所指出的："作为确定的人，现实的人，你就有规定，就有使命，就有任务，至于你是否意识到这一点，那都是无所谓的。

这个任务是由于你的需要及其与现存世界的联系而产生的。"①
由于人们都是有意识的,因而人们在现实生活中是能够体验和
认识到这种客观要求的。当人们把这种客观要求变为自己的内
心信念时,外在的客观要求就会成为人们的内在需要,成为人
们自觉自愿履行的义务和责任。因此,责任不仅是指社会对个
人行为的一种客观要求,而且更是指个人通过对这种客观要求
的认识自觉地负起的对社会、对他人的义务、职责和使命。另
外,社会对个人需要的满足同样要承担一定责任。

在当代中国社会,由于个人利益和社会利益在根本上是一
致的,因此,自由和责任是能够统一的。社会在对个人的自由
发展承担责任、保证个人自由发展时,也就为社会自由的发展
提供了条件。同样,个人在履行社会职责、保证社会自由发展
时,一般地说,也能获得发展自身的条件,使发展自身的要求
得到满足。从一定意义上可以说,个人能力的发挥和发展正是
以自觉为社会尽职尽责为途径的。但是,在实践上,由于未能
形成个人利益和社会利益、个人发展和社会发展之间的合理的
协调机制,由于片面的道德价值观念的影响及其他方面的原因,
常常存在着把自由和责任割裂开来的倾向。我们一度曾片面强
调个人对社会的责任,把为社会尽职尽责建立在无谓地牺牲个
人自由的基础上。这在旧体制下表现得很明显。在旧体制下,
国家机构和组织往往不以尽量保障和维护大多数个人的利益、
愿望、要求作为重大决策和计划的出发点和着眼点,不以是否
有利于大多数个人的发展作为进行决策和计划的重要依据,使
个人的正当利益和发展自身的要求往往得不到满足,个人的潜
能往往得不到应有的发挥和发展。固然,在当代中国社会,应

---

① 马克思和恩格斯:《德意志意识形态》,《马克思恩格斯全集》第3卷,人民出
版社1960年版,第329页。

该提倡个人自我牺牲精神,但同时也应该尊重个人的发展要求,不仅每个人有对社会的责任,社会也有承认个人自由,尽量为个人自由提供条件的责任。当然,也还有另一种错误倾向,即片面理解个人自由,不承认个人要对社会承担责任。有些人只有追求自由的朦胧意识,对自由的理解很模糊。在他们的思想中,往往没有责任的概念,不懂得只有承担社会责任才能发展个人自由,只有对社会负责才能对自己负责。生活于社会中却不想负社会责任,这只能是空想。责任作为社会对个人行为的客观要求,并不以人的意志为转移。不管人们意识到与否,他们对社会都负有不可推卸的责任。因此,那种无视社会对个人的要求,不顾及社会和他人的所谓自由追求,是难以兑现的,而且往往会妨碍社会和他人的发展。正如恩格斯所说的:"当一个人专为自己打算的时候,他追求幸福的欲望只有在非常罕见的情况下才能得到满足,而且绝不是对己对人都有利。"[①]针对这种错误倾向,应当在全社会范围内广泛开展思想道德和法制教育,不断增强人们的责任心和使命感,使人们自觉地把个人发展要求的满足同为社会和他人尽职尽责结合起来,在为社会和他人尽职尽责中发展和完善自己。青年马克思说得好:"人们只有为同时代人的完美,为他们的幸福而工作,才能使自己也达到完美。如果一个人只为自己劳动,他也许能够成为著名学者,大哲人,卓越诗人,然而他永远不能成为完美无疵的伟大人物。"[②]

自由和责任不仅有相统一的一面,而且有相矛盾的一面。所谓尽义务、负责任,实际上就是要造福于社会和他人,它往

---

① 恩格斯:《路德维希·费尔巴哈和德国古典哲学的终结》,《马克思恩格斯全集》第 21 卷,人民出版社 1965 年版,第 331 页。
② 马克思:《青年在选择职业时的考虑》,《马克思恩格斯全集》第 40 卷,人民出版社 1982 年版,第 7 页。

往要伴之以个人的一定牺牲。在当代中国社会，不仅社会要在条件允许的范围内尽量保证个人自由，而且个人也要正视国家的现实条件，不仅要考虑到个人的志向和发展要求，而且要考虑到社会的需要，考虑到时代赋予自己的历史使命和责任。当个人发展要求同履行社会职责发生矛盾时，把履行社会职责放在首位，尽量使个人发展的设想适应社会的需要。在社会主义初级阶段，自由和责任之间有时难免还会出现尖锐的矛盾，要求人们在发展自身和为社会尽职责之间进行抉择。在现实生活中，有很多具有高度觉悟的先进分子为了社会的进步和他人的幸福，甘愿放弃个人发展的机会，甚至不惜牺牲个人的生命。这和那些斤斤计较个人得失，只想从社会索取供个人自由发展的条件，不愿承担社会责任的人，形成了鲜明的对照。这些先进分子的强烈道德责任感，是同他们对自由理想的炽烈追求、对自由追求的理想和现实之间关系的正确理解密切相联系的。

三、自由追求的理想和现实

马克思主义经典作家描绘的以每个人能力的自由发展为目的的自由王国，是人类生活的理想境界，是人类自由发展的壮丽前景，是对现实社会发展必然趋势的深刻洞见和揭示。尽管现实社会状况同自由王国这种理想的社会状态之间还有非常大的距离，但是，马克思主义关于自由王国的理论作为对未来理想社会状态的科学预见，对我国的现实实践无疑具有重要的指导作用。我们现在所从事的一切工作都是同对这个理想目标的追求相联系的。我们发展商品经济，发展生产力，就是为满足人们的物质文化需要，为人的能力的发展创造物质条件；我们进行精神文明建设，其根本任务是为了提高人的素质，扩大人的自由。我们进行体制改革，最重要的目的也是为了增强人的独立自主性，调动人的积极性创造性，建立有利于人的自由发展的新体制。离开这一理论的指导，放弃对这一理想目标的追求，就会使当代中国社会的发展失去正确的方向。

诚然，理想高于现实，自由追求的理想目标同现实有着很大的距离。但是，尽管自由追求的理想不是今天的现实，却是与今天的现实密切联系的，是现实发展的客观趋势。它作为对未来的向往和憧憬，是于将来有意义。然而，正如鲁迅所说的："将来是现在的将来，于现在有意义，才于将来会有意义。"[①]如果人们在现实生活中不去追求自由的理想，不积极创造条件扩大人的自由，自由的理想就永远无法实现，从而也就会失去它对于将来的意义。抹杀自由的理想追求与现实生活之间的差别也是不正确的。如果人们现在就以"自由王国"的公民自居，把马克思、恩格斯对未来共产主义社会人的自由的论述硬搬用到现实社会，那无异于把科学的理想视为空想。自由追求的理想固然必定会转化为现实，但它毕竟还不是今天的现实。我们应该立足于现实，从社会主义初级阶段的现实社会条件出发来考虑当代中国社会人的自由问题。企图超越历史发展阶段，把自由追求的理想和现实混为一谈，就容易用自由追求的理想来衡量现实，裁判现实，以至当发现现实社会与自己头脑中自由的理想模式不相吻合时，当那种脱离现实的"自我发展设想"在客观现实面前碰壁时，失去对未来理想的信念。我们肯定人的发展受着现实社会条件的制约，却并不是说人们应当坐等社会条件的出现而放弃追求自由理想的努力。环境造就人，人又可以改变环境。只要我们立足于现实实践，脚踏实地地为自由理想的实现积极创造条件，就可向自由的理想目标逐步逼近，

---

① 鲁迅：《论"第三种人"》，《鲁迅全集》第 4 卷，人民文学出版社 1981 年版，第 441 页。

就可扩大现实的人的自由。

　　人作为一定社会关系的总和，其自由的实现程度是由他生活于其中的社会关系的状况所决定的。因此，为自由理想的实现创造条件，主要就是要着眼于社会关系的发展，着眼于对阻碍人的能力发展成为目的本身的社会关系的改造。

第三节　　当代中国社会实现人的自由的条件

　　自由不是社会对人的恩赐，而是人们通过自己的斗争而主动争得的。在当代中国社会，要不断发展和扩大人的自由，就必须从现实条件出发，积极创造实现人的自由的条件。

一、经济条件

　　作为目的本身的人的能力的发展，需要各种社会条件的保证。在当代中国社会，要自由地发展人的能力，必须创造经济、政治、精神等多方面的条件，而最根本的条件则是由社会生产力的发展和劳动生产率的提高所带来的工作日的缩短。马克思说："自由王国只有建立在必然王国的基础上，才能繁荣起来，工作日的缩短是根本条件。"[①]马克思这里所说的必然王国，是与自由王国相对应的自然必然性的王国，即物质生产领域。马克思认为，在开始了自由王国之后，人类仍然要与自然界进行物质变换，这是人类生存所永远不可摆脱的自然必然性，因此，物质生产领域仍然是一个必然王国。但是，这个必然王国同以往社会相比，却发生了重大的历史变化。它不仅实现了社会生产力的高度发展，社会物质财富的充分涌流，而且实现了对社

---

　　① 马克思：《资本论》第3卷，人民出版社1975年版，第927页。

会关系的合理调节和自觉驾驭。在那里，将组成由"社会化的人，联合起来的生产者"组成的自由联合体，它能够合理地调节人和人之间的社会关系，把它置于人们的共同控制之下。这样，既促使社会生产力更迅速地发展，为充分满足每个社会成员的各种需要（包括生存需要、享受需要和发展需要等）提供坚实的物质基础和物质手段，又使社会生产把满足每个人的多种需要，把人的能力的发展当作目的本身。由于社会生产的目的在于满足人们的各种需要，因此，整个社会的劳动时间就得以充分满足每个人的各种需要为界限。高度发展的社会生产力在充分满足人的各种需要的前提下，还会不断缩短社会成员的劳动时间，相应地增加自由时间，为人的能力的自由、充分发展提供越来越广阔的空间。可见，马克思所说的"工作日的缩短是根本条件"，也就是说通过社会关系的全面改造，造成生产力的高度发展、劳动生产率的巨大提高，乃是实现人的自由的根本条件。

我国目前的社会生产力还很低，发展生产力无疑是现阶段的根本任务。但是，应当明确发展生产力本身并不是目的而只是手段，满足人们的物质文化需要才是目的。尽管我国的社会生产同资本主义生产一样，同处于商品生产的发展阶段，但是，社会主义的生产目的却根本不同于资本主义生产目的。在资本主义的社会关系下，生产的目的不是为了满足人们的物质文化需要，而是为生产而生产，为追求个人财富而生产。剥削者对个人财富的贪婪追求使得生产本身变成了目的，而劳动者则变成了生产的单纯手段。在资本主义社会关系下，不仅劳动者是生产的单纯手段，而且利欲熏心的剥削者也不过是人格化的资本，是把追求身外的物质财富作为目的本身，而没有把发展自身能力作为目的本身。这种生产目的和手段的颠倒极大地贬损了人的价值，扭曲了人的自由本性。从这个意义上说，资本主义世界的观点还不如古代的观点崇高。"根据古代的观点，人，不管是处在怎样狭隘的民族的、宗教的、政治的规定上，毕竟始终表现为生产的目的，在现代世界，生产表现为人的目的，而财富则表现为生产的目的。"①当代中国社会也在大力发展商品生产，这是实现我国经济腾飞的关键。但是，社会主义社会既然把以人的能力的自由、全面发展为目的的自由王国作为追求的最高目标，那就必须把满足人们的各种需要作为发展商品生产的目的。随着商品经济的发展，社会生产力的提高，"不仅可能保证一切社会成员有富足的和一天比一天富裕的物质生活，而且还可能保证他们的体力和智力获得充分的自由发展和运用"②。当然，只要是商品经济，个别的单位和个人单纯追求利润，为生产而生产的现象就难以避免。这就需要加强对生产的宏观调控和管理，尽量减少这种背离社会主义生产目的的现象，为人的自由的发展创造良好的经济条件。

发展社会主义商品经济，发展社会生产力，就要迎头赶上世界新科技革命的浪潮，大力发展科学技术，注重科学技术与物质生产的密切结合。科学技术是一种革命的、解放人的力量。它所带来的社会生产力的发展，劳动生产率的提高，不仅会为人的需要的满足、能力的发展提供日益良好的物质基础，而且还会为缩短人们的工作日准备条件。由于我国目前科学技术水平还普遍不高，科学技术在生产中的推广和应用还很有限，因而科学技术的这种作用还不明显。但是，随着科学技术的发展以及科学技术在生产中的广泛应用，必然会带来劳动生产率的

① 马克思：《〈政治经济学批判〉（1857—1858 年草稿）》，《马克思恩格斯全集》第 46 卷上册，人民出版社 1979 年版，第 486 页。
② 恩格斯：《反杜林论》，《马克思恩格斯选集》第 3 卷，人民出版社 1972 年版，第 322 页。

大幅度提高，带来工作日的缩短。这是现代化生产的一种必然
趋势。科学技术在生产中的应用，还会改善劳动条件，减轻劳
动强度，逐步使劳动向科学化的方向发展。科学技术及其在生
产中的应用，是通过掌握科学技术的人来实现的。现代化的社
会生产是以科学技术为基础的。它需要通晓整个生产系统原理
的具有全面性的人，并将创造出这样的新人来。随着科学技术
的发展，必将促使人们不断提高自身素质，成为适应这种发展
要求的全面发展的生产者，使人们发展自身的要求得到更好的
满足。因此，可以说发展科学技术是实现人的全面发展的决定
性因素。

通过发展社会主义商品经济，不仅促进社会生产力的发展，
而且促使人们社会关系的丰富，这也是实现人的自由的必要条
件。商品经济的发展，会逐步造成商品生产者之间广泛的分工
协作关系，造成商品生产者和消费者之间广泛的相互依赖关系，
造成人们之间信息联系的加强，劳动者职能更动，人们观念的
更新，从而使整个社会关系得到全面的改造。商品经济的发展，
必然会强化整个社会的竞争机制，而竞争归根到底是人才的竞
争，它将呼唤着各类人才脱颖而出。这都会促使人的能力的发
展在越来越大的程度上成为目的本身。

二、政治条件

人的自由的发展不仅需要具备一定的经济条件，而且需要
一定的政治条件提供保证。

人的自由总离不开一定的政治背景。社会政治环境如何，
对人的自由会产生不可低估的影响。我国社会主义的实践经验
告诉我们，政治动乱是不利于思想文化的进步、人才的培育的。
"文化大革命"的十年内乱搞乱了人们的思想，破坏了我国教育

科学文化事业的发展。只是在结束了十年内乱之后，才使教育科学文化事业逐渐焕发出勃勃生机，促进了一代社会主义新人的成长。因为只有在安定团结的政治环境中，人们才能安下心来发展教育科学文化等事业，才谈得上人自身的完善和发展。

人的能力的发展，还需要民主和谐的思想和心理的氛围，包括在思想文化领域坚决执行"百花齐放、百家争鸣"的方针，提倡以科学研究为基础的大胆探索和自由争论。只有这样，人们才能解放思想，放心大胆地进行研究和探索，从而促进思想文化的繁荣，人自身能力的发展，避免对人们科学研究和探索积极性的挫伤，对人们自由的限制。总之，要保证人的自由的发展，就必须推进社会主义民主化进程，发展人与人之间在公有制基础上的自由、平等的新型关系。只有在日益民主化的政治生活中，才能使人们逐步增强民主意识和自由平等观念，养成民主习惯。这是最重要的主体意识、自由意识。只有具备了这种政治关系，人才能成为社会的主人，同时也成为自己的主人，才谈得上人的能力的自由发展，才谈得上把人的能力的发展作为目的本身。

人的自由发展所必需的政治条件的创造，主要应依靠我国政治体制的改革。通过改革旧的政治体制，克服旧体制权力过分集中，政治生活缺乏民主等弊病，在制度上确保人民群众管理国家和社会事务的民主权利，也就确保了人自由地发展自身的基本权利。政治体制改革的一个重要方面，是人事管理制度的改革，它对于保证人的自由发展具有突出的意义。在旧的人事管理制度下，由于管理方式死板单一，论资排辈的现象十分严重，不能不拘一格地启用有才干、有创造精神的社会主义新人，压抑、阻碍年轻的优秀人才的成长；由于管理体制不健全，存在着任人唯亲、裙带关系等不正之风，也阻碍着各种人才的成长，阻碍着人们发展自身目的的实现。可以说，旧的人事管理制度的弊端从根本上说就是没有把满足人们发展自身的要求，提高人的自由程度作为着眼点。只有改革这种旧的人事管理制度，打破旧体制对人才发展的束缚，探索当代中国社会各类人才发展的特殊规律，建立起符合各类人才发展规律的人事管理方式和制度，才能使各类人才大批涌现出来。自从我国实行招生制度的改革、招工制度的改革，实行聘任制等以来，已经涌现出一大批有用之才，使人尽其才，各展所长。我们相信，随着国家公务员制度等制度的建立，随着人事管理制度改革的深化，必将会使我们的时代成为人才辈出的时代。

三、精神条件

人的能力的发展是人们在改造客观世界的同时，对自己主观世界的改造，因而它也需要一定的精神条件。

在当代中国社会实现人的自由，首先要使全社会逐步理解"自由"的科学含义，确立正确的自由观念。这种自由观念首先体现在人才观念上。目前，在理论宣传中，在某些人的观念中，只是在把人作为现代化建设的力量的意义上理解人才的重要性。这种理解显然是片面的。固然，现代化建设是要由人来进行，人的素质如何，对现代化建设事业无疑具有直接的制约作用。但是，我们进行现代化建设本身还不是目的，现代化建设的目的还是要满足人们的物质文化需要。人不仅是社会发展的力量，而且是社会发展的目的。如果仅仅从社会发展力量的方面理解人，理解人的素质的提高，能力的发展，就把人降为了单纯的手段，就抹杀了人的主体地位。在现阶段，由于种种条件的限制，人的能力的发展虽然在很大程度上还不能成为目的本身，但是，如果我们的眼界被现实的状况所局限，不从发展人的能力着眼去考虑提高人的素质，培养人才的问题，不把现代化建设作为为使人们能力的发展在越来越大的程度上成为目的本身创造条件的过程来看待，那么，以发展人的能力为目的的自由王国就永远无法实现。事实上，我们只有通过为人的能力的发展自觉创造条件，通过使人的能力的发展在越来越大的程度上成为目的本身，才能逐步向以每个人能力的发展为目的的自由王国接近。我们应该从这样的思想高度来理解提高人的素质，发展人的能力的意义，克服在人才问题上的急功近利的错误态度。

在当代中国社会，要实现人的自由，还需提高全体社会公民自我改造的自觉性，努力全面提高自身素质，发展自身能力。只有提高人民群众对发展自身能力的重视程度，提高增强自身素质的自我意识，才能为人的能力的发展创造良好的精神条件。整个社会不仅要致力于人们物质生活的共同富裕，而且更应致力于人们精神生活的富裕。

要创造为实现人的自由所必需的精神条件，最重要的是在全社会提倡自由思想。显然，只有在消除了思想专制和文化专制的条件下，只有在没有外在力量强制和干预的条件下，人们才能进行自由的思维和创造活动，进行自由发展自身能力的活动，才能在这种活动中感到自己的主体价值，才能把这种自由自觉的创造性活动看作人的自我肯定，自我实现，看作精神上的满足和享受。从而陶冶人的情操，提高人的精神境界，激发人的创造热情，增强人的主体地位，使人发展为具有更高的思想文化素质、更大的自由度的社会主义新人。只有提倡自由思想，才能破除束缚人的发展的各种旧思想、旧观念，改变封闭、保守的思维方式，实现观念的更新，思维方式的变革。

创造实现人的自由的各种条件和提高人的自由的程度是同

一个历史过程。人们为当代中国社会人的自由的实现创造条件的过程，也就是人的自由的不断发展和扩大的过程。随着人们创造自由条件的实践活动的步步深入，必将是人的自由的不断扩大。